# 한시 漢詩 나들이

한시 나들이

2014년 8월 10일 초판1쇄 인쇄
2014년 8월 15일 초판1쇄 발행
편 저 자 : 윤인현
발 행 인 : 김병환
발 행 처 : 학자원
주 소 : 서울특별시 강동구 천호옛길 31 금원빌딩 B101호
전 화 : 02)6403-1000
팩 스 : 02)6338-1001
메 일 : hakjaone@daum.net
등 록 : 2011년 3월 24일(제2011-14호)

ISBN : 979-11-85395-65-4 (03800)

값 25,000원

## 서문序文

이 책은 『한시 달굿대』 후속 편으로, 한시漢詩에 관한 관심사의 일단一端을 드러낸 것이다. 이 책에는 중국 한시와 한국 한시에 관한 작품이 두루 포괄되었다.

이 책의 이름을 『한시漢詩 나들이』이라고 한 것은, 『한시 달굿대』에 이어 한시의 대중화를 위한 한 방편이기 때문이다. 한시라고 하면, 아직도 어렵거나 지난 시대의 유물 정도로 치부하는 경향이 있어, 현대인들이 읽어 이해하기 쉽게 책을 구성하였다. 선반부에는 중국 한시를, 『시경詩經』시부터 시작하여 한漢나라 탁문군의 시를 비롯하여, 동진東晋의 도연명과 사령운 시와 당나라 · 송나라 · 원나라 · 명나라 · 청나라 등의 명시를 나름대로 선택하여 실었다. 후반부에는 우리나라 한시를, 고구려 을지문덕의 한시와 발해 양태사의 한시를 비롯하여, 통일신라 최치원의 한시부터 조선 말기 유자儒者인 매천 황현의 한시까지 선별하여 실었다. 각 시대의 작가에 대한 선택은 임의로 하였으며, 작품 선택도 임의적이라 할 수 있다. 그러나 그 작가의 대표적인 작품이거나 그 작가의 일생 중, 전환이 되거나 그 전환된 삶의 모습을 담은 시를 고르고자 노력하였다.

글의 전개는 먼저 작가의 일생을 요약적으로 소개하는 것으로 하였다. 그 사람을 알기 위해서는 그 주변을 알아야 하고 그 사람을 잘 알기 위해서는 그 사람의 전기傳記도 알아야 한다. 한시漢詩도 그 작가作家가 남겨 놓은 우리 얼굴의 주름살 같은 삶의 흔적이다. 그 삶의 흔적을 통해 그 작가의 일생을 되돌아보면서 어떤 삶이 올바른 삶인지, 어떻게 살아야 올바르게 사는 삶인지를 알 수 있기 때문이다. 그래서 그 작가의 흔적이 많이 담긴 시를 선택하고자 하였다. 작가의 전기적 고찰을 한 후, 한

시를 번역하였고 그런 다음에는 감상과 해설을 실었다. 되도록 필자의 의견을 배제하고자 하였다. 작가가 살았던 모습을 그 작가가 남긴 한시 작품을 통해 진솔眞率되게 보여주고 싶었으며, 그 결과는 독자 스스로 판단하게 하고 싶었기 때문이다.

문학 연구에 있어, 문학 작품은 작품대로 작가와 결부시키지 말고 따로 떼어놓고 연구해야 한다는 견해도 있다. 좋은 작품을 좋은 작품대로 평가하는 일이 필요하기는 하지만 작가 연구를 배제한 채 연구한 문학 작품은 그 작품이 담고 있는 의미를 제대로 드러낼 수가 없다는 문제점도 아울러 존재한다. 『논어論語』 「헌문憲問」편篇에 "有德者는 必有言이어니와 有言者는 不必有德이니라."라는 공자의 말씀이 있다. "덕이 있는 사람은 반드시 말다운 말이 있거니와, 말이 있는 사람이라고 해서 반드시 덕이 있는 것은 아니다."라고 풀이 된다. 덕이 있는 사람의 작품에는 반드시 우리가 배울 만한 교훈적인 내용과 당시의 작가가 지니고 있었던 생각이나 사상이 담겨 있을 것이다. 그 교훈적인 내용과 생각을 제대로 알기 위해서는 그 사람의 행적을 알지 않으면 안 될 것이다.

우리가 잘 아는 최치원의 한시 〈추야우중秋夜雨中〉을 보면 작가론이 왜 중요한지 알 수 있다. 예전에는 〈추야우중〉의 주제를 수구초심首丘初心으로 가르치고 배웠다. 그러나 최치원의 작가론에 입각하여, 그 작품을 다시 보았을 때는 그 작품이 당나라에서 지은 '고향을 그리워' 하는 주제가 아니라, 이미 통일신라로 귀국 한 후, 그의 개혁 정책안이 육두품이라는 신분제로 인해 실현되지 못하자, 가야산에 은둔하면서 오히려 20대의 젊은 날을 화려하게 보냈던 당나라 시절에 대한 그리움이라는 것을 알게 된 것이다. 이미 개혁안은 좌절되어 비오는 밤중에 가야산 선방에 앉아 옛일을 회상하니, 그래도 자신을 능력을 마음껏 펼쳤던 그 당나라 시절이 좋았으며, 지금은 한 지식인으로서의 고뇌를 되새길 수밖에 없는 현실이 안타까운 것이다. 이렇듯 작가론은 그 작품이 나오게 된 동기를 알려 주기 때문에 작품의 주제까지도 영향을 미치고 있다. 이런 이유 때문에 작가 연구를 도외시 할 수 없는 것이다. 이런 작품의 배경 때문에 첫 부분에 작가론을 요약적으로 제시하였다. 독자들의 작품 이해에 조금이라도 도움이 되기를 바라는 마음이다.

2014. 4. 30.
저자 윤 인 현

# 한시漢詩 나들이

## 차 례

# I 한시漢詩의 기초 지식

# Ⅰ. 한시漢詩의 기초 지식

1. 한시의 정의定義 : 한시는 중국의 시문학 형식의 하나로, 자수율字數律 · 압운법押韻法 · 평측법平仄法 · 대구법對句法 등 일정한 형식을 지킨 정형시定型詩이다.

2. 한시의 종류種類

1) 고대시古代詩 : 시경詩經과 초사楚辭로 구분된다. 우리나라의 황조가黃鳥歌와 구지가龜旨歌 그리고 공무도하가公無渡河歌 등은 중국 고대시의 영향으로 한역漢譯된 작품이다.

2) 고체시古體詩 : 당唐나라 이전에 쓰인 정형성이 적고, 감정 표현이 풍부한 시이다.

(1) 고시古詩 : 구수句數에 관계없이 4언 · 5언 · 7언 등의 형식이 있으며 비교적 압운법押韻法이나 대구법 등에 얽매이지 않아 형식이 자유롭다.

(2) 악부樂府 : 장長 · 단구短句를 배합한 민요적인 시이다.

3) 근체시近體詩 : 당唐나라 이후에 유행하였고 정형성이 엄격한 시이다.

(1) 절구絶句 : 4구句 [기起 · 승承 · 전轉 · 결구結句]로 5언, 7언 등의 형식이 있다. 기구와 승구는 대구가 된다.

(2) 율시律詩 : 8구句 [두련頭聯 · 함련頷聯 · 경련頸聯 · 미련尾聯]로 5언, 7언의 형식이 있다. 함련과 경련이 대구가 된다.

(3) 배율排律 : 12구 이상의 장편시이다.

## 3. 한시의 형식形式 [운율]

1) 자수율字數律 : 한 구에 일정한 글자 수(4언 · 5언 · 7언 등)를 늘어 놓은 형식이다.

2) 압운법押韻法 : 일정한 자리에 같은 운韻의 글자를 배열하는 것으로 짝수 구의 마지막에 나타난다. 단 7언의 경우는 첫째 구에도 나타난다.

3) 평측법平仄法 : 낮은 소리 평성과 높은 소리 측성이 일정한 양식으로 배열되는 음성률을 뜻한다.

※ 한시어의 상징성

南浦남포 : 이별의 장소

折柳절류 : 1. 당나라 때는 벗과 헤어지며 버들가지를 꺾어 이별의 정표로 주는 풍습이 있었음.
2. 이별 상징.
3. 새롭게 뿌리를 내림. 우리의 우정과 사랑도 그와 같이 시들지 말자는 다짐의 의미가 있음.
4. 홍랑의 시조에서 이별의 징표로 사용하였음.
5. 柳(류)는 중국음의 '머무른다'의 의미인 留(유)와 동일함.
6. 버들가지에는 가지 말고 머물러 달라는 의미도 있음.
7. 이별과 재회에의 염원.

秋扇추선 : 가을부채는 버림받은 여인을 상징함

倚樓의루 · 登樓등루 · 倚欄의란 : 그리움. 기다림에 지친 의미

月월 : 고향 생각. 이쪽저쪽 모두 비춰줌. 매개체 역할

笛聲적성 : 피리 소리로 그리움을 상징함. 저물녘 피리 소리는 가버린 시절이나 세상을 떠난 벗을 향한 그리움

秋菊추국 : 절개 상징

逐鹿축록 : 권세를 쫓다.

白雲백운 : 은둔 상징

樊籠번롱 · 鳥籠조롱 : 벼슬살이 비유

鴻雁홍안 · 雁書안서 : 편지

杜康두강 · 忘憂物망우물 · 杯中物배중물 · 壺裝호장 : 술의 별칭

西陸서륙 : 가을 별칭

北陸북륙 : 겨울 별칭

玄鬢影현빈영 : 임의 총애를 받고 있는 젊은 여인

白頭吟백두음 : 버림받고 탄식하는 여인

龍鍾용종 : 눈물 흘리는 모양, 늙고 병든 모습 등

# Ⅱ 중국中國의 한시漢詩

## 1. 주周 문왕文王과 태사太姒의 사랑

『시경詩經』 시는 기원 전 2,000년경부터 기원 전 800년 경 사이에 지어진 작품들이다. 그러나 오늘날 전해지는 『시경詩經』 시는 지금으로부터 3,100~3,200년 전에서 2,500~2,600년에 이르기까지 지어진 시들이다. 성인인 공자孔子의 손에 의해 정리되었기 때문에 경經이 되는 것이다. 『시경詩經』시는 인륜의 시작이라 할 부부의 도리를 노래한 〈관저關雎〉 장章으로부터 시작된다. 모장毛萇이 지은 『모시서毛詩序』에는 "천하를 바람 불 듯 교화敎化시켜 부부의 도리를 바로잡자는 것이다."라고, 〈관저〉장을 소개하고 있다. 『시경』시는 인륜의 도를 밝히고 바로잡자는 뜻에서 참된 시를 모아 정리한 것이므로, 비록 남녀 간의 사랑을 노래한 낭만시라고 하더라도 민풍民風을 살려 풍교風敎의 효과를 거두기 위한 것이었다. 『시경』시는 311편이고 그 중에서 305편만 내용이 전해지고 6편은 제목만 전하고 있다. 『시경』시의 수장首章인 〈관저〉장을 감상해 보자.

〈관저〉장은 주周나라 문왕文王과 문왕비文王妃인 태사太姒와의 사랑 곧 군자와 요조숙녀의 사랑을 노래한 것이다.

### 『시경詩經』〈관저關雎〉

| | |
|---|---|
| 관관히 우는 저구새는 | 關關雎鳩(관관저구)가 |
| 하수의 모래섬에 있도다. | 在河之洲(재하지주)로다. |

| | |
|---|---|
| 얌전하고 조용한 아가씨는 | 窈窕淑女(요조숙녀)가 |
| 군자의 좋은 짝이로다. | 君子好逑(군자호구)로다. |
| | |
| 들쭉날쭉 어긋난 물미나리를 | 參差荇菜(참치행채)를 |
| 좌우로 물길 따라 취하도다. | 左右流之(좌우유지)로다. |
| 얌전하고 조용한 아가씨는 | 窈窕淑女(요조숙녀)를 |
| 자나깨나 구하도다. | 寤寐求之(오매구지)로다. |
| | |
| 구하여도 얻지를 못하는지라. | 求之不得(구지부득)이라 |
| 자나깨나 생각하고 그리워하여 | 寤寐思服(오매사복)하여 |
| 아득하고 아득해라 | 悠哉悠哉(유재유재)라 |
| 전전반측 잠을 이루지 못하도다. | 輾轉反側(전전반측)하도다. |
| | |
| 들쭉날쭉 어긋난 물미나리를 | 參差荇菜(참치행채)를 |
| 좌우로 취하여 가리도다. | 左右采之(좌우채지)로다. |
| 얌전하고 조용한 아가씨는 | 窈窕淑女(요조숙녀)를 |
| 거문고와 비파로 즐긴다. | 琴瑟友之(금슬우지)로다. |
| | |
| 들쭉날쭉 어긋난 물미나리를 | 參差荇菜(참치행채)를 |
| 좌우로 삶아 올리도다. | 左右芼之(좌우모지)로다. |
| 얌전하고 조용한 아가씨는 | 窈窕淑女(요조숙녀)를 |
| 종과 북으로 즐긴다. | 鐘鼓樂之(종고락지)로다. |

〈국풍國風〉『주남周南』

노래하는 한 쌍의 저구새가 황하의 물가에 노는구나. 품위 있고 얌전한 아가씨는 덕이 있는 군자君子의 좋은 짝이로다. 올망졸망한 물미나리를 좌우의 물길 따라 이리저리 찾고, 품위 있고 얌전한 아가씨를 자나 깨나 생각하는데, 구하여도 얻지 못하니 자나 깨나 생각한다네. 생각하고 또 생각하며 이리뒤척 저리뒤척 잠 못 이루네. 올망졸망 물미나리를 이리저리 뜯으며 얌전하고 아리따운 아기씨를 사이좋게 사귀네. 올망졸망 물미나리를 이리저리 가려내고 얌전하고 아리따운 아가씨와 풍악을 울리며 즐기네.

위의 〈관저〉는 아름다운 사랑의 성취 과정을 노래한 시이다. 1연에서는 사랑의 아름다움으로, 태사가 시집 올 때 궁중宮中의 사람들이 부른 노래이다. '태사가 덕이 있어 보여 저구새가 하주에서 화和하게 울고 있으니, 이 요조숙녀가 어찌 군자의 좋은 짝이 아니겠는가?' 라고 하였다. 2연에서는 요조숙녀에 대한 간절한 그리움을 노래한 것이다. 물미나리는 사랑이 성취되는 과정을 비유적으로 표현한 소재이다. 3연은 그리움으로 인한 번민을 노래하였고, 4연은 사랑의 성취를, 5연은 사랑의 성취로 인한 즐거움을 노래한 연이다.

그러므로 『시경詩經』 〈관저關雎〉장章은 사랑 성취의 즐거움을 노래한 4언 고시이다. 『시경』시는 4언의 2박자로 가사만 남아 있고 곡曲은 사라진 상태이다. 따라서 『시경』시는 박자에는 맞지만 감정 표현에는 잘 안 맞는 시형식이다. 그래서 한漢나라 때, 5언, 7언의 고체시인 한시漢詩가 생기게 되었다.

여기서 물미나리는 사랑의 성취 과정을 비유적으로 표현한 소재이다. 물미나리를 채집해서 가려내기까지의 과정은 시적화자와 요조숙녀의 사랑이 시작되면서 시적화자의 번민을 거쳐 두 사람의 사랑이 성취되기까지의 과정을 비유한 것이다.

## 2. 『시경詩經』시에서의 애정시

『논어論語』 『팔일八佾』편篇 〈관저關雎〉장章에 보면, "『시경』시의 〈관저〉장에 나타난 뜻은, 즐거워하면서도 넘치지 않고 슬퍼하면서도 마음을 상傷 하게 하지는 않는 것이다."(關雎, 樂而不淫, 哀而不傷.) 라는 구절이 있다. 『시경』시의 내용은 즐거워하면서 도가 지나쳐서 탐닉에 빠지는 경우도 없고 슬퍼하면서도 몸이 상하게 하지 않을 정도라는 것이다. 『시경』시에 나타난 애정시도 마찬가지이다.

### 『시경』 〈표유매 摽有梅〉

매실을 따고 있네요, 　　摽有梅(표유매)요,
그 열매가 일곱 개만 남았어요. 　　其實七兮(기실칠혜)라.
나를 찾는 여러 선비들은 　　求我庶士(구아서사)는,
그 길일에 미칠 것입니다. 　　迨其吉兮(태기길혜)라.

매실을 따고 있네요, 　　摽有梅(표유매)요,
그 열매가 세 개만 남았어요. 　　其實三兮(기실삼혜)라.
나를 찾는 여러 선비들은 　　求我庶士(구아서사)는,
그 오늘에 미칠 것입니다. 　　迨其今兮(태기금혜)라.

매실을 따고 있네요, 摽有梅요,
광주리에 담고 있네요. 頃筐塈之라.
나를 찾는 여러 선비들은 求我庶士는,
그 말함에 미칠 것입니다. 迨其謂兮라.

〈국풍國風〉『소남召南』

매실을 따고 있네요, 일곱 개가 남았어요. 나를 찾는 여러 선비들은 반드시 이 좋은 날에 미쳐 오는 사람이 있을 것입니다.

매실을 따고 있네요, 세 개만 남았어요. 나를 찾는 여러 선비들은 반드시 오늘에 미쳐야 합니다.

매실을 따고 있네요, 광주리에 모두 담았어요. 나를 찾는 여러 선비들은 반드시 만날 날을 말로써 약속 해야 합니다.

혼기가 찬 처자가 매실을 따러 왔는데, 이제는 거의 다 따서 집으로 돌아가야 할 처지이다. 그 많은 매실이 어느새 7개 남고, 또 3개 남고, 광주리에 넘치도록 담아도 나의 손목을 잡아 줄 임은 보이지 않는다. 내가 매실 광주리를 안고 집으로 돌아가기 전에 임은 내 앞에 나타나서 만남의 약속이라도 말해 달라는 것이다.

임과의 만남을 안타까울 정도로 솔직하게 표현하였다. 우리나라의 민요 〈정선 아리랑〉의 "아우라지 뱃사공아 나 좀 건너 주게 싸리골 올동박이 다 떨어진다."와 시적 의미가 유사하다. 정선의 처자가 싸리골에 가고 싶은 이유가 정말로 울동박 때문인지 아니면 싸리골 울동박이 핀 그 속에서 만나기로 한 임 때문인지는 〈표유매〉를 보면 알 수 있다. 매실 따는 처자는 매실에는 크게 흥미가 없다. 7개 남고, 시간은 자꾸 흘러 3개 남고, 이제는 광주리에 넘치도록 매실을 담고 있다. 그런데 간절하게 기다리는 임은 보이지 않는다. 올동박 따는 정선의 처자도 올동박은 구실이고 임을 만날 수 있도록 뱃사공에게 싸리골로 데려 가 달라고 하는 것이다. 이처럼 〈정선 아리랑〉이나 『시경』시의 〈표유매〉는 직접적 서술보다는 비유적 표현으로 자신의 감정을 은근히 드러내고 있는 것이다.

한 편 더 감상해 보자.

〈교동狡童〉-교활한 녀석

| | |
|---|---|
| 저 교활한 녀석이 | 彼狡童兮(피교동혜)가, |
| 나하고 말도 안 해. | 不與我言兮(불여아언혜)라. |
| 너 때문에 | 維子之故(유자지고)에, |
| 나는 밥도 못 먹는데. | 使我不能餐兮(사아불능찬혜)아. |
| | |
| 저 교활한 녀석이 | 彼狡童兮(피교동혜)가, |
| 나와는 밥도 먹지 않네. | 不與我食兮(불여아식혜)라. |
| 너 때문에 | 維子之故(유자지고)에, |
| 나는 쉬지도 못 하는데. | 使我不能息兮(사아불능식혜)아. |

〈정풍鄭風〉『교동狡童』

나와 헤어진 저 녀석이 나하고는 말도 안하는구나. 나는 너 때문에 밥도 못 먹는데.

나와 헤어진 저 녀석이 나와는 밥도 먹지 않는다. 나는 너 때문에 잠도 잘 수가 없는데.

사랑했던 임과 헤어진 여인의 안타까운 마음을 노래한 시이다. 임에게 절교 당한 후, 나는 밥도 못 먹고, 잠도 못 자고 있는데, 저 교활한 녀석은 잘 먹고 잘 놀고 잘 자고 있겠지. 한 때는 좋았지만, 이제는 저 교활한 녀석이 매정하게 느껴진다. 미련이 남았는가 보다. 남녀가 만났다가 헤어질 수도 있다. 헤어짐을 슬퍼하면서도 지나치게 슬퍼해서 몸과 마음이 상하게 하면 안 될 것이다. 『논어』의 "즐거워하면서도 넘치지 않고 슬퍼하면서도 마음을 상傷하게 하지는 않는다."라는 내용처럼, 적당히 아파하면서 그 슬픔을 극복해야 될 것이다. 『시경』시의 청춘 남녀처럼 이 정도의 만남과 헤어짐은 남녀 사이에 얼마든지 있을 수 있는 일이기 때문이다. 그러면 아픔만큼 성숙할 것이다.

## 3. 탁문군卓文君의 사랑

〈백두음白頭吟〉은 서한西漢 때의 대부호 탁왕손卓王孫의 딸 탁문군卓文君의 시이다. 탁문군은 17세에 청상과부가 되어 임공 땅 지금의 사천성 공래 친정에 돌아와 아버지와 함께 살고 있었다. 당시 임공 땅 현령이 왕길王吉이었다. 왕길과 상마상여는 서로 아는 처지로 사이가 좋았다. 왕길의 배려로 사마상여는 여행객을 접대하는 도정에 머물고 있었다. 그러자 그곳 부호였던 탁왕손은 두 사람을 불러 잔치를 청하게 되었다. 탁문군은 평소에 거문고를 잘 켜는 사마상여를 흠모하였다. 사마상여는 사천성 성도 사람으로 사마장경이 본 이름이었다. 그는 전국시대 조趙나라의 재상 인상여의 대범함과 충절을 흠모하여 자신의 이름도 상마상여로 바꾼 인물이다. 탁문군은 평소에 흠모했던 사마상여가 지금 자기 집에서 거문고를 연주한다고 하니, 대청 뒤 휘장에 숨어서 그 모습을 훔쳐보고 있었다. 막 연주를 시작하려던 사마상여도 휘장 사이로 드러난 탁문군의 예쁜 모습을 보고 한 눈에 반해 〈봉구황鳳求凰〉을 연주하여 사랑을 구했다.

## 〈봉구황鳳求凰〉

사마상여司馬相如

| | |
|---|---|
| 수봉황이여 수봉황이여, 고향으로 돌아가도다. | 鳳兮鳳兮歸故鄕,(봉혜봉혜귀고향) |
| 사해를 멋대로 돌면서 그 암봉황을 찾노라. | 翶遊四海求其凰.(고유사해구기황) |
| 아직 때를 만나지 못하여 찾지를 못하였네. | 時未通遇兮無所將,(시미통우혜무소장) |
| 어찌 알았으랴 오늘밤에야 이 집에 와서, | 何悟今夕升斯堂.(하오금석승사당) |
| 아름다운 숙녀가 이 방에 있을 줄을. | 有艶淑女在此房,(유염숙녀재차방) |
| 방은 가까워도 사람은 멀어 나의 애를 태우니, | 室邇人遐毒我腸.(실이인하독아장) |
| 어떤 인연으로 목을 비비며 원앙이 될까? | 何緣交頸爲鴛鴦,(하연교경위원앙) |
| | |
| 암봉황이여 암봉황이여, 나하고 살자꾸나. | 凰兮凰兮從我棲.(황혜황혜종아서) |
| 자식 낳고 사랑하여 영원히 아내가 되어다오. | 得託孶尾永爲妃.(득탁자미영위비) |
| 정이 통하고 몸과 마음 하나가 되어, | 交情通體心和諧,(교정통체심화해) |
| 한 밤중에 서로 따른들 아는 자 그 누구요? | 半夜相從知者誰.(반야상종지자수) |
| 함께 깨어나 같이 일어나 번득여 높이 날고 싶은데, | 雙興與起翻高飛,(쌍흥여기번고비) |
| 느낌이 없으니 나의 마음 서글퍼지네. | 無感我心使予悲.(무감아심사여비) |

수봉황아 수봉황아 네가 고향에 돌아왔구나. 너를 찾아 사해를 애타게 헤맸지만 지금까지 그 소원을 이루지 못하였으나, 오늘 저녁에야 이 집에 왔도다. 아름다운 여인이 규방에 있으나 방은 가까워도 볼 수 없어 내 간장이 끊어질 듯하구나. 그대와 연분을 맺어 한 쌍의 원앙이 되고 싶다.

암봉황아 암봉황아 나에게 깃들어 여인을 위해 나를 끌어다오. 정을 나누고 몸과 마음이 조화를 이루니 깊은 밤 서로 사랑하면 누가 알겠는가? 날개를 활짝 펴고 하늘 위로 높이 날고 싶은데, 느낌이 없으니 마음만 서글퍼진다오.

탁문군은 문틈으로 몰래 사마상여를 엿보고 그와 그의 거문고 소리를 좋아하게 되었다. 그러나 그를 배우자로 삼을 수 없음을 내심 안타까워하였다. 사마상여도 사람을 시켜 탁문군의 시종에게 후한 선물을 주고 은근히 마음을 전하였다. 두 사람은 그날 밤에 사마상여의 고향인 성도成都로 야반도주夜半逃走를 하였다. 그러나 가난했던 사마상여는 도저히 생활을 꾸려갈 수가 없어 다시 임공 땅으로 돌아와 시장 근처에서 술장사를 시작하였다. 이 소식을 전해들은 탁왕손은 부끄러워 그들을 만나려 하지 않았다. 개가를 허락하지 않는 완강한 아버지를 골탕 먹이고자 탁문군은 시정잡배에게 술을 따르고, 사마상여는 국부만을 앞뒤로 가리는 잠방이만 입고 시장 바닥에서 그릇을 닦았다. 이렇게 두 사람은 탁왕손의 체면에 먹칠을 하였다. 이러한 모습을 본 형제들과 친척들은 번갈아가면서 탁왕손에게 말하기를 "당신에게는 아들 하나와 딸 둘이 있고, 부족한 것은 재산이 아닙니다. 지금 탁문군은 이미 몸을 사마상여에게 맡겼고, 상여가 지금은 비록 가난하지만 그 사람됨과 재능은 의지하기에 충분합니다. 또한 그는 따지고 보면 이제는 사위인데, 어찌하여 이와 같이 서로 욕되게 하십니까?"라고 하였다. 결국 탁왕손은 딸 탁문군에게 노복 100명, 돈 100만 냥과 의복이면 재물들을 나누어주었다. 부자인 아버지의 덕분으로 탁문군은 사마상여와 함께 성도로 돌아가 밭과 논을 사서 부자가 되었다.

그 후 사마상여는 한 무제에게 발탁되어 벼슬살이를 하기도 하였다. 그러나 병이 들어 벼슬살이도 오랫동안 하지 못하고 사직하여, 장안 교외의 무릉현 지금의 선서성 흥평 근처에 살았다고 한다. 그때 사마상여가 무릉현에 사는 한 처녀를 첩으로 삼으려고 하자 탁문군이 〈백두음白頭吟〉을 지어 사마상여의 마음을 되돌려 놓았다고 한다. 탁문군이 이별의 마음을 담아 지은 〈백두음〉을 읽은 사마상여는 탁문군의 마음을 헤아리고 첩을 들이지 않았다고 한다.

〈백두음白頭吟〉

탁문군卓文君

희기는 산 위의 눈과 같고, 　애여산상설 皚如山上雪,
밝기는 구름 사이의 달과 같네. 　교약운간월 皎若雲間月.
듣자니, 그대 두 맘이 있다 하여, 　문군유량의 聞君有兩意,
일부러 와서 이별을 고하려 하오. 　고래상결절 故來相訣絕.
오늘은 말술을 마시며 모였지만, 　금일두주회 今日斗酒會,
내일 아침엔 도랑 물가에서 헤어지오. 　명단구수두 明旦溝水頭.
저벅저벅 도랑가로 나아가니, 　섭접어구상 涉蹀御溝上,
도랑물은 동과 서로 흐르오. 　구수동서류 溝水東西流.
처량하고 또 처량하나, 　처처부처처 凄凄復凄凄,
시집 왔으니 반드시 울지 않으리라. 　가취불수제 嫁娶不須啼.
원컨대 한 마음의 사람을 만났으면, 　원득일심인 願得一心人,
백발이 되도록 헤어지지 말아야 하오. 　백두불상리 白頭不相離.
낚싯대는 어찌 그리 하늘하늘하고, 　죽간하요뇨 竹竿何嫋嫋,
물고기 꼬리는 어찌 그리 간들간들하나요. 　어미하사사 魚尾何簁簁.
남자는 의기가 중한데, 　남아중의기 男兒重意氣,

어째서 돈에 팔리어 가오? 何用錢刀爲(하용전도위).

나의 애정은 높은 산의 백설마냥 순수하고, 깨끗하기는 구름 사이의 달과 같았지요. 그런데 듣기에 임에게 두 마음이 있다는 소문이 있기에 일부러 와서 결판을 내려는 것이오. 따라서 오늘은 술을 실컷 마시면서 하소연 하지만 내일 아침이면 저 개울가에서 헤어져야 할 것이오. 할 수 없이 미적미적 저 도랑가로 가니 도랑물은 동서로 갈라져 흐르고 있소. 내 신세가 슬프고 처량하여 하염없이 눈물이 나오. 지금 당신에게 시집 온 것이 후회스럽지만 울지는 않을 것이오. 원컨대 한 마음을 가진 사람을 만났다면 흰머리가 백발이 될 때까지 이별하지 말아야 할 것 아니겠소? 마치 낚시꾼이 긴 낚싯대를 한들한들 물속에 던지니 물고기가 꼬리를 간들간들 흔들면서 미끼를 채려 드는 것 같소. 남자란 의기意氣가 중한 법인데, 어찌 돈의 노예가 된단 말이오.

〈백두음〉 곧 백발의 노래를 들은 사마상여는 첩을 맞이하지 않았다고 한다. 탁문군은 비장의 시 한 수로 남편의 마음을 돌려놓았다. 자신은 사마상여와의 사랑을 위하여 수만금의 재산도 물리치고 야반도주를 감행하였는데, 사마상여는 그렇지 않았던가 보다. 그래서 마음이 상했던가 보다. 사마상여가 당뇨를 앓다가 죽자 탁문군은 사마상여의 만사를 지어 그의 죽음을 슬퍼했다고 한다.

지금도 사천성 임협현에 가면 탁문군과 사마상여가 술장사할 때 사용했던 우물이 있는데, 문군정文君井이라 하여 전해지고 있다. 시성詩聖 두보杜甫가 성도에 머물 때 두 사람의 사랑을 소재로 지은 시가 있는데, 〈금대琴臺〉이다.

〈금대琴臺〉

두보杜甫

| | |
|---|---|
| 무릉 사마상여가 병을 얻은 후에, | 茂陵多病後(무릉다병후), |
| 오히려 탁문군을 사랑했노라. | 尙愛卓文君(상애탁문군). |
| 인간 세상에 술집을 꾸리고, | 酒肆人間世(주사인간세), |
| 저녁노을 구름 아래서 거문고를 연주하였다네. | 琴臺日暮雲(금대일모운). |
| 아름다운 야생화는 멋진 보조개를 남기고, | 野花留寶靨(야화류보엽), |
| 넝쿨풀에서 임의 비단치마를 보노라. | 蔓草見羅裙(만초견라군). |
| 돌아가 수봉황이 암봉황을 그리는 뜻은, | 歸鳳求凰意(귀봉구황의), |
| 쓸쓸히 다시는 들리지 않네. | 寥寥不復聞(요요불복문). |

두보가 성도에 있을 때, 문군정의 우물을 보고 위의 시를 지었던 것 같다. 성도에는 탁문군이 술장사를 할 때 물을 퍼 쓰던 우물과 사마상여가 거문고를 뜯던 금대琴臺가 남아 있기 때문이다. 송宋나라 육유도 두 사람의 애정 고사를 이용하여 시를 지었다.

〈문군정文君井〉

육유陸游

| | |
|---|---|
| 내 혼백 서주에 떨어져 술에 취할 수밖에, | 落魂西州泥酒杯(낙혼서주니주배), |
| 술 익을 때면 몇 번이나 금대에 오른다. | 酒桿幾度上琴臺(주간기도상금대). |

파란신 신고서 구속에서 벗어나 웃음 지며, 청혜자소무기속 青鞋自笑無羈束,
또 문군정 가로 왔다. 우상문군정반래 又上文君井畔來.

내 혼백이 이곳 서주 땅 지금의 신강 자치구 토로번에 떨어졌으니 술잔 기울이며 근심을 풀겠네. 술 익을 때면 성도成都의 금대에 와서 놀았다. 파란색 신발을 신고서 모든 구속을 떨쳐버리고 또 다시 탁문군의 우물가에 와서 놀련다.

당나라 두보나 송나라 육유 두 시인은 탁문군과 사마상여의 사랑 이야기에 매료되어, 그들에 얽힌 이야기를 시로 전하고 있다.

## 4. 도연명陶淵明의 풍류

도연명은 중국 동진(365~427) 때의 사람이다. 이름은 잠潛이고 자字가 연명淵明이며 호號는 오류선생五柳先生이다. 도연명은 405년에 팽택현彭澤縣의 현령이 되었으나, 80여일 뒤에 〈귀거래사〉를 남기고 관직에서 물러나 귀향하였다. 심양군 장관의 직속인 순찰관이 순시를 온다고 하면서 '팽택현 현령은 의관을 정세하고 나아와서 맞이하라' 는 명령에, 도연명은 '녹봉 오두미五斗米 때문에 소인배에게 허리를 굽힐 수 없다' 고 한 유명한 일화를 남기고 사임하였다. 도연명은 시에서 자연과의 융화를 통해 자신의 주관적인 감정과 이상을 문학적으로 승화시킨 것이 특징이다. 또한 그 이전까지 없었던 자연시 [전원시] 를 시도했다는 점도 높이 평가해야 할 부분이다. 시 외의 산문 작품에 〈귀거래사〉 · 〈도화원기〉 등이 있다.

감상할 〈유사천遊斜川〉은 우리나라 선비들의 풍류 생활에 지대한 영향을 미친 시이다.

〈유사천遊斜川 병서幷序〉

도연명陶淵明

신축년 정월 5일 날씨가 따뜻하고 한가롭고 아름답다. 두세 이웃들과 더불어 사천 도연명이 살던 동네, 율리 남쪽에 있는 개울 이름의 흐르는 긴 물굽이에서 놀면서 층을 이룬 성을 바라본다. 방어와 잉어가 장차 저녁때에 비늘을 번쩍이고 물 가운데 갈매기가 온화한 때를 타서 퍼덕이면서 난다. 저 남쪽 언덕 여산은 이름이 실로 예스럽다. 그렇다고 다시 감탄하지 않는다. 저 층을 이룬 성은 옆에 의지하거나 인접한 것도 없이 가운데 언덕에 홀로 빼어나다. 멀리 영산[곤륜산]을 상상하니 아름다운 이름이 사랑스럽다. 흔연히 대하기가 부족하여 즉석에서 시를 짓는다. 일월이 드디어 가버림을 슬퍼하고 내 나이가 머물러 있지 않음을 애도한다. 그래서 각자 나이와 고향을 적고 그 날짜를 기록한다.

辛丑正月五日, 天氣澄和, 風物閑美. 與二三隣曲, 同遊斜川臨長流, 望曾城. 凍鯉躍鱗於將夕, 水鷗乘和以飜飛. 彼南皐者, 名實舊矣, 不復乃爲嗟歎. 若夫曾城, 傍無依接, 獨秀中皐. 遙想靈山, 有愛嘉名. 欣對不足, 率爾賦詩. 悲日月之遂往, 悼吾年之不留. 各疏年紀鄕里, 以記其時日.

새해 들어 어느새 초닷새, 開歲倏五日,
내 일생도 멈추려 한다. 吾生行歸休.
생각하니 속마음 흔들리니, 念之動中懷,
때가 되자 이 놀이를 행하는 것이다. 及辰爲玆遊.
공기 온화하고 하늘도 맑은데, 氣和天惟澄,
긴 물줄기 따라 늘어앉았다. 班坐依遠流.
느린 여울에는 아롱진 방어가 치닫고, 弱湍馳文魴,
한적한 골짜기에 우는 갈매기 날아오른다. 閒谷矯鳴鷗.
멀리 연못 쪽 즐거운 눈으로 사방을 둘러보니, 迥澤散游目,
아득히 층이 진 언덕을 바라본다. 緬然睇曾丘.
비록 아홉 겹의 빼어남이 없지마는, 雖微九重秀,

둘러보아도 이에 짝할 것이 없다. 顧瞻無匹儔(고첨무필주).
술병을 가지고 손님들 접대할 때, 提壺接賓侶(제호접빈려),
잔에 가득 술을 따라 주고받네. 引滿更獻酬(인만경헌수).
지금 이후의 일이야 수 없으니, 未知從今去(미지종금거),
마땅히 다시 이같이 놀 수 있으리. 當復如此不(당부여차불).
술잔을 가득 채워 초탈한 속마음 멋대로 풀어놓고, 中觴縱遙情(중상종요정),
많은 근심을 잊노라. 忘彼千載憂(망피천재우).
바야흐로 오늘의 즐거움 맘껏 누릴 것이요, 且極今朝樂(차극금조락),
내일 일이야 알 바가 아니도다. 明日非所求(명일비소구).

신축년 정월이면, (401년) 도연명이 37세가 되는 해이다. 도연명이 새해를 맞이하여 한 해의 계획을 세우는 서문과 시이다. 신축년 정월 초5일 날씨도 따뜻하고 풍경도 아름다운데, 이웃 두세 명과 율리栗里 남쪽에 위치해 있는 개울 사천에서 야유회를 즐긴다. 길게 흐르는 개울가에서 층을 이룬 성 같은 구름을 바라보다 보면, 물고기는 물 속에서 비늘을 번득이고 갈매기는 온화한 날씨에 퍼덕이면서 날아오른다. 저 남쪽으로 보이는 여산廬山은 이름 그대로 예스러워 다시는 감탄하지 않아도 된다. 저 층을 이룬 성과 산은 늪과 연못 지대에 있어 곁에 의지할 것이 없어 홀로 언덕 위에 빼어난 모습으로 서 있다. 이 산의 모습을 보면 멀리 영산인 곤륜산이 연상되어, 그 아름다운 이름이 더욱 사랑스럽다. 그래서 기쁜 마음으로 이 산의 경치를 보다가 아쉬움을 느껴 즉석에서 시를 짓게 된다. 이런 영산을 대하자니, 세월이 빨리 감을 슬퍼하고, 내 나이가 멈추어 있지 않음을 애도하게 된다. 이에 각자 나이와 고향을 기록하고 또 날짜를 적는 것이다. 서문에서 〈유사천〉을 짓게 된 동기를 서술하였다.

새해 신축년이 벌써 초닷새가 되었는데, 생각하니 내 삶도 죽음이 하루하루 가까워지는구나. 이런 것을 생각할 때 내 마음은 움직여 이 기회에 놀이나 한 번 해 보는 것이다. 날씨는 맑고 따뜻한데, 길게 흐르는 개울가에 늘어 앉아 사방을 보니, 하늘에는 구름이 날고 물 속에는 아롱진 방어가 뛰고 물 위로는 한가롭게 물새들이 높게 날고 있다. 저 멀리 연못 쪽을 바라보니 층을 이룬 산들이 보인다. 비록 아홉 겹으로 된 훌륭한 산봉우리는 없지만 이 산들을 바라보니 가히 필적할 만한 산도 없는 듯하다. 술병을 가져다 손님들과 잔을 주고받을 때, 잔에 술이 넘치듯이 인정이 넘쳐흐른다. 앞으로의 일은 알 수가 없으며 또 이런 멋진 놀이가 있을 수 있을까? 술잔을 돌리는 중에 속세를 벗어난 기분에 싸여 많은 근심도 다 잊는 것 같다. 오늘 지금 이 즐거움은 오늘로 다 할 것이요, 내일은 내일이니, 내일로 미루어 다시 찾을 것이 없을 것이다.

도연명의 낭만성과 풍류가 느껴지는 시이다. 도연명은 벼슬을 사임하고 고향으로 물러나 은둔하였기에 나라에서 내리는 시호는 없다. 그러나 후세인들은 그의 뜻을 기리어 정절징사靖節徵士라 하였다. 그는 고향에 돌아와 가난한 삶을 숙명으로 받아들여 술 · 시 · 거문고 · 국화 · 버드나무 등을 벗삼아 생활하였다. 가난한 삶을 살면서 그는 구걸을 가정하여 시를 써 보기도 하였다. "굶주림이 다가와 나를 몰아 보내니, 마침내 나는 어디로 갈지 모르겠네. 가고 가다가 이 마을에 이르러, 문을 두드리며 서투른 말을 하였네. 주인은 내 말을 이해하고 음식을 베풀어 주니, 어찌 헛되이 온것인가?" 이 시가 이어지기를 '술상까지 베풀어 준 주인과 술잔을 기울이다보니 정이 두터워져 새로 사귄 지기처럼 느껴진다' 고도 하였다. 그리고 옛날 한신의 고사를 인용하여, 자신도 한신과 같은 인재가 되어서 그 은혜를 주인에게 갚고 싶지만, 그런 인재가 되지 못함이 부끄럽다고 하였다. 이승에서 입은 은혜를 저승에 가서 꼭 갚아 드리겠다고도 하였다. 산수를 벗삼아 자연인으로 삶을 사는 도연명의 가치관을 엿볼 수 있는 시이기도 하다.

도연명은 아들을 다섯명을 두었는데, 아명兒名이 서舒 · 선宣 · 옹雍 · 단端 · 통通이다. 〈책자責子〉라는 시에서 다섯명의 아들을 소개하기를 "모두 종이와 붓을 좋아하지 않는다."라고 하였다. 그러면서 "서舒는 16세가 되어도 게으르게 짝이 없고, 선宣은 15세가 되었지만 학문하기를 사랑하지 않네. 옹雍과 단端은 13세이지만 6과 7도 분간하지 못하네. 통通이란 놈은 9세가 가깝지만 다만 배와 밤 등을 찾아 먹네."라고 하

▲ ▲ 중국 강서성(江西省) 구강시(九江市) 도연명 기념관에서 바라본 여산(廬山)의 한 줄기인 남산의 모습과 유사천(遊斜川)이 흐르는 계곡이 있는 산이다.

▲ ▲ 중국 강서성(江西省) 구강시(九江市) 에 있는 동림사(東林寺) 와 서림사(西琳寺) 사진이다. 호계삼소의 고사가 전해지는 동림사와 소동파의 〈제서림벽〉시가 있는 서림사이다.

였다. 자연속에서 삶을 사는 자연인만이 누릴 수 있는 행복이다. 그래도 도연명이 자식에 대한 욕심은 있었는지 "하늘이 준 자식 복이 이 정도밖에 안되니 나는 술이나 마셔 취함으로써 위안을 삼는다."라고 하였다. 자연인 도연명 다운 행동이다. 촛불을 켜 놓고 술이나 실컷 마실 일이다.

## 5. 사령운謝靈運 의 산수시

중국 남북조 시대 동진東晉 · 송宋나라의 시인(385~433)으로, 어릴 적 이름은 객아客兒이며, 자字는 선명宣明이다. 그는 지금의 하남성 태강현에 태어나 절강성 회계로 이주해 살았다. 동진의 고위 관료이며 대지주인 사謝씨 집안의 출신으로 사현謝玄의 손자이다. 조부 현玄은 회비의 싸움(383)에서 대공을 세워 강락공康樂公에 책봉되었다. 부친 환은 일찍 죽었고, 젊어서 조부의 뒤를 이었기 때문에 사강락謝康樂이라고 칭하였다. 그래서 세상 사람들은 그를 사강락謝康樂이라 부른다.

지금도 강소성 강녕현에 가면 사씨와 왕씨들이 살 던 왕사의 거리가 오의항 옆에 있다. 왕사의 거리와 오의항에서 주작교를 건너면 진회가 나타난다. 진회의 밤은 불야성을 이룬다.

사령운은 동진시대에 상국종사의 벼슬을 지냈지만, 유劉씨의 송宋나라가 들어서자 벼슬이 작爵에서 후侯로 강등되었다. 그리고 송나라를 건국한 유유가 죽고, 그의 아들 유의부 곧 소제少帝가 즉위하자 절강성 원주로 좌천되기도 하였다. 사령운은 정치적 권세에 열중하였지만, 송의 조정에서는 크게 중용되지 못하였다. 평소에 문학적으로 교류가 있던 소제의 동생 유의진이 문제文帝에 올라 사령운을 비서감으로 등용하고 후대하였다. 자신의 명성과 재능을 과신했던 사령운은 정치에 참여하고 싶었지만, 문제는 그를 시인 이상으로 대접하지 않았다. 명성이나 재능이 자기보다 못한 사람들이 중용되자 불만을 품은 그는 병을 핑계로 조정에 나가지 않고 노골적으로 불만을 표시하였다. 결국 사직하여, 많은 사람들을 동원하여 산에다 새로이 길을 내고 기이한 산수를 찾아

다니는 것으로 정치적 불만을 표현하기도 하였다. 그러다가 결국 그는 많은 무리를 이끌고 다닌다는 이유로 반역죄에 몰려 처형되었다. 그의 나이 48세였다.

사령운은 서정을 주로 하던 기존의 중국 문학 사상에 산수시山水詩의 길을 열어 놓았다. 저서에 『사강락집謝康樂集』이 있다. 그의 시는 종래의 노장류老莊流의 현언시玄言詩의 풍을 배제하고, 새로이 산수시의 길을 개척한 것으로 높이 평가되어 후세에 끼친 영향이 크다. 동시대의 도연명의 자연시에 비해서, 인위적인 수사修辭의 아름다움에 기울어졌다는 결점이 있으나 당시 사령운의 위치는 어디까지나 정통적이었다. 『문선』에 4수가 수록되어 있다. 당唐나라 시대의 산수시는 사령운의 영향이 크다.

사령운은 사촌 여동생 사혜련을 사모하여, 언제나 그를 만나야 좋은 시를 지을 수 있었다고 한다. 이백도 〈춘야연도리원서〉에서 사강낙과 사혜련의 관계를 노래하기도 하였다. 사령운은 '천하의 문장이 한 섬이라면 조조曹操의 아들 조식曹植이 여덟 말, 자신이 한 말을 차지하며, 나머지를 고금古今의 문인들이 나눌 것' 이라는, 유명한 말을 남겼다. 그만큼 자신의 문장에 자부심이 있었던 문인이었다. 반역죄로 처벌되어 그가 남긴 작품들도 함께 소멸되어 지금 남아 전해지는 작품은 일부분에 지나지 않는다.

중국 강소성 강녕현에 있는 왕사 거리의 밤풍경이다. 방문했을 때가 2013년 12월 17일인데 겨울비가 내렸다.

▲ 중국 절강성 소흥의 회계산 모습이다. 회계산 정상에는 치수 사업을 성공하여 농업을 발전시킨 우왕禹王의 동상이 세워져 있다. 월나라 구천이 오나라 부차에게 항복한 곳이기도 하다.

▲ 중국 절강성 소흥에 위치한 대우릉大禹陵 앞에 있는 연못으로 회계산 아래에 있다. 우왕禹王은 치수治水사업에 성공하여 농업 생산을 발전시켰다.

▲ 중국 강소성 강녕현에 있는 왕도 사안 기념관의 모습이다.

▲ 중국 강소성 강녕현 왕사의 거리에 있는 오의항의 모습이다. 옛날 진晉 나라 왕도王導와 사안謝安 등의 귀족들이 살면서 그 자손들에게 검은 옷을 입혔기 때문에 오의항이라 했다는 설도 있고, 오나라 손권의 직할 군대가 검은 옷을 입고 있었다고 해서 오의항이라고 했다는 설도 있다.

〈석벽정사환호중작石壁精舍還湖中作〉

-석벽정사에서 호수로 돌아가는 중에 짓다.

사령운謝靈運

| | |
|---|---|
| 아침저녁으로 기후가 변하고, | 혼 단 변 기 후<br>昏旦變氣候, |
| 산수는 맑은 햇살을 머금고 있다. | 산 수 함 청 휘<br>山水含清暉. |
| 맑은 햇살은 능히 사람을 즐겁게 할 수 있나니, | 청 휘 능 오 인<br>清暉能娛人, |
| 나들이꾼들 흡족하여 돌아갈 것을 잊었다. | 유 자 담 망 귀<br>遊子憺忘歸. |
| 골짜기를 나설 때는 해가 아직 일렀는데, | 출 곡 일 상 조<br>出谷日尚早, |
| 배에 오르니 햇빛이 이미 저무네. | 입 주 양 미 미<br>入舟陽已微. |
| 숲과 골짜기에는 어둠이 깔리고, | 임 학 렴 명 색<br>林壑斂瞑色, |
| 구름과 노을은 저녁 아지랑이 거두네. | 운 하 수 석 비<br>雲霞收夕霏. |
| 마름과 연꽃은 서로 무성하게 빛나고, | 기 하 질 영 위<br>芰荷迭映蔚, |
| 부들과 피는 서로 의지하며 무성하네. | 포 패 상 인 의<br>蒲稗相因依. |
| 풀을 헤치며 남쪽 길을 달려서, | 피 불 추 남 경<br>披拂趨南徑, |
| 즐거운 마음으로 동쪽 문에서 쉰다. | 유 열 언 동 비<br>愉悅偃東扉. |
| 생각이 맑으니 만물이 절로 가벼워지고, | 려 담 물 자 경<br>慮澹物自輕, |
| 마음이 상쾌하면 도리에서 어긋남이 없네. | 의 협 리 무 위<br>意愜理無違. |
| 양생술하는 사람들에게 말 전하노니, | 기 언 섭 생 객<br>寄言攝生客, |
| 이러한 도를 이용하여 밀고 나가소. | 시 용 차 도 추<br>試用此道推. |

아침저녁으로 기후가 달라져 산수가 맑은 빛을 발하고 있다. 맑은 빛은 사람들을 즐겁게 해 행락객들이 편안함을 느껴 집에 돌아가는 것조차도 잊게 한다. 석벽정사가 있는 산골짜기를 나올 때는 제법 이른 때였

는데, 도중에 산수구경을 하느라 배를 탈 때는 이미 저물녘이 되었다. 그래서 숲이 우거진 산골짜기에는 어두운 빛이 내리고, 노을이 낀 구름 위에는 저녁 아지랑이도 거두고 없는 때이다. 무호에는 마름과 연꽃이 서로 아름답게 무성하게 자라고, 언덕 위에는 부들과 피가 서로 어울려 무더기로 자라고 있다. 이런 풀들을 헤치고 남쪽으로 난 오솔길을 걸어가 즐겁게 우리 집 동쪽 문가에 가 누웠다. 이때 나의 마음은 담담하여 맑아지니 만물이 모두 가벼이 여겨지고 마음이 흡족해져서 천리에 어긋남이 없어진다. 이런 천리에 따라 생명을 중하게 여기고 보양하는 사람들에게 이르노라, 이런 방법을 이용하여 매사를 추진해 나아갈 것이다. 곧 자연을 사랑하고 인간의 욕심을 버려 도리에 맞게 생활하여 보자.

사령운 집안은 남북조 시대 대단한 문장가의 집안이다. 사령운이 사랑했던 사혜련(397~435)은 사촌 여동생이며, 사조(464~499)는 조카이며, 여류시인 사도온은 대고모이다. 이외에도 집안의 문인으로는 사장 · 사안 · 사현 · 사혼 · 사첨 · 사장 · 사세기 등이 있다.

위의 시는 사령운이 영가 태수직을 사임하고 고향으로 낙향한 후에 지은 작품이다. 절강성 여수지구 청전현성에 위치한 석문동 석벽 안에 있는 정사를 떠나 무호 안에서 배를 타고 흥겨운 감정을 노래한 시이다. 석문동 정사에서 나와 무호에 정박해 있는 배에 오르기까지 하루 동안의 여정을 아름다운 경치 묘사인 서사敍事와, 진지한 감정의 서술인 사경寫景, 그리고 고상한 이치를 추구하는 설리說理까지 삼위일체三位一體가 수놓아진 중국 산수시의 특징을 잘 보여주는 시이기도 하다.

## 6. 서릉徐陵 의 관산월關山月

서릉徐陵은 남조 진陳나라 동해東海 담현郯縣 사람으로 자字는 효목孝穆이고, 시호諡號는 장章이며, 서리徐摛의 아들이다. 아버지 서리는 자字가 사수士秀 또는 사회士績였다. 서리는 처음에 태학박사太學博士가 되었고, 나중에 진안왕晉安王 소강蘇綱의 시독侍讀이 되었다. 소강이 태자가 되자 가령家令으로 옮겨 관기管記를 겸임하였다. 얼마 뒤 신안태수新安太守로 나갔다가 태자좌위율太子左韋率에 이르렀다. 대보大寶 2년(551) 간문제簡文帝가 후경侯景에 의해 감금당하자 분을 이기지 못하고 죽었다. 시와 문장은 새로운 뜻을 만들어 내고 변화에 뛰어났으며, 옛 형식에 얽매이지 않았다. 유견오庾肩吾와 이름을 다투어 '서유徐庾' 라 불리고 궁체시宮體詩의 대표작가 중의 한 사람이 되었다.

아버지 서리의 재능을 물러 받아서 그런지 서릉은 어려서부터 시문을 지었고, 12살 때에 『장자』와 『노자』를 읽었으며, 또한 역사서와 경서를 두루 섭렵하였다. 15살 때부터는 진안왕晉安王, 간문제簡文帝를 섬겨 위魏나라와 북제北齊에 사신으로 가 뛰어난 외교적 역량을 발휘하였다. 양무제梁武帝 태청太淸 2년(548) 위나라에서 벼슬했는데, 후경侯景의 난을 만나 7년 동안 진陳나라로 돌아가지 못하다가, 나중에 진나라로 돌아가 어사중승御史中丞이 되었다. 권력자들을 탄핵할 때 주저함이 없었으며, 그의 문명文名은 강남뿐만 아니라 화북華北에도 널리 퍼져나갔다. 그는 그의 명성에 걸맞게 북제와 북주北周의 문인들과도 교섭이 잦았다. 저서에 『서효목집徐孝穆集』이 있고, 『옥대신영玉臺新詠』이 있다. 옥대란, 벽대璧臺 · 요대瑤臺 · 금옥金屋 이라하는데 후궁들의 거처를 말한 것이다. 따라서 『옥대신영玉臺新詠』은 옥대에서 읊은 시들을 모은 시집이다. 곧 여인들의 사랑을 노래한 시를 총망라한 시집인 것이다.

### 〈관산월關山月〉

서릉徐陵

| | |
|---|---|
| 관산의 보름달에, | 關山三五月(관산삼오월), |
| 나그네는 진천을 생각하네. | 客子憶秦川(객자억진천). |
| 나를 생각하는 아내 높은 누각 위에서, | 思婦高樓上(사부고루상), |
| 창을 향하고 마땅히 잠을 이루지 못하리라. | 當窓應未眠(당창응미면). |
| 별 중의 기성은 소륵 땅을 비추고, | 星旗映疏勒(성기영소륵), |
| 구름은 진지 모양으로 기련산맥 위에 떠 있네. | 雲陣上祁連(운진상기련). |
| 전쟁의 기운이 지금 이와 같으니, | 戰氣今如此(전기금여차), |
| 군대에 종사함이 또한 몇 년이나 더 남았는가? | 從軍復幾年(종군부기년). |

변방지역 관산에는 보름달이 환하게 비치는데, 고향을 떠나와서 변방을 지키는 병사인 나는 밝은 달을 보면서 장안 근처 고향인 진천을 그리워한다. 지금 고향 땅 집에 홀로 남겨져 있는 아내는 높은 누각 위에서 밝은 달을 보면서 변방을 지키는 나를 생각할 것이다. 하늘에는 기성이 전쟁터인 소륵국을 비치고, 구름마저 전쟁의 진지 모양으로 기련산맥 위에 떠 있다. 이처럼 전운은 지금도 천지에 충만되어 있으니 어느 날에나 병역의 의무를 마치고 고향 땅으로 돌아갈 수 있을까? 앞으로 몇 년이나 더 남았을까?

관산월이란, 악부의 가요 제목으로 관산에 비치는 달빛에 집에 두고 온 아내를 생각하는 노래를 두고 이르는 말이다. 국경지역에 끌려나온 남편은 변방에 떠 있는 밝을 달을 보고 고향 집에 있는 아내를 그리워하고 있다. 변방지역에 떠 있는 달은 고향 집 지붕 위에도 떠 있을 것이기 때문이다. 남편은 고향 집과 이어주는 달을 통해 고향 집 아내를 생각하고 있는 것이다. 아마도 지금쯤 아내도 저 달을 보면서 변방에 있는 나를 그리워하여 잠을 이루지 못할 것이라고 단정하였다. 따라서 하늘의 달은 아내와 나를 이어주는 사랑의 메신저 역할을 하고 있다.

당나라 때 대시인 두보杜甫도, 안록산의 난으로 인해 가족과 떨어져 있을 때, 장안의 달을 보고 아내를 그리워하여 시를 지었다. 두보는 〈월야月夜〉에서 "오늘 밤 부주의 달을 규중에서 아내가 단지 혼자 쳐다보고 있겠지. 저 멀리 있는 어여쁜 자식들은 어머니가 달을 보면서 장안을 생각하는 것을 이해하지 못할 것이다. 아내는 오랫동안 밖에서 서성거렸기 때문에 향기로운 안개구름 같은 머릿결이 젖어 있고, 맑은 달빛에 옥 같은 팔이 찰 것이다. 어느 때나 얇고 투명한 휘장에 기대어선, 눈물 흔적이 마른 두 사람의 얼굴을 비춰줄 것인가?"라고 노래하였다. 안록산의 군대에 볼모로 잡혀 있으면서 부주에 두고 온 가족, 특히 아내를 그리워하고 있다. 두보는  장안의 하늘 위에 떠있는 달을 보는 것이 아니라, 부주에 있는 아내가 장안의 하늘 위에 떠있는 밝은 달을 보고 있을 것이라고 하였다. 그러면서 오랫동안 마당에서 서성대고 밤잠을 이루지 못할 아내를 걱정하고 있다. 이처럼 달은 두보와 아내를 이어주는 매개체 역할을 한 것이다.

이는 서릉의 〈관산월〉에 나오는 내용을 점화點化한 것으로도 볼 수 있는 것이다. 시적 이미지가 비슷하기 때문이다. 그러나 두보가 서릉의 〈관산월〉을 모방은 하였지만, 새로운 의미를 더했기 때문에 표절이라고 하지 않고, 점화라고 하는 것이다. 점화點化란, 남의 시구를 모방하기는 했지만, 새로운 의미를 부여하여 신의新意를 드러내는 것을 이르는 한시 작법류 용어이다. 달은 전통적으로 나와 임과 연결되는 소재로 많이 활용되었다. 우리 고대시가인〈정읍사〉에서도 달은 남편의 안전을 지켜주는 존재이면서 기원의 대상이기도 하였다. 조선시대 신흠申欽(1566~1628)은 시조에서 눈 덮인 산촌에 어느 누구 찾아올일 없는데, '다만 밤중에 찾아드는 한 조각 밝은 달민이 내 벗인가 싶다.' 고도 하였다. 이렇듯 달은 연모의 대상이면서도 나를 위로해주는 벗이기도 하였다. 지금의 달은 어떠한가? 화려한 조명불에 유명무실해진 지가 오래되었다. 그러나 한번쯤 달을 보면서 그리운 이들을 그리워해 보자. 누군가가 달을 보고 당신을 그리워할 수도 있기 때문이다.

## 7. 진자앙陳子昻의 술회

진자앙(661~702)은, 자字는 백옥伯玉이고 사천성四川省 사홍현射洪縣 사람이다. 그는 어릴 때는 부유한 집안에 태어나 17~8세까지는 자유분방하게 생활하다가, 향교에서 또래들이 글 읽는 것을 보고, 그때부터 공부에 열중하여, 학문 실력이 일취월장日就月將하였다고 한다. 그는 자기의 글재주를 알아주는 사람이 없자, 21세에 고관대작을 만나러 장안長安으로 상경하였다.

막상 장안에 왔지만 고관대작을 만날 길은 요원하여, 한 방법을 모색할 수밖에 없었다. 그가 생각해낸 방법은 길거리의 악인樂人을 이용하는 것이었다. 길거리에서 호금胡琴 [깡깡이] 을 파는 상인이 호금 하나를 백 만 금에 팔겠다고 하는 것을, 엽전 천 꾸러미를 주고 그 자리에서 사고 말았다. 그 장면을 지켜보던 많은 사람들이 많은 돈을 주고 산 그 호금을 어떻게 사용할 것인가를 물어오기에, 내일 선양리宣陽里에서 연주할 것이라 하고, 그곳으로 오라고 하였다.

다음 날 호금을 천 꾸러미를 주고 산 사람이 선양리에서 연주한다는 소문이 장안에 퍼져, 구경꾼이 인산인해人山人海를 이루게 되었다. 구경꾼들이 모여들자, 진자앙은 먼저 그들에게 술과 안주를 대접하면서, "나는 사천 사람 진자앙이다. 내가 시문 일백 편을 지어 가지고 장안으로 왔는데, 봐 주는 사람이 없다. 그런데 천한 장인이 만든 것으로, 많은 돈을 주고 산 호금에만 사람들의 관심이 있고 나의 시문에는 관심이 없는 것이 안타깝다. 그래서 내 시문을 여러 사람들에게 알리기 위해 천한 악공이 만든 호금을 많은 돈을 지불하고 산 것이다."라고 하고는,

그 호금을 부숴버렸다.

이런 일이 있은 후, 진자앙의 이름은 장안에 쫙 퍼졌고, 이 소식은 경조 사공참군인 왕적의 귀에까지 전해졌다. 왕적은 진자앙의 〈감우시〉를 읽은 후 '이 사람은 반드시 천하제일의 문장가가 될 것이다.' 라고 하였다 한다. 〈감우시感遇詩〉 38수는 조정의 폐단을 비판하고 변방의 군인과 백성들의 고통을 반영하였으며, 재능은 있으면서도 인정받지 못하는 자신의 비애감을 나타낸 시이다. 그는 '한위漢魏의 풍골風骨' 을 중히 여겨 강건중후한 시를 지음으로써 초당初唐에서 성당盛唐으로 넘어가는 시풍 전환에 커다란 영향을 끼쳤다. 그 대표작 〈감우感遇〉 38수는 위魏나라 완적阮籍의 〈영회詠懷〉 82수를 이어받은 작품이다. 성당盛唐의 이백李白은 진자앙의 〈감우시〉의 영향을 받아 〈고풍古風〉 59수를 지었다고 한다. 문집으로 시를 포함한 『진백옥문집陳伯玉文集』 10권이 있다. 내용이 깊고 풍격이 호탕하여 당시唐詩 혁신의 선구적인 작품이 되었다.

진자앙은 측천무후 때, 벼슬하기도 하였고 거란군 토벌에 참여하기도 하였다. 그러나 거란군 토벌에 패배하여 벼슬이 군조로 강등되자 관직을 떠나 유주 등지로 떠돌아다니기도 하였다. 699년 그의 아버지가 고향인 사홍현에서 임종을 하자 그 장례식을 치르기 위해 고향으로 갔다가 사홍현 현령인 단간의 모함으로 옥에 갇혔다가 43세의 나이로 옥사獄死하고 말았다.

〈등유주대가登幽州臺歌〉는 끝없이 펼쳐지는 시간과 공간 속에 시인의 정치와 이상 그리고 암담한 현실의 심각한 모순을 담아내며 당시의 유능한 지사들이 겪었던 비극을 노래하였다. 〈등유주대가登幽州臺歌〉는 초당初唐시로 아직 근체시가 정립되기 전의 자유분방한 잡언체雜言體 시의 대표 격이라 할 수 있다.

## 〈등유주대가登幽州臺歌〉-유주대에 올라 노래하다

진자앙陳子昂

| | |
|---|---|
| 앞으로는 옛 사람을 뵐 수 없고, | 전불견고인<br>前不見古人, |
| 뒤로는 올 사람이 보이지 않네. | 후불견래자<br>後不見來者. |
| 천지의 아득함을 생각할 때, | 염천지지유유<br>念天地之悠悠, |
| 홀로 서글퍼 눈물이 흐르네. | 독창연이체하<br>獨愴然而涕下. |

유주대는 지금 북경의 옛 이름이다. 유주대는 유주에 나라를 세웠던 춘추전국 시대 연나라 소왕昭王이 악의 · 추연 등 어진이를 모셔와 거처하게 하기 위하여 지은 황금대로 일명 초현대라고도 한다. 연나라의 소왕이 황금대를 지어놓고, 천하의 인재들을 모아 정치적 자문을 구하던 곳이다. 소왕 때의 연나라는 인재를 알아주고 그들의 의견을 적극 수렴해서 정치에 반영하는 이상적인 국가였다. 진자앙도 그런 이상적인 국가를 꿈꿨지만, 자신을 알아주고 자신의 재주를 아껴주는 군왕이 없는 현실을 슬퍼하며 유주대에서 시를 읊조렸던 것이다.

'앞에서는 옛 사람을 뵐 수 없고, 뒤로는 올 사람 볼 수가 없다. 천지의 무진무궁함을 생각하다가, 나 홀로 슬픔에 젖어 눈물 흘린다.'는, 유주대에 올라 고금古今을 살펴보고 자신의 존재를 알아주는 이가 없어 서글퍼 눈물이 난다는 것이다. 진자앙의 불우한 삶의 일면을 읽을 수 있는 시이다. 지금 사천성 금화진 금화산에 가면 진자앙이 공부하던 독서대가 있고 그 독서대에는 진자앙의 시가 새겨져 있다.

퇴계 이황의 〈도산12곡〉중, 제 9곡 "고인古人도 날 몯보고 나도 고인 몯뵈. 고인古人을 몯뵈도 녀던 길 알핀 잇ᄂᆡ. 녀던 길 알핀 잇거든 아니 녀고 엇덜고."라고 하여, 자기 수양과 학문 도야의 길이 앞에 있으니 그 길을 열심히 따라가겠다는 다짐인 동시에 후학들에 대한 충고를 하고 있다. 이 〈도산12곡〉중 제 9곡은 진자앙의 1, 2구를 연상시키고 있다.

〈등유주대가〉는 그가 거란 정벌에 참여할 당시에 쓴 시이다. 당시 조정은 측천무후의 친정인 무씨 일가의 손에 좌지우지 되고 있었다. 진자앙이 24세에 진사에 급제하였을 때, 고종이 붕崩하여 장지 문세로 논란이 일자 상서上書를 올려 측천무후에게 발탁되어 인대정자의 벼슬을 하사 받게 되고, 이어 우습유에까지 오르게 된다. 진자앙은 측천무후라는 여인의 아래에 있는 것도 불만인데다가 여러 번의 정책을 올려도 받아들여지지 않자 사임을 생각하고 있던 중에, 측천무후의 친정 집안인 무유의武攸宜가 거란군을 토벌하려 나갈 때 진자앙을 참모로 부르니 함께 나아갔던 것이다.

당나라 조정에서는 지략도 담력도 없는 무유의를 총사령관에 임명하였다. 군사적인 능력이 없는 무유의가 군대를 통솔하기는 하였지만, 무유의는 거란군과의 싸움에서 매번 패배하였다. 이때 진자앙이 여러 차례 계책을 올렸으나 번번이 받아드려지지 않았고, 급기야 무유의의 노여움을 사서 강직 당했다. 그 당시 울분과 서글픔을 바탕으로 쓴 시가 〈등유주대가登幽州臺歌〉이다. 제 1구와 2구에서 앞사람과 뒷사람이 보이지 않는다고 한 것은 막막한 심정과 천지가 아득할 뿐이라서 서글퍼다는 것이다. 따라서 자신의 재주와 존재를 알아주지 않는 현실에 대한 서글픈 마음이 절로 드러나고 있다. 그래서 후대인들은 자신의 재능을 알아주지 않은 세상일 때, 이 진자앙의 시를 모방하여 시를 지었던 것이다.

## 8. 장구령張九齡과 청운지지靑雲之志

장구령(673~740)은, 당唐나라 소주韶州 곡강曲江 출신[지금의 광동성]이다. 자字는 자수子壽이며 일명 박물博物이라고도 하였다. 중종中宗 경룡연간(景龍年間, 707~710)에 진사가 되었다. 교서랑校書郎 · 중서사인中書舍人 · 기주자사冀州刺史 · 영남안찰보사嶺南按察補使 등을 거쳐, 천거로 비서소감秘書少監 · 집현원 학사集賢院學士를 지냈다. 장구령은 현종대에는 현종으로부터 신임을 받았으며, 진자앙을 잇고 이백과 두보에게 영향을 미쳐 당시唐詩발전에 크게 공헌하였다.

장구령은 734년 중서령中書令 장열張說이 죽은 뒤 그의 뒤를 이어 중서령이 되었다. 그런데 때마침 장열의 반대파로서 문벌귀족 출신인 이임보李林甫가 예부상서 동중서문하삼품禮部尙書同中書門下三品이 되어 장구령과 함께 재상의 직책을 맡았다. 당시 장구령은 과거출신관료의 지위옹호를 위해 이임보에 대해 비타협적인 태도를 취했기 때문에 두 사람은 조정에서 대립하였던 것이다. 736년 장구령은 이임보의 참소에 의해 형주대도독부장사荊州大都督府長史로 좌천되었으며, 사후 형주대도독에 추증되었다. 장구령은 일찍이 안록산安祿山을 제거해야 한다고 주장했는데, 나중에 현종이 그의 선견지명先見之明을 칭찬했다고 한다. 문학사에서도 진자앙陳子昂을 계승하여 당시唐詩의 복고復古에 힘썼다. 그의 저작으로는 『당승상곡강장선생문집唐丞相曲江張先生文集』 20권과 『천추금경록千秋金鏡錄』 5권이 있다. 『신당서新唐書』 권58 예문지藝文志 에는 『장구령사적張九齡事跡』 1권이 수록되어 있다. 문집으로는 『곡강집曲江集』 20권이 있다.

〈조경견백발照鏡見白髮〉- 거울에 비친 백발을 보다

장구령張九齡

| | |
|---|---|
| 지난날에는 청운의 뜻이 있었는데, | 宿昔青雲志, (숙석청운지) |
| 어영부영하다 보니 백발의 나이가 되었네. | 蹉跎白髮年. (차타백발년) |
| 맑은 거울 속의 이 모습을 누가 알았으리, | 誰知明鏡裏, (수지명경리) |
| 형상과 그림자가 서로 불쌍히 여길 줄을. | 形影自相憐. (형영자상련) |

장구령은 현종玄宗 때의 어진 재상이었는데, 이임보李林甫의 모함을 받아 재상직에서 물러나고 외직으로 나가 형주장사가 된 인물이다. 위의 시 〈조경견백발照鏡見白髮〉은 그가 재상의 자리에서 물러났을 때의 감회를 읊은 시이다. '옛날 청운의 뜻을 품고 벼슬길에 나아갔는데 어쩌다 기회를 놓치고 어느새 백발의 노인이 되었구나. 밝은 거울 속의 그림자와 그것을 보고 있는 내가 서로 측은히 여기고 있을 줄을 그 누가 생각했을까?' 라고 하여, 입신출세의 뜻을 이루지 못한 아쉬움을 달래고 있다. 다시 말하자면, 청운靑雲의 뜻을 품고 벼슬길에 나아가 재상의 자리에 올라 나라와 일반 백성들을 위해 일하고 싶었지만, 자신이 지닌 재능과 능력을 다 펼치지도 못한 채 모함을 당해 노년에 한직으로 쫓겨나야 함을 거울에 비친 백발의 모습을 보고 새삼 깨닫게 됨을 알았다는 것이다. 이처럼 오늘날 입신출세立身出世의 뜻으로 사용되는 청운지지靑雲之志는 장구령이 재상의 자리에서 물러나며 쓸쓸한 감회를 읊은 것으로, 위의 시에서 유래한 것이다.

당나라 문인 왕발은 〈등왕각서〉에서 "내가 믿는 바로는 군자는 가난을 편안하게 여기고 달인은 자신의 운명을 안다. 늙을수록 더욱 강해진다면 어찌 노인의 마음을 알겠는가? 가난할수록 더욱 굳건해진다면 청운의 뜻을 저버리지 않을 것이다."라고 하였다. 곧 '늙을수록 더욱 뜻을 굳게 가져서 벼슬길에 나가려는 노인의 마음을 누가 알아주겠는가?' 라고 반문한 내용이다. 이 내용은 후한後漢 때 마원馬援이 젊은 시절부터 큰 뜻을 품고 있었는데, 어느 날 잔치를 열고 손님들에게 "대장부가 뜻을 품으면 곤궁할수록 더욱 뜻을 견고하게 가지고 늙을수록 더욱 뜻을 굳게 가져야 한다."라고 하였다 한다. 따라서 어려운 때일수록 젊었을 때의 높고 큰 뜻을 버리지 말아야 한다는 뜻으로 청운지지青雲之志가 사용된 것이다.

'청운青雲' 또는 '청운의 뜻' 은 흔히 높은 벼슬이나 세속적인 출세를 지향하는 뜻으로 주로 쓰이는 경향이 있으나 옛글에서는 꼭 그렇지만 않아서 공자孔子를 청운지사青雲之士 곧 '고결한 지조를 지닌 선비' 라 지칭하기도 하였다.

우리도 어려운 때일수록 '청운의 뜻' 곧 젊었을 때의 높고 큰 이상을 잊지 말고 그 큰 뜻을 이루기 위해 더욱 노력하는 자세를 보여야 할 것이다.

조선시대 문장가 박지원朴趾源(1737~1805)도 늙어감을 한탄한 시가 있다.

〈원조대경元朝對鏡〉

박지원朴趾源

| | |
|---|---|
| 문득 몇 가닥 턱수염이 났는데, | 물연첨득수경수<br>勿然添得數莖鬚, |
| 온전히 여섯 자 몸뚱이만큼 길지는 않네. | 전불가장육척신구<br>全不加長六尺身軀. |
| 거울 속의 모습은 해마다 달라지는데, | 경리용안수세이<br>鏡裏容顔隨歲異, |

어리석은 마음에 지난날의 나인 줄만 여겨지네. 穉心猶自去年吾.

장구령은 청운지지靑雲之志 를 이루려다 이루지 못하고 몸만 늙고 백발이 되어감을 읊었고, 박지원도 늙어감을 한탄하였다. 이백도 〈추포가秋浦歌〉에서 "不知明鏡裏부지명경리, 맑은 거울 속의 모습 알지 못하겠구나"라고 하여, 출세하지 못하고 늙어감을 한스러워 하였다.

▲ 중국 강서성 남창시 연강로 장강 변에 있는 등왕각 모습이다.

## 9. 낙빈왕駱賓王 과 매미

낙빈왕(640~684 추정)은, 중국 당唐초기의 시인詩人으로 '초당사걸初唐四傑' 의 한 사람이다. 초당사걸은 왕발 · 양형 · 노조린 · 낙빈왕이다. 낙빈왕은 절강성浙江省 의오義烏 사람이다.

7세 때에 시를 쓸 수 있었던 신동이었다. 그가 7세 때 쓴 시 〈영아詠鵝〉를 보면, "거위야, 거위야, 거위야, 굽은 목은 하늘을 향해 노래하고 있네. 흰 털은 푸른 물 위에 떠 있고, 붉은 발바닥은 맑은 물결 일으키는구나."로, 어린 시절부터 사물을 보는 직관력과 표현력이 남달랐다. 또한 성품이 호방하고 대담하여 일찍부터 도박꾼들과도 놀곤 하였다고 한다. 고종 말에 장안현 주부長安縣主簿가 되었고, 고종의 황후인 측천무후가 권세를 휘두르자, 측천무후에게 여러 차례 상서를 하여 정치에 관한 견해를 밝히기도 했는데, 도리어 죄를 얻어 투옥되었다가 절강의 임해승 臨海丞 으로 좌천되자 관직을 떠났다.

〈재옥영선在獄詠蟬〉은 그때 감옥에서 지은 시이다. 684년에 서경업徐敬業 이 측천무후를 몰아내기 위한 군대를 일으키자 그에 가담하여 『토무조격討武曌檄』이란 격문을 지어 돌렸다. 그 내용의 전반부에는 측천무후의 반인륜적인 내용과 전통성이 없는 정권임을 내세웠고, 후반부에는 서경업의 거병을 옹호하면서 거병에 참여할 것을 호소한 것이다. 측천무후는 이 격문을 읽던 중 "선제의 유언이 아직 귓가에 울리고 있는데, 설마 충심은 있었단 말인가? 선제릉의 흙이 채 마르지도 않았는데, 중종은 어디에 있어야 하는가?"라는 구절에서, 자신도 모르게 놀라면서 격문을 지은 자의 이름을 물었다고 한다. 낙빈왕의 이름을 들자 "이런 인재를 불우하게 내버려두었으니 이는 재상의 잘못이다."라고 말했다고 한다. 낙빈왕駱賓王의 글을 아꼈던 측천무후(684~709)는 조詔를 내려서 그의 문장 수백 편을 모아 교운경郄雲卿에게 명하여 편찬할 것을 명했는데, 이것이 『낙빈집駱賓集』이다.

그러나 서경업이 패한 뒤 낙빈왕의 행적은 자세히 알려져 있지 않다. 다만 피살 · 자살 또는 도망하여 은둔했다는 등의 실만 무성할 뿐이다. 낙빈왕은 왕발과 함께 변려문에도 능숙하였으며, 시의 내용은 의리를 중시하는 마음의 비장감을 노래한 것들이 많다.

〈재옥영선在獄詠蟬〉 – 옥에 갇혀서 매미를 노래하다

낙빈왕駱賓王

| | |
|---|---|
| 가을에 매미가 우니, | 서노선성창<br>西路蟬聲唱, |
| 죄인의 몸 근심도 깊도다. | 南冠客思侵. |
| 견딜 수가 없네. 검은 머리의 그림자가, | 불감현빈영<br>不堪玄鬢影, |
| 나를 상대해 〈백두음〉 부르는 소리를. | 내대백두음<br>來對白頭吟. |
| 이슬이 무거워 날아가기 어렵고, | 노중비난진<br>露重飛難進, |
| 바람이 세니 그 울림이 쉬 사라지네. | 풍다향역침<br>風多響易沉. |
| 고결한 마음 믿어줄 사람 없으니, | 무인신고결<br>無人信高潔, |
| 누가 내 마음을 표명해 줄 것인가? | 수위표여심<br>誰爲表予心. |

초가을에 감옥 안에 갇혀 감옥 밖에서 들려오는 매미 소리를 들으니, 죄인의 몸으로 근심도 많다. 감옥 밖으로부터 매미의 그림자가 감옥 안의 나에게 다가와 사마상여에게 버림받은 사람 탁문군의 탄식 섞인 노

래인 〈백두음〉을 불러주는 것 같아 견딜 수가 없다. 저 매미는 밤새 이슬을 받아 그 이슬이 무거워 날아 앞으로 나아가기가 힘들 것 같고, 바람마저 세게 불어 그 울음소리마저 자주 끊겨 들리기도 하고 안 들릴 때도 있다. 저 매미 같이 고고하고 깨끗한 이내 심정을 믿어 주는 이 없으니, 누가 내 이 마음을 대신 변명해 주겠는가?

매미에게 자신을 비유하였다. 가을 매미는 다 울고 나면 죽는다. 낙빈왕 자신의 운명도 얼마 남지 않은 매미의 울음 같아 서글프다. 또한 결백한 자신이 억울하게 감옥에 갇혀 생의 마지막을 세상에 알리고 싶다. 이 시에는 다음과 같은 병서가 붙어 있다.

〈재옥영선在獄詠蟬〉 병서幷序

여 금 소 금 원 서
余禁所禁垣西 : 내가 갇힌 감옥 담 하나를 두고 서쪽이

시 법 청 사 야
是法廳事也 : 사법 관청의 뜰이다.

유 고 괴 삭 주 언
有古槐數株焉 : 늙은 홰나무 몇 그루가 있는데

수 생 의 가 지
雖生意可知 : 비록 살려는 뜻은 알 수 있으나

동 은 중 문 지 고 수
同殷仲文之古樹 : 은중문의 늙은 고목과 같고

이 청 송 사 재
而聽訟斯在 : 송사를 여기서 들으니,

즉 주 소 백 지 감 당
卽周召伯之甘棠 : 곧 주나라 소백의 감당나무이다.

매 지 석 조 저 음
每至夕照低陰 : 매번 황혼이 되면 낮게 그늘이 지는데,

추 선 소 인
秋蟬疏引 : 가을 매미가 노래한다.

발 성 유 식
發聲幽息 : 그 소리 그윽하여

유 절 상 문
有切嘗聞 : 절절함이 묻어온다.

기 인 심 리 어 낭 시
豈人心異於曩時 : 어찌 사람의 마음이 예전과 달라

將蟲響悲於前聽 : 벌레 소리마저 더 슬프게 들리는가?

嗟乎 : 아!

聲以動容 : 소리로 사람의 용모를 움직이고

德以象賢 : 덕으로 사람의 어짊을 닮아

故潔其身也 : 그러므로 자신의 몸을 깨끗이 한다.

稟君子 : 군자의 행실을 바탕삼아

達人之高行 : 사람의 높은 행실에 이르게 되어

蛻其皮也 : 그 껍질을 벗는다.

有仙都羽化之靈姿 : 신선이 날게 되는
신령스러움이 생긴다.

候時而來 : 때를 기다려 그때가 와서야

順陰陽之數 : 음양의 이치에 따르고

應節爲變 : 절기의 변화에 응하여

審藏用之機 : 은퇴하고 등용되는 기미를 살핀다.

有目斯開 : 눈을 뜨고

不以道昏而昧其視 : 도道가 혼미하다 하여
그 시선을 흐리게 하지 않고

有翼自薄 : 날개가 있어도 스스로 엷게 하며

不以俗厚而易其眞 : 세속이 후하게 대접해도
그 진실을 바꾸지 않는다.

吟喬樹之微風 : 높은 나무가 미풍을 일으키니

韻資天縱 : 그 자질이 자연스럽고

飮高秋之墜露 : 높은 가을하늘의 떨어지는 이슬 마시니

淸畏人知 : 맑음을 남들이 알까 두려워한다.

仆失路艱虞 : 길을 잃어 고생하고

遭時徽纆 : 죄수가 되는 불행한 때를 만났도다.

不哀傷而自怨(불애상이자원) : 마음이 슬프고 아프지는 않아도 스스로 원망스러운데,
未搖落而先衰(미요낙이선쇠) : 흔들려 떨어지지 않아도
먼저 쇠락해지는구나.
聞蟪蛄之流聲(문혜고지류성) : 쓰르라미의 울려 퍼지는 소리 듣고
悟平反之已奏(오평반지이주) : 상소가 이미 올려졌음을 깨닫는다.
見螳螂之抱影(견당랑지포영) : 사마귀가 살기를 가졌음을 보고
怯危機之未安(겁위기지미안) : 위기가 끝나지 않음이 겁난다.
感而綴詩(감이철시) : 느끼어 시를 지어
貽諸知己(이제지기) : 여러 지우知友에게 준다.
庶情沿物應(서정연물응) : 바라노니, 정이 경물에 따라 응하여
哀弱羽之飄零(애약우지표령) : 연약한 날개 흔들려 떨어짐을 슬퍼하고
道寄人知(도기인지) : 남이 알게 알리어 전해주어
憫餘聲之寂寞(민여성지적막) : 남은 소리의 적막함을
불쌍히 여겨주었으면 한다.
非謂文墨(비위문묵) : 이것은 단순히 문장일 뿐 아니라
取代幽憂云爾(취대유우운이) : 나의 그윽한 근심을 취하여 대신하고 있을 뿐이노라.

678년(당 고종 의봉 3년) 당시 시어사侍御史로 있던 낙빈왕은 정사와 관련하여 상소문을 올렸다가 측천무후의 노여움을 사서 뇌물수수와 부정축재의 죄목으로 장안長安의 감옥에 갇히게 되었다. 낙빈왕은 감옥에 있으면서 자기의 처지를 가을바람 불고 이슬이 내리는 때에 감옥 창살 밖 나무 가지 위에서 힘없이 우는 매미에 견주어 자신의 억울함을 읊었다. 또한 자신의 그런 억울한 심정을 시로 써서 지우知友들에게 알리면서 구원을 청하였다.

서륙西陸은 가을의 별칭이다. 별자리를 동서남북으로 4등분하여, 태양이 북륙에 있을 때가 겨울이고, 서륙에 있을 때가 가을이기 때문이

다. '현빈영玄鬢影' 은 '임의 총애를 받고 있는 젊은 여인' 이라는 뜻이 있다. 진晉나라 최표崔豹의 고금주古今註에 보면, 위魏나라 문제文帝가 사랑했던 여자가 선빈蟬鬢이다. 선빈은 머리 모양을 매미 모양으로 하였는데, 멀리서 보면 투명하여 마치 매미의 날개 같았다고 한다. 현빈영은 바로 여인의 머리 모양 같은 날개를 지닌 매미를 가리킨다. 백두음白頭吟은 '버림받고 탄식하는 여인' 이라는 뜻이 있다. 한漢나라 때 문인 사마상여司馬相如가 딴 여자를 사랑하자 그의 아내인 탁문군이 '백두음' 을 짓고 스스로 떠나가려는 뜻을 나타낸 시이다. 현玄은 검은 머리의 젊음이고, 백白은 백발의 노인이기도 하다. 위의 시에서는 탁문군이 〈백두음〉을 읊조리고 난후, 사마상여가 다시 탁문군을 사랑했듯이 낙빈왕도 감옥에서 풀려나기를 바라면서 여러 지우知友에게 자신을 구원해 줄 것을 호소하고 있다. 남관南冠은 옥중 죄수의 별칭이다. 초나라 사람 종의鍾儀가 죄수로 갇혀 있으면서도 끝내 남쪽 나라 초의 관모를 쓰고 있었다는 고사로, 낙빈왕도 절강성 남쪽 사람으로서 장안에 갇힌 몸이 되었으므로 이런 고사를 사용했던 것이다.

낙빈왕은 '현빈영' 고사를 인용한 용사用事의 방법과 '백두음' 의 시작품을 모방한 점화點化의 시작법을 이용하여, 함축적이고 깊이 있는 시를 창작하였다. 용사와 점화의 시작법을 통해 자신의 억울함을 매미의 가냘픈 울음에 호소하여, 잘 표현하였다.

## 10. 장약허張若虛 의 상사의 정情

장약허(660~720)는 강소성江蘇省 양주揚州 사람이다. 옛날 오吳 지방 사람이다. 벼슬은 연주병조兗州兵曹를 지냈다. 중종中宗 신룡神龍 중에 문사文詞가 뛰어나 장안長安에서 명성을 떨쳤다. 하지장賀知章 · 장욱張旭 · 포융包融 과 함께 '오중사사吳中四士' 의 한 명이다. '오중사사吳中四士' 는 당唐나라 당시, 오吳 지방에 태어난 4명의 인물이라는 뜻이다. 장약허의 작품은 대부분 실전되어 『전당시全唐詩』에 시 2수가 전하고 있다. 대표작 〈춘강화월야春江花月夜〉는 인구人口에 회자膾炙되는 명시로 궁체시宮體詩의 속박에서 벗어나 청려淸麗하고 자연스러운 필치로 달빛이 비치는 춘강春江의 경치를 묘사한 시이다. 〈춘강화월야春江花月夜〉의 '봄 강에 꽃 피고 달 밝은 밤' 은 원래 악부의 제목으로 진 후주가 맨 처음 지었다고 한다. 여기서는 춘春 · 강江 · 화花 · 월月 · 야夜 등의 다섯 가지 소재를 사용하여 남녀 간의 이별의 정서를 읊은 것이다. 천고千古의 절창으로 꼽히고 있다.

### 〈춘강화월야春江花月夜〉 – 봄 강에 꽃피고 달 밝은 밤

장약허張若虛

| | |
|---|---|
| 봄 강의 조수는 바다에까지 이어져 평평한데, | 春江潮水連海平, (춘강조수련해평) |
| 바다 위 밝은 달은 조수와 함께 떠오르네. | 海上明月共潮生. (해상명월공조생) |

번쩍번쩍 물결 따라 천만 리에 비치니, 灩灩隨波千萬里,(염염수파천만리)
어느 곳 봄 강에 달의 밝음이 없으리오? 何處春江無月明.(하처춘강무월명)
강물은 흘러 굽이굽이 들판을 감도는데, 江流婉轉繞芳甸,(강류완전요방전)
달은 꽃 수풀 비추어 모두 싸락눈 같다. 月照花林皆似霰.(월조화림개사선)
공중에 흐르는 서리는 날리는 줄 모르고, 空裏流霜不覺飛,(공리류상불각비)
물가의 흰 모래는 보아도 보이지를 않네. 汀上白沙看不見.(정상백사간불견)
강과 하늘은 한 빛이라 티끌 하나 없는데, 江天一色無纖塵,(강천일색무섬진)
밝고 밝은 공중에 홀로 둥근 달만 휘영청. 皎皎空中孤月輪.(교교공중고월륜)
강변에서 어느 사람 달을 처음 보았나? 江畔何人初見月,(강반하인초견월)
강의 달은 어느 해 사람 처음 비추었나? 江月何年初照人.(강월하년초조인)
인생은 대대로 이어가 끝이 없지만, 人生代代無窮已,(인생대대무궁이)
강의 달은 해마다 그저 비슷할 뿐이네. 江月年年只相似.(강월년년지상사)
모르노라, 강의 달이 누구를 기다리는지? 不知江月待何人,(부지강월대하인)
다만 보이나니, 장강 물 흘려보내는 모습뿐. 但見長江送流水.(단견장강송류수)
흰구름 한 조각 유유히 흘러가고, 白雲一片去悠悠,(백운일편거유유)
청풍 포구에서 시름을 이기지 못한다. 靑楓浦上不勝愁.(청풍포상불승수)
오늘 밤 조각배를 젓는 이는 누구인가? 誰家今夜扁舟子,(수가금야편주자)
달 밝은 누각에서 상사하는 이가 있는 곳은 어디인가? 何處相思明月樓.(하처상사명월루)
가련하다. 달은 누각 위를 배회하면서, 可憐樓上月徘徊,(가련루상월배회)
이별로 아픈 사람의 경대나 비추겠지. 應照離人粧鏡臺.(응조리인장경대)
옥구슬 발 걷어 올려도 달빛은 떠나지 않고, 玉戶簾中捲不去,(옥호렴중권불거)
다듬잇돌 위에서 달빛을 쫓아도 달빛은 도로오네. 擣衣砧上拂還來.(도의침상불환래)
이때 서로 달을 통해 볼 수는 있어도 들을 수 없으니, 此時相望不相聞,(차시상망불상문)
원컨대, 달빛을 좇이 흘려보내어 임을 비추게 하고 싶네. 願逐月華流照君.(원축월화류조군)

편지 전하는 기러기 멀리 날아가

달빛이 비출 수 없고, 鴻雁長飛光不度,(홍안장비광부도)

소식 전하는 물고기는 잠겼다 뛰어올라 물에 무늬만 놓네. 魚龍潛躍水成文.(어룡잠약수성문)

엊저녁 한가한 연못가에서 꽃이 지는 꿈을 꾸니, 昨夜閑潭夢落花,(작야한담몽락화)

가련타, 봄이 다 가도록 집에 못 가네. 可憐春半不還家.(가련춘반불환가)

강물은 봄을 흘려보내어 아주 가 버리려 하고, 江水流春去欲盡,(강수류춘거욕진)

강과 연못에 지는 달은 다시 서쪽으로 기울려고 하네. 江潭落月復西斜.(강담낙월부서사)

기운 달은 침침하게 바다 안개에 숨는데, 斜月沈沈藏海霧,(사월침침장해무)

북쪽의 갈석산과 남쪽의 소상강 사이는 끝없는 길이네. 碣石瀟湘無限路.(갈석소상무한로)

알지 못하겠네, 달빛을 타고 몇 사람이나 돌아갔을지? 不知乘月幾人歸,(부지승월기인귀)

지는 달이 정情을 움직여 강 나무에 가득하다. 落月搖情滿江樹.(낙월요정만강수)

달밤의 풍경을 보면서 애틋한 남녀의 상사의 정을 표현한 시이다. 밀려오는 봄 강물은 바다까지 닿아 있고, 때 마침 휘영청 밝은 달이 조수와 함께 떠오른다. 넘실대는 물결 따라 천리만리 흘러흘러 어느 봄 강에 달이 밝지 않은 곳이 없다. 달빛이 꽃 수풀에 비쳐 마치 초목 위에 싸락눈이 내려앉은 것 같다. 공중의 하얀 서리 느낄 수 없고, 물가의 하얀 모래 보이지 아니한다. 강과 하늘은 한 색깔 티 없이 깨끗하고, 희고 흰 공중에는 외로운 달만 둥그렇다. 이 강가에서 누가 맨 처음으로 저 달을 보았을까? 저 강가의 달은 언제 처음으로 누구를 비추었을까? 사람은 끝없이 이어지고, 저 강가의 달도 해마다 늘 같은 모습이다. 강가의 달이 누구를 기다리는지를 알지 못하겠으나 다만 긴 강의 물을 계속 흘려보내는 것을 볼 수 있다.

흰 구름 한 조각이 유유히 흘러가는데, 푸른 단풍나무 깔린 나룻가에서 근심을 이기지 못하네. 오늘 저녁 일엽편주에 몸을 싣고 근심에 싸인 사람은 누구인가? 임 생각에 밝은 달이 비치는 누각에서 잠 못 드는 여인이 있는 곳은 어디인가? 가련하다. 저 누각 위의 밝은 달은 배회하다가 임과 이별한 여인이 화장하는 경대도 비추겠지. 아름다운 문에 친 발을 걷어 올려도 달은 사라지지 않고, 다듬잇돌 위로 비치는 달빛은 털어내도 여전히 비추기만 하네.

이제 서로 달빛을 통해 바라볼 뿐, 그리운 내 임 소식 들을 길 없네. 저 달빛을 몰아 임에게 비추어 보내고 싶네. 옛말에 기러기가 임의 소식을 전한다고 했는데, 기러기는 멀리 날아가 달빛조차 찾아갈 수 없고, 임의 소식을 전한다는 잉어도 지금 물 속에서 물살만 일으킬 뿐이다. 엊저녁 한가한 연못가에서 꽃이 떨어지는 꿈을 꾸었더니, 가련하도다. 이 봄이 다 가도록 그리운 내님 돌아오지 않네. 강물 따라 이 봄도 떠나려하고, 강과 호수에 잠긴 저 달은 아주 서쪽으로 기운다. 지는 달은 어둑어둑 바다 안개 속으로 모습 감추려고 하고, 북쪽의 갈석산과 남쪽의 소상강은 극에서 극으로 가는 길이 끝이 없는 것처럼, 매우 멀리 떨어져 있다. 알지 못하겠네. 이 달빛 따라 몇 명이나 고향으로 돌아올까? 기우는 저 달이 임 그리는 정을 흩어 강가의 나무에 가득 채운다.

남녀 간의 애정을 달을 통해 잘 표현한 시이다. 강가 조각배 위에서 달이 뜬 모습을 보는 사내와 누각 위에서 밝은 달을 보는 처자가 서로 달을 매개로 하여, 그리워하는 마음을 드러내었다. 조각배 위에서, 누각 위에서 서로 달은 볼 수 있지만 서로의 모습은 볼 수 없다. 그래서 서로의 애틋한 마음을 기러기와 잉어에 부탁하고 싶지만, 기러기는 멀리 날아가 달빛조차 좇아갈 수 없고, 잉어는 물 속에서 텀벙거리면서 물 파장만 낼 뿐이다. 강가 조각배 위에 있는 사내와 누각 위에서 달을 바라보는 처자는 마치 북쪽 끝과 남쪽 끝에 있는 것처럼 먼 거리만 느껴질 뿐이다. 그러나 서로 공중에 떠 있는 달을 바라보면서 언젠가는 만날 날을 그리워 해본다. 달은 이쪽과 저쪽의 안부를 전하는 전령사이기 때문이다.

## 11. 맹호연孟浩然의 수심

맹호연(689~740)은, 당唐나라 때 시인이며 자字는 호연浩然이고, 호북성湖北省 양주襄州 양양襄陽 사람이다. 맹호연은 당나라 산수시인의 대표적인 시인이다. 이백보다 12살 연장으로, 이백이 가장 존경했던 시인이기도 하다. 이백이 촉 땅에서 나와서 녹문산에 은거하는 맹호연의 집을 찾아갔는데, 맹호연이 없어 〈증맹호연贈孟浩然〉시를 남겨 놓고 왔다는 일화가 있다. 〈증맹호연〉 시 구절 중, 절창으로 회자膾炙되는 "달에 취해서 성인에 꼭 맞고, 꽃에 홀려서 임금을 섬기지 않았다. 醉月頻中聖, 迷花不事君"는 구절이 있다. 맹호연은 벼슬을 하기 위해 여러 번 과거시험도 보았다. 그러나 번번이 낙방하고 장구령의 추천으로 낮은 벼슬을 잠시 하다가 녹문산에 은거한 인물이다.

〈숙건덕강宿建德江〉 -건덕강에서 잠자다.

맹호연孟浩然

| | |
|---|---|
| 안개 낀 물가에 배를 대니, | 이 주 박 연 저<br>移舟泊烟渚, |
| 날 저무니 나그네 시름 깊어지더라. | 일 모 객 수 신<br>日暮客愁新. |
| 들이 넓어서 하늘이 나무에 나직하게 내려왔고, | 야 광 천 저 수<br>野曠天低樹, |
| 강이 맑아서 달이 사람에 가깝더라. | 강 청 월 근 인<br>江淸月近人. |

위의 시는 진사시험에 낙방하고 혼자서 배를 타고 돌아다니다가 건덕강 가에서 자면서 쓴 시로, 수심이 깊다. 배를 옮겨 안개 낀 강가에 정박시켰다. 날이 저무니 강가에 안개가 내려앉고 나그네는 수심만 깊다. 배 안에서 바라본 들판은 굉장히 넓어 보이고 저 멀리 지평선에 하늘과 나무가 맞닿아 있다. 강물이 맑아 달이 비쳐, 마침 사람과 가깝게 느껴진다.

〈숙건덕강〉은 일반적인 한시 구성인 기 · 승 · 전 · 결의 구조로 되어 있지 않은 시구조이다. 전과 결이 없는 병렬구조의 대구법으로 되어 있다. 이 시의 주제는 수심愁心이다. 과거 낙방 후, 배를 이리저리 타고 다니다가 수심이 깊어진 것이다. 그런데 그 수심이 이미 2구에서 드러났다. 천하의 명구로 회자되는 3구와 4구는 일반적인 시구에서 벗어났으나, 최고로 평가받고 있는 구句이다. 먼 지평선과 맑은 강물로 원경과 근경의 대비를 통해 수심의 마음을 드러내고 있기 때문이다. 맹호연의 수심은 어디서 연유한 것일까? 고향이 그리워서, 아니면 과거 낙방에 따른 수심일까? 알 수는 없지만 어쨌든 맹호연은 수심에 잠겨 있다. 세상은 나하고 먼데 달은 가깝다. 다시 말하자면, 인간세상의 벼슬살이는 멀기만 한데, 자연인 달은 내 가까이 있다. 이것이 수심인 것이다.

봄날 아침 풍경을 그린 〈춘효春曉〉를 감상해 보자.

〈춘효春曉〉

맹호연

| | |
|---|---|
| 봄잠에 취해서 새벽이 온 줄 몰랐는데, | 春眠不覺曉, (춘 면 불 각 효) |

| | |
|---|---|
| 곳곳에서 새 우는 소리가 들리더라. | 處處聞啼鳥(처처문제조). |
| 지난 밤에 비바람 소리가 들렸는데, | 夜來風雨聲(야래풍우성), |
| 꽃이 얼마나 떨어졌을까? | 落花知多少(낙화지다소). |

봄잠에 취해서 새벽이 온 줄도 모르고 자고 있는데, 새 소리 듣고 잠을 깼다. 지난 밤에 비바람 치는 모습은 보지 못하고 그 소리만 듣고 있었는데, 바깥 풍경은 어떻게 변했을까? 몹시 궁금한 것이다. 3구의 '래來' 자字는 조사로 허사이다. 뜻을 새길 필요가 없다. 그리고 4구에서 '지知' 만 있어도 '부지不知' 로 보아야 할 경우가 있다. 그래서 '꽃이 떨어진 것이 얼마나 떨어졌는지 모르겠다' 는 의미로 새긴 것이다.

방안에서 방 밖의 풍경을 상상해서 그린 시이다. 곳곳에서 새소리 들려 잠에서 깨었는데, 지난 밤 생각이 났다. 어제 밤에 풍우 소리가 심하게 들렸는데, 꽃잎이 얼마나 졌을까? 방안에서 방 밖의 풍경을 그렸다. 봄밤은 포근하고 봄꿈은 어지럽다. 새소리에 잠을 깨웠다. 밖의 새소리가 날 정도면 화창한 봄 날씨일 것이다. 화창한 봄 표현, 그러다가 화창한 봄날이구나. 문득 지난 밤 회상으로, 비바람에 꽃잎이 얼마나 떨어졌을까? 꽃이 진다는 것은 봄이 가고 있다는 것일 것이다. 봄밤과 봄 아침을 통해 봄날을 그리고 있다. 그러나 가는 봄이 아쉽다. 시인은 청각에 의존해서 바깥의 봄날을 상상하였다.

이처럼 이 시는 청각만으로 봄 풍경을 묘사하였다. 들리는 것만으로 아침, 새벽 등 순간적으로 포착한 바깥의 봄 풍경인 것이다. 아주 쉬운 글자로 의미도 쉽게 쓴 시이다. 이런 시를 '천성天成' 이라고 한다. 시를 아름답게 쓰기 위해 인공적으로 조탁하지 않고 기교도 사용하지 않은 채 자연스럽게 쓴 시를 '천성의 시' 라고 한다. 천성天成의 시는 최고의 시 평가이다.

## 12. 왕유王維의 청렴결백한 삶

왕유(699~759)는, 자字가 마힐摩詰이고 강서성山西省 분양汾陽 출신이다. 그는 사마司馬의 벼슬 직위에 있던 아버지 왕처렴王處廉의 장남이고, 어머니 최씨崔氏는 독실한 불교신자였다. 어머니의 영향으로 어려서부터 불교의 영향을 많이 받았다. 왕유는 아우 진縉과 함께 어려서부터 시詩와 서書, 음악에 뛰어난 재주를 보였다. 9살 때부터 시를 짓기 시작했으며 15살 때 수도 장안長安에 유학하였다. 그러는 동안 그의 뛰어난 시재가 당나라 황실에까지 알려지게 되었다.

현종玄宗(재위 712~756) 개원開元 9년(721년) 21세에 진사에 급제하여 처음으로 태악승太樂丞 직에 올랐다. 진사 급제는 특히 음악적 재능이 뛰어났기 때문으로 추정된다. 그는 고위 관직에 올랐지만, 이내 강등되어 산동성山東省의 하찮은 직책에 임용되었다가, 734년에 장안으로 복귀하여 상서우승尙書右丞의 자리에 올랐다. 755년 안록산安祿山의 난이 일어나 장안이 점령되자, 왕유는 반란군에 사로잡혀 낙양洛陽으로 끌려갔다. 이곳에서 안록산으로부터 벼슬을 받았으나 탐탁지 않게 여기고 장안 근처 종남산終南山 기슭에 망천장輞川莊을 지어 거기에 머물며 시로써 자신의 마음을 달랬다. 758년 현종의 뒤를 이어 숙종(肅宗, 756~762)이 안록산의 무리를 진압하고 장안과 낙양을 탈환하였다. 왕유는 안록산에게 벼슬을 받은 일로 문책을 받았지만 어쩔 수 없었던 사정이 감안되어 사면을 받았다. 그 후 태자중윤太子中允으로 등용되고, 이어 태자중서자太子中庶子, 중서사中書舍人, 급사중給事中을 거쳐 상서우승尙書右丞이 되었다.

당시唐詩에 있어서 왕유는 시선詩仙 이백李白과 시성詩聖 두보杜甫에 이어 시불詩佛이라 불리며, 당나라 3대 시인 중의 한 사람이다. 송대宋代의 소동파(蘇東坡, 1036~1101)는 그의 그림과 시를 평하여 "시 속에 그림이 있고 그림 속에 시가 있다.詩中有畵 畵中有詩"라고 하였다. 왕유는 한시 · 음악 · 그림 등으로 표현되는 인문 교육의 귀감龜鑑으로 널리 알려져 있다. 17세기의 화가이자 문인인 동기창董基昌은 그의 『회론서』에서 왕유를 남종화南宗畵의 시조로 규정하였다. 남종화는 문인 취향의 그림으로써, 피상적인 묘사보다는 개인적인 감정 표현에 더 많은 관심을 기울인 그림을 이르는 말이다.

왕유의 전기와 후기의 시들은 각각 차이가 있다. 전기의 시들이 현실지향의 삶을 소재로 하고 있는데 비해, 후기의 시들은 전원생활과 자연의 정취를 나타내는 시들이 주를 이룬다. 그 가운데 자연의 청아한 정취를 소재로 한 후기의 시들이 더 높이 평가 받는다. 만년에는 망천장에 은거하면서 많은 시를 지었다. 자연을 소재로 한 오언五言 율시律詩와 절구絶句가 뛰어 났으며 육조六朝시대부터 내려온 자연시自然詩를 완성시킨 인물로 평가받는다. 그는 동진의 도연명(陶淵明, 365~427)의 전원시田園詩와 송宋 사령운(謝靈運, 385~433)의 산수시山水詩의 영향을 받아 회화繪畵의 기법으로 자연의 아름다움을 나타내는 시를 많이 지었다.

왕유는 결코 평탄한 생애를 산 사람은 아니었다. 그의 시와 그림은 자신을 달래기 위한 방편이었다. 젊은 시절 환란患亂으로 마음고생을 한 왕유는 다행히 얼마 후에 재상 장구령張九齡의 발탁으로 다시 등용되어 정치적 열정을 불태우기도 했으나 그것도 잠시뿐이었다. 그의 정치적 후원자였던 장구령이 모함에 걸려 좌천, 파면되고 간신 이임보가 등장하면서 정세는 그에게 더욱 불리하였다. 또 안록산의 난이 일어나 당나라 전체를 혼란에 빠뜨리기도 하였다. 만년에는 종남산 망천장에 은거하면서 자연을 벗 삼아 세속 경계를 뒤로하고 불도에 심취 하며 서글픈 자기 인생을 관조하였다. 반관반은半官半隱 생활을 했던 그의 생애는, 시詩에 살고 그림으로 산 생애라고 할 수 있다. 유가의 글공부도 했고 잠시 도가에도 관심을 가졌지만 불도에 깊이 심취하여 시로써 선의 경지를 체득한 시불詩佛이었다. 그래서 시선일치詩禪一致라는 말이 그의 시에서 나왔다. 한시 〈수장소부酬張少府〉의 '장소부'는 자기를 관리로 발탁해준 장구령이다. 소부는 관직명이다. 〈수장소부酬張少府〉는 왕유가 42세 때 종남산에 은거하면서 지은 시이다.

### 〈수장소부酬張少府〉-장소부 장구령에게

왕유王維

만년에 오직 고요함을 좋아하니, 晩年惟好靜,(만년유호정)
세상일에는 관심 밖이라네. 萬事不關心.(만사불관심)
스스로 돌아봐도 마땅한 대책이 없으니, 自顧無長策,(자고무장책)
부질없이 고향으로 돌아올 줄을 아네. 空知返舊林.(공지반구림)
솔바람은 불어와 옷고름 풀게 하고, 松風吹解帶,(송풍취해대)
산위의 달은 거문고 타라고 비추네. 山月照彈琴.(산월조탄금)
그대가 궁달의 이치를 묻지만, 君問窮通理.(군문궁통리)
어보漁父 의 노래는 나루 깊숙이 들어오네. 漁歌入浦深,(어가입포심)

늘그막에 오직 고요함이 좋아지고, 세상사에는 관심이 없다. 내 자신을 스스로 돌아봐도 마땅한 계책이 없으니, 옛날에 내가 살던 고향으로 돌아가 사는 것이 좋겠다. 고향에 돌아오니, 솔바람 소리는 자유로운 삶을 만끽하게 하고, 산 위의 밝은 달은 더욱 자연에 심취하게 한다. 그대 장구령이 나에게 출사出仕 여부에 대해 묻지만, 여기서는 벼슬살이에 연연하지 않고 어보漁父의 노래만이 나루 깊숙이 들려온다.

마지막 구절의 어보漁父의 노래는 전국시대의 초나라 대부였던 굴원의 〈어보사漁父辭〉를 두고 한 말이다. 굴원은 전국시대 초나라 삼려대부三閭大夫인 소씨昭氏・굴씨屈氏・경씨景氏 등으로 왕이 나오는 세 집안의 한 성씨의 집안 사람이었다. 초나라 회왕懷王 때, 상관대부인 근상이 질투하고 훼방하여 왕이 굴원을 멀리하기 시작하였다. 굴원이 참소를 받고서 근심하고 번민하여 마침내 〈이소경〉을 지었으니, 위로는 당요唐堯・우순虞舜 과 하나라 · 은나라 · 주나라 삼후三后와 우왕 · 탕왕 · 문무 3대 임금의 제도를 서술하고, 아래로는 걸桀・주紂・예羿・요澆 등의 무너짐을 서술하여, 임금이 깨달아 바른 길로 돌아가서 자기에게 돌아오기를 바랐다.

그러나 그때에 진秦나라 장의張儀로 하여금 회왕을 속여서 더불어 무관 땅에서 회맹會盟하고자 꾀어내거늘 굴원이 왕에게 가지 말기를 간하였으나 회왕이 듣지 않고 갔다가 협박당하여 끌려가는 바가 되어 마침내 객사하고 말았다. 그 후, 양왕襄王이 즉위하자 다시 참소하는 말을 받아들여 굴원을 강남 땅에 귀양 보내니, 굴원이 다시 〈구가九歌〉・〈천문天問〉・〈구장九章〉・〈원유遠游〉・〈복거卜居〉・〈어보漁父〉 등의 글을 지어 자기의 뜻을 펴서 임금의 마음을 깨닫게 하기를 바랐는데, 끝내 반성하는 것을 보지 못했으니, 조국이 장차 망하는 것을 차마 볼 수 없어 마침내 멱라수 상강의 물에 빠져 죽었다.

동양 역대 최고의 문학적 경지를 보여주면서 어떻게 사는 것이 참된 삶인지를 알게 해주는 〈어보사漁父辭〉 전편을 소개하고자 한다.

## 〈어보사漁父辭〉

굴원屈原

굴원屈原이 이미 내쳐짐[추방당함]에 강과 못에서 놀고 못가[방죽가]를 거닐며 읊조릴 때에, 안색이 마르고 근심스러우며 형용[형체와 얼굴]이 마르고 여위었더니, 어보(漁父, 어보 ; 고기잡이를 취미로 삼는 노인)가 보고는 물어서 말하기를, "선생은 삼려대부三閭大夫, 초나라 세 왕족의 성 소씨 · 굴씨 · 경씨의 집안에 관한 업무를 담당하던 대부가 아니신가? 무슨 까닭에 이 지경에 이르셨는고?" 하였다.

굴원이 말하기를, "온 세상이 모두 흐리거늘 나 홀로 맑고, 뭇 사람들이 모두 취했거늘 나 홀로 말똥말똥한지라[취하지 않았는지라], 그래서 쫓겨나는 꼴을 보았노라[쫓겨났노라]." 하였다.

어보가 말하기를, "성인聖人은 물物에[外物 때문에] 엉겨 붙거나 막히지 않고 능히 세상과 더불어 옮기고 옮겨 가나니, 세상이 모두 흐리거든 어째서 한술 더 떠 그 진흙을 파서 그 물결을 들치지는 않고, 뭇 사람들이 모두 취했거든 어째서 한술 더 떠 그 술지게미를 먹고 그 모주[술지게미]를 훌훌 마시지는 않고서, 무슨 까닭에 깊이[심각하게] 생각하고 고상高尙하게[高踏的으로] 행동하여 스스로 하여금 내쳐지게[추방당하게] 하신단 말이오?" 하였다.

굴원이 말하기를, "나는 들으니, '새로 머리감은 사람은 반드시 갓의 먼지를 털고, 새로 멱감은 사람은 반드시 옷의 먼지를 턴다.' 고 합니다. 어찌 능히 내 몸의 맑고 밝음으로써[맑고 밝은 내 몸으로써] 물物[外物]의 때 끼고 더러운 것을 받아들일 수 있겠습니까? 차라리 상강湘江의 흐르는 물에 내달려 가서 강 물고기의 뱃속에 내 몸을 묻을지언정, 어찌 능히 희고 흰 깨끗한 몸으로써 세속의 티끌과 먼지를 무릅

쓸[뒤집어쓸] 수 있단 말입니까?" 하였다.

어보가 빙그레 웃고는 뱃전을 두드리고 가면서 마침내 노래하여 이르기를, "창랑滄浪의 물이 맑거든 가히 내 갓끈을 씻고, 창랑의 물이 흐리거든 가히 내 발을 씻으리로다." 하고는 마침내 떠나가면서 다시는 더불어 말을 하지 않았다.

〈어보사漁父辭〉는 굴원이 추방되어 은둔하는 어보를 만나 나눈 대화체로 된 글이다. 어보는 실존 인물일 수도 있고, 굴원이 자신의 생각을 분명히 드러내기 위해 가상적으로 만들어 낸 인물일 수도 있다. 청렴결백한 삶을 구현하고자 하는 굴원과 세상과 적당히 타협하여 살아가는 어보와의 대화를 통해 맑고 꼿꼿한 선비정신의 한 일면을 보여준 작품이다. 왕유도 어보가 굴원에게 권한 것처럼, '세상이 흐리면 흐린 대로, 맑으면 맑은 대로, 그저 술에 술 탄 듯, 물에 물 탄 듯' 사는 것이 아니라, 더러운 세상일지라도 자신만은 깨끗하게 살고자 했던 굴원같이 청렴결백한 삶을 살고자 했던 것이다.

어보漁父 는 '고기잡이를 취미로 하는 노인' 이라는 뜻으로 사용되었다. 여기서는 '보父' 는 '노인 보' 로 사물의 특징을 나타내는 접미사 역할을 한다. 먹보 · 울보 · 떡보 등과 같이 사용되는 접미사이다. 어부漁夫는 '고기잡이를 직업적으로 하는 사내' 라는 뜻이다. 〈어보사漁父辭〉에서의 어보漁父 는 고기잡이를 직업적으로 하는 사내가 아니고, 고기잡이를 그저 취미로 하고 은둔하는 어옹漁翁일 뿐이다. 그래서 〈어보사漁父辭〉로 읽어야 하고, '어보 漁父' 로 읽어야 글의 문맥도 정확히 드러낼 수 있다.

## 13. 왕지환王之渙의 설리시說理詩

왕지환(688~742)은 당唐나라 때의 시인詩人으로 자字가 계릉季陵이고 산서성山西省 태원시太原市 진양晋陽 사람이다. 현종玄宗 개원開元 초 기주冀州 형수현주부衡水縣主簿를 맡았다가 모함을 당하여 벼슬길에서 물러났다. 그 뒤 15년 동안 황하黃河 남북을 유랑하다가 문안현위文安縣尉를 지냈으며, 문안현위에 있을 때에 학교를 세우고 황제의 명命에 앞서 곡식을 풀어 양민들을 구제했으며 임지에서 죽었다. 호방豪放한 시풍으로 유명하며, 항상 칼을 치며 구슬프게 시를 읊었다고 한다. 변새시邊塞詩로 〈출새出塞〉 또는 〈양주사凉州詞〉라고 하는 시가 있다. 변새시란 아내가 변방에 나간 남편을 그리워하는 시이거나, 변방에서 남편이 고향에 두고 온 아내를 그리워하는 시를 두고 이르는 말이다.

〈등관작루登鸛雀樓〉는 설리시說理詩 또는 이취시理趣詩이다. 설리시는 풍경을 통해서 철학을 표현한 시이다. 다시 말하자면, 상징물을 통해서 사상을 전달하는 시詩인 것이다. 우주의 이치, 인생 등을 간접적으로 표현하는 것이다. 그리고 시에서 생경한 관념적인 용어나 성리학적 용어를 사용하는 경우에는 이어시理語詩라고도 한다.

## 〈등관작루登鸛雀樓〉-관작루에 올라서

왕지환王之渙

| | |
|---|---|
| 흰 해는 산 너머로 지고, | 白日依山盡(백일의산진), |
| 황하는 바다로 흘러드네. | 黃河入海流(황하입해류). |
| 천리를 다 보려고, | 欲窮千里目(욕궁천리목), |
| 다시 한 층 더 올라 간다. | 更上一層樓(갱상일층루). |

광명인 해가 서산 너머로 지고 있다. 황하는 바다로 들어가서 흐른다. 천리까지 바라보는 눈은 다하고 싶어서 다시 한층 더 올라간다.

1구와 2구는 2층에서 본 풍경이다. 서산 너머로 해가 지고, 누각 밑으로 흐르는 황하는 끝없이 흘러 바다로 갈 것이다. 1구의 백일白日과 2구의 황하黃河는 색채 대비로 대구가 된다. 석양 무렵 관작루에 올라서 풍경을 말하고 있다. 보통 석양은 쓸쓸하고 어둡고 비통한 느낌인데, 이 시는 밝고 활발하고 진취적인 내용의 시이다. 그래서 더욱 유명하다. '백일白日' 은 선善이며, 태평성대太平聖代이고 광명光明이면서 기쁨을 상징한다. 이런 태양이 지는 것이 아쉬워 한 층 더 오른다. 학문도 인생도 모두 이와 같이 미지의 세계, 장차의 미래를 위한 진취적 태도를 지녀야 함을 이 시는 말하고 있다.

관작루는 산서성에 있기 때문에 바다와는 수천Km 떨어져 있다. 관작루에 올라 먼 곳을 바라보면, 멀리 광활한 들판이 보인다. 그리고 유장한 황하, 이 경치만 해도 광활한 느낌이다. 그러나 2층에서 본 풍경에서 만족하지 않고 3층으로 올라가는 것이다. '높이 나는 새가 멀리 본다.' 는 말이 있듯이 더 넓은 것을 보기 위해서 더 높은 이상을 가져야 한다는 것이다. 학문하는 자세와도 관련이 있다. 인생도 사상도 신취적 기상이 필요하다는 것이다.

2013년 대한민국 박근혜 대통령이 중국을 공식 방문했을 때, 중국 시진핑 주석이 특별 오찬을 마련한 자리에서 서예작품을 선물했는데, 그 서예작품에는 이 시가 적혀 있었다. 시진핑 주석도 두 나라가 한층 발전된 관계로 나아가기를 바라는 진취적인 뜻에서 이와 같은 시를 선물했을 것이다.

## 14. 왕창령王昌齡 의 규원閨怨

왕창령(690~756)은, 자字가 소백少伯이고 당唐나라 강소성江蘇省 남경南京 출신이다. 727년 진사에 급제하여 비서성 교서랑秘書省校書郞이 되었고, 734년 박학굉사博學宏詞의 시험에 합격하여 범수(氾水 ;하남성 성고현)의 위尉가 되었다. 그러나 소행이 좋지 못하다 하여 강령의 승丞으로 강등되고, 다시 용표의 위尉로 좌천되었다. 왕강령 · 왕용표로 불리기도 하는 것은 그 임지의 이름을 딴 것이다. 안록산安祿山의 난으로 고향으로 돌아갔으나 자사刺史인 염구효閻丘曉에게 죽임을 당하였다.

난이 평정된 후, 장호가 하남에 군대를 주둔시켰을 때, 자사 염구효가 잘못한 일이 있어 죽이려고 하자, 염구효가 노부모가 살아 계시니 목숨 만 살려달라고 애원을 하였다고 한다. 이에 장호가 '왕창령의 노부모는 누가 봉양하고 있는가?' 로 반문하였다고 한다. 왕창령은 이백과 상응하는 대시인이다. 이백 · 맹호연 · 왕지환 · 고적 등과도 교유하였으며, 그의 시는 변방의 풍경을 묘사한 변새시와 아녀자의 삶의 모습을 반영한 규원시閨怨詩가 많다.

## 〈규원閨怨〉-규방 색시의 후회

왕창령王昌齡

| | |
|---|---|
| 규방의 어린 색시 시름을 몰라, | 규중소부부지수<br>閨中少婦不知愁, |
| 봄단장 곱게 하고 다락 위에 올랐네. | 춘일응장상취루<br>春日凝妝上翠樓. |
| 문득 길가 버들 빛을 보고는, | 홀견맥두양류색<br>忽見陌頭楊柳色, |
| 낭군을 벼슬 찾아 보낸 일 후회하네. | 회교부서멱봉후<br>悔教夫婿覓封侯. |

규방의 젊은 색시 근심일랑 모르고 살아왔다. 오직 하는 일이란 화장하는 일이다. 그래서 봄날 단장하고 단청한 누각에 올랐다. 누각에 올라 바깥 풍경을 둘러보는데, 문득 거리에 푸르게 돋아난 버드나무 빛을 보고는 지난 날 남편에게 변방으로 출정出征 가서 공을 세우고 오라고 버드나무 가지 꺾어 이별의 징표로 주던 때가 생각난다는 것이다. 그런데 벌써 해가 바뀌고 새잎이 돋아난 것이 아닌가? 그런데 변방으로 출정 나간 남편은 돌아오지 않고 버들잎만 새파랗게 돋아나고 남편은 돌아오지 않는다. 그래서 남편을 벼슬 찾아 떠나보낸 일을 후회한다는 것이다. 변새시에서 절양류折楊柳 곧 '버들가지를 꺾어' 주는 것은 다시 돌아오라는 뜻이 담겨 있다. 버드나무는 심으면 다시 자라기 때문이다.

아무 근심도 없이 살던 규방의 어린 색시가 봄날에 느끼는 심리이다. 화창한 봄날이라 곱게 화장을 하고 집안에 있는 누각 위로 올라서 바깥 구경을 하는데, 작년에 남편과 이별할 때 꺾어 준 버드나무 가지가 다시 푸르게 돋아나고 있지 않는가? 그런데 변방으로 출정 나간 남편은 소식도 없고 봄날은 말없이 가고 있다. 그래서 출세하라고 남편을 변방으로 떠나보낸 것이 후회스러울 뿐이다. 어린 색시의 심리 변화 가운데 진정한 행복이 물질인지? 아니면 부부간의 정情인지를 넌지시 암시하고 있다.

## 15. 고적高適의 제야除夜

고적(701~765)은, 자字가 달부達夫이며, 하북성河北省 발해渤海 수현蓨縣 사람이다. 젊었을 때 생업에 종사하지 않고, 산동성山東省과 하북河北 지방을 방랑하였으며, 안록산安祿山의 난 때에는 오히려 간의태부諫議太夫로 발탁되었다. 그러나 그는 직언直言 탓으로 환관宦官 이보국李輔國에게 미움을 사서 촉 땅 사천四川의 자사刺史로 좌천되어 가서, 성도成都에 유배되어 있던 두보와 가까이 지냈다. 그 후 영전榮轉되어 좌산기상시左散騎常侍가 되었고, 발해현후渤海縣侯에 봉해졌다. 고적은 성당盛唐 시대의 시인이다.

### 〈제야작除夜作〉

고적高適

| | |
|---|---|
| 여관 찬 등불에 홀로 잠 못 이루고, | 여관한등독불면<br>旅館寒燈獨不眠, |
| 나그네 마음 무슨 일로 처량해지는가? | 객심하사전처연<br>客心何事轉悽然. |
| 고향은 오늘밤 생각하니 천리 길인데, | 고향금야사천리<br>故鄕今夜思千里, |
| 하얀 귀밑머리 내일 또 한 살 더하네. | 상빈명조우일년<br>霜鬢明朝又一年. |

나그네가 묵는 여관 방 찬 등불 아래 홀로 있으니 왜 이렇게도 처량해

지는가? 고향집에서는 그믐밤이라 친인척들 모두 모여 일 년 동안 지내온 이야기를 하며 밤을 지새우는데, 천리 밖에 있는 나는 홀로 타향을 떠돌고 있다. 오늘밤이 지나면 내일은 새해라 나도 한 살 더 먹어 흰 머리카락만 늘어날 것이다.

타향을 떠도는 나그네의 객창감과 늙음을 한탄하는 정서가 짙게 배어 있는 시이다. 몇 십 년 전만 해도 어른신들이 섣달 그믐날 밤에 어린 손주들을 불러 놓고 즐겨 들려주던 시이기도 하다. 지금은 문명의 이기利器로 인해 낭만과 여유가 조금은 사라진 것 같다. 어르신들이 들려주던 한시창漢詩唱에는 알 수 없는 매력이 있었다. 그런데 요즘은 어떠한가? 연말이면 각종 모임에 잦은 회식으로 가족들 얼굴 보기도 어렵다. 그리고 연말 텔레비전 각종 시상식에 정신이 팔려, 누가 연예대상을 받았고, 연기 대상은 누구인가에만 관심이 있다. 그 옛날 고향에 돌아오지 못하고 타향에서 섣달 그믐날을 보내야 하는 누군가를 위해 잔잔하게 한시창을 읊조리던 어른신들이 생각나는 때이다.

## 16. 잠삼岑參의 사향思鄕

잠삼(715~770)은 성당盛唐시대 호북성湖北省 형주荊州 강릉江陵 사람이다. 어려서 부친을 잃고 20세 때 장안으로 나왔으나, 현종玄宗 천보天寶 3년(744) 30세 때, 진사에 급제하여 병조참군兵曹參軍이 되었다. 천보 8년 그의 나이 35세 때(749) 처음으로 안서사진절도사 고선지高仙芝 장군 막부 서기로 변방으로 나아갔다. 고선지는 고구려 유민의 후손이었는데, 안록산의 난 때 모함을 받아 참형 당하였다.

잠삼은 주로 변방의 전쟁터에서 벼슬살이를 하였기 때문에 변새시邊塞詩가 많다. 그 변새시에는 고향에 대한 그리움과 변방 지역의 혹독한 환경 그 속에서도 삶을 이어가는 군인들의 꿋꿋한 기상을 노래한 시들이 많다. 천보 10년(751)에 고선지가 이끄는 당나라 군대가 번족의 반란군에 패하여 장안으로 돌아올 때, 잠삼도 함께 돌아왔다. 그는 천보 13년 40세 때 안서安西 북정北征 절도사 봉상청封常淸의 판관으로 재차 출병하였다. 그의 변새시邊塞詩 중에 뛰어난 작품은 대부분 이 시기에 창작된 것이다. 당나라 시대 변새시파로 분류되는 시인으로는 고적·왕창령·왕지환·잠삼·왕한 등이 있다. 757년 2월에 현종을 이어 황제 자리에 즉위한 숙종이 봉상으로 돌아왔을 때, 두보를 비롯한 관리 5인이 잠삼을 추천하여 우보궐右補闕에 임명되었으며, 55세에 촉蜀에서 죽었다.

〈견위수사진천見渭水思秦川〉-위수를 보고 진천을 생각하다

잠삼岑參

| | |
|---|---|
| 위수는 동쪽으로 흘러가는데, | 渭水東流去(위수동류거), |
| 어느 때 옹주에 도달할까? | 何時到雍州(하시도옹주). |
| 두 줄기 눈물 보태어 의지하노니, | 憑添兩行淚(빙첨양행루), |
| 고향엘 찾아가는 물결에 부치리. | 寄向故園流(기향고원류). |

위수가 동쪽으로 흘러가니 언젠가는 내 고향 진천 옹주 장안에 이르겠지. 그러나 지금 나는 고향을 앞에 두고도 갈 수 없는 처지가 되었다. 그래서 고향으로 흐르는 위수에 내 두 줄기 눈물을 보태여 고향으로 보내어 지금의 소식을 알리고 싶다.

위수는 감숙성에서 발원하여 장안 북쪽을 지나 황하로 흘러 들어가는 황하의 지류支流이다. 진천은 장안을 중심으로 한 그 일대를 말하고, 옹주는 장안을 둘러싸고 있는 행정구역으로 잠삼의 고향이다. 상류의 위수와 하류의 진천은 고개 하나를 사이에 두고 있는데, 안록산의 난으로 인해 서로 오갈 수 없는 지역이 되었다. 그러므로 위수가 동쪽으로 흐르는 것을 보고, "어느 때 옹주에 도달할까?"라고 반문한 것이다. 잠삼이 군중軍中에서 고향 생각은 간절한데, 지금은 갈 수가 없다. 그런데 저 위수만이 자유롭게 고향 땅 옹주로 흘러가고 있지 않은가? 그래서 고향으로 흐르는 위수에 눈물을 보태서 고향에 안부를 전하고 싶은 것이다. 마치 분단의 고통을 느끼는 것 같다.

잠삼의 또 다른 시에서도 고향의 안부를 묻는 시가 있다.

〈봉입경사 逢入京使〉−장안으로 들어가는 사신을 만나

잠삼

| | |
|---|---|
| 동으로 고향 땅 바라보니 아득하기만 한데, | 故園東望路漫漫, |
| 두 소매 흥건히 눈물 마르지 않네. | 雙袖龍鍾淚不乾. |
| 말 위에서 만났으니 종이와 붓이 있나? | 馬上相逢無紙筆, |
| 부탁하노니, 평안한다는 안부를 좀 전해주오. | 憑君傳語報平安. |

서역으로 가는 도중에 장안으로 돌아가는 사신을 우연히 만나, 자신의 안부를 고향 집에 전해 주기를 바란다는 내용이다. '용종龍鍾' 은 원래 '농종壟種' 에서 온 말이다. '농종' 은 '밭두렁에 씨를 뿌린다' 는 뜻인데, 잃어버린 모양, 재촉해서 실패하는 모양 등으로 사용되다가 글자 모양이 비슷한 용종으로 변하여, 늙어 야위고 병든 모습 · 뜻을 잃은 모양 · 눈물을 흘리는 모습 · 차마 가지 못하는 모양 · 강건한 모양 · 대나무 종류의 이름 등으로 사용되고 있다. 대나무 이름으로 사용될 때는 농석籠夕이라고도 한다. 이 시에서는 '눈물 흘리는 모양' 의 뜻으로 사용되었다. 고향과 고향 사람들 그리고 부모형제에 대한 그리움으로, 수구초심首丘初心이다. 1930년대에 시인 오장환의 〈고향 앞에서〉가 연상되는 시이기도 하다. 고향 가까운 주막에서 고향 사람들을 만나 고향 안부를 묻는다는 시이다.

## 17. 이백李白 과 봉황대鳳凰臺

이백(701~762)은 당唐나라 성당盛唐 시대의 시인으로 자字는 태백太白이고, 호號는 청련거사靑蓮居士이다. 출생지는 사천四川 · 농서隴西 등, 여러 설이 있지만 이백의 고향은 사천성 면주 창명현 청련향이다. 촉 땅에서 유년시절을 보냈으며, 젊은 시절부터 호협豪俠하여 방랑생활을 즐겼다. 25세 무렵 고향 사천을 떠나 시우詩友를 사귀면서 자신의 재능을 인정하여 관직에 추천해줄 인사를 찾아다녔다. 도사道士 오균吳筠과 하지장 그리고 옥진공주 등 의 추천으로 42세 때 한림공봉翰林供奉이 된 이백은, 현종玄宗의 인정을 받아 잠시 현종과 양귀비 곁에서 시를 짓는 동안 술을 즐기면서도 바른 소리를 내는 신하로서의 역할도 하였다.

이백은 황실에서 목격한 환관 고력사와 양귀비의 사촌오빠인 양국충의 월권행위들을 더 이상 두고 볼 수 없어 그들을 망신 주는 행위까지 과감히 행하다가, 결국 그들의 모함으로 황실에서 쫓겨나 다시금 천하를 떠돌아 다니게 되었다. 안록산安祿山의 난이 일어나자 현종玄宗의 16번째 아들 영왕永王 이린李璘의 막후에 들어가 재기를 꿈꾸었지만, 숙종이 등극하는 바람에 반란의 무리로 낙인되어 유배생활을 하였다. 57세의 나이가 된 이백이 야량으로 유배를 가던 도중 양자강 삼협 근처 백제성에서 사면령을 받고 자유의 몸이 되었다. 그 후 그는 금릉 강소성 남경과 선성(안휘성 선성)을 유람하였고, 마지막 노년은 안휘성安徽省 당도當塗의 이양빙李陽氷에게 몸을 의지하다가 그곳에서 병사病死하였다. 천재시인으로 역대 중국시인 가운데 시선詩仙으로 일컬어진다. 문집으로 『이태백집李太白集』이 전한다.

이백이 고력사의 참소로 당唐나라 황실에서 쫓겨나 방랑생활을 하면서 당唐 현종玄宗을 그리워하는 심정을 읊은 시가 〈등금릉봉황대登金陵鳳凰臺〉이다.

### 〈등금릉봉황대登金陵鳳凰臺〉

이백李白

| | |
|---|---|
| 봉황대 위에 봉황이 노닐었는데, | 鳳凰臺上鳳凰遊, (봉황대상봉황유) |
| 봉황가고 대는 비었는데 강은 절로 흐르네. | 鳳去臺空江自流. (봉거대공강자유) |
| 오나라 궁전의 화초들은 깊숙한 길 속에 묻혔고, | 吳宮花草埋幽徑, (오궁화초매유경) |
| 진나라 때 의관은 오래된 무덤이 되었네. | 晉代衣冠成古丘. (진대의관성고구) |
| 삼산은 청천 밖으로 반쯤 떨어져 있고, | 三山半落靑天外, (삼산반락청천외) |
| 이수는 백로주 가운데에서 나뉘었네. | 二水中分白鷺洲. (이수중분백로주) |
| 온통 뜬구름이 해를 가리니, | 總爲浮雲能蔽日, (총위부운능폐일) |
| 장안마저 볼 수 없어 사람으로 하여금 근심케 하네. | 長安不見使人愁. (장안불견사인수) |

봉황대에 옛날에는 봉황이 몰려와 모든 새들의 부러움을 샀는데, 그 봉황은 날아가 버려 빈대만 남았고, 그 앞에는 장강만이 흐르고 있다. 이곳은 옛날 오나라 궁전이 있었던 곳인데, 화초들이 지금은 길을 덮고 있고, 동진시대 고관들도 이제는 오래된 언덕의 한 줌 흙으로 변해 버렸다. 저 멀리 보이는 삼산은 구름에 가려 반쯤 푸른 하늘 밖으로 떨어져 나간 듯이 보이고, 진회의 두 줄기 물은 중간 백로주에서 다시 나뉘어 흘러간다. 이곳에서 해를 바라보니 모든 뜬구름에 가려져 해와 장안은 보이지 않아 보는 사람을 수심에 잠기게 한다.

▲ 중국 안휘성 채석기 이태백 기념관에 있는 이태백과 고력사, 양국충 그리고 번番의 사신이 있는 모습이다. 번의 사신이 외교 문서를 가져왔는데, 어느 누구도 답신을 쓸 수 없다고 하자 하지장賀知章의 추천으로 불러온 이백이 글을 쓰기 전의 모습이다. 현종 곁에서 전권을 행사하던 환관 고력사가 신발을 벗기고, 양귀비의 사촌 오빠 양국충이 벼루에 먹을 갈고, 이를 번의 사신이 지켜보고 있다. 현종의 혜안을 가린 두 간신을 이백다운 기지로 두 사람을 희롱하였다.

▲ 중국 강소성 남경 장강 근처에 위치한 봉황의 조각상이다. 저 멀리 봉황각이 보인다.

▶ 현재 남경에 위치한 것으로 복원된 봉황각의 모습이다.

〈등금릉봉황대〉의 금릉은 현재 남경南京의 옛 이름이다. 춘추시대에는 오吳나라에 속했다가 뒤에 월越나라가 점령하였고, 또 초楚나라에 점령당하였다. 초나라 위왕이 이 땅에 서려 있는 왕기를 없애기 위하여 황금을 땅 속에 묻고 이곳을 금릉이라 하였다. 동진이 남쪽으로 도읍을 옮겨 건강健康이라고 하였다. 그 후 남북조시대 송宋 · 제齊 · 양梁 · 진陳 등의 4왕조가 도읍을 하기도 하였다. 그리고 주원장이 명 明 나라를 건국한 곳이기도 하다.

〈등금릉봉황대〉는 이백이 봉황대에 올라 회고하면서, 임금을 그리워하는 연군지정戀君之情 과 나라의 안위를 걱정하는 우국지정憂國之情을 표현한 시이다. 따라서 이백의 유가적 사상의 한 면모를 보여준 시이기도 하다.

이 시는 이백이 황학루에 올라 앞에 보이는 아름다운 풍경을 시로 표현하고자 했으나 이미 최호의 시가 걸려 있는 것을 보고, 그대로 금릉 땅으로 와서 봉황대에 올라 〈등금릉봉황대〉를 지었다는 일화가 있는 시이다.

## 18. 이백과 옥진공주玉眞公主

이백이 744년 봄 장안에서 쫓겨나 동쪽으로 향했으며, 그해 여름 낙양落陽에서 두보(杜甫, 712~770)를 만났다. 두 시인이 만남으로써 서로 그리워하는 아름다운 우정의 시가 탄생되었으며, 문학사적으로는 세기의 만남이 되었던 것이다. 다만 상호 영향관계에 있어서 두보가 이백으로부터 큰 영향을 받았으나 그 역관계는 거의 없었던 것으로 보인다. 두 사람에 대한 후대의 평가는 다르다. 11세의 나이 차와 그 시점에서의 명성과 역량의 차이라는 일반적인 원인 외에도 같은 시대의 시인을 평가하는 방식에서 두 사람의 태도가 기본적으로 달랐다는 점도 중요한 원인일 것이다. 이백은 도교 사상에 기반한 신선 사상의 시가 많은 반면에 두보는 유교를 바탕으로 한 현실적인 관점의 시가 많다. 이백은 두보에 관한 시가 2편 정도 있다면, 두보는 이백을 그리워하는 시가 10여 편 정도 된다. 이백과 두보 및 고적(高適, 702~765)과의 직접적인 교유는 1년 반 정도로 끝났다, 그 후 이백은 장강長江 하류지역에서부터 다시 당나라 각지를 떠돌아다녔다. 그러나 완전한 방랑생활은 아니었으며, 양원(梁園, 지금의 하남성河南省에 있음)과 산동성에 생활의 근거지를 두었다. 장안에서 추방된 후 약 10년간의 이 시기가 제2차 방랑시기이다.

이백이 당나라 궁정에 있으면서 당 예종의 10번째 딸이면서 현종과 어머니가 같은 여동생 옥진공주玉眞公主와의 사랑이 있었던 것 같다. 경정산에 있는 옥진공주의 비문의 내용을 옮기면 다음과 같다.

'옥진공주의 어머니 두씨竇氏가 조모인 측천무후에 의해 살해되었고, 옥진공주는 고모인 태평공주에 의해 양육되었다. 오빠 현종과 고모 등이 도교를 좋아하여 옥진공주도 그 영향을 받아 두구년화(豆蔻年華 곧 13세~14세 무렵)에 도교의 여관이 되었으며, 지영법사持盈灋師의 도호道號를 받았다. 숭창현의 세금을 받아 생활하였으며, 도교 입문 후에는 천하 명산을 돌아다녔으며, 식자들과 두루 교분 맺기를 좋아하였다. 평민 출신이면서 같은 도우道友인 이백을 총애하여 오빠인 이융기[현종]에게 천거하여 한림학사 벼슬을 내리게 하였다. 이백이 권력자들의 참언을 만나 현종으로부터 사금賜金을 받고 도교로 보내졌다. 이 일로 옥진공주는 기분이 우울하여 분노한 후에 상소를 올리고 공주의 직책도 버렸다. 읍사邑司에 근거하여 전하는 이야기이다.'

위의 글은 중국 안휘성 경정산에 위치한 옥진공주의 묘비 내용을 옮긴 것이다. 옥진공주는 안사의 난 이후 이백이 은거하던 경정산에 와서 죽었다. 옥진공주의 비문의 내용을 보면 이백과의 인연을 짐작하게 한다. 이백이 궁중에서 쫓겨난 후 옥진공주는 공주의 직책까지 버렸다고 하니, 두 사람의 관계를 짐작케 한다. 그리고 이백이 생전에 7번이나 경정산에 올랐다고 하는데, 그것 또한 옥진공주와의 인연 때문이 아닐까?

경정산에는 옥진공주의 무덤만 있는 것은 아니다. 1987년에 재건된 '태백독좌루太白獨坐樓' 도 있다. 이백이 여기 와서 〈독좌경정산獨坐敬亭山〉 시를 짓은 것을 기념하기 위해서 청靑나라 말기에 '태백루' 를 지었는데, 항일 전쟁 때 불타 없어진 것을 오늘날에 다시 세운 것이다.

〈독좌경정산獨坐敬亭山〉

이백

| | |
|---|---|
| 뭇새들 높이 날아 가 버리고, | 衆鳥高飛盡(중조고비진), |
| 외로운 구름 홀로 간 뒤 한가하네. | 孤雲獨去閑(고운독거한). |
| 서로 보매 둘이 물리지 않는 것은, | 相看兩不厭(상간양불염), |
| 다만 경정산이 있을 뿐이네. | 只有敬亭山(지유경정산). |

모든 새들도 높이 날아 둥지로 날아가 조용하고, 푸른 하늘에 떠 있는

▲ 중국 안휘성 선성시에 위치한 해발 317미터의 경정산 모습이다. 경정산 하단에는 옥진공주의 무덤이 있고, 7부 능선 쯤에 태백독좌루가 있다. 경정산의 크기는 인천시 계양구에 위치한 계양산만한 산이다.

◀경정산 속에 있는 옥진공주의 동상과 무덤, 그리고 묘지석이다. 옥진공주의 동상 뒤쪽 대나무가 많이 나 있는 것이 '황고분' 이다. 옥진공주가 누군가를 기다리는 모습이다.

외로운 구름마저 홀로 떠난 뒤에는 한가롭게 느껴진다. 다만 서로 바라보는 것은 나와 경정산인데, 아무리 바라보아도 물리지 않는 것은 경정산뿐이다.

〈독좌경정산獨坐敬亭山〉은 53세의 이백이 경정산에 앉아 무심한 경정산을 유심한 인간이 느끼는 다정함을 수식 없이 지은 시이다. 유랑생활을 하던 이백은, 도교에 입문한 옥진공주의 추천으로 한림학사의 벼슬을 하게 되었는데 그 벼슬자리도 간신들의 참언 때문에 오래하지 못하고 3년 남짓하고는 다시 유랑의 길을 떠나야 했다. 유랑의 10년이 다 되어갈 때, 그는 이 경정산에 와서 자신의 심회를 읊었다. 함께 하던 새소리와 한가로운 구름도 이제는 떠나고 없다. 그런데 경정산만은 처음부터 그대로인 것이다. 옥진공주의 묘지석에 보면, 옥진공주가 이백을 천거했다고 했고, 간신들로부터 참언을 받고 이백이 벼슬에서 물러난 후에는 상소문을 올리기도 하였으며, 또 기분이 울적하고 화가 나서 모든 직책을 버렸다고도 하였다. 그러면서 안사의 난 후, 이 경정산에 와서 762년 죽을 때까지 경정산에서 은거하였다고 하였다. 사망 연대가 이백과 동일한 762년이다.

뭇새들이 다 날아 가버리 듯, 이제는 세상의 욕심을 버리고 나니, 모든 것이 허망한 것 같지만, 그래도 한가롭게 느껴지기도 한다. 나와 경정산을 서로 바라보지만 둘이 물리지 않은 것은, 무엇 때문일까? 경정산에 은거하고 있는 도우道友 옥진공주 때문은 아닐까? 자기를 무척 아껴준 옥진공주가 경정산에 있기 때문에 아무리 바라보아도 싫증나지 않고 한가로울 수 있다는 것이다. 이백이 경정산을 7번씩이나 찾았다는 것은 단지 경정산이 좋아서 그렇게까지는 하지 않았을 것이다. 자신의 재능을 알아주고 오빠인 현종에게 천거까지 해 준 옥진공주에 대한 사모의 마음도 있었을 것이다. 그래서 이백이 말년에 경정산이 있는 안휘성에 머물고 있었는지도 모른다. 아무리 보아도 물리지 않은 경정산만이 그 이유를 알 것 같다.

## 19. 이백의 회고懷古

755년(天寶 14) 11월 안록산의 난이 일어났고, 12월 낙양이 함락되었다. 이듬해 6월에는 장안이 함락되고, 현종玄宗은 촉으로 피신했으며, 황태자[李亨]가 영무靈武에서 숙종肅宗으로 즉위하였다. 당시 이백은 장강을 따라 안휘성 선성宣城 각지를 떠돌아다니고 있었다. 그러나 장안이 함락된 56세의 겨울, 여산廬山에 은거하고 있던 그는 현종의 16번째 아들 영왕永王 이린李璘의 수군에 막료로 들어가 안록산의 난을 평정하고자 하였다. 그러나 황실 내부의 분쟁으로 영왕의 군대는 적군賊軍으로 간주되었고 영왕은 살해되었으며, 이백도 체포되어 강서성江西省 구강시九江市 심양潯陽의 감옥에 갇혔다. 주변 사람들의 도움으로 일단 석방되었으나, 대역죄가 추가되어 결국 멀리 귀주성貴州省 야랑夜郎 으로 유배되었다. 759년(건원 2년) 3월 이백은 야랑으로 가던 도중 장강 상류의 백제성白帝城을 지나면서 사면 통지를 받게 되었다. 다시 자유를 얻은 이백은 장강 중류의 동정호洞庭湖 부근에서 시인 가지(賈至, 718~772)를 만난 뒤 강남의 온화한 풍토에서 지냈다. 그리고 말년에는 안휘성에 와서 우저기[채석강]와 경정산 등을 오가면서 보냈다(762년 보응 1). 62세의 이백은 안휘성 당도當塗의 현령이었던 족숙(族叔, 일족의 숙부 세대에 속함) 이양빙李陽冰에게 병든 몸을 의탁하였으나 결국 회복하지 못하고 생을 마감하였다.

### 〈야박우저회고夜泊牛渚懷古〉
### -밤에 우저 강가에 배를 대고서 회고하다

이백

| | |
|---|---|
| 우저산 앞 장강의 밤에, | 牛渚西江夜(우저서강야), |
| 푸른 하늘에 조각구름도 없네. | 青天無片雲(청천무편운). |
| 배에 올라 가을 달을 바라보니, | 登舟望秋月(등주망추월), |
| 공연히 사장군을 그리워하네. | 空憶謝將軍(공억사장군). |
| 나 역시 능히 높게 읊을 수 있지만, | 余亦能高詠(여역능고영), |
| 이 사람 사장군은 들을 수 없다. | 斯人不可聞(사인불가문). |
| 내일 아침 배에 돛 달고 떠나면, | 明朝掛帆席(명조괘범석), |
| 단풍잎이 어지러이 떨어지겠지. | 楓葉落紛紛(풍엽낙분분). |

밤을 샐 양으로 장강 언덕에 배 대니 푸른 하늘엔 구름 한 점 없다. 배에 선 채 가을달 바라보자니 부질없이 원굉을 천거했던 동진시대 사장군謝將軍이 그리워진다. 나도 원굉처럼 시를 읊을 수 있건만, 사장군 같이 인재를 알아주는 분을 이제는 찾을 수가 없다. 내일 아침 바람돛을 달고 이곳을 떠나면 단풍잎이 우수수 어지럽게 떨어지겠지라고 , 이백은 떠날 상황을 상상하였다.

〈야박우저회고夜泊牛渚懷古〉는 과장이 없는 시로, 이백의 심정이 잘 표현되어 있다. 이백이 말년에 배를 타고 장강을 유랑하다가 우저기 곧 채석기에 잠을 자기 위해 배를 정박했던 것이다. 동진 때, 사상(謝尙, 308~356) 곧 진서장군鎭西將軍으로 사장군이라고도 한다. 사상은 동진 때, 선성 지역에서 현령을 지냈다. 그가 어느 달밤에 우저기에서 뱃놀

이를 하는데, 어디서 시 읊는 소리가 들려왔다. 그 시 읊는 사람을 데리고 오게 하여 보니, 세곡稅穀을 나르는 뱃사공 원굉遠宏이었다. 두 사람은 날이 샐 때까지 놀았고, 그 후 사장군의 추천으로 원굉은 벼슬자리에 나아가게 되었다.

이백은 인생 말년에 채석기에 와서 자신의 신세를 돌아보게 되었던 것이다. 옛날에는 사장군 같이 인재를 알아보는 사람이 있어, 적재적소適材適所에 인재를 등용했는데, 지금은 나도 원굉처럼 목소리 높여 시를 읊을 수 있지만 나의 시 읊은 소리를 들어 줄 사람이 없어 그저 쓸쓸할 뿐이다. 가을 달처럼 자신의 재능을 알아 줄 사람을 갈망하고 있지만, 그런 사장군 같은 분은 이제는 없다. 그래서 공연히 그리워할 뿐이다. 그리고 이 세상에 자신의 재능을 알아주는 사람도 없다. 그래서 더욱 쓸쓸한 것이다.

지금도 안휘성 선성시 채석기에 가면 이백의 흔적이 많이 남아 있다. 채석기의 원래 지명은 우저기牛渚磯였는데, 지금은 채석기采石磯라고 부른다. 우저기는 '쇠자갈모래톱'이라는 뜻이다. 우리나라 한강의 여의도와 같은 섬이다. 우저기에는 우저산이 우뚝 솟아 있고, 여의도에는 모래톱만 있을 뿐이다. 채석기는 장강가에 있는 삼각주로 우저산이 있다. 소가 엎드린 모습의 삼각주라해서 우저산이라 하였다. 책석기에는 이백이 달을 잡으려다가 장강에 빠졌다는 착월대捉月臺와 의총衣塚 등이 있을 뿐만 아니라, 적선루와 이태백기념관도 있다.

의관총 모습이다. 무덤위에 잡목들이 뿌리를 내리고 있다.

▲ 중국 안휘성 마안산시에 위치한 채석기(우저기) 풍경도이다. 장강長江과 쇄계하鎖溪河가 양쪽으로 물길이 둘러 있는 모습으로 보아 쇠자갈 모래톱으로 이루어진 삼각주 같은 모습이다. 우리나라 한강의 여의도처럼 모래톱이다.

▶ 채석기에 있는 이태백 기념관과 적선루의 모습이다.

▼ 아래 사진이 이태백기념관에 있는 '이백기경승천李白騎鯨昇天' 도이다. '이백이 고래를 타고 하늘로 승천하다.' 의 뜻이다. 장강에는 돌고래가 산다고 한다. 그래서 고래의 모습이 돌고래를 닮았다. 이백은 하늘에서 쫓겨 온 적선謫仙이기에 허무하게 강물에 빠져 죽게 할 수 없다고 하여, 후세인들이 그를 고래에 태워 하늘로 돌려보내고 있다.

▲ 이백이 달을 잡으려다가 장강長江에 빠져 죽었다는 연벽대聯璧臺 곧 착월대捉月臺의 모습이다. 그러나 이백은 장강에 빠져 죽은 것은 아니다.

▼ 중국 안휘성 마안산시 당도현 청산 서쪽에 위치한 이백의 묘지가 있는 곳으로, 들어가는 입구와 무덤의 모습이다. 입구 문위에는 '시선성경詩仙聖境' 이라고 쓰여 있고, 무덤에는 '당명현이태백지묘唐名賢李太白之墓' 라고 적혀 있다. 입구 정문 뒤쪽에 보이는 산이 청산青山이다. 마안산시의 유래가 있다. 초패왕 항우가 해하에서 유방과 결전을 치르고, 안휘성 오강에 와서 자결을 하자, 항우와 전장을 누볐던 오추마가 슬피 울다 죽어 그 안장이 산으로 화해 마안산이 생겼다고 한다. 그 마안산을 중심으로 해서 마안산시가 발전하였다.

## 20. 두보杜甫의 생애와 한시漢詩

두보(712~770)는, 자字가 자미子美고, 호號는 소릉少陵이다. 지금은 시성詩聖으로 일컬어진다. 이백이 생전生前에 시선詩仙으로 평가받던 것과는 달리, 두보는 사후死後에 시의 성인聖人으로 평가받았다. 그래서 11살 차이가 나는 두보가 생전에 이백을 몹시 따랐다. '두릉杜陵의 포의布衣' 또는 '소릉少陵의 야로野老' 라고 자칭한 것은 장안長安의 남쪽 근교에 있는 두릉 땅에 두보의 선조가 살았기 때문이다. 벼슬을 공부원외랑工部員外郎을 지냈으므로 두공부杜工部라고도 한다.

두보는 당 현종玄宗이 즉위한 해인 선천先天 1년(712)에 하남성 궁현에서 태어났다. 두보의 조부는 두심언杜審言으로 초당初唐 시대에 시詩로 이름이 세상에 알려진 인물이다. 조부의 영향으로 두보는 7세 때부터 시를 지었다고 한다. 일찍 어머니를 잃었기 때문에 아버지가 양육하기 어려워 낙양洛陽의 숙모叔母 슬하에서 자랐는데, 그의 시에 대한 재능은 일찍이 낙양의 명사들에게 인정을 받았다고 한다. 20세를 전후하여 8~9년간 각 지방을 유람했는데, 처음에 강소성江蘇省과 절강성浙江省을 여행하고 난 후, 24세에 일단 낙양으로 돌아와서 진사進士 시험에 응시했으나 뜻을 이루지 못하고 다시 유람의 길을 떠나, 산동성山東省과 하북성河北省을 전전하였다고 한다. 이때 명산대천을 보고 많은 시를 썼다고 하나, 이 시기의 시는 전혀 전해지는 것이 없다. 29세 때(740) 당시 산동성 연주兗州 에서 관리로 있던 아버지 두한杜閑을 방문했을 때 지은 시가, 남아 있는 두보 시 중 가장 초기의 것이다. 다음해 산동성에서 돌아와 평생의 반려자였던 부인 양楊씨를 맞아들였다. 그리고 30세에도 출사出仕하지 못했다.

두보는 천보天寶 3년(744), 때마침 장안의 궁중에서 추방되어 산동성으로 향해가고 있던 이백과 낙양에서 처음 만났다. 세기적인 사건인 두 사람의 만남은 처음이자 마지막이었다. 이백을 사모하던 두보는 이백과 함께 양송(梁宋, 지금의 하남성) 지방으로 유람을 다니기도 하였다. 이 유람에는 이백 외에 시인 고적高適·잠삼岑參 등과도 함께 하였다. 그해 겨울 이백과 헤어진 두보는 강남江南으로 향했다. 그 후 두 사람은 다시는 만나지 못했다. 두보가 35세(746)되던 해 봄날에 이백을 간절히 그리워하면서 시를 지었다.

〈춘일억이백春日憶李白〉-봄날에 이백을 그리워하며

두보杜甫

| | |
|---|---|
| 이백의 시는 천하무적 | 백야시무적<br>白也詩無敵, |
| 표연히 그 시상이 군속에 속하지 않네. | 표연사불군<br>飄然思不群. |
| 맑고 새로움은 유개부와 같고, | 청신유개부<br>淸新庾開府, |
| 준수하고 빼어나기는 포참군과 같도다. | 준일포참군<br>俊逸鮑參軍. |
| 위수 북쪽 봄날 나무 밑에 서 있는 나, | 위북춘천수<br>渭北春天樹, |
| 장강 동쪽 해 저무는 구름 밑에 있는 그대. | 강동일모운<br>江東日暮雲. |
| 어느 때에 한 동이 술로써, | 하시일준주<br>何時一樽酒, |
| 거듭 함께 문장을 세밀히 논할까? | 중여세논문<br>重與細論文. |

이백의 시에는 겨룰 자가 없고, 그대의 시상은 자유분방해서 속세의 범위를 벗어났도다. 그대 시의 맑고 새로움은 양나라 유신 [양나라 문인]

과 같고, 빼어남은 송나라 포조[육조시대 송나라 문인]와 같다. 지금 나는 위수 북쪽 봄 하늘 나무 아래에 있으면서 그대를 생각하고 있는데, 당신이 있는 강동의 해 저물녘에는 구름이 자욱이 덮여 있겠지? 언제쯤 당신과 만나 한 동이 술을 마시며, 거듭 자세히 문학을 논해볼까?

두보가 이백의 문학에 대해서 어떻게 생각하고 있는지를 단적으로 보여주는 작품이다. 이 세상에 존재한 시 중, 이백의 시는 천하무적이라는 것이다. 그리고 두보는 오랫동안 이백을 사모해서 종종 그에 대한 꿈을 꾸는 일도 있었는데, 사흘 밤이나 계속해서 이백을 만나는 꿈을 꾼 후 지은 것이 〈몽이백이수夢李白二首〉이다. 이때 두보는 낙양을 거쳐 화주華州에 머물면서 이백에게서 오는 소식은 받지 못하고 떠도는 소문만 듣고 있었는데, 이백이 물에 빠져 죽었다는 소문이 들려왔다. 이런 상황에서 쓴 작품이 〈몽이백이수夢李白二首〉이다.

천보 5년(746) 두보는 장안으로 갔다. 그 후 약 10년 동안 장안에서 과거시험에 급제하지도 못하고 벼슬자리도 얻지 못한 채 곤궁한 생활을 계속하였다. 출사出仕를 하기 위해 다양한 방법으로 노력을 했지만, 허사였다. 『맹자孟子』『양혜왕梁惠王』장章에 보면, "사람이 어려서 배우는 것은 커서 행하고자 하는 것이다."[1]라고 한 것도, 유자儒者란 배운 것을 실천하는 자라는 뜻이다. 실천을 위해서는 출사를 하는 것이 최상의 방법일 수 있다. 그래서 두보도 일찍이 과거 공부를 하여 벼슬자리에 나아가고자 했던 것이다. 그러나 쉽사리 출사의 길은 열리지 않았다.

당나라 정세는 더욱 나빠지면서 두보도 사회의 부조리에 관심을 가지게 되었다. 751년 천보 10년에 남조南詔·대식大食·거란에게 크게 패하자 병사를 보충하기 위해 농민들을 징집해가면서 세금도 더욱 무겁게 부과하였다. 변방 지역 외세와의 전쟁 과정에서 싸움터로 내몰린

1 「孟子」「梁惠王」章 下 "人, 幼而學之, 壯而欲行之."

병사와 그 가족들의 고통을 하소연한 시 〈병거행兵車行〉은 이 해에 쓴 작품이다.

## 〈병거행兵車行〉

두보

수레소리 덜거덕 말 울음이 시끄러운데,　車轔轔馬蕭蕭,(차린린마소소)
부역 가는 병사들 활과 화살을 허리에 차고　行人弓箭各在腰.(행인궁전각재요)
부모 처자 총총걸음 뒤쫓으며 전송하네.　耶娘妻子走相送,(야랑처자주상송)
먼지 날아 함양교 뒤덮었고　塵埃不見咸陽橋.(진애불견함양교)
옷 잡고 발을 굴러 길을 막고 통곡하니　牽衣頓足欄道哭,(견의돈족난도곡)
울음소리 하늘 구름 뚫을 듯하네.　哭聲直上干雲霄.(곡성직상간운소)
길을 가던 내가 병사에게 물으니　道傍過者問行人,(도방과자문행인)
병사는 징발 잦다며 말하기를　行人但云點行頻.(행인단운점행빈)
어떤 이는 열다섯에 북쪽 황하 수비에 나가　或從十五北方河,(혹종십오북방하)
마흔 살 오늘까지 서쪽 둔전 병영에 있소.　便至四十西營田.(편지사십서영전)
떠날 때 촌장께서 두건 싸주셨거늘　去時里正與裹頭,(거시리정여과두)
돌아와 백발에도 여전히 변방의 수자리 지키지요.　歸來頭白還戍邊.(귀래두백환수변)
변경에 흘린 피 바다 같지만　邊庭流血成海水,(변정유혈성해수)
황제의 정벌 의욕 가시지 않네.　武皇開邊意未已.(무황개변의미이)
그대여 못 보았는가?　君不見,(군불견)
이 나라의 산동 땅 2백 주에　漢家山東二百州.(한가산동이백주)
모든 촌락 가시덤불 잡초에 덮여　千村萬落生荊杞,(천촌만락생형기)

설혹 젊은 아낙 호미 쟁기 잡았어도 終有健婦把鋤犁,(종유건부파서려)
곡식 마구 키우니 농사 엉망 되었네. 禾生隴畝無東西.(화생농무무동서)
더구나 관서 병사들은 싸움에 익숙하다 하여 況不秦兵耐苦戰,(황불진병내고전)
개나 닭과 다름없이 마구 몰아 부치네. 被驅不異犬與鷄.(피구불이견여계)
그대 설혹 묻는다 해도 長者雖有問,(장자수유문)
나의 원한 풀길이 없소. 役夫散申恨.(역부산신한)
또한 금년 겨울에도 且如今年冬,(차여금년동)
관서 땅의 징발이 계속되었다오. 未休關西卒.(미휴관서졸)
관리는 세금 내라 성화이지만 縣官急索租,(현관급색조)
어디서 세금 낼 돈 만들어내리 租稅從何出,(조세종하출)
어이없게도 아들 낳으면 좋지 않고 信知生男惡,(신지생남악)
오히려 딸을 낳으면 좋음을 알았소. 反是生女好.(반시생녀호)
여자로 태어나면 이웃에 시집도 가련만 生女猶是嫁比隣,(생녀유시가비린)
남자로 태어나서 흙에 묻혀 풀에 엉키네. 生男埋沒隨百草.(생남매몰수백초)
그대 못 보았소? 청해 벌판에 君不見靑海頭,(군불견청해두)
예부터 백골 거두는 이 없어 古來白骨無人收(고래백골무인수)
새 귀신 원통해 몸부림 치고 옛 귀신 울어 新鬼煩寃舊鬼哭,(신귀번원구귀곡)
비 오는 날 훌쩍훌쩍 우는 소리 들린다오. 天陰雨濕聲啾啾.(천음우습성추추)

수레 소리와 말 울음 소리가 몹시 시끄러운데, 행역 가는 사람들 모두 활과 화살을 허리에 찼도다. 부모와 처자가 달려가 서로 보내니 흙먼지가 자욱이 일어나서 함양교가 보이지 않는다. 옷을 잡아당기고 발을 구르며 길을 막고 서서 우니, 통곡하는 소리가 하늘을 찌르는구나. 길가는 이가 행인에게 물으니, 행인이 오직 대답하기를 징발하는 일이 빈번하다고 한다. 어떤 이는 십오 세부터 북쪽 강에 가서 지키고 있다가 곧 나이 마흔에 이르러 서쪽으로 가서 농사를 짓는다고 한다. 떠날 때는 마을 어른이 머리 싸주더니, 돌아오니 머리가 백발인데도 다시 변방 수자리로 보내는구나. 변방에 흐르는 피가 바다를 이루는 데도 변방을 개척하려는 황제의 뜻은 꺾일 줄 모른다. 그대는 듣지 못 했소. 한나라 산동의 200 고을 방방곡곡 온 마을에 가시덤불 다 생긴 것을 비롯해서 건장한 부녀가 호미와 쟁기 잡고 일을 한다지만 벼는 이랑에 아무렇게나 자라네. 하물며 진 땅의 병사들 힘든 전투 잘 견딘다 하여 몰아댐이 개나 닭과 다르지 않네. 어르신은 묻습니다마는, 행역 가는 군사가 감히 마음 속 한을 다 말하리오. 또 올 겨울의 경우 관서 사졸의 일이 아직도 그치지 않았는데, 현의 관리들은 급하게도 세금을 찾으니 세금 낼 돈이 어디서 생기겠습니까? 진실로 알겠노라, 아들 낳은 일은 나쁘고 도리어 딸을 낳는 일이 좋다는 것을, 딸을 낳으면 그래도 이웃으로 시집보낼 수 있으나 아들을 낳으면 잡초 따라 묻힐 뿐입니다. 그대는 보지 못했는가? 청해 언저리에는 예부터 백골을 거두어주는 사람 아무도 없어 신 귀신은 괴로워하고 구 귀신은 통곡하여 흐려 비 내리고, 습하면 귀신들 통곡소리 들려온다.

위의 시는 변방으로 끌려 나가 부역당하는 행렬을 보고 백성들의 처참한 생활상을 노래한 시이다. 한 번 끌려 나가면 평생 변방의 오랑캐와 싸워야하는 남편과 그 남편을 떠나보내고 어려운 현실을 견디어야 하는 아내와 그 가족들의 모습을 그리면서 권력자의 무한한 책임감을 되묻고 있다.

현종이 처음 치세治世를 할 때는 풍년이 계속되었으나, 그 후 변방 오랑캐의 거듭된 침략과 기근이 잇달아 일반 백성들의 삶은 더 궁핍해졌다. 754년(천보 13년)에는 장마가 계속되어 기근은 점점 더 심해졌다. 두보도 이런 사회적 · 자연적 영향으로 생활이 점점 더 어려워져 한

때 처자를 봉선현奉先縣의 친척집 농가에 맡겼다. 755년 처음으로 우위솔부右衛率府의 주조참군胄曹參軍, 곧 금위군禁衛軍의 무기고 관리인 정팔품하正八品下라는 말단 관직을 얻어 기쁜 마음으로 서둘러 처자가 있는 봉선현으로 향했다. 집으로 가는 도중 장안 근처에 있는 여산驪山 기슭에 다다르니, 현종과 양귀비의 사랑 노름의 풍악 소리가 여기저기서 들렸다. 그리고 집과 터전을 잃고 떠도는 유랑민들의 모습도 보였다. 이처럼 두보는 그 여정에서 황제의 문란한 생활과 민초들의 어려운 삶의 모습을 직접 목격하였으며, 봉선현에 당도해보니 처자는 굶주림에 시달리고 있고 어린 자식 하나는 굶어죽는 상태였다. 이때 두보는 울분과 서글픔으로 장편의 시〈자경부봉선현영회오백자自京赴奉先縣詠懷五百字〉를 지었다.

〈자경부봉선현영회오백자自京赴奉先縣詠懷五百字〉
–장안에서 봉선현에 이르며 읊은 오백자

두보

| | |
|---|---|
| 두릉에 베옷 입은 이 있어, | 杜陵有布衣(두릉유포의), |
| 늙어갈수록 그 뜻은 더욱 치졸해졌다. | 老大意轉拙(노대의전졸). |
| 어찌 그리 어리석은지, | 許身一何愚(허신일하우), |
| 옛 명신名臣 직稷과 설契에 비하기도 한다. | 竊比稷與契(절비직여설). |
| 어느덧 영락한 몸 되어 | 居然成濩落(거연성확락), |
| 머리가 희어져도 애쓰기를 달갑게 여긴다. | 白首甘契闊(백수감결활). |
| 관 뚜껑이 닫힌 후에야 모든 일이 끝나지만 | 蓋棺事則已(개관사즉이), |
| 이 뜻 한번 펴기를 항상 바라왔다. | 此志常覬豁(차지상기활). |

평생 백성들을 근심하여　窮年憂黎元,(궁년우여원)

탄식하며 속을 태우며 산다.　歎息腸內熱.(탄식장내열)

같은 동기들 노인 비웃음 받아도　取笑同學翁,(취소동학옹)

호탕하게 노래하며 더욱 우쭐하다.　浩歌彌激烈.(호가미격렬)

실없는 세상 떠나 살고 싶은 생각　非無江海志,(비무강해지)

후련히 세월 보내고도 싶었도다.　蕭灑送日月.(소쇄송일월)

생전 요堯나 순舜 같은 임금 만나　生逢堯舜君,(생봉요순군)

차마 죽을 수가 없도다.　不忍便永訣.(불인편영결)

지금 조정에서는 인재들 많아　當今廊廟具,(당금낭묘구)

큰 집을 짓는데도 모자람이 없건만　構厦豈云缺,(구하기운결)

해바라기가 태양을 향하듯　葵藿傾太陽,(규곽경태양)

성품이야 빼앗을 수 없도다.　物性固難奪.(물성고난탈)

돌아보면, 개미와 땅강아지 같은 무리들　顧惟螻蟻輩,(고유누의배)

단지 거처할 구멍만 찾는구나.　但自求其穴.(단자구기혈)

어쩌자고 큰 고래를 사모하여　胡爲慕大鯨,(호위모대경)

겁도 없이 넓은 바다를 생각하네.　輒擬偃溟渤.(첩의언명발)

이로써 사는 이치를 깨달았으나　以玆悟生理,(이자오생리)

청탁하는 일을 스스로 부끄럽게 여긴다.　獨恥事干謁.(독치사간알)

꼿꼿이 버티며 지금에까지 이르러　兀兀遂至今,(올올수지금)

흙먼지 속에 묻혀 사는 것도 참아왔다.　忍爲塵埃沒.(인위진애몰)

소보巢父와 허유許由에게는 끝내 부끄럽지만　終愧巢與由,(종괴소여유)

그 기절을 바꿀 수는 없어라.　未能易其節.(미능역기절)

거나하게 술이나 마시고 스스로 뜻을 펴　沈飮聊自遣,(침음요자견)

큰 소리로 노래 불러 시름을 잊기도 한다.　放歌破愁絶.(방가파수절)

| | |
|---|---|
| 한 해는 저물어 풀들은 시들었는데 | 세모백초령<br>歲暮百草零, |
| 모진 바람에 높은 언덕마저 찢어진다. | 질풍고강렬<br>疾風高岡裂. |
| 하늘은 어둑하고 높기만 한데 | 천구음쟁영<br>天衢陰崢嶸, |
| 나그네는 한밤중에 길을 떠난다. | 객자중야발<br>客子中夜發. |
| 서리는 차서 옷의 띠가 끊어져도 | 상엄의대단<br>霜嚴衣帶斷, |
| 손가락이 곱아 매기도 어렵다. | 지직불능결<br>指直不能結. |
| 이른 새벽 여산을 지나니 | 능신과여산<br>凌晨過驪山, |
| 황제 계신 곳은 저 높은 곳이지. | 어탑재체얼<br>御榻在嵽嵲. |
| 호위하는 깃발 차가운 하늘 가리고 | 치우색한공<br>蚩尤塞寒空, |
| 벼랑과 계곡을 걸어가니 미끄럽기도 하네. | 축답애곡활<br>蹴踏崖谷滑. |
| 온천에서는 더운 김이 모락모락 나고 | 요지기울률<br>瑤池氣鬱律, |
| 황제를 모시는 친위대의 창소리는 쨍그랑거린다. | 우림상마알<br>羽林相摩戛. |
| 황제와 신하는 머물러 즐기니, | 군신유환오<br>君臣留歡娛, |
| 음악소리 아득히 울려 퍼진다. | 악동은교갈<br>樂動殷膠葛. |
| 목욕을 하사받은 이 모두 갓끈 긴 사람들이고 | 사욕개장영<br>賜浴皆長纓, |
| 잔치에 참여한 이도 백성들은 아니구나. | 여연비단갈<br>與宴非短褐. |
| 궁궐에서 비단을 하사하는데 | 동정소분백<br>彤庭所分帛, |
| 본래 가난한 집 아낙에서 나왔을 테지. | 본자한녀출<br>本自寒女出. |
| 그 남편과 가족을 매질하여 | 편달기부가<br>鞭撻其夫家, |
| 모질게 거둔 것을 공물로 궁궐에 바친 것이다. | 취렴공성궐<br>聚斂貢城闕. |
| 황제가 이 물품들을 하사한 뜻은 | 성인광비은<br>聖人筐篚恩, |
| 실은 나라를 살리려는 소망이로다. | 실원방국활<br>實願邦國活. |
| 신하가 지극한 뜻을 이루기를 소홀히 하여 | 신여홀지리<br>臣如忽至理, |
| 황제가 내린 이 물건들의 뜻을 이찌 비릴 수 있니요? | 군기기차물<br>君豈棄此物. |

| | |
|---|---|
| 많은 선비들 조정에 넘친다지만 | 多士盈朝廷, (다사영조정) |
| 어진이라면 마땅히 두려워 떨어야하리. | 仁者宜戰慄. (인자의전률) |
| 하물며 대궐 내 황금기물은 | 況聞內金盤, (황문내금반) |
| 위씨와 곽씨 집으로 갔다더라. | 盡在衛藿室. (진재위곽실) |
| 집안에는 신선 같은 여인들 | 中堂有神仙, (중당유신선) |
| 안개 같은 옷으로 옥 같은 살결 가린다. | 煙霧蒙玉質. (연무몽옥질) |
| 손들을 따뜻하게 하는 것은 값진 털옷이고 | 煖客貂鼠裘, (난객초서구) |
| 구슬픈 피리소리는 맑은 거문고소리를 따른다. | 悲管逐淸瑟. (비관축청슬) |
| 손에게 낙타 굽으로 만든 탕을 권하고 | 勸客駝蹄羹, (권객타제갱) |
| 서리 맞은 등자나무 향기로운 귤이 있다. | 霜橙壓香橘. (상등압황귤) |
| 고관들의 문 안에서는 술과 고기 냄새요, | 朱門酒肉臭, (주문주육취) |
| 길에는 얼어 죽은 사람들의 뼈가 구른다. | 路有凍死骨. (노유동사골) |
| 영화로움과 어려움이 지척 간에 판이하니 | 榮枯咫尺異, (영고지척이) |
| 슬픈 마음 이루 다시 표현할 수 없다. | 惆悵難再述. (추창난재술) |
| 북으로 수레를 돌려 경수와 위수로 나아가, | 北轅就涇渭, (북원취경위) |
| 공설 나루터에서 다시 수레를 갈아탄다. | 官渡又改轍. (관도우개철) |
| 큰 물줄기 서쪽으로부터 내려와 | 群水從西下, (군수종서하) |
| 시야 끝까지 바라보니 높이도 흘러간다. | 極目高崒兀. (극목고줄올) |
| 아마도 공동산에서 내려오는 듯하니, | 疑是崆峒來, (의시공동래) |
| 하늘을 떠받치는 기둥에 부딪혀 부러질까 두려워라. | 恐觸天柱折. (공촉천주절) |
| 강의 다리는 다행히 부러지지는 않았지만 | 河梁幸未坼, (하량행미탁) |
| 교각이 지탱하고는 있으나 삐걱거리는 소리 불안하다. | 枝撑聲窸窣. (지탱성실솔) |
| 길가는 나그네들 서로 끌어 도와주는데, | 行旅相攀援, (행려상반원) |
| 강이 넓어 넘기가 매우 힘들다. | 川廣不可越. (천광불가월) |

| | |
|---|---|
| 늙은 처는 딴 고을에 부쳐 사는데 | 노 처 기 이 현<br>老妻寄異縣, |
| 열 식구가 눈바람 때문에 떨어져 있다. | 십 구 경 풍 설<br>十口隔風雪. |
| 뉘라 오래 돌보지 않으리오? | 수 능 구 불 고<br>誰能久不顧, |
| 굶주림도 목마름도 같이 하자며 왔네. | 서 왕 공 기 갈<br>庶往共饑渴. |
| 문을 들어서니 부르며 우는 소리 들리는데, | 입 문 문 호 도<br>入門聞號咷, |
| 어린 자식이 굶주려 이미 죽었다 한다. | 지 자 아 이 졸<br>幼子餓已卒. |
| 내 어찌 애달파함을 외면하리, | 오 영 사 일 애<br>吾寧捨一哀, |
| 마을 사람들도 역시 흐느껴 우는구나. | 이 항 역 오 열<br>里巷亦嗚咽. |
| 사람의 아비가 되어 부끄러운 바는 | 소 괴 위 인 부<br>所愧爲人父, |
| 먹을 것이 없어 요절하게 만들었다는 것이다. | 무 식 치 요 절<br>無食致夭折. |
| 어찌 가을 곡식이 익어감을 몰랐던가? | 기 지 추 화 등<br>豈知秋禾登, |
| 가난한 집에는 이런 변고 당하는구나. | 빈 구 유 창 졸<br>貧窶有倉卒. |
| 나야 나면서 조세도 면제되었고 | 생 상 면 조 세<br>生常免租稅, |
| 이름도 병적에는 오르지 않았다. | 명 부 예 정 벌<br>名不隸征伐. |
| 이내 몸 어루만져도 오히려 쓰라리고 고생스럽고 | 무 적 유 산 신<br>撫跡猶酸辛, |
| 평민들이야 진실로 처량하노라. | 평 인 고 소 설<br>平人固騷屑. |
| 가만히 일자리 잃은 무리 생각하고 | 묵 사 실 업 도<br>默思失業徒, |
| 멀리 수자리 사는 병졸들 떠올려본다. | 인 념 원 수 졸<br>因念遠戍卒. |
| 걱정은 종남산終南山 만큼 높아 | 우 단 제 종 남<br>憂端齊終南, |
| 혼란스러운 생각 종잡을 수 없어라. | 홍 동 불 가 철<br>澒洞不可掇. |

두릉의 벼슬하지 못한 사람, 늙어 갈수록 마음이 치졸해진다. 몸가짐이 어찌 그리도 우직하여 순 임금의 직과 설에 비겨본다. 어느덧 영락한 몸 되어 머리가 희어져도 애쓰기를 달갑게 여긴다. 관 뚜껑을 덮으면

일이 끝나건만, 마음 속에 품은 이 뜻 한 번 펴기를 항상 바라면 살아왔다. 평생토록 민생을 근심하고 탄식하며 속을 태우며 산다. 같은 동기들 노인 비웃음 받아도 호탕이 노래하며 더욱 우쭐해진다. 실없는 세상 떠나 살고 싶은 생각 후련히 세월 보내고도 싶었다. 그러나 살아서 태평성대인 요와 순의 세상만날까 차마 죽을 수가 없었다. 지금의 조정에 자리가 갖추어져 큰 나라를 다스림에 아무 문제가 없건만, 해바라기 태양을 향하는 것처럼 성품이야 빼앗을 수 없도다. 돌아보면, 개미와 같은 무리들 다만 자기들 이익을 위해 구멍이나 찾는구나. 어찌 큰 고래를 사모하여 겁도 없이 넓은 바다를 생각하리. 이러한 데서 삶의 이치 깨달아 혼자 아첨하여 벼슬을 구하는 행위 부끄럽다. 이럭저럭 마침내 오늘에 이르도록 티끌 같은 삶을 살아왔도다. 결국 옛날 은거하던 선비 소보와 허유에게 부끄러우나 아직은 백성을 위해 정치를 펼치고 싶은 그 기절을 바꿀 수가 없다. 거나하게 술이나 마시고 스스로 뜻을 펴 마음대로 노래하니 시름이 끊어진다. 해는 저물고 온갖 풀은 시드는데 모진 바람에 높은 언덕마저 찢어지는 것 같다. 하늘은 어둑하고 높기만 한 데, 나그네 한 밤에 길을 떠난다. 서릿발 사나워 허릿끝이 끊어지는 듯하고 손이 곱아 옷의 매듭을 짓지도 못한다. 새벽이 되어 여산을 지나는데, 황제 계신 곳이 저 높은 화청궁이겠지? 호위하는 깃발 차가운 하늘 가리고 벼랑과 계곡을 걸어가니 미끄럽기도 하다. 온천에는 더운 기운 서리어 있고 황제 모시는 친위대의 창소리는 쨍그랑 거린다. 황제와 신하가 같이 머물며 즐거운 가운데 풍악 소리 은은히 울려 퍼진다. 온천 목욕을 하사 받은 이 모두가 고관들이고 잔치를 함께 한 사람들 중에는 일반 백성은 없다. 대궐에서 내리는 비단들 본래는 가난한 집안 아낙에서 나왔을 테지, 그 남편과 가족을 채찍질하여 긁어모아 대궐에 바친 것이다. 황제가 고관들의 광주리에 넣어 준 하사품은 실은 나라를 살리려는 소망일 것이다. 신하가 지극한 이치를 소홀히 한다면, 황제가 하사하신 이 물건들의 뜻을 어찌 버릴 수 있겠는가? 많은 선비들이 조정에 가득하니, 어진 사람들이라면 마땅히 두려워해야 한다. 그런데 궁궐의 황금 소반은 모두가 인척들의 집에 가 있도다. 안마루에는 노래하는 미녀들 있어, 안개 같은 비단옷으로 옥 같은 살을 가린다. 손님들은 따뜻하게 해주는 값진 털옷 입고, 구성진 악기소리는 맑은 거문고에 맞춘다. 귀한 낙타 발굽 국으로 손님을 대접하고 서리 맞은 등자 나무 아래 향기로운 귤들이 가득하다. 고관들의 대문에는 술과 고기 냄새가 나는데, 길가에는 얼어 죽은 백골들이 나뒹굴고 있다. 영화로움과 말라죽은 것이 지척 사이로 다르니, 너무나 서글퍼 다시 적기가 어렵도다. 수레를 북으로 돌려 경수와 위수로 나아가 관에서 운영하는 나루터에서 또 배를 바꿔 탄다. 몰려오는 물은 서쪽에서 쏟아져 내려와 끝간 데 없이 바라보니 멀리도 흘러간다. 아마도 동공산에서 내려오는 듯하니, 하늘의 기둥에 닿아 꺾어질까 두려웠다. 다행이도 다리는 꺾어지지 않은 채 떠받친 기둥이 삐걱거린다. 나그네 서로 붙잡고 건너는데, 강이 하도 넓어서 건널 수가 없었다. 늙은 아내가 이미 다른 고을에 사는지라, 열 식구가 바람과 눈 때문에 떨어져 사는구나. 누가 능히 오래도록 돌보지 않을까마는, 가족들이 있는 곳으로 가서 굶주림을 함께 하기를 원하노라. 문에 들어서니 울부짖는 소리 들리는데, 어떤 아이가 굶어서 이미 죽었다 한다. 내 어찌 애달파함을 외면하리, 마을 사람들도 따라서 우는구나. 아버지가 되어 부끄러운 바는 먹이지 못해 아이를 요절하게 했다는 것이다. 어찌 가을 곡식이 익어감을 몰랐던가? 가난한 집에는 이런 변고를 당하는구나. 나는 항상 세금도 면제받고 병적에도 오르지 않아 징병도 나아가지 않았다. 이내 몸 어루만져도 오히려 쓰라리고 고생스러운데, 일반 백성들이야 진실로 더 처량하다. 삶의 터전을 잃은 많은 사람들 생각해 보고, 멀리 전쟁터에 나간 사람들 생각해 본다. 남산만큼이나 높은 근심의 실마리 골짜기를 흐르듯 하는 끝없는 생각 거칠 수가 없다.

755년 10월에 무기 출납을 관리하는 우위솔부주조창군을 제수받고, 가족들을 만나로 봉선현으로 가는 도중에 보고 느낀 것들을 읊은 시이다. 자신은 이런 부패한 조정에 벼슬을 구하기 위해 동분서주東奔西走한 것이 부끄러울 따름이고, 그래도 자신이 품었던 정치적 이상을 실현하기 위해 출사를 해야 함을 주장하기도 하였다. 그리고 당시 황제와 고관들의 사치스러운 생활상과 민중들의 궁핍한 처지를 대비시켜 사회의 부패상을 사실적으로 그린 사회시의 하나이다.

한 달 후, 755년 11월 9일 범양 · 평로 · 강동 3진의 절도사 안록산이 난을 일으켜 파죽지세로 중원을 정복하였다. 난이 일어나자 두보는 가족들을 데리고 섬서성陝西省 백수현白水縣 부주鄜州 등지로 난을 피해 옮겨 다녔다. 안록산의 군대가 낙양을 함락하고 자신을 웅무雄武 황제라 자칭하였다. 이 소식을 들은 현종은 급하게 촉 땅으로 피난을 갔다. 현종의 셋째 아들이면서 황태자 이형李亨도 난을 피해 현종을 따라 촉蜀으로 달아나다 마외馬嵬언덕에 이르렀을 때, 황제의 호위군이 양국충楊國忠을 살해하는 것에 찬성했으며, 황제를 압박해 양귀비楊貴妃가 목매 자살하도록 하였다. 그는 영무靈武로 돌아와 숙종 황제에 즉위하였다.

두보는 어려운 피난길을 계속하다가 홍수를 만나 가족을 부주 교외의 강촌羌村에 남겨두고, 자신은 영하성寧夏省 영무靈武에서 즉위한 숙종肅宗 휘하로 가던 도중 반란군에게 잡혀 장안으로 도로 끌려갔다. 장안은 황폐해졌으며 반란군은 거리에 넘쳐나고 있었다. 두보는 장안에서 겨우 아는 사람의 도움을 받아 나날을 보내면서 망국의 비애를 몸소 느끼면서 가족의 안부를 염려하였다. 이 무렵 〈춘망春望〉 · 〈월야月夜〉 · 〈애왕손哀王孫〉 · 〈애강두哀江頭〉 등 많은 유명한 시를 지었다. 두보 46세 되던 해 봄, 757년 안록산에게 점령당한 장안에 볼모로 있을 때 지은 〈춘망春望〉을 감상해 보자.

〈춘망春望〉

두보

장안은 파괴되었지만 산천은 여전하고, 國破山河在(국파산하재),
장안성에 봄이 오니 초목만 무성하다. 城春草木深(성춘초목심).
시절에 느껴서 꽃이 눈물을 뿌리게 하고, 感時花濺淚(감시화천루),
이별을 한탄해서 새가 마음을 놀라게 한다. 恨別鳥驚心(한별조경심).
세 달을 연이어서 봉화가 일어나니, 烽火連三月(봉화연삼월),
가족들에게 온 편지는 만금의 값어치가 있다. 家書抵萬金(가서저만금).
흰머리를 긁으니 다시금 짧아지고, 白頭搔更短(백두소갱단),
온통 비녀를 이기지 못하려고 하더라. 渾欲不勝簪(혼욕불승잠).

안록산의 난으로 인해 나라가 망하니 산과 내는 그대로 있고, 장안성에 봄이 와서 풀과 나무가 무성하다. 당시의 일에 느껴서 꽃만 보아도 눈물이 나고, 가족들과 이별을 해서 평상시 아름답던 꽃마저도 눈물을 뿌리게 한다. 전쟁이 석 달이나 이어졌으니, 집에서 오는 편지는 받아 보기가 어렵다. 머리카락은 자꾸 빠지고 짤막해져서 남은 머리카락을 다 모아도 비녀를 감당하지 못할 것 같구나. 전란의 아픔을 읊조리고 있다.

'국파산하재國破山河在' 는 두 가지로 해석이 가능하다. 산과 내만 남아 있어, 모든 것이 다 파괴되었다. 또는 반란군이 장안성은 점령해도 산하는 파괴할 수 없다. 그래서 앞으로 장안성을 회복할 수 있는 희망은 있다. 등으로 해석이 가능하다. '성춘초목심城春草木深' 은 옛날 같으면, 장안성에 봄이 오면 봄나들이 인파로 넘쳐났을 것이다. 그런데 지금은 사람은 보이지 않고 초목만 무성하다. '감시화천루感時花濺淚' 는 주체가 사람일 때와 꽃일 때, 해석의 차이가 있다. 시국을 슬퍼해서 꽃도 눈물을 뿌리고, 아니면 그 시절에 느껴서 꽃을 봐도 눈물이 나오고 등으로 해석이 가능하다. '한별조경심恨別鳥驚心' 도 이별이 한스러워 새도 가슴을 놀래더라. 아니면 이별이 한스러워 새소리만 들어도 가슴이 두근거리더라. 혹시 나쁜 소식이 올까봐서 걱정이 된다는 것이다. 이 난리통에 가족들은 무사한지 애들은 굶지나 않는지 등 두보의 애간장이 타는 모습이 엿보인다. 그래서 수심을 달래려고 머리를 긁는데, 자꾸만 머리카락이 빠지는 것이다. 개인의 불행에 대한 생각과 나라에 대한 걱정을 동시에 행하고 있기 때문이다.

율시는 3구와 4구, 그리고 5구와 6구가 대구가 되어야 명시이다. 이 시도 3구의 '화花' 와 4구의 '조鳥' 그리고 '천루濺淚' 와 '경심驚心' 등의 문법적 구조가 대구로 되어 있다. 5구와 6구에서는 '봉화烽火' 와 '가서家書' 의 명사구로 대구가 되고, '연連' 과 '저抵' 의 동사끼리 대구가 되며, '삼월三月' 과 '만금萬金' 에서는 숫자끼리 대구가 되었다. 율시를 평가할 때는 이처럼 대구의 구절을 보고 잘잘못의 평가를 하기도 한다.

757년 반란군에 내분이 일어나서 안록산이 아들 안경서에 의해 살해되었다. 숙종은 영무로부터 장안에서 가까운 봉상鳳翔으로 행재소行在所를 옮겼다. 두보는 4월에 장안을 탈출해서 숙종이 있는 봉상으로 달려갔다. 숙종 황제는 그 공을 가상히 여겨 두보를 5월에 좌습유左拾遺에 임명하였다. 그대 쓴 〈희달행재소喜達行在所〉 3수는 그가 안록산의 군대로부터 도망쳐 나올 때의 상황과 심경을 묘사하였는데 너무나도 절실하고 애통하다. 〈술회術懷〉 시도 이때의 작품으로 혼란함과 향수를 그렸는데 지극히 침통하다. 이무렵 숙종이 방관의 상소문으로 인해 두보에게 부주에 있는 가족들을 만나러 가게 하였다. 명분은 휴가였지만, 거의 문책에 따른 내쫓김에 가까운 것이었다. 두보가 전쟁에서 진 재상 방관을 옹호하는 상소문을 올린 것이 화근이 되었던 것이다. 이 귀가 길에서 두보는 많은 걸작시를 남겼다. 〈구성궁九成宮〉·〈옥화궁玉華宮〉·〈행차소릉行次昭陵〉·〈강촌삼수羌村三首〉 등이다.

그리고 이 무렵 쓴 시로, 장편의 〈북정北征〉이 있다. 이 〈북정〉은 앞에서 예를 든 〈자경부봉선현영회오백자〉와 더불어 두보 시 가운데서도 가족애와 국가에 대한 충정 등의 내용으로 인해 걸작으로 꼽힌다.

### 〈북정北征〉

두보

| | |
|---|---|
| 숙종 황제 재위 2년 가을, | 皇帝二載秋(황제이재추), |
| 윤 팔월 초하룻날. | 閏八月初吉(윤팔월초길). |
| 나 두보는 북으로 길을 잡아, | 杜子將北征(두자장북정), |
| 멀고 아득한 가족을 찾아나선다. | 蒼茫問家室(창망문가실). |
| 어렵고 근심스런 때를 만나, | 維時遭艱虞(유시조간우), |
| 조정과 민간에 조용한 날이 드물다. | 朝野少假日(조야소가일). |
| 돌아보건데 부끄럽게도 나만 은총 입어, | 顧慙恩私被(고참은사피), |
| 집에 돌아가도록 허락을 받았다. | 詔許歸蓬蓽(조허귀봉필). |
| 하직 인사 드리고 대궐문에 이르렀으나, | 拜辭詣闕下(배사예궐하), |
| 근심스레 주저하며 문을 나서지 못했다. | 怵惕久未出(출척구미출). |
| 비록 간언하는 관리의 능력은 없지만, | 雖乏諫諍資(수핍간쟁자), |

| | |
|---|---|
| 황제께 허물이 있을까 두렵다. | 恐君有遺失.(공군유유실) |
| 황제께서는 참으로 중흥의 영주英主 이시니, | 君誠中興主,(군성중흥주) |
| 나라 다스리는 일에 진실로 애를 쓰신다. | 經緯固密勿.(경위고밀물) |
| 동쪽 오랑캐 반란이 그치지 않으니, | 東胡反未已,(동호반미이) |
| 신하 두보는 복받쳐 오는 분노에 치를 떤다. | 臣甫憤所切.(신보분소전) |
| 눈물 뿌리며 행궁을 그리는 마음, | 揮涕戀行在,(휘체련행재) |
| 길을 가면서도 갈피를 못 잡는다. | 道途猶恍惚.(도도유황홀) |
| 하늘과 땅이 전쟁의 상처뿐이니, | 乾坤合瘡痍,(건곤합창이) |
| 근심걱정은 어느 때 그칠까? | 憂虞何時畢.(우우하시필) |

| | |
|---|---|
| 느릿느릿 논과 밭 넘어가니, | 靡靡踰阡陌,(미미유천맥) |
| 연기 오르는 집은 드물어 쓸쓸하도다. | 人煙眇蕭瑟.(인연묘소슬) |
| 만나는 사람은 대부분 부상당했고, | 所遇多被傷,(소우다피상) |
| 신음하면서 또한 피를 흘린다. | 呻吟更流血.(신음갱유혈) |
| 고개를 봉상현 쪽으로 돌리니, | 回首鳳翔縣,(회수봉상현) |
| 깃발들은 저녁 빛에 아스라하다. | 旌旗晚明滅.(정기만명멸) |
| 앞으로 차가운 산을 거듭 오르니, | 前登寒山重,(전등한산중) |
| 말에 물 먹일 동굴도 여러 곳 만났다. | 屢得飲馬窟.(누득음마굴) |
| 움푹 파인 빈주의 들과 | 邠郊入地底,(빈교입지저) |
| 경수의 물줄기는 그 속에서 세차게 흐른다. | 涇水中蕩潏.(경수중탕휼) |
| 사나운 범이 내 앞에 서서, | 猛虎立我前,(맹호립아전) |
| 울부짖으니 절벽이 갈라지는 듯하다. | 蒼崖哮時裂.(창애효시렬) |
| 국화는 올 가을꽃으로 피어 있고, | 菊垂今秋花,(국수금추화) |
| 바위에는 옛날 수레자국 나 있다. | 石戴古車轍.(석대고거철) |

| | |
|---|---|
| 푸른 구름에 높은 흥취 일고, | 청운동고흥<br>青雲動高興, |
| 그윽한 멋도 즐거워할 만하다. | 유사역가열<br>幽事亦可悅. |
| 산 열매 잘고 작은 것이 많으니, | 산과다쇄세<br>山果多瑣細, |
| 상수리 밤도 섞여 열렸네. | 나생잡상률<br>羅生雜橡栗. |
| 혹은 붉기가 단사丹砂와 같고, | 혹홍여단사<br>或紅如丹砂 |
| 혹은 검기가 칠을 점찍은 듯. | 혹흑여점칠<br>或黑如點漆. |
| 비와 이슬이 축축이 적셔, | 우로지소유<br>雨露之所濡, |
| 달고 쓴 것이 제각기 맺혀 있다. | 감고제결실<br>甘苦齊結實. |
| 무릉도원이 이러할까 생각하다가, | 면사도원내<br>緬思桃源內, |
| 탄식할수록 신세가 초라하다. | 익탄신세졸<br>益歎身世拙. |
| 높고 낮은 부주의 산들, | 피타망부치<br>陂陀望鄜畤, |
| 바위와 골짜기는 나타났다 사라졌다 한다. | 암곡호출몰<br>巖谷互出沒. |
| 나는 이미 강가를 걷고 있지만, | 아행이수빈<br>我行已水濱, |
| 내 종은 아직 나무 끝 산길을 오르고 있다. | 아복유목말<br>我僕猶木末. |
| 올빼미는 누런 뽕나무에서 울고, | 치조명황상<br>鴟鳥鳴黃桑, |
| 들쥐는 어지러운 구멍에서 앞발을 비벼댄다. | 야서공난혈<br>野鼠拱亂穴. |
| 밤이 깊어 전쟁터를 지나는데, | 야심경전장<br>夜深經戰場, |
| 찬 달이 백골을 비춘다. | 한월조백골<br>寒月照白骨. |
| 동관 지키던 백만 대군들, | 동관백만사<br>潼關百萬師, |
| 지난번에 어찌 그리 창졸히 패하고 흩어졌나? | 왕자산하졸<br>往者散何卒. |
| 징발된 진나라 장정이 태반으로, | 수령반진민<br>遂令半秦民, |
| 죽어 저승의 귀신이 되게 하였다. | 잔해위이물<br>殘害爲異物. |
| 하물며 나는 오랑캐의 티끌에 떨어졌다가, | 황아추호진<br>況我墜胡塵, |
| 탈출해 돌아와 보니 백발이 되어 있었다. | 급귀진화발<br>及歸盡華髮. |

| | |
|---|---|
| 해를 넘겨 내 초가집에 이르니, | 經年至茅屋(경년지모옥), |
| 아내와 자식의 옷은 누더기이다. | 妻子衣百結(처자의백결). |
| 통곡의 소리는 솔바람에 감돌고, | 慟哭松聲廻(통곡송성회), |
| 슬픔은 샘물과 함께 목이 메어 운다. | 悲泉共幽咽(비천공유열). |
| 평소에 귀여움 받던 예쁜 아이, | 平生所嬌兒(평생소교아), |
| 안색이 창백하여 눈보다 더 희다. | 顏色白勝雪(안색백승설). |
| 아비를 보자 돌아서서 우는데, | 見耶背面啼(견야배면제), |
| 때 묻은 발에는 버선도 신지 않았다. | 垢膩脚不襪(구니각불말). |
| 침상 앞의 두 계집아이, | 牀前兩少女(상전양소녀), |
| 기운 옷이 터져 겨우 무릎을 가린다. | 補綻才過膝(보탄재과슬). |
| 옷무늬 바다 그림은 파도 둘로 찢기고, | 海圖拆波濤(해도탁파도), |
| 오래된 수는 서로 어긋나 구부러져 있다. | 舊繡移曲折(구수이곡절). |
| 바다의 신 천오와 보랏빛 봉황새는, | 天吳及紫鳳(천오급자봉), |
| 짧은 저고리 위에 거꾸로 매달려 있다. | 顚倒在裋褐(전도재수갈). |
| 늙은 아비는 속이 상해서, | 老夫情懷惡(노부정회오), |
| 토사吐瀉로 며칠이나 몸져누웠다. | 嘔泄臥數日(구설와수일). |
| 어찌 이 보따리에 든 옷감으로, | 那無囊中帛(나무낭중백), |
| 너희들 추위를 막아 주지 못할까? | 救汝寒凜慄(구여한늠률). |
| 분과 눈썹먹도 보퉁이에서 나오고, | 粉黛亦解苞(분대역해포), |
| 이불감도 적으나마 늘어놓는다. | 衾裯稍羅列(금주초나열). |
| 수척한 아내 얼굴에 다시 생기 돌고, | 瘦妻面復光(수처면부광), |
| 철없는 계집아이도 스스로 빗질을 한다. | 癡女頭自櫛(치녀두자즐). |
| 어미를 본받아 못하는 것이 없어, | 學母無不爲(학모무불위), |
| 새벽 화장을 마구 찍어 바르는구나. | 曉粧隨手抹(효장수수말). |

| | | |
|---|---|---|
| 한참 동안 분 바르고 곤지 찍더니, | 이 시 시 주 연 | 移時施朱鉛, |
| 요란하게도 눈썹을 넓게도 그려다. | 낭 자 화 미 활 | 狼藉畵眉闊. |
| 살아와서 어린 것들을 대하니, | 생 환 대 동 치 | 生還對童稚, |
| 배고픔이나 목마름도 잊은 듯하다. | 사 욕 망 기 갈 | 似欲忘飢渴. |
| 지난 일을 물으며 다투어 수염을 당기지만, | 문 사 경 만 수 | 問事競挽鬚, |
| 누가 곧 화내고 호통을 칠 수 있겠는가? | 수 능 즉 진 갈 | 誰能卽嗔喝. |
| 문득 적에게 잡혀서 있던 때를 생각하니, | 번 사 재 적 수 | 翻思在賊愁, |
| 떠들썩함도 달게 받아 들여진다. | 감 수 잡 란 괄 | 甘受雜亂聒. |
| 새로이 돌아와 마음이 편안해지니, | 신 귀 차 위 의 | 新歸且慰意, |
| 앞으로 살아갈 방도야 어찌 말하겠는가? | 생 리 언 능 설 | 生理焉能說. |

| | | |
|---|---|---|
| 황제께서는 아직도 피난살이, | 지 존 상 몽 진 | 至尊尙蒙塵, |
| 어느 날에나 전쟁이 끝날 것인가? | 기 일 휴 련 졸 | 幾日休練卒. |
| 우러러 하늘을 보니, 하늘빛이 변하여, | 앙 관 천 색 개 | 仰觀天色改, |
| 요사한 기운 사라지는 것을 앉아서 느끼노라. | 좌 각 요 분 활 | 坐覺妖氛豁. |
| 음산한 바람이 서북쪽으로부터 와서, | 음 풍 서 북 래 | 陰風西北來, |
| 참담함이 회흘군回紇軍에 따라 왔다. | 참 담 수 회 흘 | 慘憺隨回紇. |
| 위글족의 왕은 우리를 돕기 원하는데, | 기 왕 원 조 순 | 其王願助順, |
| 그 풍속이 저돌적인 족속이다. | 기 속 선 치 돌 | 其俗善馳突. |
| 지원군 병사를 오천 명을 보내왔고, | 송 병 오 천 인 | 送兵五千人, |
| 군마는 일만 필을 몰고 왔다. | 구 마 일 만 필 | 驅馬一萬匹. |
| 이들은 적은 숫자이지만 긴요하게 여기고, | 차 배 소 위 귀 | 此輩少爲貴, |
| 사방을 용감함으로써 굴복시겼다. | 사 방 복 용 결 | 四方服勇決. |
| 움직일 때는 모두 매처럼 날쌔고, | 소 용 개 응 등 | 所用皆鷹騰, |

적을 무찌름이 화살처럼 빠르도다. 破敵過箭疾(파적과전질).

황제께서는 마음을 비우고 기다리고 계시지만, 聖心頗虛佇(성심파허저),

여론은 그 기세가 해를 끼칠까 염려한다. 時議氣欲奪(시의기욕탈).

이수와 낙수는 쉽게 수복될 것이고, 伊洛指掌收(이락지장수),

서경을 되찾음도 그치지 않을 것이다. 西京不足拔(서경부족발).

우리 군사도 청컨대 깊이 들어가, 官軍請深入(관군청심입),

정예 부대를 모아 진군해야 할 것이다. 蓄銳可俱發(축예가구발).

이 싸움으로 청주와 서주를 열고, 此擧開靑徐(차거개청서),

곧 돌아서 항산과 갈석산을 공략해야 한다. 旋瞻略恆碣(선첨략긍갈).

하늘에는 서리와 이슬 내리니, 昊天積霜露(호천적상로),

정의로운 기운이 불의를 없앨 것이다. 正氣有肅殺(정기유숙살).

재앙이 바뀌어 오랑캐가 패망할 해이고, 禍轉亡胡歲(화전망호세),

세력을 이루어 오랑캐를 잡아야 할 달이다. 勢成擒胡月(세성금호월).

오랑캐의 운명이 길 수 있으며, 胡命其能久(호명기능구),

황제의 기강이 끊어질 리가 없다. 皇綱未宜絶(황강미의절).

얼마 전 낭패스럽던 때 생각하면, 憶昔狼狽初(억석낭패초),

일 처리가 그 옛날과는 달랐다. 事與古先別(사여고선별).

간신은 마침내 소금에 절여졌고, 姦臣竟菹醢(간신경저해),

그 악당도 따라서 소탕되고 제거되었다. 同惡隨蕩析(동악수탕석).

들어보지 못했네, 하나라와 은나라가 쇠할 때, 不聞夏殷衰(불문하은쇠),

스스로 말희와 달기를 처벌했다는 말을. 中自誅妹妲(중자주말달).

주나라와 한나라가 다시 일어선 것은, 周漢獲再興(주한획재흥),

선왕과 광무제가 명철했기 때문이라네. 宣光果明哲(선광과명철).

훌륭하도다. 피난 시절 숙종의 호위했던 진장군이시여, 桓桓陳將軍(환환진장군),

양국충을 죽일 때 도끼로 그 충성을 떨쳤다. 仗鉞奮忠烈.(장월분충렬)
그대 아니면 사람들은 다 죽었고, 微爾人盡非,(미이인진비)
그대 때문에 지금까지 나라는 살았도다. 于今國猶活.(우금국유활)
처량한 것 대동전이며, 凄凉大同殿,(처량대동전)
적막한 것 백수문이다. 寂寞白獸闥.(적막백수달)
도성의 백성들이 비취 깃발 바라니, 都人望翠華,(도인망취회)
상서로운 기운은 황금 대궐 향한다. 佳氣向金闕.(가기향금궐)
능에는 조종의 신령이 지키고 계시고, 園陵固有神,(원릉고유신)
쓸고 닦아 제례도 거르지 않으셨다. 掃灑數不缺.(소쇄수불결)
빛나고 빛나는 태종의 업적이여, 煌煌太宗業,(황황태종업)
이 나라를 심히 크게 우뚝 세우시리다. 樹立甚宏達.(수립심굉달)

황제 재위 2년 되는 가을 윤 팔월 초하룻날 좋은 날씨에 나 두보는 북쪽 부주로 나아가 멀리 가족을 찾아보련다. 아아, 어려운 시기를 당하여 조정과 민간에 한가한 날 드물다. 돌아 보건데 부끄럽게도 나만 황제의 은총을 입어 집에 돌아가는 것 허락받았다. 대궐 아래 나아가 하직 여쭙고 떨리는 마음에 오래도록 대궐문을 나서지 못했다. 내 비록 간언하는 신하의 자질은 모자라지만 황제께 잘못 있으실까 두렵기만 하다. 황제께서는 참으로 안록산의 난으로 피난 중에 등극한 중흥의 황제로 나라 일에 진실로 애를 쓰신다. 동쪽 오랑캐 반란이 그치지 아니하니 나 두보는 이것이 심히 분노가 치민다. 눈물 뿌리며 행궁을 그리니 가는 길이 오히려 어질어질하도다. 하늘과 땅이 모두 전쟁의 상처뿐이니, 근심 걱정은 언제 끝날 것인가? 느릿느릿 논과 밭 넘어가니 연기 오르는 집은 드물어 쓸쓸하도다. 만나는 사람은 부상당한 사람이 대부분이고 신음하면서 또한 피를 흘린다. 고개를 봉상현으로 돌리니, 황제의 깃발들은 저녁 빛에 보였다 사라졌다 한다. 앞으로 차가운 산을 거푸 오르니 말에 물 먹일 동굴도 여러 곳 만났다. 빈주의 성 밖은 움푹 꺼져 있고 경수의 물줄기는 그 속에서 세차게 흐른다. 사나운 범이 내 앞에 서서 울부짖으니 그 소리에 절벽이 갈라지는 듯하다. 국화는 이제 가을꽃으로 피어 있고 바위에는 옛날 수레자국 나 있다. 푸른 하늘 구름에 높은 흥취 일고 그윽한 멋도 즐거워할 만하도다. 산의 열매는 하찮은 것이 많지만 늘어선 온갖 도토리와 밤이 많기도 하다. 단사처럼 빨간 것도 있고 옻칠처럼 까만 것도 있다. 그것은 비와 이슬에 젖은 것, 달게도 익었고 쓰게도 익었도다. 멀리 복사꽃 피는 무릉도원武陵桃源을 생각하다가 탄식할수록 내 신세가 초라해진다. 높고 낮은 부주의 산들 바위와 골짜기는 나타났다 사라졌다 한다. 나는 이미 강가를 걷고 있지만 내 종은 아직 나무 끝에 가려져 조금 보인다. 올빼미는 누런 뽕나무에서 울고 들쥐는 어지러운 구멍에서 앞발을 비벼댄다. 밤이 깊어 전쟁터를 지나가니 찬 달이 백골을 비춘다. 동관 지키던 백만 대군들 지난번에 흩어져 달아남이 어찌 그렇게도 빨랐는가? 마침내 징집된 진나라 백성의 절반을 죽여서 저승의 귀신이 되었다.

하물며 나는 안록산의 군대에 잡혀 억류당했다가 돌아와 보니 머리카락이 희끗희끗해졌다. 해를 넘겨 내 초가집에 이르니 아내와 자식의 옷은 누더기를 연상하게 한다. 통곡의 소리는 솔바람에 감돌고, 슬픔은 샘물과 함께 흐느껴 운다. 평소에 귀여움 받던 아이 안색이 창백하여 얼굴빛 흰 것이 눈보다 더 희다. 아비를 보자 돌아서서 우는데, 때 묻은 발에는 버선도 신지 않았다. 침상 앞의 두 계집아이 기운 옷이 터져 겨우 무릎을 가린다. 화폭으로 만들어 입은 옷무늬 바다 그림에는 물결치는 파도가 동강 나 있고, 옛날에 놓은 자수刺繡가 서로 어긋나 구부려져 있다. 바다의 신 천오와 보랏빛 봉황새는 짧은 저고리 위에 거꾸로 매달려 있다. 초라한 모습을 한 아이들의 모습을 본 늙은 아비는 속이 상해서 아무 것도 먹지 못하고 며칠씩 몸져누웠다. 어찌 이 보따리 속에 비단 옷감이 없어 너희들 추위를 막아 주지 못할까? 분과 눈썹먹도 보퉁이에서 나오고 이불감도 적으나마 펼쳐 놓는다. 수척한 아내 얼굴에 다시 생기 돌고 철없는 계집아이는 머리를 혼자 빗는다. 어미를 본받아 못하는 것이 없어 새벽부터 화장을 마구 찍어 바른다. 한참 동안 분 바르고 곤지 찍었으니 요란하게도 널따란 눈썹을 그렸다. 그래도 내가 살아와서 어린 것들을 대하니 배고픔이나 목마름도 거의 잊은 듯하다. 지난 일을 물으며 다투어 수염을 당기지만 누가 곧 화내고 호통을 칠 수 있겠는가? 문득 적에게 잡혀서 있던 때를 생각하니 이렇게 복잡하고 시끄러움도 달게 받아 들여진다. 새로이 돌아와 마음이 편안해지니, 앞으로 살아갈 방도야 어찌 고민이 되겠는가?

황제께서는 아직도 행궁에 계시는데, 어느 날에나 전쟁이 끝날 것인가? 우러러 하늘을 보니, 하늘빛이 변하여 요사한 기운 점차 사라지는 것을 앉아서 느낀다. 스산한 바람 서북쪽에서 불어오니 당나라를 돕겠다고 나선 위글족의 회흘의 군사들이 참담하게 우리 땅에 들어 왔다. 그 위글족 왕이 우리를 돕고 싶어 하는데, 그 풍속이 저돌적인 족속이다. 지원군 병사를 오천 명을 보내왔고, 거기에다 군마는 일만 필을 몰고 왔다. 이들은 적은 숫자이지만 긴요하게 여기고 사방을 용감함으로써 굴복시켰다. 움직일 때는 모두 매처럼 날쌔고 적을 무찌름이 화살보다 빠르도다. 황제께서는 마음을 비우고 바라보고 계시지만, 여론은 그 기세가 우리에게 해를 끼칠까 염려한다. 이수와 낙수는 쉽게 수복될 것이고 서경도 곧 되찾을 것이다. 우리 군사도 제발 깊이 들어가 정예부대를 모아서 진군해야 할 것이다. 이 싸움으로 청주와 서주를 열고 다시 항산과 갈석산도 공략해야 한다. 하늘에는 서리와 이슬 내리니 정의로운 기운이 불의를 없앨 것이다. 재앙은 바뀌어 오랑캐군이 패망할 해이고, 세력을 이루어 전국을 잡아야 할 달이다. 오랑캐의 운명이 길 수 있다지만, 황제의 기강은 끊어질 리가 없다.

얼마 전 낭패스럽던 때를 생각하면 일 처리가 그 옛날과는 달랐다. 간신은 끝내 소금에 절여 죽였고 그 악당도 따라서 소탕되고 꺾어졌도다. 하나라와 은나라가 망함에 그 중에 말희와 달기를 스스로 베었다는 말을 듣지 못했다. 주나라와 한나라가 다시 일어선 것은 선왕과 광무제가 명철했기 때문이다. 훌륭하도다. 피난 중에 숙종을 호위하던 진 장군 진현례이시여, 양국충과 양귀비 죽일 때 도끼로 그 충성을 떨쳤다. 그대 아니면 사람들은 다 죽었고 그대 때문에 지금까지 나라는 살았도다. 처량한 것은 당의 홍경국 안의 있는 대동전이며, 적막한 것은 백수문 당나라 무양궁에 있는 백호문. 이 백호문의 호랑이는 당 고조를 상징한다고 함이다. 도성의 백성들이 비취 깃발 바라니 상서로운 기운은 황금 대궐 향한다. 능에는 진실로 신령이 지키고 계시니 쓸고 닦아 제사도 거르지 않으셨다. 빛나고 빛나는 태종의 업적이여, 이 나라 심히 크게 우뚝 세우시리다.

두보가 46세 때인 757년 5월에 좌습유 곧 황제 곁에서 바른 소리하는 직책으로, 패군敗軍의 재상 방관房琯을 변호하다가 숙종의 노여움을 샀고, 자신은 옥에 갇히는 신세가 되었다. 그러나 신임 재상 장호영張鎬詧의 도움으로 6월에 복직되었다. 복직은 되었으나 숙종의 노여움이 풀리지 않아 숙종으로부터 가족들을 찾아보라는 명을 받고 부주로 떠나게 된 것이다. 〈북정〉은 그때 지은 시로, 700자 40구로 된 5언 배율五言排律이다. 이 시는 두보가 봉성에서 그의 식솔들이 있는 북쪽의 부주로 떠나면서 시작된다. 두보의 말이 황제가 내린 은총이라고 했지만, 일종의 근신에 가까운 것이다. 그래서 자꾸 황제가 계신 행궁을 바라보면서 쉽게 떠날 수가 없다. 두보의 애잔한 심정과 황제에 대한 연군지정이 잘 드러났다.

행궁을 벗어난 두보는 주변 풍경을 묘사하여, 기행문적인 요소를 가미하기도 한다. 그리고 치열했던 싸움터의 잔해를 보면서 처참했던 그때의 일을 회상하면서 무고한 일반 백성들이 전쟁터로 끌려와서 죽어간 사실을 기록하기도 하였다.

가족들이 있는 부주의 집에 오니, 난으로 인해 궁핍했던 생활상을 사실적으로 보여주었다. 옷감이 없어 화폭으로 해 입은 아이의 옷은 파도치는 바다가 양쪽으로 갈라진 모습이었고, 또 바다의 신과 봉황을 수놓은 저고리는 거꾸로 매달려 있는 장면을 보고는 음식을 도저히 삼킬 수가 없었다는 가장으로서의 책임감을 느끼기도 하였다. 궁핍하지만 그래도 가족과 일상적인 삶에서 오는 즐거움이 더 크다고 하면서 가족과의 부대기면 사는 것이 오히려 더 좋다는 인자한 아버지와 가장家長의 시각을 보여주었다.

한편으로는 난을 종식시키기 위해 외세인 위글족 회흘군의 군대를 끌어 들리는 정치적 상황에 염려하는 마음을 드러내었는데, 이는 장차 외세의 간섭을 걱정하는 두보의 애국 충정의 시각을 볼 수 있는 부분이다.

두보가 부주 삼천 강촌에 있는 가족들에게 돌아와 그때의 정경을 읊은 시가 〈강촌〉 3수이다.

### 〈강촌羌村 3수〉

두보

높고 험한 저녁 붉은 구름이 서쪽에 있고, 崢嶸赤雲西(쟁영적운서),
햇발은 평지로 쏟아져 내리네. 日脚下平地(일각하평지).
사립문에 새들이 지저귈 때, 柴門鳥雀噪(시문조작조),

돌아온 나그네 천리 길을 왔다네. 歸客千里至.(귀객천리지)
처자식 내 살아 있는 것 믿지 않다가, 妻孥怪我在,(처노괴아재)
놀라움 진정시키고 눈물을 닦네. 驚定還拭淚.(경정환식루)
세상 난리에 이리저리 떠돌다가, 世亂遭飄蕩,(세란조표탕)
살아 돌아왔으니 우연한 일이로다. 生還偶然遂.(생환우연수)
이웃 사람 담장에 빼곡한데, 隣人滿墻頭,(린인만장두)
감탄하며 또한 한숨 짓네. 感嘆亦歔欷.(감탄역허희)
밤이 깊어 다시 촛불 켜니, 夜闌更秉燭,(야난갱병촉)
서로 마주함이 마치 꿈 속 같구나. 相對如夢寐.(상대여몽매)

늘그막에 쫓겨 와 구차하게 살자니, 晚歲迫偸生,(만세박투생)
집에 돌아와도 즐거움은 적도다. 還家少歡趣.(환가소환취)
귀여운 아이 무릎에서 떠나지 않더니, 嬌兒不離膝,(교아불이슬)
내가 무서워 다시 물러가 버리네. 畏我復却去.(외아부각거)
옛날 생각하니 잘도 시원한 곳을 찾아, 憶昔好追凉,(억석호추량)
일부러 못가 나무 밑을 거닐었는데. 故繞池邊樹.(고요지변수)
쓸쓸히 북풍이 세차자, 蕭蕭北風勁,(소소북풍경)
이런저런 일 때문에 온갖 근심 애를 태우네. 撫事煎百慮.(무사전백려)
다행히 벼와 기장을 거두어들인다 하니, 賴知禾黍收,(뢰지화서수)
술 짜는 곳에 술방울 떨어질 것을 깨닫네. 已覺糟牀注.(이각조상주)
지금처럼 술잔을 기울일 수 있다면, 如今足斟酌,(여금족짐작)
또한 그것으로 내 만년을 위로 받을 수 있겠지. 且用慰遲暮.(차용위지모)

뭇 닭이 바로 그때 어지러이 울어대며, 群鷄正亂叫,(군계정란규)

손들이 왔을 때 그 닭들의 싸움 시작되었네. 客至鷄鬪爭.(객지계투쟁)
닭을 쫓자 나무 위로 올라가는데, 驅鷄上樹木,(구계상수목)
비로소 사립문 두드리는 소리를 들었네. 始聞叩柴荊.(시문고시형)
촌 늙은이 네댓 사람이 나에게 먼 여행에 대하여 물었네. 父老四五人.(보로사오인)
손안에는 각기 지닌 물건이 있었는데, 問我久遠行,(문아구원행)
술단지를 기울이니 탁주와 청주로다. 手中各有携.(수중각유휴)
'술맛이 없다고 사양하지 마시오, 莫辭酒味薄,(막사주미박)
기장 밭을 맬 사람도 없다오. 黍地無人耕.(서지무인경)
전쟁이 아직 끝나지 않아, 兵革既未息,(병혁기미식)
아이들은 모두 동쪽 정벌에 나갔다오.' 兒童盡東征.(아동진동정)
청컨대 '어르신네들을 위하여 노래 부르리다. 請爲父老歌,(청위부로가)
이런 어려운 판에 그대들의 깊은 정이 과분합니다.' 艱難愧深情.(간난괴심정)
노래 끝내고 하늘 우러러 탄식하니, 歌罷仰天歎,(가파앙천탄)
그 자리의 모든 사람 눈물바다가 되었네. 四座淚縱橫.(사좌루종횡)

서쪽의 높고 험한 구름 속, 붉은 노을 사이로 햇살이 비치고 있다. 이때 사립문 쪽에는 새 떼가 지저귀고 천리 밖에서 나그네였던 주인이 돌아온다. 아내와 아이들은 내가 살아 있는 것을 의심하더니, 곧 놀라서 울어댄다. 난으로 인해 사방으로 흩어졌다가 다행히 살아 돌아오니 모두가 우연한 일이라고 한다. 이웃 사람들은 우리 집 담에 몰려와서 넘어다보고는 감탄하고 울기도 한다. 밤이 되자 불을 밝히고 서로 대하니 모든 것이 꿈 속 같다.

늙도록 죽지 않고 욕되게 살기를 꾀하다가 가족이 있는 집으로 돌아오니 기쁜 일이라곤 없다. 귀여운 아이 내 무릎 위를 떠나지 않더니, 어쩐 일로 나를 무서워한다. 옛날을 생각해보니, 더위를 피하기 위해 일부러 연못가 나무 밑을 걷고 하였다. 쓸쓸한 북풍이 거세지자 온갖 일에 대한 근심이 내 가슴을 태운다. 다행이 금년의 곡식을 거두어들이니 그것으로 술을 빚어올 줄을 깨달았다. 그래서 지금은 술을 마실 수 있으니, 이런 술 마시는 일로 내 노년을 위로 받고 싶다.

한 무리의 닭들이 마구 울어 댄다. 그때 손님들이 왔는데, 두 마리 닭이 마침 싸움을 벌이고 있었다. 내가 그 싸우는 닭을 쫓으니, 그 닭들이 나무 위로 날아 올라갔다. 그제서야 누가 우리 사립문을 두드리고 있다는 것을 알았다. 시골에 사는 촌로 네댓 명이 내가 돌아온 것을 위로하기 위해 왔다. 그들 손에는 각기 지니고 온 것이 들려 있었는데, 그것은 술단지로 탁주와 청주였다. 촌로가 말하기를, '술맛이 없다고 사양하지 마오. 기장 밭을 맬 사람이 없다오. 아이들은 모두 동쪽 낙양 방면의 전쟁터에 나가 있다오.' 라고 하였으며, 내가 화답하기를, '내 마을 노인들을 위하여 노래 부르리다. 이렇게 어려운 시국에 여러분의 후의에 감사드린다.' 라는 내용으로 노래를 마치고 하늘을 우러러 탄식하니 그 자리에 있던 모든 사람들이 통곡한다.

이 시는 두보가 숙종에게 버림을 받고 가족들이 머무는 부주의 집으로 돌아와서 쓴 시이다. 돌아와서 자기를 맞아주는 가족들의 모습과 마을 사람들의 호기심 어린 시선 그리고 위로하기 위해 찾아온 촌로들의 대화를 통해 당시 민중들의 어려운 생활상을 사실적으로 보여 주고 있다. 〈강촌〉 3수는 소박한 삶의 모습과 솔직한 심정을 잘 묘사한 시로, 한 마디 한 마디가 모두 진정에서 나온 명시로 평가받는 시이다. 757년 지덕 2년, 10월에 장안이 수복되어 숙종과 함께 장안으로 들어왔으며, 다음해 758년, 건원乾元 1년 5월까지 그는 장안의 조정에 있었으나 6월에 화주華州의 사공참군司功參軍이라는 지방관으로 좌천되었다. 장안에 돌아와서 쓴 시로 〈곡강曲江〉이 있다. 지난해 봄에는 안록산의 군대에 의해 장안이 점령당해 곡강 머리에서 그 애달픔을 〈애강두〉로 노래하기도 하였으며, 올 봄에는 다행히 장안이 수복되어 조정에 나가 벼슬살이는 하고 있는데 심중에는 고민이 잔뜩 있다. 그 고민을 노래한 작품이 〈곡강〉이다. 아마도 지방관으로의 좌천을 생각하고 있었던 것 같다.

안록산은 아들에게 피살되고, 부장 사사명史思明은 당나라 군대에 투항하면서 안경서를 살해하였다. 이처럼 안록산의 군대는 내부 분열로 인해 자멸하였고, 그로 인해 당나라 군대는 장안과 낙양을 수복하였다. 그래서 758년 건원 1년의 가을에서 겨울 무렵에는 낙양으로 가는 길도 뚫렸으므로 두보는 고향으로 돌아갈 수 있었다. 그러나 뒤에 사사명은 다시 반군을 이끌고 낙양을 공격하는 바람에, 두보는 낙양으로 돌아가지 못하고 다시 화주로 돌아왔다. 화주로 돌아오는 길은 전란의 분위기가 팽배해져 민심도 어수선하였다. 그때 신안新安, 하남성 신안현 소재 부근에서 본 상황을 두보는 이른바 '삼리삼별三吏三別', 곧 〈신안리新安吏〉·〈동관리潼關吏〉·〈석호리石壕吏〉의 삼리와 〈신혼별新婚別〉·〈수로별垂老別〉·〈무가별無家別〉 등 삼별의 시를 지었다.

### 〈신안리新安吏〉

두보

나그네가 신안 길을 지나다가, 客行新安道,(객행신안도)

시끄럽게 군대 점호하는 소리를 들었네. 喧呼聞點兵.(훤호문점병)

신안의 관리에게 잠시 물어보니, 借問新安吏,(차문신안리)

'고을이 작아 더 뽑을 장정도 없는데, 縣小更無丁,(현소경정무)

관청에서 소집영장이 이제 밤에 내려와서, 府帖昨夜下,(부첩작야하)

2차로 뽑아 중남이 가게 되었다.' 고 한다. 次選中男行(차선중남행).
중남은 너무나 체구가 작아, 中男絶短小(중남절단소),
어떻게 왕성 [낙양] 을 지킬까? 何以守王城(하이수왕성).
건장한 사내는 어미가 배웅 나왔는데, 肥男有母送(비남유모송),
야윈 사내 홀로 비리비리 서 있다. 瘦男獨伶俜(수남독영병).
흰 물결은 저물녘 동으로 흐르고, 白水暮東流(백수모동류),
푸른 산은 오히려 곡소리를 내네. 青山猶哭聲(청산유곡성).
저절로 눈물이 마르게 하지 말고, 莫自使眼枯(막자사안고),
이제 마구 쏟아지는 눈물을 거두라. 收汝淚縱橫(수여누종횡).
눈물이 마르고 뼈가 드러나도 眼枯却見骨(안고각견골),
천지는 끝내 무정한 것이라. 天地終無情(천지종무정).
아군이 상주를 수복하여, 我軍收相州(아군수상주),
밤낮으로 적이 평정되기를 희망하였네. 日夕望其平(일석망기평).
뜻밖에도 적의 세력 헤아리기 어려워, 豈憶賊難料(기억적난료),
패전한 군사들 별처럼 흩어져 돌아올 줄이야. 歸軍星散營(귀군성산영).
식량을 찾아 옛 보루로 다가가, 就糧近故壘(취량근고루),
옛 수도 낙양에 의지해 군졸을 훈련시키네. 練卒依舊京(련졸의구경).
참호를 파도 물이 나오는 데까지 파지 않고, 掘壕不到水(굴호부도수),
말을 기르되 그 일 또한 쉽다네. 牧馬役亦輕(목마역역경).
더구나 관군은 순리를 따르니, 況乃王師順(황내왕사순),
잘 먹이고 보살핌이 매우 분명하다오. 撫養甚分明(무양기분명).
장정 보내며 피눈물 흘리지 마오, 送行勿泣血(송행물읍혈),
지휘관도 부형처럼 친절할 것이다. 僕射如父兄(복야여부형).

내가 나그네가 되어 신안의 길을 가는데, 시끄럽게 군대를 점호하는 소리를 들었다. 그래서 신안의 관리에게 다가가서 그 이유를 물었다. 그가 말하기를, "이 고을은 작은 마을이라 징집될 장정이 더 없는데 엊저녁에 관청에서 소집영장이 내려 왔습니다. 그래서 아직 군대에 갈 나이도 안 된 중남을 제2진으로 내 보내는 것입니다."라고 한다. 이에 중남을 보니, 신체 조건이 너무 작고 약한 데가 있어, 이들이 어떻게 낙양을 지킬 수가 있을까?하는 의문이 든다. 그나마 살찐 중남은 모친이 배웅까지 나와 주었는데, 비쩍 마른 중남은 혼자 나와 비리비리 서 있다. 황혼 무렵 허옇게 비치는 시냇물이 동쪽으로 흘러가는 것처럼, 징집된 사내들은 동쪽으로 가고, 푸른 산이 통곡하는 것처럼 모인 부모 형제들이 통곡을 한다. 여기 모인 여러분 눈물샘이 마를 때까지 울지 마시오. 줄줄 흘리는 눈물을 거두시오. 눈물이 마르자 광대뼈가 튀어나와도 천지는 끝내 무정할 것이오. 아군이 안경서 군대가 주둔하고 있는 상주를 공략한다고 해서 우리는 밤낮으로 난이 평정되기를 바랐는데, 어찌 반란군의 힘이 예측하기 어렵다오. 아군이 패하여 각 진영으로 흩어져 돌아올 줄을 생각이나 했겠소. 그래서 아군은 식량을 찾아 옛 부로로 와서 옛 수도 낙양에서 군사 훈련을 받고 있소. 군인들은 거기에서 참호를 파는데, 물도 안 나오는 곳까지 얕게 파고, 말을 길러도 그 노역은 심하지 않소. 더군다나 우리 관군은 모든 것이 순리를 따르고, 군사들을 훈련시켜도 모든 제도가 분명하오. 그러니 싸움터로 보내되 피눈물은 흘리지 마소. 군대의 총책임자인 곽자의 장군은 부형과 같이 인자한 분이오.

위의 시는 두보가 48세 되던 해(758) 화주의 사공참군으로 있을 때, 낙양을 떠나 화주로 돌아오는 길에 하남성 신안현에서 군인들을 징집하는 장면을 보고 쓴 시이다. 얼마나 다급했으며, 나이도 차지 않은 미성년자들까지 싸움터로 내보고 있다. 그런 미성년자를 싸움터로 내보낼 수밖에 없는 당시의 현실을 잘 고발하고 있는 시이다. 그러면서 한편으로는 징집된 군인들은 잘 먹게 될 뿐만 아니라 군사 훈련도 순리에 맞게 받게 될 것이며 하는 일도 고되지 않으며 군사령관은 부형처럼 친절하게 군졸들을 돌보아 줄 것이라고 하면서, 부형들을 안심을 시키고 있다. 애국 충절의 두보다운 시이다. 장안을 수복한 후, 759년에 낙양에서 지은 시도 있다.

〈세병마행洗兵馬行〉-병기와 군마를 씻으며

두보

중흥의 여러 장수들 산동을 수복하니, 中興諸將收山東, (중흥제장수산동)
승전보가 밤에도 보고되어 대낮 같다오. 捷書夜報淸晝同. (첩서야보청주동)
황하가 넓다지만 소문에 작은 배로 지날 수 있다 하니, 河廣傳聞一葦過, (하광전문일위과)
오랑캐의 위태로운 운명도 파죽의 처지에 있다네. 胡危命在破竹中. (호위명재파죽중)
다만 업성이 남아 있으나
하루도 못되어 되찾을 것이니, 祗殘鄴城不日得, (지잔업성불일득)
홀로 삭방[곽자의]에게 맡겨 무한한 공 이루었다네. 獨任朔方無限功. (독임삭방무한공)
장안 사람들 모두 한혈마[천리마] 타고, 京師皆騎汗血馬, (경사개기한혈마)
회흘[위글족]은 포도궁에서 내린 고기를 먹었다오. 回紇餧肉葡萄宮. (회흘위육포도궁)
황제의 위엄으로 동해와 대산 깨끗이 소탕함 기쁘나, 已喜皇威淸海岱, (이희황위청해대)
항상 선황제가 공동산 지나 파천했던 일 생각나네. 常思仙仗過崆峒. (상사선장과공동)
삼년 동안 강족羌族의 피리 소리에

| | |
|---|---|
| 관산의 달 바라보았고, | 삼 년 적 리 관 산 월<br>三年笛裏關山月, |
| 만국萬國의 군진 앞에 초목을 흔드는 바람 몰아쳤네. | 만 국 병 전 초 목 풍<br>萬國兵前草木風. |
| 성왕께선 공을 세우고도 매사에 신중하시고, | 성 왕 공 대 심 전 소<br>成王功大心轉小, |
| 곽 재상 [곽자의] 은 깊은 책략 예부터 드물었다오. | 곽 상 모 심 고 래 소<br>郭相謀深古來少. |
| 사도 [이광필] 의 인재를 가려내는 눈은 밝은 거울 매단 듯하고, | 사 도 청 감 현 명 경<br>司徒淸鑑懸明鏡, |
| 상서 왕사례의 기개는 가을 하늘처럼 높아 아득하네. | 상 서 기 여 추 천 묘<br>尙書氣與秋天杳. |
| 두 세 명의 호걸들이 때를 타고 나오니, | 이 삼 호 준 위 시 출<br>二三豪俊爲時出, |
| 천지를 바로잡고 세상을 구제하였네. | 정 돈 건 곤 제 시 료<br>整頓乾坤濟時了. |
| 동쪽으로 달려가며 농어회 생각하는 이 없고, | 동 주 무 부 억 려 어<br>東走無復憶鱸魚, |
| 남쪽으로 날아가는 새들도 둥지에 깃들이게 되었다. | 남 비 각 유 안 소 조<br>南飛各有安巢鳥. |
| 봄기운이 다시 황제 따라 장안에 돌아오니, | 청 춘 부 수 관 면 인<br>靑春復隨冠冕人, |
| 대궐에 아름다운 안개와 꽃에 둘러싸이게 되었다. | 자 금 정 내 연 화 요<br>紫禁正耐煙火繞. |
| 태자의 수레와 황제의 수레 늘 대기하고 있다가, | 학 가 통 소 봉 련 비<br>鶴駕通宵鳳輦備, |
| 첫닭 울면 상황의 침소에 문안하러 용루문 나선다오. | 계 명 문 침 용 루 효<br>鷄鳴問寢龍樓曉. |
| 영주 좇아 싸움터를 달려 얻은 위세 크기만 하니, | 반 용 부 봉 세 막 당<br>攀龍附鳳勢莫當, |
| 천하 사람들 모두 제후와 왕이 된 듯하네. | 천 하 진 화 위 후 왕<br>天下盡化爲侯王. |
| 그대들 어찌 황제의 은혜 입음을 알겠는가? | 여 등 기 지 몽 제 력<br>汝等豈知蒙帝力, |
| 때가 왔다 하여 자신의 강함 자랑하지 마오. | 시 래 부 득 과 신 강<br>時來不得誇身强. |
| 관중 장안에 이미 소승상 [소하] 이 머물고, | 관 중 기 유 소 승 상<br>關中旣留蕭丞相, |
| 막하군진에는 다시 장자방 같은 장호를 등용하였네. | 막 하 부 용 장 자 방<br>幕下復用張子房. |
| 장공 [장량] 은 일생 동안 강호의 나그네라, | 장 공 일 생 강 해 객<br>張公一生江海客, |
| 신장이 구척이요, 수염과 눈썹 세었다오. | 신 장 구 척 수 미 창<br>身長九尺鬚眉蒼. |
| 부름 받고 나오니 마침 풍운의 기회 만났고, | 미 기 적 우 풍 운 회<br>微起適遇風雲會, |
| 기우는 나라 붙드니 비로소 | |

계책 훌륭함 알게 되었다. 扶顚始知籌策良.(부전시지주책량)

푸른 옷에 백마 탄자(안록산의 잔당)
다시 어찌 있을 수 있겠는가? 靑袍白馬更何有,(청포백마갱하유)
후한 광무제나 지금 주나라 다시 창성함 기뻐하네. 後漢今周喜再昌.(후한금주희재창)
천하의 모든 나라 조공 바치고, 寸地尺天皆入貢,(촌지척천개입공)
기이한 상서로움 다투어 보내오네. 奇祥異瑞爭來送.(기상이서쟁래송)
알지 못하겠노라. 어느 나라에서 흰 옥고리 바쳤는가? 不知何國致白環,(부지하국치백환)
다시 여러 산에서 은 항아리 얻었다고 말하네. 復道諸山得銀甕.(부도제산득은옹)
은사들은 자지곡[거문고 곡조의 은둔 노래]
노래하지 않고, 隱士休歌紫芝曲,(은사휴가자지곡)
문인들은 하청송[태평성대의 노래] 지을 줄 아네. 詞人解撰河淸頌.(사인해찬하청송)
농가에서는 바라고 바라며 빗물이 마름 애석해하고, 田家望望惜雨乾,(전가망망석우건)
뻐꾸기는 곳곳에서 울어 파종함 재촉하네. 布穀處處催春種.(포곡처처최춘종)
기수 가에 건장한 병사들 돌아오기 게을리 하지 말라. 淇上健兒歸莫懶,(기상건아귀막나)
성남에 난에 참여한 남편을 그리워하는 부인들
시름에 겨워 꿈이 많다오. 城南思婦愁多夢.(성남사부수다몽)
어이하면 장사 얻어 하늘의 은하수 끌어다가, 安得壯士挽天河,(안득장사만천하)
갑옷과 병기 깨끗이 씻어 영원히 쓰지 않을는지. 淨洗甲兵長不用.(정세갑병장불용)

나라를 중흥시킨 여러 장수들 산동을 수복하니, 승전보가 밝은 낮처럼 밤에도 전해졌다. 황하의 강 넓어도 갈대배처럼 건너가니, 오랑캐의 운명도 파죽의 처지에 있다. 곧 안록산의 무리가 점령하고 있던 위주를 갈대잎 하나로 건너가 그 잔당들을 공격할 것이다. 오직 잔당들이 점령하고 있는 업성(상주)도 하루가 안 되어 되찾을 것이니, 그것은 삭방 절도사 곽자의 공이다. 장안의 병사들 모두 말을 타고 싸우고, 회흘(위글족, 위글족) 병사도 포도궁에서 내린 고기를 먹는다. 회흘 군대가 곽자의를 도와 안사의 난을 평정하였기 때문에 황제가 음식을 하사했다. 황제의 위력은 동해와 대산 부근(태산 지방과 산동 하북 지방을 평정한 것)을 청소하듯 소탕한 것은 기쁘나, 황제께서 공동산(계두산)을 지나 피난 간 일 늘 생각난다. 삼년(755~757) 동안이나 망향의 노래인 '관산월' (고악부의 이름, 진중의 병사들이 고향을 그리워하는 노래) 들려 왔고, 만국의 군진 앞에 초목을 흔드는 바람 몰아쳤다. 성왕은 큰 공을 세우고도 매사에 신중하시고, 곽 재상의 깊은 책략 예부터 드물었다. 사도 이광필의 인재를 알아보는 안목은 거울처럼 분명하고 상서 왕사례(고구려인)의 기개는 가을 하늘처럼 높아 아득하다. 이들 세 사람 곽자의 · 이광필 · 왕사례 등의 호걸은 세상을 위해 하늘이 낸 사람들로 천하를 바로잡고 세상을 구했다. 농어회 생각하여 동쪽으로 달아나려는 사람 없어졌고, 곧 반란을 일으키려는 무리를 피하여 세상을 등지려는 사람들 없어졌고, 남쪽으로 날아가는 새들 곧 군웅들이 의지할 곳을 잃고 멀리 달아나는 일 없고, 둥지에 깃들이게 되었다. 군신뿐만 아니라 천하의 사람들도 안주하게 되었다. 봄기운 다시 황제 따라 장안에 돌아오니, 대궐은 아름다운 안개와 꽃에 둘러싸이게 되었다. 태자의 수레와 황제의 수레 늘 대기하고 있다가 첫닭 울면 상황 현종께 문안드리려 용루문 나선다. 영주 좇아 싸움터를 달려 얻은 위세 크기만 하니, 온 천하 사람들 모두 제후와 왕이 된 듯하다. 그대들 어찌 황제의 은혜를 입었음을 알겠는가? 운을 탔다고 자신의 강함을 뽐내서는 안 된다. 장안에는 소하 같은 명재상 두홍점이 있고, 군진에는 장량 같은 지장 장호가 있다. 장공은 큰 뜻을 품고 평생토록 강호를 누빈 인물로 아홉 척 키에 눈썹이 검푸른 호걸이었다. 그가 황제의 부름받아 쓰인 것은 범이 바람을 만나고 용이 구름을 본 것으로, 훌륭한 군주가 뛰어난 신하를 만남과 같다. 기울어져가던 나라 일어서니 비로소 그의 계책 훌륭함을 알게 되었다. 푸른 옷에 흰 말 탄 반란군이 다시 있을 수 있겠는가? 후한 광무제나 주나라 선왕 때 같은 나라의 중흥 이루게 되어 기쁘기만 하다. 천하의 모든 나라가 조공을 하게 되고, 기이한 상서들을 다투어 보내온다. 어느 나라인지 알 수 없으나 흰 옥으로 만든 고리를 보내왔고, 여러 산에서 은 항아리가 나왔다 한다. 은둔하는 선비들은 '자지곡'(진秦나라 말기 세상을 피하여 섬서성 상산에 숨어 살던 상산사호가 지었다는 노래) 부르지 않게 되고, 문인들은 '하청송'(포조가 지은 노래로 태평성대가 되었음을 노래한 것) 짓게 되었다. 농가에선 농사지을 빗물 마르는 것 애석히 여기고 뻐꾸기 곳곳에서 울어 씨뿌리기 재촉한다. 기수(안록산 잔당이 있는 곳)가의 병사들이여 집으로 돌아가기 게을리 말게, 남편 그리는 장안성 남쪽의 부인들 밤마다 수심어린 꿈을 꾼다오. 어찌하면 장사를 구하여 은하수 끌어다 갑옷과 무기 깨끗이 씻어 영원히 쓰지 않게 할 수 있을까?

이 시는 336자 48구의 칠언배율로 된 시이다. 안사(안록산과 사사명)의 난을 평정한 공신을 찬양하며 전쟁이 종식되어 이제는 태평스러운 세상이 되기를 바라는 간절함이 담겨 있다. 우리나라 경남 충무에 가면, 임진왜란 때 이순신 장군이 세운 삼군수둔통제영 객사 이름이 '세병관洗兵館'이다. 아마도 이순신 장군도 임진왜란이 빨리 끝나고 태평스러운 날이 오기를 바라는 뜻에서 객사의 이름을 그렇게 지었을 것이다.

〈세병마행〉은 시의 마지막 구인 "淨洗甲兵長不用(정세갑병장불용)"의 '세병洗兵' 두 자를 따서 제목으로 삼은 것이다. 이본에는 〈세병행洗兵行〉이라고도 되어 있다. 세상이 평화로워 다시는 전쟁할 필요가 없으므로 갑옷과 병기를 씻어 두고 군마軍馬를 풀어 사용하지 않음을 읊은 노래로 나라를 구한 곽자의 · 이광필 · 왕사례 등 여러 장수들의 높은 공을 고사故事로 인용하면서 찬양하였다.

『두소릉집杜少陵集』 6권에는 제목 아래에 "건원乾元 2년(759) 봄에 장안을 수복한 후 낙양에서 지은 것이다."라고, 주를 달아 놓았다. 세상이 태평하여 하늘의 은하수에 무기를 씻어 두고 영원히 쓰지 않았으면 하는 바람을 담았다. 두보가 안록산 난을 당한 후 국운國運에 대한 관심과 태평성대가 지속되기를 바라는 마음에서 이 시를 지은 듯하다. 조선시대 두시를 한글로 번역한 이유를 알 수 있게 한다. 구구절절이 나라와 군주에 대한 충忠이 배어 있기 때문이다.

건원 2년(759) 봄 두보가 화주에 있을 때 죽은 줄도 모르고 20년 만에 옛 친구를 찾아 갔지만 만나지 못해 창자가 끊어지는 듯한 아픔을 느낀다. 친구의 아들은 모르는 사이에 장가를 들어 아들딸이 줄줄이 거느리고서 반갑게 맞아주는 두터운 인정을 드러내기도 하였다. 그러면서 두보는 죽은 친구를 슬퍼하는 등 만감이 교차되는 기분을 느끼게 된다. 그때 지은 시가 〈증위팔처사贈衛八處士〉이다. 옛날 친구와 헤어질 때 장가들지 않았던 친구의 아들도 이제는 자식을 보아 줄줄이 들어와 인사를 한다. 그 친구의 아들은 마치 아버지를 대하듯 나를 대하니, 죽은 친구가 더욱 생각이 난다. 죽은 친구의 손자 손녀들이 술과 술국을 늘어놓고, 밤비에 봄 부추를 베어오고 먹기 좋으라고 거친 밥에 간간히 찰기장을 넣어 더운 밥까지 지어 대접한다. 대번의 열 잔의 술을 포개 마시고 먼저 떠난 친구를 그리워한다.

정성을 다해 아버지 친구인 두보 자신을 대접하는 이런 현실의 묘사가 자연묘사이다. 자연의 일부도 인간의 삶이기 때문이다. 곧 인간의 삶이 자연이기도 하다. 이와 같은 두보의 사실적 묘사가 선비의 자연관이라 할 수 있다. 산천초목만 노래하는 것이 자연이 아니라, 자연의 일부인 우리의 삶을 노래한 이런 류의 시가 유자의 자연관이다.

759년 두보 나이 48세 때, 관직을 버리고 국경이 있는 감숙성甘肅省 진주秦州 천수현天水縣로 옮겨갔다. 진주에서 겨우 4개월간 머물렀지만 생활이 몹시 곤궁하여 감숙성 성현成縣 동곡同谷 땅이 기후도 좋고 식량도 구하기 쉽다는 소리를 듣고 10월에 동곡으로 향했다. 그곳에서 한 달을 지냈지만 생활은 더욱더 궁해져서 12월초에 사천성四川省 성도成都로 갔는데 가는 길에 각각 12수의 기행시를 남겼다. 760년 봄 두보가 성도성 서북에 있는 제갈무후사諸葛武侯祠를 찾아보고 제갈량의 사당과 풍경을 보고 회고의 정을 읊은 시가 있다.

〈촉상蜀相〉

두보

| | |
|---|---|
| 승상의 사당을 어느 곳에 가 찾을까? | 丞相祠堂何處尋, (승상사당하처심) |
| 금관성 밖에 잣나무 무성하게 우거진 곳이로다. | 錦官城外栢森森. (금관성외백삼삼) |
| 댓돌에 비친 푸른 풀은 저절로 봄빛인데, | 映階碧草自春色, (영계벽초자춘색) |
| 나뭇잎 사이 꾀꼬리의 소리 공연히 좋네. | 隔葉黃鸝空好音. (격엽황려공호음) |
| 삼고초려로 자주 천하를 안정할 계획을 말했고, | 三顧頻繁天下計, (삼고빈번천하계) |
| 유비 · 유선 양조에서 노신의 마음을 다 바쳤다. | 兩朝改濟老臣心. (양조개제노신심) |
| 출정하여 이기기 전에 몸이 먼저 세상을 떠나니, | 出師未捷身先去, (출사미첩신선거) |
| 길이 영웅들로 하여금 눈물이 옷깃에 가득하게 하네. | 長使英雄淚滿衿. (장사영웅누만금) |

촉한의 재상 제갈공명의 사당이 어디에 있는가? 성도의 서성西城인 금관성 밖의 잣나무 숲이 바로 그곳이다. 사당의 섬돌에 비치고 있는 푸른 풀들은 그것들 멋대로 봄빛을 띠고 있고, 나무 위 잎 사이로 들려오

는 꾀꼬리 소리는 들어주는 사람 없어도 좋은 소리로 울고 있다. 옛날 선주先主 유비는 제갈량을 삼고초려三顧草廬해서 천하를 통일할 계획을 빈번히 물었고, 제갈공명은 유비와 유선 두 황제를 모시면서 창업과 수성을 이루느라고 늙은 신하의 진심을 다했다. 그러나 위나라를 치러 군사를 출동하여 전쟁터에 나섰으나, 싸움에 이기기도 전에 제갈공명 자신이 위나라 장수 사마의와 대치하던 중에 섬서성 미현 서남쪽에서 54세의 일기로 병사病死를 하니, 이 사실을 아는 후세의 영웅들이 길이 눈물을 흘리고 있다.

〈촉상〉은 두보가 제갈공명을 존경하면서 사모하는 마음이 잘 드러난 시이다. 760년 성도 완화계浣花溪에 초당을 짓고 생활을 하면서 제갈량의 사당을 둘러보고 애국충절 한 제갈공명의 치적을 당시 난국과 대비하면서 제갈공명을 회고한 시이다.

두보는 청두의 교외 완화계浣花溪 부근에 초당을 마련하고 여기에서 비교적 평온한 나날을 보냈다. 그리고 성도에서 두보는 친분이 있던 승려와 친척 두제杜濟의 도움도 받았다. 옛 친구 엄무嚴武가 성도윤成都尹 겸 검남서천절도사劍南西川節度使로 재임하고 있어서 두보에게 누구보다도 큰 후원자였다. 이 무렵 두보는 국가의 운명과 백성의 고난을 우려하고, 멀리 떠돌아다니고 있는 동생들을 그리워하는 절절한 시도 있긴 하지만, 강촌 마을의 한가로움과 자연을 읊은 시들을 창작하면서 자신의 유유자적한 심경을 보여 주었다.

760년 두보 49세 때 작품인 〈강촌江村〉을 감상해 보자.

〈강촌江村〉

두보

| | |
|---|---|
| 맑은 강 한 굽이 마을을 안고 흐르는데, | 淸江一曲抱村流,(청강일곡포촌류) |
| 긴 여름 강가 마을에는 일마다 한가롭다. | 長夏江村事事幽.(장하강촌사사유) |
| 절로 가며 절로 오는 것은 집 위의 제비고, | 自去自來梁上燕,(자거자래양상연) |
| 서로 친하며 서로 가까운 것은 물 위의 갈매기로다. | 相親相近水中鷗.(상친상근수중구) |
| 늙은 아내는 종이 위에다 바둑판을 만들고, | 老妻畵紙爲棋局,(노처화지위기국) |
| 어린 자식은 바늘 두드려 낚시를 만든다. | 稚子敲針作釣鉤.(치자고침작조구) |
| 많은 병에 필요한 것은 오직 약물이니, | 多病所須唯藥物,(다병소수유약물) |
| 보잘 것 없는 몸이 이 밖에 다시 무엇을 구하리오. | 微軀此外更何求.(미구차외경하구) |

맑은 강이 한 번 굽이 돌아 마을을 안고 흐르고, 긴긴 여름에 강가 마을은 한가하여 조용하기만 하다. 대들보 위에 집을 짓고 사는 제비는 스스로 들락날락 하는 모습이 보이고, 아무 욕심이 없으니 서로 가까워진 것은 강물 위의 갈매기로다. 예쁠 것 없는 아내는 종이 위에다 바둑판을 그려 놓고, 귀여운 자식은 바늘을 두드려 낚시 바늘을 만들고 있다. 이렇게 한가한 생활 속에 여러 병이 겹쳐 났지만, 지금 필요한 것은 요양하는 것이다. 약한 이 몸 이 외에 다시 무엇을 바라겠는가?

정말 오랜만에 느껴보는 가정의 단란한 풍경이다. 여름날 강촌의 평화로운 풍경과 초당에서의 안분지족하는 삶의 태도가 두보의 안정적인 생활상을 반영해 주고 있다.

제4구는 망기고사忘機故事가 반영된 것이다. 고사를 인용하는 것을 한시 작법 용어로는 '용사用事'라고 한다. 고사故事는 『열자列子』『황제

黃帝』편에 나오는 바다 갈매기 이야기로, 소개 하면 다음과 같다. '바닷가 사람 중에 갈매기를 좋아하는 사람이 있었다. 매일 아침 바닷가로 가서 갈매기를 따라 노닐면 갈매기가 이르는 것이 백 마리도 더 되었다. 그 아버지가 말하기를, "내가 들으니 갈매기가 모두 너를 좇아 다닌다고 하니 네가 잡아오너라. 내가 그들을 가지고 놀리라." 다음날에 바닷가로 가니 갈매기들이 춤만 추고 내려오질 않았다.' 이미 갈매기는 어부漁夫의 나쁜 마음을 알고 다가오지 않았다는 것이다. 이것을 '기심機心' 이라고 한다. 곧 '남을 상하게 하고 사물을 해치려는 마음' 이라는 뜻이다. 이와 반대의 뜻은 '망기忘機' 로, '기심을 잊어버렸다' 는 뜻이다. 어부가 '망기' 의 마음을 가지고 있을 때는 갈매기들이 날아와 함께 놀다가 갔지만, 아버지 말씀대로 한 마리 잡으려는 마음, 곧 '기심' 을 지니고 있으니 갈매기가 한 마리도 날아들지 않았다는 것이다. 두보도 이제는 관직에 나가서 젊을 때 품은 정치적 이상을 펴고 싶다는 뜻을 접고 자연 속에서 유유자적하니, 절로 '망기' 가 일어난 것이다. 그래서 지금의 자기 생활에도 만족을 느낄 수 있었던 것이다. 다음 해인 761년 두보 나이 50세 지은 작품도 감상해 보자.

〈춘야희우春夜喜雨〉-봄밤에 내린 비

두보

| | |
|---|---|
| 좋은 비는 시절을 알고 내리나니, | 好雨知時節,(호우지시절) |
| 봄을 맞자 곧 오기 시작한다. | 當春乃發生.(당춘내발생) |
| 봄바람 따라 밤에 몰래 스며들어, | 隨風潛入夜,(수풍잠입야) |
| 가는 게 소리도 없이 만물을 적신다. | 潤物細無聲.(윤물세무성) |

들길 구름 낮게 깔려 어둡고, 野徑雲俱黑,(야경운구흑)
강가에 배만이 홀로 불 밝다. 江船火燭明.(강선화촉명)
새벽녘 붉게 젖은 곳 보니, 曉看紅濕處,(효간홍습처)
금관성 묵직한 꽃이 활짝 피었다. 花重錦官城.(화중금관성)

좋은 비는 때를 알아, 봄이 되자마자 내려 만물을 싹트게 한다. 비는 바람 따라 밤에 몰래 스며들어 소리 없이 촉촉이 만물을 적신다. 들길 구름 낮게 깔려 어둡고, 강 위에 뜬 배의 불만이 밝다. 날이 밝아 새벽이 되어 붉게 물든 곳을 보니, 금관성 성도 밖의 꽃들이 비에 젖은 채 활짝 피어 묵직하게 느껴진다.

봄밤에 비 내리는 밤의 풍경과 비가 갠 후의 이른 새벽의 풍경을 감각적으로 잘 표현한 시이다. 삶에 대한 고민과 생활고에 대한 표현은 없고 자연 만물에 대한 흥미를 읊고 있다. 안록산의 난 때 보여준 사회에 대한 비판적 시각과 군주에 대한 충성스런 다짐은 사라지고 일상생활에서 오는 소소한 아름다움을 노래함으로써 이전보다는 생활의 안정감을 보여주고 있다. 그러나 성도에서의 한가로운 기간도 2년밖에 지속되지 못했다. 762년에 자신의 후원자였던 엄무가 장안으로 가고 성도 부근에서 서지도徐知道의 난이 일어나자 두보는 난을 피해 사천지역을 떠돌아다녔다. 763년 1월 드디어 9년에 걸친 안사의 난도 완전히 종식되었으나 이어지는 위글족과 토번吐番의 침입으로 북쪽 고향으로 돌아가지 못하고, 여전히 사천 지방을 떠돌아 다녔다. 그런 중에 엄무가 다시 성도에 돌아오게 되어 광덕 2년(764) 3월에 청두의 완화초당으로 돌아왔다. 이 무렵으로, 53세인 764년 봄에 지은 〈절구〉 2수를 감상해 보자.

## 〈절구絶句〉 2수

두보

더디게 지나가는 햇볕에 강과 산이 곱고, 遲日江山麗(지일강산려),
봄바람에 꽃과 풀이 향기롭다. 春風花草香(춘풍화초향).
신흙이 녹으니 제비가 날아와 물어가고, 泥融飛燕子(이융비연자),
모래밭 따뜻하자 원앙새 앉아 조네. 沙暖睡鴛鴦(사난수원앙).

강이 푸르니 새 더욱 희고, 江碧鳥逾白(강벽조유백),
산이 푸르니 꽃 빛이 불타는 듯하다. 山靑花欲燃(산청화욕연).
올 봄도 보기만 하면서 또 그냥 보내니, 今春看又過(금춘간우과),
어느 날이 나 곧 돌아갈 해인가? 何日是歸年(하일시귀년).

긴 봄날에 강산이 아름답고, 봄바람에 꽃들과 풀도 향기롭다. 날씨가 완전히 풀려 진흙이 녹자 제비가 그것을 물어다 집을 짓느라고 야단이고, 강가 모래사장에는 모래들이 따뜻하니 원앙이 쌍쌍이 그 위에서 졸고 있다.

강물은 벽옥처럼 짙푸르니 그 위에 떠 있는 새는 더욱 희게 보이고, 산이 푸르니 그 산속에 피는 꽃은 마치 불이 타는 듯이 붉다. 이런 봄을 구경하며 또 헛되이 지나가니 어느 날이 고향으로 돌아갈 날인가?

봄날이 풀리니까 제비는 집을 짓느라 분주히 오가고, 따뜻한 강가 모래밭 위의 원앙새는 졸고 있다. 봄 풍경을 한 편의 그림처럼 묘사하였다. 그리고 강위의 흰 새와 불타는 산, 이런 봄날에 고향이 더욱 생각난다.

엄무는 두보를 천거해서 절도참모節度參謀 · 검교공부원외랑檢校工部員

外郎으로 삼았다. 그러나 두보는 관직 생활이 이제는 자신에게 맞지 않고, 몸에 병도 깊어져 더 이상 벼슬자리에 있다는 것이 마땅하지 않다는 것을 알고 765년 1월 관직을 사퇴하고 다시 초당의 생활로 돌아갔다. 그리고 두보의 후원자였던 엄무가 갑자기 죽자, 더 이상 사천성 성도에 머물러 있을 이유가 없었다. 가족을 데리고 장강을 떠돌아다니는 유랑 생활을 시작하였다. 당시 시대적 배경은 북방의 티베트족과 위글족이 침입해와 시국은 혼란스럽기만 하였다. 그래서 가족들을 데리고 고향으로 돌아가려는 두보의 소망은 점점 멀어지고 있었다.

다음해인 766년 두보 나이 55세 때 가을 기주 서각에 있으면서 지은 〈추흥팔수秋興八首〉가 있다.

### 〈추흥팔수秋興八首〉

두보

1

옥 같은 이슬 단풍 든 숲을 시들게 하여, 玉露惆傷楓樹林,(옥로추상풍수림)
무산과 무협에 가을 기운 소슬하고 스산하네. 巫山巫峽氣蕭森.(무산무협기소삼)
장강에서 이는 파도 하늘 향해 치솟고, 江間波浪兼天涌,(강간파랑겸천용)
변방을 덮은 풍운은 땅에 닿아 음침하네. 塞上風雲接地陰.(새상풍운접지음)
무더기 국화가 두 번 피니 지난날이 눈물겹고, 叢菊兩開他日泪,(총국양개타일루)
묶여 있는 배 한 척 고향 생각나게 하네. 孤舟一系故園心.(고주일계고원심)
겨울 옷 마련하느라 곳곳에서 바느질 재촉하니, 寒衣處處催刀尺,(한의처처최도척)
백제성이 높은데 저녁 다듬이질 소리 급하네. 白帝城高急暮砧.(백제성고급모침)

2

기부의 외로운 성에 지는 해가 비끼니, 夔府孤城落日斜(기부고성락일사),
언제나 북두성에 의지하여 장안 쪽을 바라보네. 每依北斗望京華(매의북두망경화).
원숭이 소리 서너 번만 들어도 눈물 나는데, 聽猿實下三聲泪(청원실하삼성루),
사명을 받들고 8월의 뗏목을 헛되이 따르네. 奉使虛隨八月木差(봉사허수팔월차).
화성의 향로는 베개의 엎드림과 어긋나고, 畫省香爐違伏枕(화성향로위복침),
산루의 칠한 담벽에서는 슬픈 피리 소리 은은하네. 山樓粉堞隱悲笳(산루분첩은비가).
바위 위 덩굴에 걸린 달빛 보시게, 請看石上籐蘿月(청간석상등라월),
이미 모래 톱 앞 갈대꽃도 비추고 있네. 已映洲前蘆荻花(이영주전로적화).

3

천여 호 산성에는 아침 햇살에 고요한데, 千家山郭靜朝暉(천가산곽정조휘),
날마다 산 중턱에 있는 강가 누각에 앉아 있네. 日日江樓坐翠微(일일강루좌취미).
이틀 밤을 묵은 어부들은 강 위를 떠다니고, 信宿漁人還泛泛(신숙어인환범범),
맑은 가을에 모여 있는 제비는 멋대로 펄펄 날고 있네. 淸秋燕子故飛飛(청추연자고비비).
광형을 본받아 상소를 올렸으나 나는 공명이 박해졌고, 匡衡抗疏功名薄(광형항소공명박),
유향처럼 경전을 전하려 하나, 심사가 어긋나 버렸네. 劉向傳經心事違(유향전경심사위).
함께 배우던 소년들 대체로 귀한 직위에 올라, 同學少年多不賤(동학소년다불천),
장안에서 가벼운 옷 입고, 살찐 말 타고 다니네. 五陵衣馬自輕肥(오릉의마자경비).

4

장안 정세 듣자니 바둑 형세 같다는데, 聞道長安似弈棋(문도장안사혁기),
평생 동안 겪은 것이 슬픈 일 뿐이로세. 百年世事不勝悲(백년세사불승비).
왕후장상 귀한 저택은 모두 주인 바뀌고, 王侯第宅皆新主(왕후제택개신주),

조정의 문무대관의 의관이 옛날과 다르네. 文武衣冠異昔時(문무의관이석시).
곧바로 북쪽 관산에는 쇠북소리 울리고, 直北關山金鼓震(직북관산금고진),
서쪽을 정벌하는 군대는 가장 빠른 회신을 띄워 오네. 征西車馬羽書馳(정서거마우서치).
어룡이 적막하고 가을 강이 찬데, 魚龍寂寞秋江冷(어룡적막추강냉),
고국에 대하여는 평생에 생각하는 바가 있도다. 故國平居有所思(고국평거유소사).

5

봉래궁은 남산을 마주하고 있고, 蓬萊宮闕對南山(봉래궁궐대남산),
이슬 받는 쟁반의 쇠기둥은 하늘 사이에 솟아 있네. 承露金莖霄漢間(승로금경소한간).
서쪽으로 요지를 바라보니 서왕모가 내려오고, 西望瑤池降王母(서망요지강왕모),
동쪽으로 붉은 기운이 다가와 함곡관에 가득차네. 東來紫氣滿函關(동래자기만함관).
큰 부채가 옮기니 궁선이 열리고, 雲移雉尾開宮扇(운이치미개궁선),
해가 용의 비늘에 어리니 성상의 용안인 줄 알겠네. 日繞龍鱗識聖顏(일요용린식성안).
한 번 창강에 누워 해가 늦어감에 놀라니, 日臥滄江驚歲晚(일와창강경세만),
몇 번이나 청쇄문으로 조회반열에 참석했는가? 幾回靑瑣點朝班(기회청쇄점조반).

6

구당협 입구와 곡강의 머리가, 瞿塘峽口曲江頭(구당협구곡강두),
만리의 풍연으로 가을에 이어져 있네. 萬里風煙接素秋(만리풍연접소추).
화악루의 협성에는 왕기가 통해 있었으나, 花萼夾城通御氣(화악협성통어기),
부용원 작은 동산이 변경을 방황하는
내 근심 속으로 들어오네. 芙蓉小苑入邊愁(부용소원입변수).
구슬발과 수놓은 기둥은 황색의 고니를 둘러싸 있고, 珠簾繡柱圍黃鵠(주렴수주위황곡),
비단 닻줄과 상아 돛대는 흰 갈매기를 날게 했었네. 錦纜牙檣起白鷗(금람아장기백구).

| | |
|---|---|
| 돌아보니 아리따운 노래하고 춤추던 곳, | 回首可憐歌舞地, |
| 진나라 지방 장안은 예부터 제왕의 고을이라. | 秦中自古帝王洲. |

7

| | |
|---|---|
| 곤명지의 물은 한나라 때 파서 만든 공적인데, | 昆明池水漢時功, |
| 무제의 깃발을 눈앞에서 보는 듯하네. | 武帝旌旗在眼中. |
| 달뜨는 밤이면 직녀가 베틀에 앉아 베를 짜고, | 織女機絲處夜月, |
| 돌고래의 비늘과 껍데기는 가을바람 속에 움직이네. | 鯨鱗甲動秋風. |
| 파도는 고미를 띄워 물 속에 잠긴 구름 같이 검고, | 波漂菰米沈雲黑, |
| 이슬에 연밥을 차게 하니 떨어지는 화분이 붉네. | 露冷蓮房墮粉紅. |
| 하늘 닿은 변방에 산새들만 넘나드는데, | 關塞極天惟鳥道, |
| 강호 모든 땅에서 하나같이 어옹 신세일세. | 江湖滿地一漁翁. |

8

| | |
|---|---|
| 곤오산과 어숙천이 구불구불 이어지고, | 昆吾御宿自逶迤, |
| 자각봉 산그늘이 미피호에 드네. | 紫閣峯陰入渼陂. |
| 하얀 쌀은 앵무새가 쪼다 남긴 것이고, | 香稻啄餘鸚鵡粒, |
| 벽오동 굵은 가지에는 봉황새가 깃들었네. | 碧梧棲老鳳凰枝. |
| 가인佳人들은 푸른 풀을 따서 봄에 서로 주기도 하고, | 佳人拾翠春相問, |
| 신선과 함께 배 타고 놀다 저물어 다시 갈아타네. | 仙侶同舟晚更移. |
| 아름다운 문필은 그 전에는 칭찬도 받았는데, | 彩筆昔曾干氣象, |
| 백두로 시를 읊고 장안 쪽을 바라보며<br>백발이 흘러내림이 괴롭네. | 白頭吟望苦低垂. |

1

옥같이 맑은 이슬이 단풍 든 숲을 시들어 떨어지게 하니, 무산 무협의 가을 기운도 쓸쓸하다. 장간의 거센 물결은 하늘도 삼킬 듯이 치솟아 오르고, 변방의 바람과 구름은 땅까지 깔려 근방을 컴컴하게 만든다. 성도를 떠나 이번에 무더기 국화가 작년에도 피고 올 가을에도 두 번째로 피는 것을 보고, 지난날을 생각하니 눈물뿐이로다. 또 외로운 배를 한 번 강가에 매어두고 움직이지 않으니, 한결같이 고향을 그리는 마음을 매어 둔 것 같다. 사방에서는 겨울 옷 준비에 바느질을 재촉하는데, 백제성 높은 곳에서는 저물녘 다듬이 소리가 다급하게 들려온다.

2

외로운 기주성에 해가 질 무렵, 나는 늘 북두칠성을 기준으로 하여 장안 하늘을 바라본다. 원숭이 울음소리 세 번만 들으면 이곳 어부들의 노래에 나오는 대로 눈물이 흐르고, 지금 황제의 명령을 받들어 장건은 뗏목을 타고 하늘로 갔으나, 두보 자신은 사명을 받들지 못해, 하늘은 고사하고 검교공부원랑에 있으면서 관리로서의 제구실을 다하지 못하고 있다. 저 장안의 벽화가 그려져 있는 상서성의 향로는 지금 내가 베개에 엎어져 자는 것과는 아주 거리가 멀고, 저 기주성의 성루의 흰 담 근처에서는 서글픈 피리 소리가 들려오고 있다. 조금 전까지 정원 돌 위의 등나무와 댕댕이 넝쿨 위를 비추던 달이 벌써 저 강가 모래사장 앞에 피어 있는 갈대꽃에 비치고 있다.

3

천호의 집쯤이 사는 산에 의지한 성에 아침 햇빛이 조용한데, 나는 매일 강을 향한 산 중턱에 위치한 누각에 앉아 있다. 강 위에는 며칠 전부터 묵고 있는 어부들이 배를 띄워 오락가락하고, 가을이 깊었는데도 제비들은 제 맘대로 이리저리 날고 있다. 옛날 한나라 원제 때 문인 광형마냥 나는 황제에게 상소를 올렸다가 도리어 공명이 깎였고, 한나라 성제 때 학자인 유향마냥 후대에 경전을 전하려 했으나 그런 소원도 어긋났다. 옛날 동문 수학했던 소년들은 지금은 대개 귀하게 되어 장안 근처에서 부귀영화를 누리고 있다.

4

들은 바에 의하면, 장안은 바둑 내기와 같아 뺏고 뺏기는 곳이기도 하다. 백 년도 안 되는 세상일에 슬픔을 이기지 못하겠다. 예전의 왕후의 저택들은 지금은 모두 새로 주인이 바뀌고 문무고관들도 옛날과는 완전히 다르다. 곧장 북쪽 국경의 산에는 종과 북소리가 사방으로 진동하고, 서쪽을 정벌하는 군대 편에 위급을 알리는 문서가 치달려 간다. 지금은 물고기나 용도 조용히 잠기는 계절인 가을이라 강이 차가운데, 나는 항상 국도인 장안에 대하여 생각하는 바가 많다.

5

봉래궁의 궁문은 종남산을 마주 대하고 있고, 이슬 받는 쟁반의 구리 기둥은 공중에 높이 솟아 있다. 서쪽을 바라보면 멀리 요지에서 서왕모가 내려오는 것이 보이고, 동쪽을 보면 붉은 기운이 함곡관에 가득 차는 것이 보인다. 이런 궁궐 안에서 구름이 움직이는 것 같은 꿩의 꼬리털로 장식한 큰 부채가 궁선을 열리게 하고, 햇빛이 곤룡포에 비칠 때 황제의 용안龍顔을 대할 수 있다. 그러나 나는 지금 창강에 누워 올해도 저물어 가는 것을 놀라니, 지난날 습좌유 벼슬을 하면서 몇 번이나 조회에 참석하는 점호를 응하기 위하여 청쇄문으로 드나들었는가?

6

여기 구당협 입구와 저 장안 곡강 근처와의 사이는 만 리나 되게 멀지만 가을이 되어 바람과 안개로 이어져 있다. 일찍이 황제의 근엄한 분위기는 흥경궁 서남쪽에 있는 화악루로부터 협성을 지나 부용원까지 통해 있으니, 그 부용의 작은 동산이 변두리를 방황하는 나의 수심 속으로 스며들어 온다. 거기에는 구슬로 장식한 발이나 자수한 기둥으로 꾸민 건물들이 그 가운데 뜰에서 노는 황색의 백조들을 둘러싸 있고, 비단으로 만든 닻줄과 상아로 꾸민 돛대를 단 멋있는 배들을 연못 속에 있는 흰 갈매기들을 놀라 날게 하였다. 그러나 옛날을 생각하며 고개 돌려 바라보니, 그 아름답던 춤추고 노래하던 곳도 지금은 놀랄 만큼 변해 있겠지? 그러나 저 진나라 지방인 장안은 역대로 여러 왕조의 수도였다.

7

장안의 곤명지는 한나라 때, 대공사로 만들어진 연못으로, 한 무제가 수군의 배에 매달았던 깃발들이 지금도 눈에 선하다. 그러나 지금은 그 연못가에 있는 직녀의 석상이 베 짜는 실타래를 손에 들고 헛되이 밤 달빛 아래 서 있으며, 연못 속에 있는 돌로 만든 고래의 비늘과 껍데기도 가을바람에 움직이는 것 같다. 그 연못의 물결은 줄로 뜨게 한 것이 마치 물 속에 그림자 진 구름과 같이 검고, 이슬이 찬 연꽃 화방에서는 넘쳐 떨어지는 화분이 붉다. 여기 변방 땅에서 서울 장안 쪽을 바라보니 외가닥 새가 날아다니는 길, 나는 여기 물가 촌락에서 외로이 있는 한 늙은 어부 같은 신세이다.

8

장안 서남쪽에 있는 곤오정과 어숙천을 지나가는 길은 꾸불꾸불 하고 그 길을 따라가면 자각봉의 북쪽 반쪽이 미피호에 그림자를 던지는 곳에 이른다. 그 도중에는 앵무새가 향기로운 벼이삭을 쪼아 먹다가 남기기도 하고, 봉황새가 벽오동 가지에서 살며 늙어가기도 한다. 나는 봄에는 아름다운 사람들과 함께 푸른 풀을 뜯으며 서로 문답도 하고, 신선의 짝이 되어 배를 함께 타고 놀다가 저물녘에는 배를 바꿔 타고 또 다시 놀이를 시작하기도 하였다. 그 당시에 나의 아름다운 문필은 하늘의 기상을 움직일 수 있을 정도로 훌륭했는데, 현재는 백발로 시나 읊조리면서 장안을 바라보며 흰머리가 흘러내리는 것을 괴로워한다.

깊은 가는 가을 날에 두보는 고향을 생각하기도 하고, 출세한 동학들을 상상해 보기도 하며, 당나라 현 정세에 대해 불안해하기도 한다. 그리고 자신이 좌습유 벼슬자리에 있을 때, 당나라 조정에 나가 조회했던 화려한 날도 추억하고, 그런 장안을 지금은 갈 수 없는 신세를 한탄하기도 하면서 현재의 늙음을 괴로워한다. 53세의 두보가 쓸쓸한 가을 날을 맞아 가슴 속에서 치밀어 오르는 가을의 감흥을 술술 써 내려 간 듯하다. 이 〈추흥팔수秋興八首〉는 두보의 시 중에서도 백미로 쳐서 후대인들이 차운한 시가 많다. 1연~3연은 기주에 대한 내용이고, 4연~8연은 장안에 대한 내용이다. 8연이 대체로 독립된 내용으로 되어 있지만 두보는 추흥秋興으로 뭉뚱그려 묶었다.

767년 봄에 서각西閣에서 적갑산赤甲山 기슭으로 옮겼고 3월에는 양서瀼西의 초당으로 옮겼다. 이 무렵의 생활은 기주의 도독都督 백무림柏茂林의 도움으로 비교적 여유가 있었다. 767년 9월 두보 56세 때 기주에서 중양절에 지은 시가 있다.

〈등고登高〉

두보

| | |
|---|---|
| 바람은 빠르고 하늘은 높아 원숭이 울음소리 슬프며, | 風急天高猿嘯哀(풍급천고원소애), |
| 물가는 맑고 모래는 희며 새는 날아 돌아온다. | 渚清沙白鳥飛迴(저청사백조비회). |
| 끝없이 펼쳐진 숲에선 나뭇잎 쓸쓸히 지고, | 無邊落木蕭蕭下(무변낙목소소하), |
| 다함이 없이 흐르는 장강은 도도히 흘러간다. | 不盡長江滾滾來(부진장강곤곤내). |
| 만 리 밖 서글픈 가을에 항상 나그네 되어, | 萬里悲秋常作客(만리비추상작객), |
| 한평생 많은 병에 홀로 누대에 오른다. | 百年多病獨登臺(백년다병독등태). |
| 어려움과 고통에 귀밑머리 다 희어지고, | 艱難苦恨繁霜鬢(간난고한번상빈), |
| 늙고 쇠약한 몸이라 새로이 탁주마저 끊어야겠네. | 潦倒新停濁酒杯(요도신정탁주배). |

오늘은 9월 9일 중양절, 높은 대에 오르니, 바람은 세차고 하늘은 높은데 원숭이 울음소리 처량하게 들린다. 내려다보니 장강 유역 모래사장은 깨끗하면서 모래도 희고 새들이 빙빙 돌며 날고 있다. 여기저기 끝이 없는 숲에서 낙엽은 우수수 떨어지고, 끝없이 흘러가는 장강의 물은 출렁출렁 흘러간다. 고향 만 리 떠나 있어 쓸쓸한 가을에 늘 나그네 신세가 되어 일생 동안 많은 병 지녔고 오늘 홀로 이 높은 곳에 올라왔다. 온갖 어려움 속에서 백발이 짙어짐을 몹시 한스러워하는데, 늙고 쇠한 이 몸 또 다시 탁주잔에 손이 가 머문다.

객지 타향에서 홀로 등고한 쓸쓸함이 배어 있다. 중양절은 중국 고유의 풍속으로, 가족이나 친구들과 근처의 산 위로 올라가서 머리에는 산수유 가지를 꽂고 국화주를 마시며 하루 동안의 액을 피하는 풍습이다. 그런데 두보는 병든 몸을 이끌고 혼자 등고하였다. 두보 말년의 신세타령이 고스란히 담겨 있다.

두보는 병든 몸으로, 768년 정월 중순경 또다시 배를 타고 삼협三峽을 내려가 강릉江陵 쪽으로 갔다. 그러나 강릉에 와보니 남들에게 신세를 지기도 어렵고 생활이 궁해져서 늦가을에 다시 배를 타고 악주岳州로 내려갔다. 〈등악양루登岳陽樓〉는 768년 겨울 두보 57세 때 지은 시이다. 이 시의 웅대하고도 수구초심首丘初心의 외로운 신세를 잘 표현한 시로 평가받고 있다.

〈등악양루登岳陽樓〉

두보

옛날에 동정호의 절경을 말로만 듣다가, 昔聞洞庭水(석문동정수),
오늘에야 악양루에 오르는구나. 今上岳陽樓(금상악양루).
오나라와 초나라가 동남으로 갈라졌고, 吳楚東南坼(오초동남탁),
하늘과 땅이 밤낮으로 떠 있네. 乾坤日夜浮(건곤일야부).
친한 벗이 한 자 글월도 없으니, 親朋無一字(친붕무일자),
늙고 병든 몸에 외로운 배 한 척뿐이로다. 老去有孤舟(노거유고주).
전쟁은 관산 북쪽에서 아직도 일고 있으니, 戎馬關山北(융마관산북),
난간에 기대어서 눈물을 흘리노라. 憑軒涕泗流(빙헌체사류).

나는 전부터 동정호에 대해서는 많은 이야기를 들어왔는데, 이제야 비로소 동정호 가에 있는 악양루에 올라 본다. 여기서 내려다보니 천하가 탁 트였는데, 이곳의 동쪽은 옛날 오나라 땅이고, 남쪽은 초나라 땅이었다. 그리고 하도 넓어서 하늘과 땅이 밤낮으로 이 동정호 안에 다 떠 있는 것 같다. 지금 나에게 친척이나 친구로부터는 편지 한 장 없고, 늙고 병든 이 몸과 외로운 배 한 척이 있을 뿐이다. 지금 고향 쪽을 바라보니 북쪽의 요새마다 전쟁이 일어나고 있으니, 나는 이 악양루 난간에 기대어 눈물만 줄줄 흘릴 따름이다.

안사의 난이 평정되니, 이번에는 토번의 침략이 2차에 걸쳐 있었다. 767년 9월의 1차 침략은 격퇴하였으나, 768년 8월 2차 침략은 당나라 군대가 고전을 면치 못하였다. 그래서 두보는 나라에 대한 우국의 심정과 고향에 가지 못하는 외로운 신세로 인해서 눈물을 흘리는 것이다. 병든 몸과 돌아갈 고향도 갈 수 없는 처지에다 나라마저 위태롭게 되자 저절로 서글퍼지는 것이다.

이후 두보는 769년 1월 악주에서 배를 타고 동정호洞庭湖로 흘러 들어갔다. 이로부터 1년 수개월간 두보 일가는 동정호를 떠돌아다녔고 다시 담주潭州로 가서 궁핍한 생활을 이어 갔다. 그해 4월 담주에서 난이 일어나자 두보 일가는 난을 피해 상강湘江을 거슬러 올라가 침주郴州에 있는 외가 쪽 숙부를 찾아가는 도중에 뢰양耒陽에서 홍수를 만나 방전역方田驛에 정박했는데 5일간 먹지 못해 죽을 지경에 처했다. 뢰양의 현령이 이 소식을 듣고 술과 고기를 보내주자 두보는 감격해서 감사의 시를 지어 보냈다. 그러나 그는 이미 병이 회복할 수 있는 단계는 지나고 있었다. 가을과 겨울에 걸쳐 상강을 떠돌아다녔다. 770년 겨울 담주에서 악양岳陽으로 가는 도중 두보는 배 안에서 59세의 일생을 마쳤다. 가족은 그의 관을 향리로 운반할 비용이 없어 오랫동안 악주에 두었는데, 그 후 40여 년이 지난 뒤 두보의 손자 두사업杜嗣業이 낙양洛陽 언사현偃師縣으로 운반하여 수양산首陽山 기슭에 있는 선조 두예杜預의 묘 근처인 할아버지 두심언의 묘 옆에 이장移葬하였다. 시성詩聖은 그렇게 잠들었다.

## 21. 백거이白居易와 숯 파는 노인

백거이(772~846)는 당나라 시대의 시인이다. 자字는 낙천樂天이고, 호號는 향산거사香山居士, 시호諡號는 문文으로 하남성河南省 신정현新鄭縣 사람이다. 50대에는 시와 술과 거문고를 삼우三友로 삼아 '취음선생'이란 호를 쓰기도 하였다.

백낙천은 평범한 지방 관청의 벼슬아치 집안에서 태어났으며, 어린 시절부터 가난과 전란에 시달려 중국 강남을 떠돌기도 하였다. 한편으로는 유학儒學을 공부하여 난세인 이 세상을 구제하고자 하는 꿈도 있었다. 10세에 책을 읽기 시작했으며, 15세에는 글을 지었다. 유자儒者라면 누구나 꿈꾸던 도道 실현을 위해 그는 29세 때 진사에 나아갔고, 35세에 과거에 올라 37세에 좌습유가 되었다. 좌습유의 직책이 황제 곁에서 바른 소리하는 것이라, 당시 재상 무원형의 죽음에 직언을 고告하다 결국 44세 때 강주사마로 쫓겨나게 되었다.

이 좌천의 계기로 그의 문학은 바뀌게 되었다. 사회에 대한 비판과 부패 정치를 개혁하고자 하는 적극적인 현실 참여형의 시에서 자신만이라도 옳고 바르게 수양하며 자신을 지키자는 생각으로 은일과 명철보신明哲保身으로 바뀌게 된 것이다. 그리하여 그의 시는 한적閑適 · 감상感傷 등을 읊었으며, 사상적으로는 노장과 도교 및 불교에 깊게 관여하게 되었다. 강주사마 좌천 후에는 평탄하게 관리로서 출세 지향의 처세를 보였다. 초기시에 보여주었던 풍류적이면서 비판적인 시각은 많이 퇴색했지만, 그래도 일반 평민들을 위한 시를 써야겠다는 마음은 평생토록 변하지 않았다. 그래서 평민의 시각에서 시를 썼고, 평민을 대상으로 시를 썼으며 평민이 잘 읽을 수 있도록 쉽게 시를 쓴 시인이기도 하다. 그래서 백낙천은 시를 지으면 그 시를 동네 노인들에게 먼저 읽게 하여, 이해를 구했다고 한다. 그 노인들이 시를 이해하면 그 시를 세상에 발표했다는 이야기가 전해오고 있다.

백낙천은 도연명을 좋아하였지만, 도연명과는 다소 차이점이 있다. 도연명은 시를 쓰기 위해 벼슬자리를 그만 두었지만, 백낙천은 시를 쓰기 위해 말년까지 벼슬자리를 고집하였다. 이것이 두 사람이 다른 점인 것이다. 백낙천은 시 쓰기를 좋아하여, 자신을 소개하기를 '전생에 나는 필경 시를 쓰는 중이었을 것이다' 라고 〈애영시〉시에서 밝히기도 하였다.

백낙천은 생전에 자신의 시를 풍유시 · 한적시 · 감상시 · 잡률시 등으로 분류하여 시집을 편찬하기도 했던 인물이다. 현존하는 작품 수는 3,800여 수이고, 그 중에서 『장한가』 · 『비파행』 등의 장편시는 오늘날의 독자들에게도 애송愛誦되는 시들이다. 여기서는 평민 시각에서 평민을 대상으로 한, 시 한 편을 감상해 보자.

### 〈매탄옹賣炭翁〉-숯 파는 노인

백낙천白樂天

남산에서 나무 베어 숯 굽노라, 伐薪燒炭南山中(벌신소탄남산중),
얼굴은 온통 잿빛 연기에 그을려 있네. 滿面塵灰烟火色(만면진회연화색).
귀밑머리 희긋희긋하며 열 손가락 모두 새 까맣고, 兩鬢蒼蒼十指黑(양빈창창십지흑),
숯 팔아 얻은 돈 고작 써 봤자, 賣炭得錢何所營(매탄득전하소영),
겨우 옷 걸치고 입에 풀칠이라네. 身上衣裳口中食(신상의상구중식).

| | |
|---|---|
| 가엽게도 몸에는 홑껍데기 걸치고서도, | 可憐身上衣正單, (가련신상의정단) |
| 숯 값 걱정으로 날 차기를 바라네. | 心憂炭錢願天寒. (심우탄전원천한) |
| 밤사이 성 밖에는 한자나 눈이 오고, | 夜來城外一尺雪, (야래성외일척설) |
| 새벽 같이 숯 수레 몰고 눈길에 미끄러지네. | 曉駕炭車輾氷轍. (효가탄차전빙철) |
| 소도 지치고 사람은 배고픈데 해는 이미 중천이라, | 牛困人飢日已高, (우곤인기일이고) |
| 서울 남문 밖에 진흙바닥에서 잠시 숨 돌리려 하는데, | 市南門外泥中歇, (시남문외니중헐) |
| 펄펄 날 듯 말 타고 오는 두 사람은 누구인가? | 翩翩兩騎來是誰. (편편양기래시수) |
| 황색옷의 사자에 흰옷 입은 아이 시종, | 黃衣使者白衫兒, (황의사자백삼아) |
| 손에는 문서 쥐고 칙령이라 소리치며, | 手把文書口稱勅, (수파문서구칭칙) |
| 수레 돌려 소를 몰아 북쪽으로 끌고 간다. | 迴車叱牛牽向北. (회차질우견향북) |
| 수레가득 실은 숯은 무게만도 천여 근인데, | 一車炭重千餘斤, (일차탄중천여근) |
| 대궐 사자 몰고 가니 원통하기 그지없네. | 宮使驅將惜不得. (궁사구장석부득) |
| 붉은 베 반 필에 비단 한발로, | 半匹紅紗一丈綾, (반필홍사일장릉) |
| 숯 값이라 소머리 앞에 동댕이치고 가네. | 繫向牛頭充炭値. (계향우두충탄치) |

숯장수 영감은 땔나무 잘라 장안 남쪽에 있는 남산에서 숯을 굽는다. 불 연기 그을음에 얼굴은 까맣고 거무스레한 귀밑머리 열 손가락은 온통 새까맣다. 숯 팔아 얻은 돈 어디에다 쓸까? 겨우 걸칠 옷가지에 호구지책糊口之策만 면할 뿐이다. 딱하게도 겨울에도 홑껍데기 걸치고 행여 숯값이라도 떨어지면 어찌하나 마음 조이면서 날씨 차기를 바란다. 밤새 성 밖엔 소복이 쌓인 눈 새벽녘 수레 몰고 빙판길을 덜렁이며 간다. 황소도 사람도 지쳐 주린 한낮 남문 밖 진창에서 한숨 돌리려 할 새, 질주하는 두 마리의 말안장에 탄 사람 누구일까? 노란 옷의 칙사와 하얀 적삼의 아이 손에 문서 들고 칙명이라 외치면서 수레를 몰아 대궐이 있는 북쪽으로 끌고 간다. 천여 근이나 넘는 수레에 가득 실은 검은

숯을 대궐의 관리에게 빼앗기니 원통하기 그지없다. 대궐에서 나온 사자는 반 필의 명주와 한 길의 능라를 소머리에 묶어주며 숯 값이라 내동댕이치고 간다.

숯 파는 노인이 탐욕스런 대궐의 관리에게 숯을 몽땅 빼기는 참상을 고발한 시이다. 백낙천은 부제목으로 '궁시宮市 때문에 고난을 겪는다.' 라고 썼다. 궁시란 대궐에서 필요한 물자를 싼 값으로 물건을 사는 기관이다. 주로 환관이 나서서 물건을 구매하였다. 결과적으로는 백성들의 물건을 수탈하는 기관으로 전락하고 만 것이다. 온갖 고생을 하여 숯을 굽어 내다 팔아봤자, 고작 홑껍데기나 걸치고 입에 풀칠하는 숯장수 노인이다. 이런 불쌍한 노인의 숯을 송두리째 수탈해 가는 노란 옷을 입은 환관과 그의 시종이다. 그러면서도 당당하게 황제의 명령이라는 문서를 보여 주면서 또 숯값이라고 비단 한쪽을 내던지고 간다. 가렴주구苛斂誅求 횡포의 진수를 보여준다.

▲ 중국 강서성 구강시 여산廬山에 있는 화경공원이다. 백낙천이 강주사마(지금의 구강시)로 좌천되어 와서 충주자사로 가기 전, 4년 동안 여산을 유람하였다. 그때 유람했던 곳 중의 하나가 화경공원이다. 1930년 백낙천의 친필 '화경花徑' 석각이 발견되어 공원화되었다.

▲ 화경공원 안에 있는 호수의 모습이다. 화경공원 앞에 펼쳐진 산 정상 부근에 있는 호수이다. 한여름에도 영상 20도 정도를 유지하는 휴양지이다.

▲ 현재 화경공원 안에 백거이의 초당을 복원해 놓았다. 백낙천의 동상과 초당 모습이다.

## 22. 두목杜牧과 기생妓生

두목(803~852)은, 자字가 목지牧之이며 호號는 번천樊川이고, 섬서성 서안시 사람이다. 그의 집안은 조부인 두우(杜佑, 735~812)가 중당 때 재상까지 지냈으나, 두목 대에 와서는 집안 살림이 어려웠다. 그는 828년(26세)에 진사에 급제하여 굉문관교서랑宏文館校書郞에 임명되었고, 833년 31세 때 양주의 회남절도사淮南節度使 우승유牛僧孺의 밑에서 서기書記를 맡아보았으며, 그 강서성 양주에 머무르는 3년 동안 밤만 되면 기생이 있는 술집을 드나들며 풍류를 즐겼다고 한다.

그 뒤에는 명문 출신임에도 장안에서의 출세를 단념하고 일족을 부양하기 위해 지방관 부임을 지망하여 황주黃州자사刺史, 지주池州자사, 목주睦州자사, 호주湖州자사 등을 역임하였다. 말년인 852년에 장안으로 돌아와 중서사인中書舍人이 되었다. 두목을 가리키는 두자미杜紫微라는 이름도 중서성의 다른 이름이었던 자미성紫微省에서 비롯된 것이다. 두목의 문집인 『번천집樊川集』에는 신라의 장보고와 친구 정연의 이야기를 다룬 「장보고정연전」이 실려 있다.

두목이 양주에 있으면서 기생집을 출입하던 때 지은 시이다.

## 〈증별이수贈別二首〉

두목杜牧

아리따운 13세 남짓한 양주기생, 娉娉裊裊十三餘(빙빙뇨뇨십삼여),
두구나무 가지 끝 2월 초라. 荳蔲梢頭二月初(두구초두이월초).
봄바람의 십리길 양주의 길에, 春風十里揚州路(춘풍십리양주로),
쳐놓은 발을 걷어 올리니 모두 같지 않다. 卷上珠簾總不如(권상주렴총불여).

다정이 도리어 무정과 같아, 多情卻似總無情(다정각사총무정),
오직 술잔 앞에서 웃음이
이루어지지 않는 것을 깨닫는다. 唯覺樽前笑不成(유각준전소불성).
촛불도 마음이 있어 도리어 이별을 애석해 하여, 蠟燭有心還惜別(납촉유심환석별),
사람을 대신하여 눈물을 흘리며 새벽까지 이르더라. 替人垂淚到天明(체인수루도천명).

아리따운 13세 남짓한 양주 기생은 두구나무 가지 끝 2월 초, 두구 꽃이 막 봉오리를 맺을 때의 모습이구나. 봄바람은 양주 십리 길 기생집에 불고, 쳐놓은 발[주렴]을 걷어 올리니, 모두 미인들인데, 이 아이만 같지 못하더라.

다정이 무정함과 같다고 하지만, 매우 다정해서 술잔 앞에서도 웃음조차 나오지 않는구나. 촛불도 이별을 애석해 눈물을 흐려 사람을 대신해 새벽까지 슬퍼해 주고 있다.

두목은 양주 기생들에게 매우 인기가 높았다고 한다. 두목이 가마를 타고 가면, 뭇 기생들이 귀한 귤을 던져 가마 안에 귤이 가득했다고 하니, 오늘날 연예인 모지 않은 인기를 누렸던 것 같다. 위의 시는 인기 많은 두목이 양주 기생에게 써준 이별시이다. 그런데 이별의 슬픔을 글자로는 쓰지도 않았는데, 그 안타까운 심정이 잘 드러나고 있다. 당나라 말기 양주는 물산이 모이던 곳이기에, 유흥가도 발달된 곳이다. 두목이 양주 지방 회남절도사淮南節度使 우승유牛僧孺의 밑에서 서기書記를 맡아 보던 그때, 기생집을 드나들면서, 이 13세 아리따운 기생을 만나던 것 같다. 그곳 기생은 모두 아름답지만, 13세 소녀의 기생에는 미모가 미치지 못했던 것 같다. 2월 초에 만개하기 전, 막 피기 시작한 두구꽃에 비유된 이 13세 기생과의 이별은 자못 안타깝다. 두목의 시처럼 막 피기 시작한 두구꽃을 비유한 '두구년화荳蔻年華'는 13~4세의 소녀를 가리키는 말이다. 두목은 이별의 슬픔이 매우 커서 말도 웃음도 나오지 않는다. 애써 웃으려고 하지만 웃음조차 나오지 않는다는 것이다. 다만 이들의 슬픔을 새벽까지 촛불이 대신해서 울어주고 있다고 했다.

두목은 당나라가 멸망해 가는 조짐도 일찍이 감지했던 것 같다.

〈박진회泊秦淮〉

두목

| | |
|---|---|
| 한수에 안개가 자욱하고 달이 모래를 덮고 있고, | 연농한수월농사<br>煙籠寒水月籠沙, |
| 밤에 진회의 술집 가까이에서 투숙했다. | 야박진회근주가<br>夜泊秦淮近酒家. |
| 술집 여자는 망국의 한을 알지 못하고, | 상녀부지망국한<br>商女不知亡國恨, |
| 강을 격하고서 아직도 후정화를 부르고 있네. | 격강유창후정화<br>隔江猶唱后庭花. |

강가에 안개가 자욱한데, 강가 백사장에는 달빛이 쏟아지고 있다. 밤에

진회의 술집 가까이에서 투숙을 하였다. 술집 여자는 망국의 한을 모르고서 강 저 넘어서 아직도 후정화 노래를 부르고 있더라.

후정화 곧 옥수후정화玉樹后庭花는 6조시대 마지막 임금이었던 진陳나라 숙보가 만든 노래이다. 진나라 숙보의 재위 기간은 4년이었다. 숙보는 음탕한 노래, 후정화를 만들어 후궁들에게 부르게 하고 자신은 술과 후궁에 빠져 방탕한 생활을 하였다. 특히 후궁 중에서도 장려화張麗華를 총애하여 침향목으로 경양궁景陽宮을 지어주었다. 그곳에서 두 사람은 사랑노름에 빠져 있다가 수나라 양제의 포로가 되었다. 두목은 지금 진회가에 배를 정박하고 하룻밤을 자려고 하는데, 강가 술집으로부터 후정화를 부르는 소리가 들려오고 있는 것이다. 그러나 두목은 후정화를 부르는 술집 여자를 꾸짖는 것은 아니고, 진회 술집에 와서 흥청망청 술 마시고 놀고 있는 당나라 고관대작들을 꾸짖고 있는 것이다. 두목은 당나라의 쇠망을 예감했던 것 같다.

▶ 진회의 낮 풍경 모습이다. 진회를 유람할 수 있는 작은 배들이 보인다. 그 너머에는 부자묘가 있다. 작은 배들은 밤에 불을 밝히고 관광객들을 태워 날랐다. 사진에 보이는 다리를 건너면 오의항 거리가 나온다. 유우석의 〈오의항〉 시에 나오는 주작교는 아직 어디인지 확인은 안 되고 있다. 그런데 위의 사진 속에 나오는 다리를 건너면 오의항 거리와 왕사의 집, 그리고 이향군 고거 등이 나온다.

▼ 오의항 거리의 모습이다.

## 23. 이상은李商隱과 매미

이상은(812~858)은 당나라 말기의 시인이다. 자字는 의산義山이며 호號는 옥계생玉谿生이다. 회주懷州 하내河內에서 출생하였다. 당나라 절도사였던 영고초令孤楚의 도움으로 25세에 진사에 급제한 후, 절도사 왕무원王茂元의 참모가 되었고, 이런 인연으로 그는 왕무원의 사위가 되었다. 그런데 어릴 때부터 자기를 도와준 영고초는 우당牛黨이고 장인인 왕무원은 이당李黨이었다. 결국 이상은은 우牛와 이李의 싸움이라고 불리는 정쟁政爭에 휘말려 미관말직인 지방관리로 전전하였으며, 그의 아내도 38세의 나이로 요절하였다. 재능을 지니고도 결국 출세를 하지 못하고 불행한 생애를 살다 간 인물이다.

〈선蟬〉

이상은李商隱

| | |
|---|---|
| 본래 높기 때문에 배부르기 어렵고, | 본 이 고 난 포<br>本以高難飽, |
| 헛되이 한탄하면서 소리를 허비한다. | 도 로 한 비 성<br>徒勞恨費聲. |
| 새벽녘이 될 때까지 소리가 점점 성글어져서나, | 오 경 소 욕 단<br>五更疏欲斷, |
| 나무는 푸르기만 하고 정이 없더라. | 일 수 벽 무 정<br>一樹碧無情. |
| 보잘 것 없는 벼슬 부평초 같고, | 박 환 경 유 범<br>薄宦梗猶泛, |

고향 땅은 이미 황폐해졌다. 故園蕪已平.

번거롭게도 그대가 나에게 가장 경계를 해주고 있지마는, 煩君最相警,

나 역시 온 집안이 청고한 집안이다. 我亦擧家淸.

본래 청고하기 때문에 배부르기 어렵고, 헛되이 한탄하면서 배고프다고 운다. 새벽녘까지 울다가 이제는 소리가 끊어지려고 하는데, 나무는 푸르기만 할 뿐 동정하는 기색이 없다. 미관말직 부평초처럼 물위에 떠다니는 신세이고 고향 땅은 이미 황폐화되었다. 수고스럽게도 매미가 나에게 경계하는 말, 당신도 나처럼 깨끗하게 산다면 나처럼 항상 배고프게 살 것이라고 한다. 그래서 나는 항상 배고픈 선비일 수밖에 없다.

자기를 돌 바 준 사람은 우당牛黨 영고초이고, 사랑하는 아내의 아버지는 이당李黨 왕무원이다. 이 두 사람의 당쟁에 희생된 이상은의 시이다. 옛날부터 매미는 고고한 선비에 비유되어 왔다.

위의 시는 전반부에서 매미의 청절한 모습을 묘사한 것이다. 매미는 청고하게 살아야 하기 때문에 항상 배가 고프다. 그리고 운다고 해서 해결될 문제도 아니라는 것이다. 밤새도록 울어도 나무 곧 이 세상은 매미인 자기 자신을 알아주거나 동정해 주지 않는다는 것이다.

후반부는 자신의 이야기로 전개되고 있다. 매미는 흡풍음로吸風飮露 곧 '바람을 들어 마시고 이슬을 마시며 사는 존재'로 맑고 고상하다. 그래서 예부터 청빈한 선비에 비유되어 왔다. 시인은 당쟁에 의해 높은 벼슬자리에 올라가지도 못하고 미관말직에 있으면서도 매미가 이슬만 먹고 살듯이, 자신도 매미처럼 물질적으로는 풍족하지 못해도 언제나 깨끗한 선비의 모습을 지니고 살겠다고 다짐하고 있다. 이상은이 이 시에서 높은 나무에서 '흡풍음로' 하는 매미에 비유되어 있기 때문이다.

## 24. 매요신梅堯臣과 도공陶工

매요신(1002~1060)은, 자字가 성유聖兪이며, 호號는 완릉宛陵이다. 안휘성安徽省 선성宣城 출신으로 북송 때 인물이다. 선성의 옛 이름을 완릉이라고 했기 때문에 그를 매완릉이라고 하였다. 매요신은 초시에 낙방하여 음직으로 하남주부가 되어 말단 관리생활을 하다가 49세(1051)에 진사가 되어 태상박사太常博士가 되었다. 그리고 벼슬자리에 있으면서 고문운동의 대표적 옹호자였던 구양수(歐陽修, 1007~1072)를 만나 친구가 되었다. 또한 구양수의 추천으로 55세에 중앙의 관리인 국자감직강國子監直講이 되었으며, 상서도관원외랑尙書都官員外郎의 벼슬자리까지 올랐다. 구양수와 매요신 같은 고문운동 주창자들은 성리학의 영향을 받아 문학이 현시대의 생활상을 반영하면서 그 사회의 잘못을 비판해야 한다는 문학관을 지닌 인물들이었다. 따라서 매요신은 사회적 · 정치적 문제를 시의 주제로 삼았고 일상적인 사건과 사람들 속에서 소재를 찾았다. 북송 당시에는 사詞 형식이 유행했는데, 이것은 애정을 노래한 민요에서 유래되어 정교한 표현과 과장법을 사용한 노랫말 가사였다. 그러나 매요신은 고문운동을 펼쳐 새로운 시 형식 탄생과 발전에 기여하였다.

## 〈도자陶者〉

매요신梅堯臣

도공의 집 문 앞은 흙이 없을 정도인데, 陶盡門前土(도진문전토),
집엔 기와 한 장 이지 못하네. 屋上無片瓦(옥상무편와).
열 손가락에 진흙을 묻히지 않아도, 十指不沾泥(십지불첨니),
즐비하게 늘어선 대궐 같은 집에 산다네. 鱗鱗居大廈(인린거대하).

도공의 집 문 앞의 흙은 도기를 굽느라 다 써 버릴 정도인데, 정작 도공의 집 지붕에는 기와 조각 하나 덮지 못하는구나. 그러나 부자들은 기와 조각 하나 만지지도 않았는데, 즐비하게 늘어선 대궐 같은 집에 산다.

북송 때 시인 매요신의 '도자기 굽는 사람'이라는 시로, 봉건사회의 모순을 비판한 시이다. 도공은 죽으라고 기와를 굽어내지만, 진작 자기의 집은 초당이다. 오히려 손에 흙 한번 묻히지 않은 부자들의 집은 즐비하게 늘어선 대궐 같은 기와집이라는 것이다. 봉건적 사회에서 지배층과 피지배층의 모순적 행위를 도공과 기와를 통해 비판적 시각으로 잘 형상화하였다. 고려시대 이규보도 매요신의 시가 최고라고 하였다. 아마도 이런 비판적인 정신 때문일 것이다. 송나라 때나 지금이나 빈부의 차는 매 한가지다. 지금의 졸부들도 손에 흙도 묻히지 않고 잘만 살고 있기 때문이다.

북송시대에는 도자기가 주로 북쪽 지방에서 생산되었다. 그런데 남송 때 경제적 중심이 남쪽으로 옮겨오면서, 남쪽 지방에 있던 경덕진의 도자기가 발전하게 되었고, 명 · 청 시대에 절정을 이루었다.

▲ 중국 강서성 경덕진의 도자기 상가의 모습이다.

## 25. 구양수歐陽脩와 저주滁州

구양수(1007~1072)는, 자字가 영숙永叔이고 호號는 취옹醉翁 · 육일거사六一居士이다. 『삼조언행록三朝言行錄』에 보면, 『집고록集古錄』 천권 · 장서 만권 · 거문고 하나 · 바둑판 하나 · 술주전자 하나, 그리고 그 속에서 늙은 자신, 그리하여 육일六一이 되었다라고 한 구절이 있다. 그래서 말년의 호가 육일거사이다. 시호諡號는 문충文忠이며 강서성江西省 길주吉州 여릉廬陵 사람이다. 중국 송나라 인종 때부터 신종 때까지의 정치가이자 문인 학자로 당송팔대가의 한 사람이다. 당송팔대가는 唐나라의 한유 · 유종원, 宋나라의 구양수 · 소순 · 소식 · 소철 · 증공 · 왕안석 등이다.

구양수는 한유의 깊고 예리한 문장에 매력을 느꼈고 그를 추앙하였다. 1023년 17세 때 처음으로 수주의 지방 고시에 참가하지만 급제를 하지 못하였다. 그 뒤 1028년 명사인 서언胥偃을 찾아가 자신의 문장을 보여주니, 서언은 구양수의 웅대한 문장에 감탄해 그를 자신의 문하생으로 받아들였고 그해 겨울 서언과 함께 경사로 가서 춘계국자감고시春季國子監考試에 응시한 구양수는 급제의 영광을 얻었다. 가을에는 국학國學에 응시해 또 으뜸을 차지하게 되었다.

23세(1030) 때, 진사에 급제하여 낙양의 유수추관留守推官이 되었으며, 그때 낙양에서 매요신과 교류하기 시작하였다. 1034년에는 송나라 수도 개봉에 있는 황실 도서관 사서직을 맡게 되었다. 그러나 개인적으로 27세(1034) 때에는 아내와 자식이 죽는 아픔을 겪었고, 29세(1036) 때에는 개혁파 범중엄(范仲淹, 989~1052)을 위해 월권하면서까지 변호하다가 당시 재상이었던 여이간呂夷簡에 의해 이릉(夷陵;지금의 호북성 의창)의 현령으로 좌천되기도 하였다.

그러나 개봉으로 다시 복귀한 범중엄과 다른 고관들의 추천을 받은 구양수는, 1043년에 개봉으로 돌아와 지간원정知諫院正이 되었다. 다시 범중엄과 기타 정치개혁가들이 사사로운 파당을 조직했다는 이유로 파면되자 구양수는 유명한 『붕당론朋黨』을 써서 시대부들의 개인적인 모임이 정치적으로 유익하다는 주장을 폈다. 구양수의 명문인 『종수론』과 『붕당론』을 살펴보자.

## 『종수론縱囚論』

구양수歐陽脩

신의는 군자에게서 행해지고 형륙은 소인에게 베풀어지나니, 형刑이 죽음에 드는 자는 곧 죄가 크고 악이 지극한지라, 이는 또한 소인 중에서도 더욱 심한 경우요 차라리 의로써 죽을지언정 구차히 요행스럽게 살지는 않아서 죽음을 보기를 마치 왔던 길 돌아가는 듯이 하는 것은 이 또한 군자로서도 더욱 어려운 경우이다.

바야흐로 당唐 태종太宗 6년에 사형수 3백여인[390인]을 점검할 때에 풀어주어서 하여금 집에 돌아가게 하면서 약속하기를 그 스스로 돌아와서 죽음에 나아가도록 하였으니, 이는 군자로서도 능히 하기 어려운 것으로써 소인 중에도 심한 자로서 반드시 능히 할 수 있기를 기약한[바란] 것이요, 그 죄수들이 기약한 날짜에 미쳐[1년이 되자] 마침내 스스로 돌아와서 뒤에 쳐진 자가 한 사람도 없었으니, 이는 군자가 어렵게 여기는 바이거늘 소인으로서 쉽게 여기는 바인지라, 이 어찌 인정에 가까우리오?

혹은 [어떤 사람들은] 말하기를, "죄가 크고 악이 지극한 것은 진실로 소인이지만, 은덕을 베풀어서 임해 주는 데 미치게 되면 가히 하여금 변하게 하여 군자가 되게 할 수 있었으니, 대개 은덕이 사람의 마음 속에 파고드는 것이 깊고 사람의 마음을 (착한 데로) 옮기게 하는 것이 속한 것이 이와 같은 경우가 있다."고 한다.

(그러나 나는) 말하자면, "태종이 이런 일을 한 것은 이런 이름을 구하자는 것이다. 그러나 그 놓아주어서 가게 할 때에 그 반드시 돌아와서 사면받기를 바라리라는 것을 생각지도 않고서 놓아준 줄을 어찌 알겠으며, 또 그 풀려나서 갈 때에 그 스스로 돌아와서 반드시 사면을 얻으리라는 것을 생각지도 않고서 다시 온 줄을 어찌 알겠는가? 무릇 그 반드시 돌아오리라는 것을 생각하고서 놓아준 것은 그 바로 윗사람이 아랫사람의 정을 해친 [이용한] 것이요, 그 반드시 사면받을 것을 생각하고서 다시 온 것은 그 바로 아랫사람이 윗사람의 마음을 해친 [이용한] 것이니, 나는 윗사람이나 아랫사람이 서로 서로를 해쳐서 이런 이름을 이루었다는 것은 보겠거니와, 이른바 은혜와 덕택을 베풀었다고 할 것과 그 신의를 알았다고 할 것이 어디 있단 말인가? 그렇지 않다면 [그렇지 않다 해도] 태종이 천하에 덕을 베푼 것이 [왕이 된 지가] 이때에 6년이나 되었는지라, 능히 소인들로 하여금 지극히 큰 죄악을 저지르지 않게는 하지 못하고서 (갑자기) 어느 날의 은혜가 능히 (그 소인들로) 하여금 죽음을 보기를 마치 (왔던 길) 돌아가는 듯이 하게 하여 신의를 간직하게 할 수 있었다더냐! 이 또한 통하지 않는 논리이다.

그렇다면 어찌했어야 옳았겠는가? 이를테면 풀어주었는데 돌아오거든 죽여서 용서하는 [사면하는] 일이 없어야 하고, 또 풀어주는데도 또 돌아온다면 은덕의 소치라는 것을 가히 알 수 있을 따름이다. 그러나 이는 반드시 있을 수 없는 일이니, 이를테면 놓아주고서 돌아왔을 때에 용서한다는 것은 가히 우연히 한번 할 수 있을 따름이요, 만약 자주 한다면 살인자가 모두 죽지 않을 것이니, 이 어찌 천하의 떳떳한 법이 될 수 있겠는가? 떳떳한 법이 될 수 없는 것이 그 성인聖人의 법이던가? 그러므로 요堯·순舜 임금과 三王[夏 禹氏, 殷 湯王, 周 文·武王]의 다스림은 반드시 인정에 근본[바탕]을 두었으니, 이상한 법을 세워서 고상한 법을 삼지도 않았으며, 인정을 거슬러서 예찬을 구하지도 않았느니라.

(信義는 行於君子하고 而刑戮은 施於小人하나니 刑入于死者는 乃罪大惡極이라 此又小人之尤甚者也요 寧以義死언정 不苟幸生하야 而視死如歸는 此又君子之尤難者也라.

方唐太宗之六年에 錄大辟囚三百餘人할새 縱使還家하야 約其自歸以就死하니 是는 以君子之難能으로 期小人之尤者而必能也요 其囚가 及期而卒自歸하야 無後者하니 是는 君子之所難이어늘 而小人之所易也라 此豈近於人情이리오.

或曰罪大惡極은 誠小人矣나 及施恩德以臨之면 可使變而爲君子하니 蓋恩德이 入人之深而移人之速이 有如是者矣라.

曰太宗之爲此는 所以求此名也라. 然이나 安知夫縱之去也에 不意其必來以冀免하야 所以縱之乎며 又安知夫被縱而去也에 不意其自歸而必獲免하야 所以復來乎아. 夫意其必來而縱之는 是上賊下之情也요 意其必免而復來는 是下賊上之心也이니 吾見上下交相賊하야 以成此名也어니와 烏有所謂施惠德과 與夫知信義者哉아. 不然이면 太宗이 施德於天下가 於玆六年矣라 不能使小人으로 不爲極惡大罪하고 而一日之恩이 能使視死如歸而存信義딴여. 此又不通之論也라.

然則何爲而可오. 曰縱而來歸어든 殺之無赦하고 而又縱之而又來면 則可知爲恩德之致爾라. 然이나 此는 必無之事也이니 若夫縱而來歸而赦之는 可偶一爲之爾요 若屢爲之면 則殺人者가 皆不死하리니 是可爲天下之常法乎아. 不可爲常之者가 其聖人之法乎아. 是以로 堯舜三王之

治는 必本於人情이니 不立異以爲高요 不逆情以干譽니라.)

윗사람은 아랫사람의 마음을 훔치고, 아랫사람은 윗사람의 마음을 도둑질했기 때문에, 은덕도 아니고 신의도 아니라는 구양수의 주장이다. 구양수가 신의를 얼마나 중시했는지를 알 수 있게 하는 글이다. 간결하면서도 타당 명료한 논리로 주장을 전개하였다.

## 『붕당론(朋黨論)』

구양수

제가[臣이] 듣기로는, '붕당朋黨'이라는 말이 예부터 있어 왔으니, 오직 다행스런 것은 임금[人君:남의 君主된 자]이 (그로 미루어) 군자君子와 소인小人을 구별할 수 있다는 것입니다. 무릇 군자는 군자와 더불어 길[道]을 같이함으로써 벗[朋:朋黨]을 삼고, 소인은 소인과 더불어 이익[利]을 같이함으로써 벗[朋:朋黨]을 삼나니, 이는 자연스런 이치입니다.

그러나 저는[臣은] 이르기를, 소인은 벗이 있을 수 없고 오직 군자만이 (벗이) 있을 수 있다 하노니, 그 까닭은 무엇이겠습니까? 소인은 좋아하는 것이 이익[利]과 녹[祿:벼슬]이요, 탐(貪)하는 것이 재물[財]과 물자[貨]인지라, 그 이익을 같이할 때를 당해서 잠깐 서로 당黨으로써 이끌어서 벗[朋:朋黨]이 되기는 해도 그것은 거짓이요, 급기야 이익을 보게 되면 앞을 다투기 마련이며, 혹시 이익이 다하게 되면 서로가 소원해져서 심한 경우에는 도리어 서로가 해치기까지 하여, 비록 형제와 친척 간에도 능히 서로 보존할 수 없나니, 그러므로 저는[臣은] 이르기를, 소인에게는 벗[朋:朋黨]이 있을 수 없고, 그 잠깐 벗

[朋:朋黨] 이 되기도 하는 것은 거짓이라고 하는 것입니다.
군자는 그렇지 않아서, 지키는 바가 도의道義요, 행하는 바가 충신忠信이요, 아끼는 바가 명예와 절개[名節] 이니, 그런 마음으로써 몸을 닦으면 길을 같이하면서 서로 보탬이 되고, 그런 마음으로써 나라를 섬기면 마음을 같이하면서 함께 (뜻대로) 일을 이루어, (修身을 하든 나라를 섬기든) 처음과 끝이 한결같으니, 이는 군자의 벗사귐[朋:朋黨] 입니다. 그러므로 임금[人君:남의 君主] 된 자가 다만 마땅히 小人들의 거짓된 붕당을 물리치고서 군자들의 참된 붕당을 쓰게 된다면, 천하가 잘 다스려지게 될 것입니다.

요 임금 때에 소인 공공共工 · 환도驩兜 등 4인이 한 붕당이 되고 팔원八元 · 팔개八愷 등의 16인이 한 붕당이 되었거늘, 순舜이 요堯 임금을 보좌하셔서 네 사람의 흉악한 소인의 붕당을 물리치고서 원元 · 개愷와 같은 군자의 붕당을 진용進用하여 요 임금의 천하가 잘 다스려졌으며, 급기야 순 임금이 천자가 되심으로부터 고요皐陶 · 기夔 · 직稷 · 설契 등 22인이 함께 열列 지어 조정에 서서, 바꿔 가며 서로 아름다움을 보충하고 바꿔 가며 서로 추천하고 양보하여 모두 22인이 한 붕당이 되었거늘, 순 임금이 모두 진용進用하여 천하가 또한 크게 다스려졌습니다. (그리고)『서경』에 이르기를, 紂[주; 은나라의 마지막 임금] 에게 신하가 억만이 있었으나 오직 억만 가지 마음이었거니와, 周나라는 (武王에게) 신하가 3천이 있었으나 오직 한 마음이었다 하였으니, 주紂의 시대에는 억만 사람이 각각 마음을 달리하였으니 붕당이 되지는 못했다고 이를 만하되, 그러나 주紂는 그로써 나라를 망치게 되었고, 주周나라 武王의 신하는 3천인이 하나의 큰 붕당이 되었으되, 주周나라는 그들을 써서 흥성興盛하였습니다. (그리고) 후한 헌제 때에 천하의 名士들을 다 취取하여 [잡아들여] 가두고 구금拘禁하면서 지목指目하여 '당인黨人' 들이라고 하더니, 급기야 황건적黃巾賊이 일어나서 한漢나라 왕실

王室이 크게 어지러워졌기에 뒷날 바야흐로 뉘우치고 깨달아서 그 당인들을 모두 다 풀어주어 석방하였으나, 이미 (그 王室의 어지러움을) 구원할 길이 없었습니다. (또) 당나라 만년晩年에 점차 붕당론이 일어나더니, 급기야 소종昭宗 때에 이르러서는 조정의 명사名士들을 다 죽여서, 혹은 황하에 던져 버리면서 말하기를, 이런 무리들은 세칭世稱 '청류淸流' 라는 자들이니, 탁류濁流에 던져 마땅하도다 하였으니, (그리하여) 당나라가 마침내 망亡하게 되었습니다.

무릇 전대前代의 임금들로서 사람 사람으로 하여금 마음을 달리하게 하여 붕당이 되지 못하게 함이 주紂와 같은 경우가 없었고, 능히 착한 사람들이 붕당이 되는 것을 금禁하여 딱 끊어지게 한 것이 한漢나라 헌제獻帝와 같은 경우가 없었으며, 능히 청류淸流들의 붕당朋黨을 베어 죽인 것이 당나라 소종昭宗의 시대[世]와 같은 경우가 없었습니다. 그러나 모두 그 나라를 어지러워져서 망亡하도록 하였습니다. (또한) 바꿔가며 서로 아름다움을 보충해 주고 추천하며 양보하여 스스로 의심치 않음이 순舜 임금 때의 22인 만한 경우가 없었고, 순 임금 또한 의심치 않고서 모두 진용進用하셨으나, 그러나 후세後世에 순 임금이 22인의 붕당으로부터 속임 당하였다고 나무라는 일이 없었으며, 순 임금을 총명하신 성군聖君이라고 칭송합니다. 그 까닭은 그 능히 군자와 소인을 구별할 줄 알았기 때문입니다. (그리고) 주周나라 무왕武王 시대[世]에 온통 그 나라 신하 3천인이 모두 하나의 붕당이 되었으니, 예로부터 붕당이 되는 것이 많고도 큰 것이 주周나라 때와 같은 경우가 없었으나, 그러나 주周나라가 이를[3천 人의 朋黨을] 써서 흥성興盛해졌던 까닭은, 착한 사람들은 아무리 많아도 싫증나지 않기 때문이었으니, 무릇 흥망興亡과 치란治亂의 자취를 임금[人君: 남의 君主] 된 자가 거울삼아 마땅할 것입니다.

(臣은 聞朋黨之說이 自古로 有之하니 惟幸人君이 辨其君子小人而已

라. 大凡君子가 與君子로 以同道爲朋하고 小人이 與小人으로 以同利爲朋하나니 此는 自然之理也라.

然이나 臣은 謂小人은 無朋이요 惟君子則有之라 하니 其故는 何哉오.. 小人은 所好者가 利祿也요 所貪者가 財貨也라 當其同利之時에 暫相黨引하여 以爲朋者는 僞也라 及其見利而爭先하고 或利盡而交疎하여 甚者는 反相賊害하여 雖其兄弟親戚이라도 不能相保하나니 故로 臣은 謂小人은 無朋이요 其暫爲朋者가 僞也니이다.

君子則不然하여 所守者가 道義요 所行者가 忠信이요 所惜者가 名節이라 以之修身이면 則同道而相益하고 以之事國이면 則同心而共濟하여 終始如一하나니 此는 君子之朋也라 故로 爲人君者가 但當退小人之僞朋이요 用君子之眞朋이면 則天下가 治矣리이다.

堯之時에 小人共工驩兜等四人이 爲一朋하고 君子八元八愷十六人이 爲一朋이어늘 舜이 佐堯하사 退四凶小人之朋하시고 而進元愷君子之朋하사 堯之天下가 大治하고 及舜이 自爲天子로 而皐夔稷契等二十二人이 并列于朝하여 更相稱美하며 更相推讓하여 凡二十二人이 爲一朋이어늘 而舜이 皆用之하사 天下가 亦大治하고 書에 曰, 紂有臣億萬이나 惟億萬心이어니와 周有臣三千이나 惟一心이라 하니 紂之時에 億萬人이 各異心하니 可謂不爲朋矣로대 然이나 紂는 以此亡國하고 周武王之臣은 三千人이 爲一大朋이로대 而周가 用以興하고 後漢獻帝時에 盡取天下名士하여 囚禁之하여 目爲黨人일러니 及黃巾賊이 起하여 漢室이 大亂일새 後方悔悟하여 盡解黨人而釋之나 然이나 已無救矣요 唐之晩年에 漸起朋黨之論일러니 及昭宗時에 盡殺朝之名士하여 或投之於黃河曰, 此輩는 淸流이니 可投濁流라 하니 而唐이 遂亡矣니이다.

夫前世之主가 使人人異心하여 不爲朋이 莫如紂요 能禁絶善人爲朋이 莫如漢獻帝요 能誅戮淸流之朋이 莫如唐昭宗之世나 然이나 皆亂亡其國하고 更相稱美推讓하여 而不自疑가 莫如舜之二十二人이요 舜亦不

疑而皆用之시나 然而後世에 不誚舜이 爲二十二人朋黨所欺요 而稱舜爲聰明之聖者는 以其能辨君子與小人也요 周武之世에 擧其國之臣三千人이 共爲一朋하니 自古로 爲朋之多且大가 莫如周나 然이나 周가 用此以興者는 善人은 雖多나 而不厭也이니 夫興亡治亂之迹을 爲人君者가 可以鑑矣니이다.)

『붕당론』은 간관諫官으로서의 지극한 도리를 보여 주었을 뿐 아니라, 역대의 치란治亂이나 군자君子와 소인小人의 분별 그리고 진정한 벗 사귐을 알 수 있게 하는 글이다.

『붕당론』을 통해서 구양수의 용기와 직언에 감복한 인종仁宗은 구양수를 황제의 일상생활을 기록하고 조칙詔勅의 초안을 작성하는 직책에 임명하였다. 그는 직언과 엄정한 일처리로 조정의 소인배들로부터 지탄을 받기도 하였다. 1045년에는 여러 해 전에 조카딸과 불륜관계를 맺었다는 탄핵을 받아 재판에 회부되었다. 소인배들뿐만 아니라, 정적들로부터 모함을 받기 시작한 것이다. 개혁을 추구한 범중엄 · 한기韓琦 · 부필富弼 등은 보수파의 공격으로 폄적(좌천) 당하고, 또다시 하북전운안찰사河北轉運按察使였던 구양수가 이들을 변호하는 상소를 올렸다가, 그 역시 저주로 폄적을 당하였다. 그런데 그의 죄명은 다름 아닌 '남녀간의 문란함' 이었다.

구양수의 외조카딸 장張씨는 구양수 매형의 전처소생으로서 어려서 부모를 잃었기에 구양수가 그를 데려다 키웠으며, 조카 구양성歐陽晟과 결혼도 시켰다. 그런데 구양성이 외관으로 나갔을 때 장씨는 구양성의 하인 진간陳諫과 간통하는 일이 발생하였다. 그래서 이 사건을 개봉부우군순원開封府右軍巡院에서 조사를 벌였던 것이다. 장씨는 죄를 벗어나기 위해 시집가기 전 구양수와 애매한 관계가 있는 것처럼 언급하게 되었던 것이다. 그 당시에는 우군순원의 판관인 손규孫揆는 장씨와 진간의 간통사건만을 보고하여 일을 더 키우지 않았다. 그런데 재상 진집중陳執中은 그의 심복에게 시켜서 장씨의 '자백'을 얻어서, 태상박사 소안세蘇安世에게 다시 가서 감찰하여, 장씨의 자백을 마음대로 과장하여 기록하도록 하였다. 또한 구양수와 앙금을 가진 환관 왕소명王昭明을 감독관으로 보냈다. 그런데 왕소명이 이 사건을 철저히 조사하였지만 의문점은 없었고, 오히려 장씨의 자백이 심한 고문으로 인해 꾸며진 것이라는 사실을 밝혔다. 그리하여 소안세도 손규의 조사기록을 손대지 못했고, 다만 구양수가 장씨의 재산을 가로 챘다는 것을 사건으로 첨가했을 뿐이었다. 결국 이 사건은 "증서가 이미 분명하지 않고 판별할 필요가 없다券既弗明, 辨無所驗"고 마무리되었던 것이다. 비록 무죄로 방면이 되기는 했지만 구양수는 그의 명성에 오점을 남겼다. 결과적으로 좌승상 하랄夏辣의 미움을 사 저주로 좌천되었다. 개혁적인 인물의 시련인 것이다.

구양수는 안휘성安徽省 저주滁州 지사知事로 쫓겨났으나 좌절하지 않고, 이 고장의 아름다운 전원풍경에 매혹되어 『풍락정기』를 지었다.

『풍락정기豊樂亭記』

구양수

나 구양수가 저주를 다스린 지 이듬해 여름이 되어서야, 처음으로 저주의 샘물을 마셔보니 그 맛이 달았다. 저주의 모든 사람들에게 물으니, 저주성의 남쪽 백보쯤 되는 곳에서 얻었다고 한다. 그 위로는 풍산이 높이 솟아 홀로 우뚝 서 있고, 아래로는 그윽한 골짜기가 조용히 깊이 숨어 있으며, 그 가운데에는 맑은 샘이 있는데 위로 솟아오른다. 위

아래 좌우의 경치를 돌아보면 마음이 즐거워진다. 이에 물길을 트고 돌을 깨고 땅을 파헤치고 정자를 지어, 저주 사람들과 더불어 와서 한가롭게 노닌다. 무기들이 부딪치는 오대 때의 저주는 무력을 쓰는 전쟁터였다. 지난날 태조 황제는 일찍이 후주의 군대를 이끌고, 이경의 군사 15만을 청류산 아래에서 깨뜨리고 그의 장수 황보휘와 요봉을 저주성 동문 밖에서 생포하여 마침내 저주를 평정하였다. 나 구양수는 일찍이 저주의 산천을 살펴보고, 그 관련 지도와 기록을 찾아보고 높은 곳에 올라 청류관을 바라보며 황보휘와 요봉이 잡힌 곳을 찾아보려 하였으나 연고를 아는 노인들이 모두 생존해 있지 않았다. 대개 천하가 태평한 지 이미 오래 되었던 것이다. 당나라가 정권을 잃고부터 천하가 분열되어 호걸들이 나란히 일어나 천하를 다투니, 서로 적국으로 되어 있게 된 것을 어찌 다 헤아리리. 이에 송나라가 천명을 받아, 성인(태조 조광윤)이 나셔서 사해를 모두 하나로 만드셨다. 지난날 험준함을 믿고 할거하던 인물들이 베이고 깎이고 사라지고 마멸되었다. 100여 년 사이에 사람들은 무심히 다만 산 높고 물 맑은 것만을 보니 그때의 일을 묻고자 하여도 노인들은 이미 다 세상을 떠나 버렸다. 지금 저주는 장강과 회하 사이에 있어 배나 수레를 탄 상인들이나 사방의 빈객들이 오지 않으니, 백성들은 평생 바깥세상을 보지 못하고 농사와 의식에 안주하며 즐겁게 살다 죽으니 누구라서 임금의 공덕을 알까? 쉬게 하고 기르게 하고 낳게 하여서 100년의 긴 세월을 윤택하게 하는 그 공덕을 나 구양수가 이곳에 왔을 때 이 땅이 벽지이고 처리할 공무가 간략함을 즐거워하고 또 그 풍속이 편안하고 여유로움을 사랑하였다. 이제 산골짜기에서 이 샘을 찾아내니 이에 날마다 저주 사람들과 더불어 고개 들어 산을 바라다보고 머리 숙여 샘물소리를 들었다. 그윽한 향기를 취하고 큰 나무 그늘에서 쉬었다. 바람 일고 서리 내리고 얼음 얼고 눈 내렸다. 새긴 듯 맑고 수려한 모습 드러내니, 사계절의 경치를 좋아하지 않을 수 없었다. 또 다행히 이곳의 백성들은 올해의 풍작을 즐거워하며 나와 더불어 노는 것을 좋아하였다. 이곳의 산천을 본보기 삼아 이곳의 풍속의 아름다움을 설명하는 것은 백성들로 하여금 이 풍년의 기쁨을 누리는 것은 다행히 태평무사한 때에 태어났기 때문임을 알게 하기 위함이다. 무릇 황제의 은덕을 널리 알려 백성들과 더불어 즐기는 것은 이 자사가 해야 할 일이다. 마침내 이 일을 써서 그 정자에 이름을 붙였다.

(脩既治滁之明年夏, 始飮滁水而甘. 問諸滁人, 得於州南百步之近. 其上則豊山聳然而特立, 下則幽谷窈然而深藏, 中有清泉滃然而仰出. 俯仰左右顧而樂之. 於是疏泉鑿石 闢地以爲亭, 而與滁人往遊其間. 滁於五代干戈之際用武之地也. 太祖皇帝 嘗以周師, 破李景兵十五萬於淸流山下, 生擒其將皇甫暉姚鳳, 於滁東門之外 遂以平滁. 脩嘗考其山川, 按其圖記 升高以望淸流之關, 欲求暉鳳就擒之所, 而故老皆無在者. 盖天下之平久矣. 自唐失其政海內分裂, 豪傑並起而爭, 所在爲敵國何可勝數, 及宋受命, 聖人出而四海一. 向之憑恃險阻剗削消磨. 百年之間, 漠然徒見山高而水淸, 欲問其事 則遺老盡矣. 今滁介于江淮之間, 舟車商賈四方賓客之所不至, 民生不見外事, 而安於畎畝衣食以樂生送死, 而孰知上之功德. 休養生息, 涵育百年之深也. 脩之來此, 樂其地僻而事簡, 又愛其俗之安閒. 既得斯泉於山谷之間, 乃日與滁人仰而望山, 俯而聽泉. 掇幽芳而蔭喬木. 風霜氷雪. 刻露淸秀, 四時之景無不可愛. 又幸其民樂其歲之豊成, 而喜與予遊也. 因爲本其山川 道其風俗之美, 使民知所以安其豊年之樂者, 幸生無事之時也. 夫宣上恩德 以與民共樂, 此刺史之事也. 遂書以名其亭焉.)

불미스런 일로 좌천되어 온 구양수이지만, 목민관의 자세는 잃지 않고 오히려 황제의 은덕을 찬양하고 있다. 유자儒者들만이 행할 수 있는 처세이다. 유자는 어디에 처해도 군왕의 은덕을 잊지 않는 자세, 그것이 곧 선비정신인 것이다. 구양수는 『풍락정기』를 지은 후, 스스로 호를 취옹醉翁이라하였으며, 취옹정에 가서 『취옹정기』를 썼다. 취옹은 자연 산수의 아름다움에 취했다는 뜻이다.

『취옹정기醉翁亭記』

구양수

저주滁州를 둘러싸고 있는 것은 온통 산이다. 그 중에서도 서남쪽에 있는 여러 봉우리들은 숲과 계곡이 특히 아름다워, 멀리서 바라보아 울울창창 그윽하고 빼어난 것이 바로 곧 낭야산琅琊山이다. 산길을 육 칠리쯤 걸어 올라가면 물소리가 졸졸 차츰 크게 들려오니, 두 봉우리 사이에서 쏟아져 나오는 것이 바로 곧 양천釀泉이라는 샘물이다. 산봉우리를 돌아 산길을 따라 오르면 정자가 우뚝이 새 날개를 펼친 듯 양천가에 서 있는데, 이것이 취옹정이다. 이 정자를 세운 자는 누구인가? 이 산에 사는 승려 지선智仙이다. 정자에 이름을 붙인 사람은 누구인가? 이곳 태수로 자기의 호를 딴 것이다. 태수는 손님들과 함께 여기에 와서 술을 마시곤 하였는데, 조금만 마셔도 취하고, 나이도 제일 많은지라, 스스로 취옹醉翁이라 불렀다. 정작 취옹의 뜻은 술에 있지 아니하고 산수의 즐거움에 있었으니, 산수 간에 노니는 즐거움은 마음으로 이것을 얻어 술에 기탁한 것이었다. 해 떠오르면 숲속의 안개가 걷히고, 저녁 구름이 돌아오면 바위동굴이 어두워진다. 어둡고 밝아지는 변화를 보여주는 이것은 바로 산속의 아침저녁이다. 들에 꽃이 피니 그윽한 향기를 풍기고, 아름다운 나무들이 높이 뻗어 무성한 그늘을 이루며, 바람은 높게 일고 서리는 하얗게 내리며, 시냇물이 줄어서 바닥의 돌이 드러나는 것이 산속의 사계절이다. 아침이 되면 나가다니고 저녁이면 집에 돌아오는데, 사계절의 경치가 모두 다르니 즐거움 또한 끝이 없다. 짐 지고 가는 자는 길에서 노래 부르고, 길 가던 사람은 나무 밑에서 쉬며, 앞서 가는 자가 소리쳐 부르면 뒤에 가는 자는 응한다. 서로 몸을 굽혀 손을 잡고 끌어 주며 산을 오르내리는 행렬이 끊이지 않는 것은 저주滁州 사는 백성들이 유람 나왔기 때문이다. 계곡에 내려가서 물고기를 잡으니, 물이 깊어서 물고기는 살찌고, 양천釀泉으로 술을 빚으니, 샘물이 맑고 차서 술이 향기롭다. 산나물 안주와 푸성귀 곁들여 어지러이 앞에 벌여 놓은 것은 바로 태수가 베푼 연회이다. 연회에서 술 마시는 즐거움은 현악기와 관악기가 필요 없다. 활 쏘는 자들은 과녁을 맞추고 바둑을 두는 자는 이기려 하는데, 큰 쇠뿔 벌주잔과 벌배를 세는 산가지가 어지럽게 뒤섞이고 일어났다 앉았다가 시끌벅적한 것은, 모인 손님들이 즐거워하기 때문이다. 푸른 얼굴에 백발을 한 늙은이가 그 사이에 쓰러져 있는 것은 주인인 태수가 취한 것이다. 어느 사이에 석양이 서산에 걸리고 사람들의 그림자는 어지럽게 흩어지니 태수를 따라 손님들이 돌아가는 것이다. 숲속이 어둑어둑 해지고, 새들의 울음소리만 여기저기서 들려오니, 이제 사람들이 가버리자 새들이 즐기는 것이다. 하지만 뭇새들은 숲속에서 노니는 즐거움은 알지언정 사람들의 즐거움은 모르리라. 사람들은 태수를 따라 유람 나온 즐거움은 알지언정 태수가 그들의 즐거움을 즐거워하는 것은 알지 못한다. 술이 취하여서는 그들과 즐거움을 같이 할 수 있고, 술에서 깨어나서는 문장으로써 그 마음을 표현해낼 수 있는 이는 태수이다. 태수란 누구인가? 여릉 땅의 구양수이다.

(環滁皆山也. 其西南諸峰, 林壑尤美, 望之蔚然而深秀者, 瑯琊也. 山行六七里, 漸聞水聲潺潺, 而瀉出于兩峰之間者, 釀泉也. 峰回路轉, 有亭翼然, 臨于泉上者, 醉翁亭也. 作亭者誰. 山之僧智仙也. 名之者誰. 太守自謂也. 太守與客, 來飮于此, 飮少輒醉, 而年又最高, 故自號曰醉翁也. 醉翁之意, 不在酒, 在乎山水之樂也, 山水之樂, 得之心而寓之酒也. 若夫日出而林霏開, 雲歸而巖穴暝. 晦明變化者, 山間之朝暮也. 野芳發而幽香, 嘉木秀而繁陰, 風霜高潔, 水落而石出者, 山間之四時也. 朝而往, 暮而歸, 四時之景, 不同而樂亦無窮也. 至於負者歌于塗, 行者休于樹, 前者呼, 後者應. 傴僂提攜, 往來而不絕者, 滁人遊也. 臨溪而漁, 溪深而魚肥, 釀泉爲酒, 泉洌而酒香. 山肴野蔌, 雜然而前陳者, 太守宴也. 宴酣之樂, 非絲非竹. 射者中, 奕者勝, 觥籌交錯, 起坐而諠譁者, 衆賓歡也. 蒼顔白髮, 頹乎其間者, 太守醉也. 已而夕陽在山, 人影散亂, 太守歸而賓客從也. 樹林陰翳, 鳴聲上下, 遊人去而禽鳥樂也. 然而禽鳥知山林之樂, 而不知人之樂, 人知從太守遊而樂, 而不知太守之樂其樂也. 醉能同其樂, 醒能述以文者, 太守也. 太守謂誰, 廬陵歐陽修也.)

39세 때에, 조정에서 참소를 당해 저주의 지사로 좌천되어 지은 글이다. 구양수가 저주의 태수로 있으면서 낭야의 계곡에 성심醒心이라는 정자를 세우고 취옹醉翁에 취옹정이라는 이름을 붙였다고 한다. 위의 글은 취옹정의 유래와 그곳의 경치, 그리고 그 자신의 생활과 정취를 기술하였다. 옛날 구양수가 이곳에 들렀을 때 그곳 주민들이 양천의 물을 마시는 것을 보고 물었더니, 한 노인이 "돈이 없고 차를 끓일 시간도 없어 양천의 물을 마신다."라고 대답했다 한다. 구양수도 그 말을 듣고, '양천의 샘물을 마시면 위정자가 백성들과 함께 할 수 있다.'라고 하였다. 구양수의 『풍락정기』와 『취옹정기』로 인해 저주의 산수가 더욱 빛을 발했다는 평을 들을 정도로 저주의 산수를 빛나게 하고 있다. 문장가의 위대함이 새삼 느껴진다.

저주 일대에 구양수가 『취옹정기』를 고쳐 쓰게 된 이야기가 전해지고 있다. 구양수가 『취옹정기』를 지은 후 6장을 베껴서 그 글을 각 성문에 붙이도록 영을 내렸다고 한다. 그리고 다시 명을 내리기를 『취옹정기』를 누구나 고쳐 보라고 하였다 한다. 그러나 며칠이 지나도 아무도 고치지 않았다. 그래서 자신의 글에 만족한 구양수는 득의양양해서 "저주는 사면이 모두 산이다. 동쪽은 오룡산 서쪽은 대풍산이다."라고 하며 『취옹정기』를 읊조리고 있는데, 웬 나무꾼이 "역시 태수의 학문은 심오해 나는 산들이 저주를 에워싸고 있는 것만 아는데, ⋯."라고 혼자 중얼거리고 가는 것이 아닌가? 이 말을 들은 구양수는 "저주滁州를 둘러싸고 있는 것은 온통 산이다."라고 고쳤다고 한다. 명 작품에는 항시 일화가 따라 다니면서 사람들의 입에 오르내린다. 그래서 명작품인가 보다.

구양수는 3년 후 1048년 양주로 이임되어 갔다. 그리고 1050년 남쪽 수도인 허난성 귀덕貴德 자사刺史를 거쳐 1054년에는 수도 개봉으로 소환되어 한림원翰林院 학사學士가 되었다. 그의 첫번째 임무는 『신당서新唐書』 [당唐의 건국(618)부터 멸망(907)까지의 사실史實 기록]를 저술하는 것이었다. 이 작업이 시작되던 때 구양수는 중국 북부의 대부분 지역을 다스리고 있던 만주 거란족에 송宋의 사절로 파견되기도 하였으며, 1057년에는 지공거知貢擧, 과거시험 주관자에 임명되었다.

이 해의 과거시험에서 고문체로 답안을 작성한 사람들은 합격시키는 한편, 고사故事의 인용을 많이 하는 서곤체西崑體로 답안을 작성한 사람은 모두 불합격시켰다. 이렇게 하여 합격된 사람들 가운데는 후에 '당송 8대가'로 칭송되는 소식蘇軾 · 소철蘇轍 형제와 증공曾鞏도 있었다. 그들뿐만 아니라 포증包拯과 왕안석도 조정에 천거하기도 하였다. 구양수는 왕안석王安石과 소식 같은 유능한 젊은 문인들을 후원하였다. 그가 후원한 왕안석은 신법을 개정하여, 송나라를 개혁하려는 개혁적인 정치가로 성장하였다. 그의 신법新法은 균수법(均輸法, 정부가 지방의 물자를 사들여 다른 지방에 팔아 이익을 얻음으로써 물자 유통을 원활히 하고 물건 값의 조절과 안정을 꾀하고자 한 정책) · 청묘법(青苗法, 농민들에게 낮은 이자로 농사에 필요한 자금을 빌려주어 지주들의 비싼 이잣돈을 얻어 쓰는 일이 없도록 한 정책이며, 필요한 재원은 상평창 곧 물가 조절기관에서 충당하였다. 신법을 지지하던 구양수도 이것 때문에 왕안석과 정치적인 견해를 달리하게 된다.) · 시역법(市易法, 자본이 적은 상인들에게 돈을 빌려주어, 대상인들이 이익을 독차지 하는 것을 막고 국가 수입을 늘리기 위한 정책) · 모역법(募役法, 역이 면제되어 온 관리원으로부터 돈을 받아, 실업자들에게 일을 시키고 품삯을 주어 역의 형평을 기하고자 한 정책) · 보갑법(保甲法, 10집을 1보로, 5보를 대보로, 10대보를 도보로 편성하여 장정壯丁을 징집, 훈련하여 민병으로 삼아 평화 시에는 치안 임무를 수행하고 전쟁이 일어나면 관군을 돕게 한 정책) · 보마법(保馬法, 백성에게 말을 기르게 하여 전쟁이 일어나면 군마로 쓰도록 한 정책) 등으로 나누어져 있다.

『신당서』가 완성된 1060년 구양수는 사회 · 재정 · 군사 등의 각 분야에서 많은 공적을 남기면서, 군정軍政을 담당하는 추밀부사樞密副使로 승진했고 그 다음 해에는 부재상副宰相에 해당하는 참지정사參知政事가 되었다. 그러나 궁중에서 더 이상 자리를 보전하기 어려운 사태가 발생하였다. 그는 60세에 또 다시 며느리와 불륜관계를 맺었다는 누명을 쓰게 되었다. 구양수는 그로 인해 사직서를 거듭 올렸으나, 새로 등극한 신종神宗은 이를 받아들이지 않고 그를 안휘성 · 산동성 · 허난성 등지의 지방관으로 내보냈다. 산동의 지방관으로 있을 때 그는 예전에 자신이 발탁해 준 왕안석이 제정한 신법新法 가운데 농민에게 낮은 이자로 대출해주는 청묘법青苗法에 특히 반대하여, 그의 관할 지역에서 그 제도를 실시하지 않았다. 이 무렵 그는 분명 신법의 시행에 실망을 느낀 보수적인 인물이 되어 있었다. 그리고 1071년 그는 태자소사太子小師

가 되어 은퇴하였다.

그는 취옹정이 있는 아름다운 안휘성에서 은퇴 후의 생활을 보낼 작정이었으나, 안휘성 부양현阜陽縣에서 몇 달 살지 못하고 66세를 일기로 생을 마쳤다. 구양수 서거 2년 후에 조정에서 '문충文忠' 이라는 시호를 내렸다. 문충은 그가 일생 동안 이루어낸 문학적 위업의 저력을 알 수 있는 상징적인 시호이다. 소식 · 소철 · 왕안석 · 증공 · 푸증(포천청) 등을 발굴했기 때문일 것이다.

저수의 산수를 더욱 빛나게 했던, 저수에서의 생활을 알 수 있게 하는 시작품을 감상해 보자.

〈풍락정유춘삼수風樂亭遊春三首〉

구양수

| | 녹 수 교 가 산 조 제 |
|---|---|
| 푸른 나무 뒤섞인 곳에 산새들 울고, | 綠樹交加山鳥啼, |
| | 청 풍 탕 문 락 화 비 |
| 비 갠 뒤에 바람 부니 꽃이 떨어지며 휘날리네. | 晴風蕩們落花飛. |
| | 조 가 화 무 태 수 취 |
| 새는 노래하고 꽃은 춤추며 태수는 취해 있는데, | 鳥歌花舞太守醉, |
| | 명 일 주 성 춘 이 귀 |
| 다음 날 술 깨었을 땐 봄은 이미 돌아갔겠지. | 明日酒醒春已歸. |

| | 춘 운 담 담 일 휘 휘 |
|---|---|
| 봄 하늘 구름 맑고 깨끗하며 햇살 반짝이는데, | 春雲淡淡日輝輝, |
| 행인의 옷깃 들풀이 끌어당기고 | |
| | 초 야 행 금 서 불 의 |
| 옷에 떨어진 버들 솜 털어 낸다. | 草惹行襟絮拂衣. |
| | 행 도 정 서 봉 태 수 |
| 정자 서쪽까지 걸어오면 태수를 만나겠지, | 行到亭西逢太守, |
| | 남 여 명 정 삽 화 귀 |
| 술에 흠뻑 취해 가마 타고 꽃 꽂고 돌아오는 태수를, | 籃輿酩酊插花歸. |

붉은 나무 푸른 산 해는 지려하는데, 紅樹青山日欲斜(홍수청산일욕사)

드넓은 들녘에 푸른 풀빛 가없어라. 長郊草色綠無涯(장교초색녹무애)

봄나들이 인파는 봄 다하는 것도 아랑곳없이, 游人不管春將老(유인불관춘장로)

정자 앞을 오가며 떨어진 꽃을 밟고 다닌다. 來往亭前踏落花(내왕정전답낙화)

푸른 나뭇가지 뒤섞여 엉켜 있는 곳에서는 산새들 울고, 내리던 비 멈추고 바람이 나무를 휩쓸 듯 불어오니 꽃이 떨어져 날린다. 새는 노래하고 꽃은 춤추는 계절에 태수는 술에 취해 있는데, 다음날 술을 깼을 때는 새가 노래하고 꽃이 춤추는 이 봄은 가고 없겠지.

봄의 구름은 맑고도 맑아 햇살이 눈부시게 비친다. 무성하게 자란 들판의 풀들 행인의 발걸음 더디게 하고 눈이 내리듯이 날려 옷에 묻은 버들 솜 털어 낸다. 풍락정 서쪽까지 걸어가면 태수를 만날 수 있겠지. 태수는 언제나 정자에서 술 마시고 꽃 구경하다 가마 타고 돌아오니까?

날이 저물어 청산의 푸른 나무가 석양에 붉게 물들지만 멀리 들판의 풀들은 변함없이 푸르다. 정자에서 노니는 이 꽃피는 봄이 지나가는 줄도 모르고 땅에 떨어진 꽃잎 밟으며 정자 앞을 오간다.

봄의 경치를, 봄이 가는 아쉬운 마음과 봄에 취한 모습, 그리고 봄을 사랑하는 정情을 차례로 표현하였다. 정적政敵들의 참소로 중앙의 정계에서 쫓겨났지만 나름대로 봄을 즐기고 있다. 구양수는 저주에 있는 동안 『풍락정기』도 짓고 『취옹정기』를 지었다. 그러나 그는 풍류를 즐기면서도 목민관의 자세를 지니고 있었던 것 같다. 그가 저주 생활을 마치고 양주로 이임될 때 지은 시를 살펴보자.

## 〈별저別滁〉-저주를 떠나면서

구양수

꽃빛 짙게 무르익고 버들잎 엷을 때, 　　花光濃爛柳輕明(화광농란류경명),
꽃 앞에서 술 따르며 내 길 길 송별하네. 　　酌酒花前送我行(작주화전송아행).
나 또한 잠시 여느 때처럼 취할 테니, 　　我亦且如常日醉(아역차여상일취),
악기로 하여금 이별의 노래 연주하게 하지 마라. 　　莫敎絃管作離聲(막교현관작이성).

꽃의 빛깔 농염하게 무르익고 버드나무 새잎 엷고 투명할 때 저주를 떠나니, 저주의 관리와 백성들 꽃 앞에서 술을 따라 건네며 양주로 가는 나를 전송한다. 저주를 떠나려니 만감이 교차하지만 잠시 예전처럼 술에 취할 테니, 이별의 노래는 연주하지 말게. 이별의 노래 소리 들리면 가슴 속에 감춰둔 아쉬움 더 이상 숨길 수 없으니까?

▲ 취옹정 앞을 흐르는 개울에 양천讓泉이 있다. 양천讓泉의 글씨는 청淸나라 강희康熙 40년에 지주知州 왕사괴王賜魁가 쓴 것으로, 비석으로 되어 있다. 구양수의『취옹정기』에는 양釀자이다. 양釀자는 '술을 빚는다'는 뜻이다. 이 샘물로 술을 빚으면 술맛이 좋다 하여 양천釀泉이라 이름지었나 한다. 이 오솔길을 따라 1.5km쯤 나아가면, 구양수와 교류했던 승려 시선이 머물던 낭야사가 나온다.

저주에서의 지낸 생활이 그다지 나쁜 것은 아니었던 것 같다. 그리고 목민관으로서의 임무도 충실했던 것 같다. 그러니 저주의 백성들이 전별자리에 나와 전별주를 올리고 있지 않는가? 송별연의 모습이 뚜렷하게 그려진다.

▲ 취옹정 앞 풍경으로 '천년취옹정' 이라 새겨져 있다. 앞에 작은 계곡을 건너야 취옹정으로 들어 갈 수 있다. 뒷쪽 담장 안에 취옹정이 있다.

▲ 취옹정의 모습이다.

◀ ▲ 풍락정 앞에 있는 자미천이다. 구양수가 부임한 지 2년째 되던 해 반산 부근에서 자미천을 발견하고 샘 위쪽에 풍락정을 세웠다고 했다.

▶ 중국 안휘성 저주에 있는 풍락정 모습으로 2013년에 복원되었다

◀ ▼ 낭야산 입구와 낭야산에 위치한 낭야사이다. 취옹정을 짓고 구양수와 교류한 승려 지선(智仙)이 머물던 절이다. 취옹정에서 약 30~40분 정도 걸어가면 낭야사에 도달할 수 있다. 취옹정에서 낭야사 가는 길의 주변 풍경은 한적하면서도 산길의 아름다움이 있다.

## 26. 소식蘇軾과 동파東坡

소식(1037~1101)은, 중국 북송(960~1126) 시대의 시인이자 문장가 · 학자 · 정치가이다.

자字는 자첨子瞻이고 호號는 동파거사東坡居士이다. 흔히 소동파蘇東坡라고 부른다. 현 사천성四川省 미산현眉山縣에서 태어났다. 그는 송宋나라 때 저명한 문인 기문의 사람이다. 그의 아버지는 소순(蘇洵, 1009~1066)이었고, 그 아우도 소철(蘇轍, 1039~1112)로 모두 유명한 문인이다. 이 세 부자를 사람들은 삼소三蘇라고 불렀는데, 모두 당송팔대가들이다.

소식은 당송팔대가의 한 사람인 구양수(1007~1072) 문하에서 배웠으며, 22세때 과거에 급제하여 일찌감치 문재를 알렸다. 당시 북송北宋은 왕안석(1021~1086)이 주창한 신법을 둘러싸고 구법당인 사마광과 당쟁이 확산될 시기였는데, 소동파는 신법인 청묘법에 반대하는 입장이었다. 신법에 반대하는 파를 구법당이라 하며, 구법당의 영수는 '자치통감'의 저자인 사마광이었다. 이로 인해 정치적인 부침을 거듭하였다. 소식은 1079년에는 호북성 황주로 유배를 갔다. 왕안석의 신법에 반대했던 그는 신법과 신법파 인사들을 비난하는 시문을 지었다. 그 결과 '시문을 지어 조정과 대소 신료들을 비방하는데 두려워하거나 꺼려하지 않았다.'는 죄명으로 지사로 있던 호주에서 붙잡혀 변경의 어사대 감옥에 4개월가량 갇혔다. 당시 조정의 원로 중신 오충吳充과 범진范鎭 그리고 신종神宗의 조모인 태황태후 조씨趙氏 등의 도움으로 그 해 11월 풀려나면서 황수로 좌천되었다. 그러나 황주에서의 황주단련부사黃

州團練副使는 아무 권한도 없는 허관말직虛官末職이었다. 물론 보수도 없는 자리였다. 이를 안타깝게 여긴 옛 친구 마정경馬正卿이 그를 위해 얼마간의 황무지를 마련해 주었다. 소식은 친구가 마련해 준 황무지를 개간하며 시름을 달랬다. 그 황무지가 동쪽 언덕에 있었기 때문에 동파거사東坡居士라고 자칭했던 것이다. 이후로 그를 동파東坡라 불렀다.

황주로 온 후, 1082년 7월 16일에는 『전적벽부』를 지었고, 10월 15일에는 『후적벽부』를 지었다. 그는 낙천적인 성격으로 6년간의 황주생활을 잘 견디었다. 황주에 와서 지은 『적벽부赤壁賦』를 감상해 보자.

『전적벽부前赤壁賦』

소식蘇軾

임술년 가을 칠월 열엿새, 나는 손님을 맞이하여 배를 띄우고 적벽에서 놀았다. 맑은 바람만 살랑대고 물결은 잔잔한데, 잔 들어 손님께 권하며 명월明月의 시詩를 읊조리고 요조窈窕의 장章을 노래한다. 이윽고 동산 위에 휘영청 둥근 달이 떠올라 북두성과 견우성 사이를 배회한다. 하얀 물안개가 강물에 비껴 내려 물빛은 하늘에 닿아 있다. 한 조각 작은 배 가는 대로 내어 맡겨 망망한 만경창파를 건너간다. 마치 끝없는 허공 속에서 바람을 타고 떠도는 듯 그 머무를 곳을 알 수가 없고, 가벼이 떠올라 속세를 버리고 우뚝 솟은 듯, 날개 돋은 신선이 되어 하늘에 오르는 듯했다. 이에 유쾌하게 술 마시고 흥이 겨운 나머지 뱃전을 두드리면서 노래를 불렀다. 노래하기를, "계수나무 노와 목란 상앗대로 맑은 물 속 밝은 달 그림자를 치며 달빛 흐르는 물결을 거슬러 올라간다. 넓고 아득한 나의 그리움이여, 하늘 저 끝에 있는 임을 그리워하도다.” 손님 중에 퉁소 부는 사람이 있어 그 노래에 따라 장단을 맞추니, 그 소리 구슬퍼 원망하는 듯, 사모하는 듯, 흐느끼는 듯, 하소연하는 듯 여음이 은은하게 실 가닥처럼 이어져 끊어지지 않는다. 그 소리는 깊은 골짜기에 숨어사는 교룡을 춤추게 하고, 외로운 배의 과부를 울릴 듯하다. 나는 슬픈 얼굴로 옷깃을 여미고는 고쳐 앉으며 손님에게 물었다. “어째서 그토록 슬프오?”

손님이 말하기를, “달빛 밝으니 뭇 별들은 빛을 잃고 까막까치는 남으로 날아가네. 이건 분명 조맹덕의 시가 아니오? 서쪽으로 하구를 바라보고 동쪽으로 무창을 바라보니, 산천은 서로 뒤엉켜서 울울창창 우거져 있는데, 이곳은 바로 조맹덕(조조)이 주유에게 곤욕을 치렀던 곳이 아니오? 그가 형주를 격파한 뒤 강릉으로 내려와 물결 따라 동쪽으로 갈 때, 크고 작은 배들이 천리나 이어졌고 깃발들은 하늘을 뒤덮었소. 그는 강물을 내려다보고 술잔을 기울이며 긴 창을 비껴들고 시를 지었다 하니 참으로 일세의 영웅이 아니었소? 그러나 지금 어디에 있는가? 하물며 그대와 나는, 고작 강가에서 고기나 잡고 나무나 하며 물고기와 새우를 짝하고 고라니와 사슴을 벗하고 사는 우리들은 일엽편주를 타고 쪽박 술을 따라 서로 권하며 하루살이 같은 목숨으로 천지간에 붙어 있으니 망망대해 속에 떠 있는 한 알의 좁쌀처럼 너무나 보잘 것 없는 인생이 아니겠소? 우리 삶이 잠깐임이 슬프고 장강은 끝없음이 부러워서 하늘 나는 신선과 어울려 즐거이 놀고, 밝은 달을 안고 오래오래 살려고 하나 그것이 쉽사리 될 수 있는 일이 아님을 깨닫고 서글픈 여음을 슬픈 가을바람에 실어 본거라오.”라고 하였다. 내가 말하기를, “그대도 저 물과 달을 알고 있소? 가는 것은 모두 이 강물처럼 쉬지 않고 흐르지만 영영 흘러 가버리는 것이 아니요, 차고 이지러지는 것은 모두 저 달처럼 변하고 있지만 결국은 사라지거나 더 커지는 일은 없다오. 무릇 변한다는 관점에서 보면 천지간에 한 순간도 변하지 않는 것이 없고, 변하지 않는다는 관점에서 보면 만물도 나 자신도 모두 무한한 것이니, 또 무엇을 부러워하겠소? 게다가 천지간의 만물은 각기 그 주인이 있어서 무엇이든 내 것이 아니면 털끝만한 것이라도 취할 수 없지만, 오직 저 강물 위를 부는 맑은 바람과 산 사이로 뜨는 밝은 달만은 귀로 들어오면 소리가 되고, 눈에 담겨지면 아름다운 빛이 되오. 이것들은 아무리 가져가도 말리는 이가 없고, 아무리 즐겨도 다함이 없소. 이는 조물주가 주신 무진장한 보배이며, 그대와 내가 함께 즐기는 것이오."라고 하였다. 손님은 기뻐하며 빙그레 웃고는 술잔을 씻어서 다시 술을 주고받으니, 안주는 이미 바닥이 나고 술잔과 쟁반은 어지러이 흩어졌다. 서로를 베개 삼아 배 안에 누우니, 동녘이 이미 밝아오고 있는 줄도 모른다.

(壬戌之秋 七月旣望, 蘇子與客, 泛舟遊於赤壁之下. 淸風徐來, 水波不興. 擧酒屬客, 誦明月之詩, 歌窈窕之章. 少焉, 月出於東山之上, 徘徊於斗牛之間, 白露橫江, 水光接天. 縱一葦之所如, 凌萬頃之茫然, 浩浩乎如馮虛御風, 而不知其所止, 飄飄乎如遺世獨立, 羽化而登仙. 於是飮酒樂甚, 扣舷而歌之. 歌曰;"桂棹兮蘭槳, 擊空明兮泝流光. 渺渺兮予懷, 望美人兮天一方." 客有吹洞簫者, 倚歌而和之, 其聲嗚嗚然, 如怨如慕, 如泣如訴, 餘音嫋嫋, 不絶如縷, 舞幽壑之潛蛟, 泣孤舟之嫠婦. 蘇子愀然正襟, 危坐而問客曰;"何爲其然也." 客曰;"月明星稀, 烏鵲南飛, 此非曹孟德之詩乎. 西望夏口, 東望武昌, 山川相繆, 鬱乎蒼蒼. 此非孟德之困於周郎者乎. 方其破荊州下江陵, 順流而東也, 舳艫千里, 旌旗蔽空. 釃酒臨江, 橫槊賦詩, 固一世之雄也, 而今安在哉. 況吾與子, 漁樵於江渚之上, 侶魚鰕而友麋鹿. 駕一葉之扁舟, 擧匏樽以相屬, 寄蜉蝣與天地, 渺滄海之一粟. 哀吾生之須臾, 羨長江之無窮, 挾飛仙以遨遊, 抱明月而長終. 知不可乎驟得, 託遺響於悲風." 蘇子曰;"客亦知夫水與月乎. 逝者如斯, 而未嘗往也, 盈虛者如彼, 而卒莫消長也. 蓋將自其變者而觀之, 而天地曾不能一瞬, 自其不變者而觀之, 則物與我皆無盡也, 而又何羨乎. 且夫天地之間, 物各有主. 苟非吾之所有, 雖一毫而莫取, 惟江上之淸風, 與山間之明月, 耳得之而爲聲, 目寓之而成色, 取之無禁, 用之不竭. 是造物者之無盡藏也, 而吾與子之所共樂." 客喜而笑, 洗盞更酌, 肴核旣盡, 杯盤狼籍. 相與枕藉乎舟中, 不知東方之旣白.)

소식이 신법당으로부터 제거의 대상으로 몰려 사형당할 뻔했다가 주변의 도움으로 황주로 좌천되어 가서 지은 작품이 『전적벽부』이다. 좌천은 되었지만, 정신적 · 경제적 고통까지 당하는 가운데서 그는 자연으로부터 위로를 받고 새로운 삶의 의미를 찾아가는 마음을 작품에 담았다. 『전적벽부』는 거시적 안목에서 유한한 삶을 극복하면서 서정적인 분위기도 잘 드러낸 작품이다.

### 『후적벽부後赤壁賦』

소식

이 해 시월 보름에 설당(雪堂, 소식이 살던 눈 쌓인 초가집)에서 걸어 나와 임고정臨皐亭으로 돌아가려 하는데, 두 손님이 나를 따라 왔다. 황니黃泥 고개를 지나는데 이미 서리와 이슬이 내려 나뭇잎은 모두 지고 사람의 그림자가 땅에 비치고 있기에 고개 들어 밝은 달을 쳐다보고 주위를 돌아보며 즐거워하며 걸어가면서 노래 불러 서로 화답하였다. 조금 뒤에 내가 탄식하며 말했다. "손님은 있으나 술이 없고, 술이 있다 해도 안주가 없으니 달 밝고 바람 맑은 이 좋은 밤을 어이하면 좋단 말인가?" 이에 손님이 화답하였다. "오늘 해질 무렵 그물에 물고기 한 마리가 걸렸는데, 입이 크고 비늘이 가는 것이 마치 송강의 농어 같았소. 그러나 술은 어디에서 구할 수 있겠소?"(나는) 생각 끝에 집으로 돌아와 아내에게 이 일을 상의했더니, 아내가 말하기를, "제게 술 한 말이 있는데, 간직해온 지 오래되었습니다. 당신이 갑자기 찾을 것에 대비하여 둔 거지요."라고 했다. 이리하여 술과 고기를 가지고 다시 적벽 아래로 가서 놀게 되었다. 강물은 소리 내어 흐르고 깎아지른 듯한 언덕은 천척이나 되었다. 산이 높아 달은 작은데, 강물이 줄어서 돌들이 드러나 있었다. 그 후로 세월이 얼마나 지났다고 이토록 알아볼 수가 없단 말인가? 나는 그대로 옷자락을 걷어쥐고 산을 올라 깎아지른 듯한 험한 바위를 밟으며 무성하게 자란 풀숲을 헤치고 나아가서, 호랑이나 표범 같이 생긴 바위에 걸터앉기도 하고 뱀이나 용 같이 구부러진 나무에 올라 매가 사는 높은 가지의 둥지를 만져보기도 하였으며, 빙이(馮夷, 水神인 하백)의 궁전이 있는 깊은 물 속도 내려다보았다. 그러나 두 손님은 나를 도저히 따라 올 수가 없었다. 문득 긴 휘파람 소리 나더니, 초목이 진동하고 산이 울고 골짜기는 메아리치며 바람이 일고 강물은 솟구쳤다. 나도 문득 쓸쓸하여 슬퍼지고 숙연하여 두려운 생각이 들더니 몸이 오싹한 나머지 더 이상 머무를 수가 없었다. 산에서 내려와 이번에는 배에 올랐다. 강 가운데에서 물 흐르는 대로 흘러가다가 배가 멈추면 나도 멈추어 쉬었다. 때는 거의 한밤중이었다. 사방은 고요하고 적적한데 때마침 외로운 학 한 마리가 강을 가로질러 동쪽에서 날아오는데, 날개는 수레바퀴처럼 크고 검정치마 흰 저고리를 입은 듯한데, 끼룩끼룩 길게 소리 내어 울며 우리 배를 스쳐서 서쪽으로 날아갔다. 잠시 뒤에 손님들은 가고, 나도 집에 돌아와 잠이 들었다. 꿈에 한 도사가 새털로 만든 옷을 펄럭이며 임고정 아래를 지나와 내게 읍하며 말했다. "적벽의 놀이는 즐거웠소?" 나는 그의 성명을 물었으나, 그는 머리를 숙인 채 대답하지 않았다. "아하! 이제야 알았소. 지난밤에 울면서 나를 스칠 듯이 지나간 학이 바로 그대가 아니오?" 도사는 나를 돌아보며 웃었다. 나도 또한 놀라 잠에서 깨어나 문을 열고 내다보았지만 그가 있는 곳을 찾을 수 없었다.

(是歲十月之望, 步自雪堂, 將歸于臨皐, 二客從予. 過黃泥之坂, 霜露旣降, 木葉盡脫. 人影在地, 仰見明月. 顧而樂之, 行歌相答. 而已歎曰; 有客無酒, 有酒無肴, 月白風淸, 如此良夜何. 客曰; 今者薄暮, 擧網得魚, 巨口細鱗, 狀如松江之鱸. 顧安所得酒乎. 歸而謀諸婦, 婦曰; 我有斗酒, 藏之久矣. 以待子不時之需. 於是, 攜酒與魚, 復遊於赤壁之下, 江流有聲, 斷岸千尺. 山高月小, 水落石出. 曾日月之幾何. 而江山不可復識矣. 予乃攝衣而上, 履巉巖披蒙茸, 踞虎豹登虬龍, 攀棲鶻之危巢, 俯馮夷之幽宮, 蓋二客不能從焉. 劃然長嘯, 草木震動, 山鳴谷應, 風起水涌. 予亦悄然而悲, 肅然而恐, 凜乎其不可留也. 反而登舟, 放乎中流, 聽其所止而休焉. 時夜將半. 四顧寂寥, 適有孤鶴, 橫江東來, 翅如車輪, 玄裳縞衣, 戛然長鳴, 掠予舟而西也. 須臾客去, 予亦就睡, 夢一道士, 羽衣翩僊, 過臨皐之下, 揖予而言曰; 赤壁之遊樂乎. 問其姓名, 俛而不答. 嗚呼噫嘻, 我知之矣. 疇昔之夜, 飛鳴而過我者, 非子也耶. 道士顧笑, 予亦驚悟, 開戶視之, 不見其處.)

『전적벽부』를 짓고 3개월 후에 다시 적벽에 와서 이 『후적벽부』를 지은 것이다. 그런데 강가의 모습은 확연히 다라져 있었다. 그동안 강물이 줄어들어 강바닥이 다 드러나 있었다. 그러나 소식은 변함없이 자연의 아름다운 풍광을 즐기고 있다. 비록 좌천되어 왔지만 그의 마음은 여전히 넓고 광활한 것이다. 『전적벽부』는 실경實景을 노래했다면, 『후적벽부』는 허경虛景을 묘사한 것이다. 신선인 선학을 등장시켜 신선사상까지 드러내었다. 현실의 어려움을 신선사상으로 극복하려고 했는지도 모르겠다.

이후 승진을 거듭하여 한림학사의 지위에 올랐다. 그러나 1094년 다시 신법당이 득세하면서 광동성 혜주로 다시 유배되었다. 소식이 혜주로 폄직되었을 때는 애첩 왕조운과의 사랑 이야기가 전해지고 있다. 1074년 항주통판을 지내던 38세의 소식은 왕조운을 첩으로 받아들인다. 그 후, 두 사람은 늘 함께 했다고 한다. 소식이 혜주로 폄직되었을 때도 왕조운은 소식을 따라 혜주로 왔다고 한다. 그때 왕조운의 나이는 32세였고 소식의 나이는 57세였다고 한다. 두 사람은 영생을 꿈꿀 정도로 함께 하기를 소망했으며, 조운당이라는 집을 짓기도 하였다고 한다. 그러나 왕조운은 34세의 나이로 병사病死했고 소식은 서선사棲禪寺 동남쪽에 무덤을 만들고 무덤 주위에 육여정六如亭이라는 정자를 지었다고 한다. 육여六如란 왕조운이 죽을 때 외웠던 금강경의 사구게四句偈에서 따온 말이다. 왕조운은 소식이 혜주로 귀양 와 정신적 · 경제적 고통에 시달리던 시절에 유일한 안식처였을 것이다. 그런 그가 갑자기 병사를 하였으니, 소식이 받은 충격은 말을 하지 않아도 알 것 같다.

혜주 유배된 뒤, 3년 후인 1097년 중국 최남단인 해남도까지 귀양을 갔다. 당시 해남도는 주민 대부분이 소수민족인 여족으로 이루어진 섬이었다. 그런 곳에 소동파는 셋째아들 소과만을 데리고 갔다. 해남도에서도 소동파는 뛰어난 적응력을 발휘해 주민들로부터 신망을 얻었다. 그곳 주민들을 위해 교육 사업을 했기 때문이다. 그래서 중앙의 명을 받고 살던 집에서 쫓겨났을 때에도 해남도 사람들의 도움을 받아 오두막을 지어 살 수 있었다. 해남도 사람들은 해남도에 소식이 머물던 객사를 소공사와 동파서원으로 만들어 놓았다. 이렇게 해남도 사람들이 소식을 받드는 이유는 그가 3년 동안 있으면서 해남도 교육 사업에 힘써 주었기 때문이다. 그 후 162년 간 해남도에서 진사進士가 12명이나 배출되었다. 이후 신법당을 지지했던 철종이 죽고 소식은 복권되었으나, 귀양길에서 고향으로 돌아오는 도중 상주에서 66세를 일기로 별세하였다.

동파에서 6년 동안 생활 하면서 지은 시 한 수를 감상해 보자.

〈동파東坡〉

소식

| | |
|---|---|
| 빗물이 씻어 내린 동파의 달빛 맑은데, | 우 세 동 파 월 색 청<br>雨洗東坡月色清, |
| 시장 사람들 발걸음 끊어지자 시골 사람들이 오간다. | 시 인 행 진 야 인 행<br>市人行盡野人行. |
| 동파에 오르는 길, 험한 바위 언덕길 개의치 않고, | 막 혐 기 확 파 두 로<br>莫嫌旗確坡頭路, |
| 탁탁 지팡이 끌리는 소리 즐긴다네. | 자 애 감 연 예 장 성<br>自愛戡然曳杖聲. |

비가 갠 뒤에 떠오른 맑은 달은 동쪽 언덕인 동파를 비추고, 시장 사람들 돌아가고 나니 시골 사람들 모여들어 달구경한다. 동파에 오르는 길 울퉁불퉁 바위 가득하고 험한들 개의치 않고, 지팡이 짚고 오르는 길 탁탁 지팡이 끄는 소리 도리어 즐기면서 동파에 오른다.

시의 내용은 거의 달관의 경지이다. 좌천되어 무보수에 지낼 집도 없는 처지였는데, 그래도 동파 언덕을 개간하여, 나름대로 삶을 즐기고 있다. 동파의 적벽은 황강현 서북쪽 장강 변에 있는데, 황갈색 모양의 코와 비슷하다고 해서 '적비산赤鼻山' 또는 '적비기赤鼻磯'라고도 한다. 당대 일부 문인들이 이곳을 삼국시대 적벽대전이 일어났던 곳과 연계시키기도 하였다. 소동파도 『전적벽부』에서 호북성 포기에서 일어났던 적벽대전과 연계를 시키기도 하였다. 소식이 적벽대전이 일어났던 곳을 몰라서 그랬던 것은 아니고, 옛 풍류 인물의 공업을 기리면서 마음 속에 있는 슬픔을 담아내기 위해서 일부로 황강 적비기에서 삼국시대 적벽대전을 배경으로 했던 것이다. 그래서 후세인들은 황강의 적벽을 문적벽文赤壁이라 칭하고, 조조와 주유가 싸워 적벽대전이 일어났던 곳을 무적벽武赤壁이라 한다. 현실적 어려움을 시와 술로 벗삼아 유유자적한 생활을 즐기던 동파는 6년의 황주생활을 그렇게 보냈던 것이다. 그가 동파 생활에서 해먹던 동파병東坡餅과 동파육東坡肉은 지금은 관광상품이 되어 여러 사람들이 즐기는 기호품이 되었다.

▼ 동파가 적벽부를 지었던, 문적벽의 지금의 모습이다. 지금은 강줄기가 변하여, 강물은 흐르지 않는다.

## 27. 범성대范成大와 국화

범성대(1126~1193)는, 자字가 치능致能이고 호號는 석호거사石湖居士이며 송宋나라 강소성江蘇省 소주蘇州 사람이다. 소흥연간(紹興年間, 1131~1162)인 29세에 진사가 되었고, 처주處州 · 정강부靜江府 · 명주明州 · 건강부建康府의 지방관을 역임하였다. 그는 부임하는 곳마다 선정善政을 베풀었다고 한다. 그리고 1170년에 금金나라에 사신을 가서 사신으로서의 사명을 다해 송나라의 이익을 가져왔다고 한다. 벼슬은 1178년에 참지정사參知政事에까지 올랐다. 그러나 몇 달 뒤 탄핵을 받아 파직되어 고향 소주蘇州 교외의 석호石湖로 퇴거退去하였다.

석호에서 은거 생활을 하다가 죽은 뒤, 소사少師에 추증되었으며 숭국공崇國公에 추봉追封되었다. 시호는 문목文穆이다. 평소 시문詩文에 능했으며, 황제의 두터운 신임을 받았다. 육유陸游 · 양만리楊萬里 · 우무尤袤와 함께 남송4대가라고 일컬어졌으며, 청신淸新한 시풍詩風으로 전원의 풍경을 읊은 시가 유명하다. 그의 유명한 연작시 〈사시전원잡흥四時田園雜興〉 60수는 농민들의 생활상을 그린 전원시로 송 · 명 · 청의 전원시에 영향을 주었다. 〈사시전원잡흥〉 60수는 석호 주변의 풍경을 그린 절구이다. 이 60수는 계절에 따라 다시 〈춘일전원잡흥〉 · 〈만춘전원잡흥〉 · 〈하일전원잡흥〉 · 〈추일전원잡흥〉 · 〈동일전원잡흥〉 등 5가지 종류로 나누어지며 각각 12수로 되어 있다. 이 60수의 연작시는 내용이 다양하여 전원의 한적한 풍경을 그린 것도 있고 농촌의 순박한 인정과 토착민의 고유 풍속을 노래한 것도 있으며 농촌의 분주한 생활상을 묘사한 것도 있다. 그리고 관청의 관리가 농민을 수탈하는 참상을 고발한 내용도 있다. 〈추일전원잡흥〉 중 그 하나만 예를 들어 보자.

세곡선 가득차면 창고문을 여는데, 租船滿載候開倉,
알알이 고운 구슬 흰빛 서리 같다. 粒粒如珠白似霜.
눈물 머금고 두 종 떠서 한 섬 바치니, 不惜兩鐘輪一斛,
싸라기 남은 것으로 아이들을 먹이네. 尙贏糠核飽兒郞.

당시 수탈당하는 농민들의 생활상을 알 수 있게 하는 시이다.

금나라에 사신으로 가는 도중 지은 절구絶句가 있는데, 그 절구에는 북방의 나이든 유민들이 고향으로 돌아가고 싶어 하는 마음을 노래해, 당시 조정의 어지러운 정국을 비난하고 애국사상과 민족정감을 강렬히 표현하기도 하였다. 저서에 『석호거사시집石湖居士詩集』 34권과 『석호사石湖詞』 1권이 있고, 그 밖에 『오군지吳郡志』와 『계해우형지桂海虞衡志』, 『오선록吳船錄』 등이 있다. 1962년 중국의 중화서국中華書局은 2권을 합해 『범석호집范石湖集』을 출판하였다.

석호거사 범성대가 석호에 은거할 때 지은 시 한 편을 감상해 보자

〈중양후국화이수重陽後菊花二首〉

범성대范成大

적막한 동쪽 울타리 밑에 이슬에 젖은 국화, 寂寞東籬濕露花,
예나 다름없이 금빛 보조개가 땅을 비추고 있다. 依前金靨照泥沙.
세상의 여인네들 고운高韻이 없어, 世情女兒無高韻,
다만 중양절 하루 꽃을 볼 뿐이네. 只看重陽一日花.

중양절이 지났어도 국화가 여전히 새로운데, 過了登高菊尙新, (과료등고국상신)
술꾼이나 시객 중에도 묻는 이가 끊어졌다. 酒徒詩客斷知問. (주도시객단지문)
흡사 은퇴한 벼슬아치 수레를 걸어 놓은 뒤로, 恰如退士垂車後, (흡여퇴사수거후)
세력과 이익만을 좇아 친교를 맺던 사람들
발걸음 하지 않은 것과 같네. 勢利交親不到門. (세리교친불도문)

적막한 동쪽 울타리 밑에 이슬에 젖은 국화는 옛날이나 지금이나 다름없이 노란 빛을 띠고 땅을 비추고 있다. 세상의 여인네들은 그런 국화의 모습을 보고도 운韻이 좋은 시도 하나 읊지 못하고 중양절 하루만 국화를 보면서 고사故事를 생각하고 있다.

중양절이 지나도 국화꽃은 여전히 새로운데, 술꾼들 국화주 마시지 않고 시인 묵객들 중양절 이후로 국화를 완상玩賞하지 않는다. 마치 벼슬자리에 물러난 관리가 수레를 자기 집 대문 앞에 걸어 은퇴를 알리고 나면 권세와 이익만을 좇아 친분을 맺던 소인배들이 문 앞에 발걸음도 하지 않는 것과 같다. 염량세태炎凉世態 곧 감탄고토甘呑苦吐의 세상 인심을 석호거사도 은거지인 석호에서 온 몸으로 느끼고 있는가 보다.

등고登高는 음력 9월 9일에 행하는 중국 풍습 중의 하나이다. 양수가 겹치는 중양절은 높은 곳에 올라 머리에는 꽃을 꽂고 국화주를 마시는 날이다. 옛날 하남성 사람 환경桓景이 술법을 배우기 위해 비장방費長房을 찾아 가 가르침을 받았다고 한다. 그러던 어느 날 스승 비장방이 "올 해 9월 9일에 너희 집에 큰 재난이 있으니 곧 집으로 돌아가라. 집에 가서는 붉은 색 자루를 만들고 그 안에 수유를 가득 채워 가족들 모두 어깨에 걸치게 해라. 그런 후 높은 산에 올라 국화주를 마시면 재앙을 면할 수 있다."라고 하였다. 환경은 곧바로 집으로 돌아와 비장방이 일러 준 대로 하였다. 저녁이 되어 집으로 돌아와 보니 집안에 남아 있던 가축들인 소 · 말 · 개 · 닭 등이 모두 죽어 있었다. 환경이 스승인 비장방에게 이 사실을 고하니, 비장방은 "가축들이 너희 가족을 대신해서 죽었다."라고 하였다. 이후로 음력 9월 9일이면 높은 산에 올라 국화주를 마시는 풍속이 생겼다. 고대시대에 구九는 양陽의 숫자로 9월 9일이면 양陽이 두 번 만났기 때문에 중양重陽이라 부른다. 중양절이 생겨난 이야기이다. 위의 시는 도연명의 〈음주〉시 "동쪽 울타리 밑에서 국화를 꺾고 [採菊東籬下채국동리하]"를 점화하였으며, 중양절 고사故事를 용사用事하여 세태 인심의 변화를 잘 풍자한 시이다.

## 28. 주희朱熹와 봄날

주희(1130~1200)는, 자字가 원회元晦 또는 중회仲晦이고, 호號는 회암晦庵·회옹晦翁·운곡산인雲谷山人·창주병수滄洲病叟·둔옹遯翁 등을 썼다. 복건성福建省 우계尤溪에서 출생하였다. 존칭하여 주자朱子라 한다. '자子'는 큰 선생님을 뜻하는 자字이다. 주송(朱松, 1097~1143)의 아들이다. 선조는 대대로 휘주 무원의 호족으로, 아버지 주송은 관직에 있다가 당시의 재상 진회(秦檜, 1090~1145, 충신 악비를 살해했음)와의 의견 충돌로 퇴직하고 우계牛溪에 은거하였다. 주희 14살 때 아버지가 은거지 우계에서 돌아가시자, 아버지의 유언에 따라 호적계胡籍溪와 유백수劉白水·유병산劉屛山에게 가르침을 받으면서 불교와 노자의 학문에도 흥미를 가졌다. 19세 진사에 급제하였으며, 24세 때 복건성福建省 동안同安의 주부主簿가 되었다. 그는 이곳에서 조세·감찰 업무를 개혁하고 그 지방에 서원을 개선하였으며, 의례와 관혼상제의 규율을 제정하는 등 제도를 개혁하고자 하였다.

주희는 동안으로 부임하기 전에 이동(李侗, 1093~1163)을 찾아가 배우면서 정자程子의 유풍을 접하게 되었다. 이동은 송宋대 유학의 전통을 지킨 사상가로서 주희의 사상에 결정적인 영향을 끼쳤다. 당시 송宋대의 성리학자들 가운데 불교와 도교의 철학에 대항하여 새로운 철학 이론을 제창하면서 거의 1,000년 동안 사상의 주도적 위치를 상실하였던 유학의 학문적·사상적인 위상을 회복하려는 운동이 일었는데, 주희는 이동의 영향을 받은 이후 그 방면의 일에 전념할 결심을 하게 된다.

주희는 19세에 진사시에 급제하여 71세에 생애를 마칠 때까지 여러 관직을 거쳤으나, 약 9년 정도만 현직에 근무하였을 뿐, 그 밖의 관직은 학자에 대한 일종의 예우로서 반드시 현지에 부임할 필요가 없는 명목상의 관직이었다. 그는 그 때문에 학문에 전념할 수 있었다. 1175년에 주희는 친구 여조겸(呂祖謙, 1137~1181)과 함께 정호程顥와 정이程頤·주돈이周敦頤·장재張載 등의 사상가들의 저작에서 문장을 뽑아 『근사록近思錄』을 편찬하였다. 주희는 『논어』·『맹자』·『대학』·『중용』에 관한 주석서 편찬에 심혈을 기울여 1177년에 『사서집주四書集注』를 완성하였다. 주희의 사상은 이 책을 중심으로 중국은 물론 한국과 일본에 큰 영향을 끼쳤다.

1179년 주희가 외직을 맡아 남강, 지금의 성자현 태수로 부임하여 백록동 서원을 중건하였다. 원래는 당나라 이발에 의해서 서원이 시작되었다고 한다. 자사였던 이발은, 백록동에서 독서를 하였다고 한다. 그가 독서하던 백록동에 은거면서 흰 사슴을 길렀는데, 흰 사슴이 늘 이발을 따라 다녀 사람들이 그를 백록 선생이라 불렀다고 한다. 이발이 강주 자사가 되어 그 서원 터에 집을 짓고 서원을 만들어 백록이라 명했다고 한다. 그곳을 송나라 때 주희가 다시 재건한 것이다. 1179년 주희가 남강 태수로 있으면서 친히 서원 터를 둘러보고는 경관이 아름답고 조용하여 강학하기에 알맞은 장소라 여겨 백록동 서원을 중건한 것이다.

성리학을 집대성한 주희의 시 한 편을 감상해 보자.

## 〈춘일春日〉

주희朱熹

| | |
|---|---|
| 맑은 날 꽃을 찾아 사수 가에 왔더니, | 승일심방사수빈<br>勝日尋芳泗水濱, |
| 끝없는 관경 일시에 새롭다. | 무변광경일시신<br>無邊光景一時新. |
| 한가로이 거닐다 봄바람이 얼굴에 닿는 줄 알고, | 등한식득동풍면<br>等閑識得東風面, |
| 만자천홍 필경 봄이로구나. | 만자천홍총시춘<br>萬紫千紅總是春. |

맑은 날 옛날 공자가 제자를 가르쳤던 사수 가에 와 옛 성인의 도를 찾아본다. 눈앞에 펼쳐진 광경 일시에 새롭게 느껴진다. 봄바람이 불어 꽃들이 만 가지 자태 천 가지 색을 보이니, 만자천홍 가운데 있는 나 한가롭게 꽃구경을 하다가 바람 부는 줄 알았다.

봄날의 풍경을 생동감 있게 표현한 작품이다. 사수泗水는 춘추시대 공자가 제자들을 가르쳤던 곳이다. 산동성에 있는 지역이기 때문에 주자가 이 시를 쓸 당시에는 그곳은 금金나라 땅이었다. 그래서 주자가 그곳을 가지도 않았는데 어떻게 봄날의 꽃구경을 했겠는가?라고, 사람들이 의구심을 갖는다. 그러나 여기서 '사수泗水'는 '공자의 문하'를 뜻하는 의미이고 '심방尋芳'은 '성인의 도를 구하다'의 뜻으로 보면 된다.

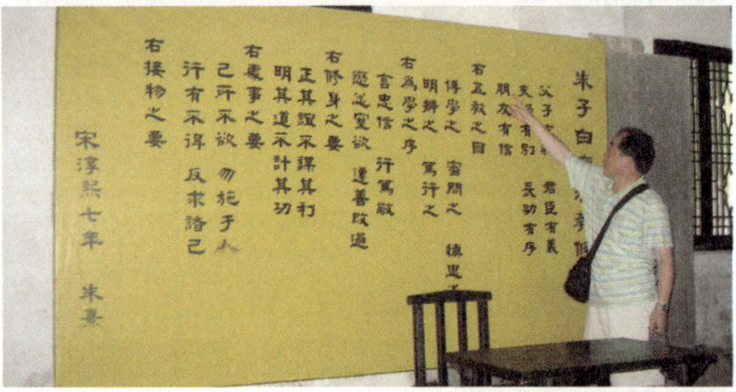


◀ 중국 강서성 구강시 여산 백록동에 위치한 백록동서원의 입구와 내부 모습이다

▶ 백록동서원 앞 정경과 백록동서원에서 기르는 백록 곧 흰 사슴이다. 백록을 보기 위해 중국 돈 3원의 입장료가 필요했다.

## 29. 문천상文天祥의 충절

문천상(1236~1282)은, 자字가 송서宋瑞 · 이선履善이며 호號는 문산文山이고 강서성 길안시에서 금나라가 망한 지 2년 후에 태어났다. 남송시대 인물로 1255년 20세에 급제하여 공주 지부가 되었다. 1276년 원元나라 군대가 남송의 수도 임안 지금의 항주을 침범해 오자 우승상 추밀사右丞相樞密使의 신분으로 담판을 짓기 위해 원나라 군영으로 찾아갔다. 문천상이 고정산에서 원나라 원수 백안伯顏과 논쟁을 하고 있는 사이 좌승상 오견吳堅과 가여여경賈餘與慶 등은 이미 원나라에 항복을 하고 말았다. 문천상은 백안의 배려로 남송 조정의 '소청사訴請使' 일행이 되어 원나라로 가게 되었다. 원나라로 가던 도중 진강을 건널 때 밤중을 틈 다 탈출에 성공하여 지금의 온주와 복주로 가게 되었다. 그러나 이미 어린 황제 공제와 태황황후는 원나라에 항복하였고, 공제의 이복형제인 조하가 복주에서 단종으로 옹립된 상태였다. 문천상은 그곳에서 단종을 보좌하기 시작하였다.

문천상은 이곳에서 군사를 모집하여 원나라에 대항하였으나, 1278년 광동성 해풍에서 고향 사람으로 가장한 원나라 군사의 습격을 받고 대패하고 말았다. 원나라 포로가 된 그는 1279년 지금의 광동 신회 남해로 압송되었다. 원나라 군사는 그곳에서 남송 최후의 근거지를 공격하였으나 남송의 완강한 저항에 원나라 군대가 고전을 면치 못하였다. 이미 원나라 군대에 항복한 남송 장수 장홍범이 이항을 시켜 문천상에게, 아직도 원나라에 저항하고 있는 남송의 장수 장세걸에게 항복을 권유하는 글을 쓰게 하였다. 그러나 포로인 문천상은 〈과영정양〉이라는 시를 보내 자신의 뜻을 보였다.

〈과영정양過零丁洋〉

문천상文天祥

온갖 고생을 무릅쓰고 황제를 배알하러
경서를 들고 집을 나섰는데, 辛苦遭逢起一經(신고조봉기일경),
전쟁에 휩싸인 지 4년이 되었다. 干戈寥落四周星(간과요락사주성).
버들개지 광풍에 날리듯 산하가 무너지고, 山河破碎風飄絮(산하파쇄풍표서),
정처 없는 신세 세찬 비에 떠도는 부평초 같다. 身世浮沈雨打萍(신세부침우타평).
황공탄(강서성) 공강 머리를 지나며 근심스레 말했고, 惶恐灘頭說惶恐(황공탄두설황공),
영정양에 고독한 신세를 한탄했다. 零丁洋里嘆零丁(영정양리탄령정).
사람은 태어나 예로부터 죽지 않는 사람 누군가? 人生自古誰無死(인생자고수무사),
일편단심을 역사책에 남겨 비추고 싶다. 留取丹心照汗青(유취단심조한청).

온갖 고생을 하여 과거 시험에 급제하고 황제 이종을 만났는데, 그 후로 동분서주 4년간 전쟁터를 떠돌았다. 송나라 산천은 이미 조각나 광풍 같은 원나라 군대 앞에 흩날리는 버들가지의 솜털 같은 신세이고, 전쟁으로 머물 곳 없이 떠도는 송나라 백성들 마치 거센 비에 이리저리 떠도는 부평초 같은 신세이다. 내가 군사를 일으켜 강서성 만안현 공강 모래사장을 지날 때는 나라의 대사를 걱정했었고, 이제 포로가 되어 영정양을 지나니 내 신세가 고독하다. 예부터 인간 세상 죽지 않을 수는 없는 것이니, 절개 지켜 단심으로 역사책을 밝혀 천세에 전하리라.

원나라의 포로가 되어서도 송나라에 대한 충절은 변함이 없다. 결국 문천상은 지금의 북경에 압송되어 구금되기에 이르렀다. 원나라 세조는 문천상의 절개를 높이 사, 그를 회유하고자 하였으나 끝내 그의 절개를 꺾지 못하였다. 문천상은 북경의 어느 토굴에 수감되었는데, 그는 그 토굴 안에서 〈정기가正氣歌〉를 지어 그의 변함없는 지조를 보였다. 1283년 12월 9일 문천상이 북경으로 압송된 지 3년 만에 원나라 세조의 온갖 회유도 물리치고 옥중에서 죽었다. 원나라 초 그가 갇혔던 토굴에 사당을 지어 그의 충절을 기리게 하였다. 지금은 몇 번의 중수를 거쳐 현재까지 북경의 좁은 골목인 부학에 문승상사文丞相祠가 보존되어 전하고 있다.

▲ 중국 강서성 남창 등왕각에서 내려다 본 지금 공강의 모습이다. 문천상이 명나라를 복원하고자 군사를 이끌고 지나갔던 공강이다. 오른쪽 사진에서 멀리 보이는 8.1대교는 모택동이 말한 검은 고양이와 흰 고양이 조각상이 있는 다리로 유명하다.

## 30. 임경희林景熙와 소소소蘇小小

임경희(1242~1310)의 자字는 덕양德暘이고, 호號는 제산霽山이다. 이름을 경희景曦로도 쓴다. 남송南宋 온주溫州 평양平陽 사람으로, 지금 절강성絶江省 창남현蒼南縣에서 태어났다. 도종度宗 함순咸淳 7년(1271) 진사가 되었고, 태학생太學生에서 천주교수泉州敎授에 올랐다. 예부가각禮部架閣을 거쳐 종정랑從政郎에 이르렀다. 원元나라 군대가 남하南下하여 1297년에 임안(항주)이 함락되어 송나라가 망하자 관직에서 물러나 고향에 은거하면서 글을 가르치며 살았다. 양련진가楊璉眞伽가 송宋나라의 황릉을 파헤쳤을 때 당각(唐珏, ?~1127)과 함께 고종과 효종의 유골을 수습해 소흥紹興 난저산蘭渚山에 묻은, 송나라의 충신이다. 『임제산집林霽山集』이 전해지고 있다.

〈소소소묘蘇小小墓〉

임경희林景熙

| | |
|---|---|
| 부채 들고 풍류를 즐기던 옛 집이 생각나건만, | 가 선 풍 류 억 구 가<br>歌扇風流憶舊家, |
| 언덕 위에 달이 떨어지니 갈가마귀 울어댄다. | 일 구 낙 월 기 제 아<br>一丘落月幾啼鴉. |
| 꽃다운 혼이라도 황토가 되기 싫었든지, | 방 혼 불 긍 위 황 토<br>芳魂不肯爲黃土, |
| 마치 연지처럼 반쯤은 꽃나무가 뒤덮었다. | 유 환 연 지 반 수 화<br>猶幻燕支半樹花. |

부채 들고 노래 부르던 그 옛날의 풍류는 소소소의 옛 집을 생각나게 하고, 언덕 위에 달이 지니 갈가마귀 시끄럽게 울어 서글픔을 자아낸다. 소소소의 꽃다운 영혼은 죽어서도 진토가 되기 싫었든지 그 무덤 위에 반은 연꽃으로 뒤덮여 있다.

임경희는 송나라와 원나라가 교체되는 시기를 살았던 인물이다. 그래서 그런지 끝까지 절개를 지킨 소소소의 무덤에 와서 그의 죽음을 안타까워하였다. 소소소는 육조시대의 명기名妓로 절강성 항주 사람이다. 절강성 항주에서 기생노릇을 하고 있을 때, 인기가 최고였다고 한다. 그런데 하루는 허마마가 와서 말을 전하기를, “저 아래 쪽에 장생張生이라는 선생이 살고 있는데 자기는 돈이 없어 아가씨의 노래 소리를 직접 와서 듣지도 못하면서, 도리어 아가씨 노래를 듣기 위해 술집에 오는 공자들에게 백성들의 피를 빨아서 술을 먹는 놈들이라고 욕을 한답니다.”라고 하면서, 또 “며칠 전에 담 너머에서 풍악 소리를 듣고는 ‘거문고 소리가 약해 크지 않고 노랫소리 또한 맑지 않으니 분명 억지로 얼굴에 웃음을 짓기 때문이다.’라고 했답니다. 정말 웃기는 놈이지 않습니까?”라고 하였다.

이 말을 들은 소소소는 그 사람이 사는 집이 어느 곳인지 당장 앞장을 서게 했다. 장생과 마주 앉은 소소소는 “선생께서 첩의 음악 소리가 부족하다고 말씀하셨다는 말을 들었습니다. 제게 가르침을 주십시오.”라고 하자, 장생은 “그대의 악곡은 매우 뛰어나 감탄할 지경이요, 그렇지만 곡 중에 슬픔이 담겨 있었소. 무슨 말 못할 사정 이야기라도 있는지오?”라고 물었다. 소소소가 “첩은 본래 고소인姑蘇人으로 남편이 장군이었습니다. 그런데 전쟁터에 나아가 패함으로써 참수를 당하고, 저와 가족들도 처벌을 받게 되었지요. 그래서 한밤중에 어머니와 함께 친척이 사는 항주로 도망을 왔습니다. 그런데 친척은 만나지도 못하고,

어머니는 병이 들었습니다. 앞으로 살아 갈 길이 막막하던 차에 술집에서 허마마를 만나, 기생이 되었습니다. 그런데 얼마 전 병환으로 고생하시던 어머니마저 돌아가시고 이제는 외톨이가 되었습니다. 그러니 노래에 슬픔이 가득할 수밖에 없지요."라고 대답하였다.

이후로 두 사람의 왕래는 빈번해지고 그로 인해 정이 들었다. 그 후 장생은 소소소의 도움으로 과거 시험을 보게 되었고, 과거 시험을 보기 위해 서울로 떠난 장생은 소식이 없었다. 몇 년이 지나서 과거에 급제한 장생이 나타나자 소소소는 기쁨의 눈물을 흐리고 거문고를 잡고 노래했다고 한다.

그러나 두 사람의 기쁨도 잠시 온 고을에 소소소가 조정에 뇌물을 받쳐 장생이 벼슬자리에 나아가게 되었다는 소문이 파다하게 퍼지고 말았다. 평소 소소소를 좋아하던 고관집 자제들이 고의적으로 헛소문을 퍼뜨린 것이었다. 소소소는 자기가 사랑하는 사람의 앞날을 막을 수가 없어 그날로 목을 매고 말았다. 장생은 죽은 소소소의 시신을 부여안고 절규를 하였지만, 돌이킬 수 없는 일이 되고 말았다. 장생은 억울하게 죽은 소소소를 항주 서호西湖 가에 무덤을 만들어 주고 주변에 송백을 심었다고 한다. 지금 서호 내의 고산에는 서릉교西陵橋 일명 서랭교가 있는데, 그 근처에 모재정慕才亭이 있다. 이 모재정은 소소소묘의 유지遺地로 알려져 있고 예전에는 정자 가운데 소소소의 무덤이 있었다고 한다. 이런 절개를 지킨 소소소를 노래한 송나라 충신 임경희의 지조가 절로 느껴지는 시이다.

## 31. 조맹부趙孟頫와 악비岳飛

조맹부(1254~1322)는 원(元, 1206~1368)나라 때의 화가이며 서예가, 그리고 문학가이다. 자字는 자앙子昂, 호號는 송설松雪, 별호別號는 구파鷗波, 수정궁도인水精宮道人 등이며, 지금의 절강성浙江省 오흥吳興 사람이다. 그는 송나라 종실의 후손으로 원나라에 벼슬한 인물이다. 조맹부는 송宋나라 태조 조광윤의 셋째 아들 진왕秦王 덕방德芳의 후예로 1286년부터 원元나라 조정에 나아가 한림학사승지翰林學士承旨, 영록대부榮祿大夫 등의 관직에 이르렀으며, 죽은 후 위국공魏國公에 봉해졌다.

조맹부가 북송 말기 여진족이 세운 금나라 군대를 막아, 금나라 군대가 더 이상 남쪽으로 내려오는 것을 저지해 남송을 지켰던 악비를 조문한 시를 지었다. 남송을 위해 최선을 다한 악비는 금나라와 평화론을 주장한 진회의 모함을 받아 투옥된 뒤 살해되었다. 조맹부가 악비의 무덤이 있는 서호西湖에 와서, 악비를 조문하는 시를 지은 것이 있다.

〈악악왕묘岳鄂王墓〉

조맹부趙孟頫

| | |
|---|---|
| | 악 왕 분 상 초 리 리 |
| 악비 무덤 위엔 풀이 무성하고, | 鄂王墳上草離離, |
| | 추 일 황 량 석 수 위 |
| 황량한 가을 석수가 웅크리고 있네. | 秋日荒凉石獸危. |

남으로 피난 간 군신들 사직을 저버렸고, 南渡君臣輕社稷(남도군신경사직),
중원에 남은 늙은이들만 악왕의 군기를 기다렸네. 中原父老望旌旗(중원부로망정기).
영웅은 이미 죽었는데 탄식한들 무엇 하리, 英雄已死嗟何及(영웅이사차하급),
천하가 나누어지니 마침내 의지할 데 없네. 天下中分遂不支(천하중분수부지).
서호를 향해서는 이 노래를 부르지 마오, 莫向西湖歌此曲(막향서호가차곡),
물빛 산색도 슬픔을 이기지 못하네. 水光山色不勝悲(수광산색불승비).

악비의 무덤 위에는 풀이 무성하게 자랐고, 황량한 가을 무덤을 지키는 지 석수가 우뚝 솟아 있다. 남쪽으로 피난 간 송나라 벼슬아치들 사직을 저버리고 금나라에 화의를 청했지만 중원에 남아 있던 송나라의 늙은 촌로들 악비 장군이 군기를 휘날리며 임안을 수복하기만 기다렸다. 영웅은 이미 죽고 없는데 탄식한들 무엇 하나. 천하가 나뉘어졌으니 이제 의지할 곳도 없다. 악비 무덤가 서호를 향해서는 망국의 한을 노래하지 말게나, 참고 있는 서호 푸른 물빛, 푸른 빛 산색도 그 슬픔을 이기지 못할까 두렵다.

망국의 한이 고스란히 느껴지고 있다. 송나라 황족이었던 조맹부가 원元나라 조정에 나가 벼슬살이를 하였으니, 송宋나라 쪽에서 보면 변절자이다. 송나라 황실의 배신자인 조맹부가 송나라 황실의 충신인 악비의 무덤에 가서 조문을 하였으니 그 심정은 오죽했을까? 무너지는 심정을 황폐화된 악비 무덤에서 한탄하고 있다. 한 편으로는 자신의 변절을 합리화하고 있는지도 모를 일이다.

## 32. 고계高啓와 명明나라

고계(133~1374)는, 자字가 계적季迪이고, 호號는 청구자靑邱子 또는 사헌槎軒이며 원말명초元末明初 때 소주부蘇州府 장주長洲 사람이다. 지금의 강소성江蘇省 소주蘇州 출신이다. 원말에는 오송강吳松江, 상해를 흐르는 강가의 청구靑丘에 3여 년을 은거하며 청구자靑丘子라고 스스로 불렀다. 고계高啓는 처음에는 유복했으나 점점 가산이 몰락하였다. 그는 어려운 환경에서 열심히 학문을 익혀 어린나이에 큰 시인의 반열에 올랐고, 33세(1369년 明 洪武 二年)에 개국開國의 예禮에 따라 1369년 전조前朝인 『원사元史』를 수찬하는 데 참여하였다. 이때 그는 금릉金陵,(명나라 수도). 지금의 남경에 문학사文學士로서 부임하였다. 1370년(고계 34세)에 한림원편수翰林院編修가 되어 황명으로 제왕諸王들을 가르쳤다. 그리고 호부시랑戶部侍郞에 탁발拔擢되었으나 사임하고 소주교외蘇州郊外인 청구靑邱로 돌아왔다.

처음에는 고고孤高한 뜻을 앞세우고 명나라 조정에 출사出仕하지 않았던 그가, 『원사元史』 수찬에 참여한 것은 그의 선조祖先가 발해인渤海人으로 북방 계통의 사람이고, 또 원元나라의 중신으로 황제와 함께 도남渡南한 가계였음으로 원元의 역사에 일가견이 있었기 때문이다. 고계의 집안 내력과 행적을 보아 그는 원나라의 유신으로 보아도 될 정도이다. 명明나라 태조 주원장은 그에게 백금문기(白金文綺; 백금으로 수놓은 깃발)를 하시할 정도로 아끼었다.

청구로 돌아 온 고계高啓는 그의 친구인 '위관魏觀'이 반란을 계획한다는 죄목으로 소환되어 억울하게 죽임을 당했다는 소식을 접하게 되었다. 당시 소주지부蘇州知府 위관魏觀은 주원장과 대치하여 최후까지 싸웠던 장사성(張士誠, 1321~1367), 곧 원나라 복원 세력의 장수가 사용하던 궁터를 고쳐, 소주지부의 관청으로 삼으려다 반역죄를 져 살해당하였다. 그때 고계가 상량문을 지었는데, 그 속에 '용반호거龍蟠虎踞' 란 구절이 '장사성' 을 칭송했다는 혐의를 받게 되었다. 위관의 일로 고계는 신변의 위험을 느끼고 소주성내蘇州城内를 탈출하여 몸을 숨겼다. 여기저기 떠돌면서 몸을 숨기고 있었는데 '이미 죄가 사면되어 다시 출사出仕할 것' 이라는 헛소문에 속아 소주성蘇州省으로 돌아오니, 명나라 군사들이 기다렸다가 그를 붙잡아 다음 해에 요참형(腰斬刑, 허리를 잘라 죽이는 형벌)으로 죽였다. 그때 그의 나이 39세(1374)였다. 다음 시는 그가 쫓겨 다닐 때 지는 시이다.

〈우중과옥차산이수雨中過玉遮山二首〉-우중에 옥차산을 지나면서

고계高啓

솔 끝에 바람은 세차게 불어오고, 松頭急風回(송두급풍회),
비바람 몰아쳐 안면은 느낌마저 없구나. 飛雨不到面(비우불도면).
어디가면 깊은 시름 날릴 수 있으리오? 何處豁清愁(하처활청수),
온 산에 한 사람 보인다. 千山一人見(천산일인견)

깊은 곳 종소리 듣고 황망히 찾아들려니, 尋鐘入蒼茫(심종입창망),
갑자기 강이 들고 다시 산이구나. 一澗復山奄(일간부산엄).
낙엽은 점점 쌓여 가는데, 落葉去方深(락엽거방심),
비오는 산사 닫힌 문이 보인다. 山扉雨中掩(산비우중엄).

고계高啓는 그의 친구 '위관魏觀'이 반란을 계획한다는 죄목으로 죽임을 당한 후, 신변의 위험을 느껴 소주성내蘇州城內를 탈출하여 몸을 숨겼다. 아마도 비오는 날 중국 양산 남쪽에 있는 옥차산玉遮山까지 찾아 들었던 던 것 같다. 비바람은 몰아치는데 사람이라고는 찾을 수가 없다. 멀리 깊은 산속으로부터 산사의 종소리를 듣고 절을 창망히 찾아 들어 가니 계곡이 나타나고 다시 산이 나타난다. 길은 험하여 좀처럼 들기 어려운데, 낙엽은 쌓여 점점 깊어지고 어두워지는데, 저 멀리 문닫힌 산사山寺가 보인다. 쫓기는 절망감이 느껴진다.

고계의 작품에는 기세가 호탕하고 자유분방한 시도 있다. 1369년 홍무 2년에 고계가 『원사元史』 편찬 작업에 참여했을 때 지은 것으로 명나라의 왕성한 기운과 시인의 미래에 대한 꿈이 느껴지는 시가 있다.

### 등금릉우화대망대강登金陵雨花臺望大江〉

고계

| | |
|---|---|
| 큰 강이 만산 가운데서 흘러오고, | 大江來從萬山中, (대강래종만산중) |
| 산세도 계속 강을 따라 동으로 간다. | 山勢盡與江流東. (산세진여강류동) |
| 용처럼 치솟은 종산 홀로 서쪽을 향해, | 鍾山如龍獨西上, (종산여용독서상) |
| 큰 물결 헤치며 장풍에 올라타려 한다. | 欲破巨浪乘長風. (욕파거랑승장풍) |
| 강과 산이 서로 잘났다 양보하지 않고, | 江山相雄不上讓, (강산상웅불상양) |
| 뛰어난 지세 천하 장관이라 다투어 자랑한다. | 形勝爭卿天下壯. (형승쟁경천하장) |
| 진시황은 하릴없이 여기다 황금을 묻었던가, | 秦皇空此瘞黃金, (진황공차예황금) |
| 상서로운 기운 지금도 왕성하네. | 佳氣升升至今王. (가기승승지금왕) |
| 내 답답한 마음 어떻게 풀까? | 我懷鬱塞何由開, (아회울색하유개) |

술에 취해 성남대에 오른다. 醉桿走上城南臺.(취간주상성남대)
앉아서 되새기는 건 아득한 만고의 뜻, 坐覺蒼茫萬古意,(좌각창망만고의)
멀리 해 지는 안개 낀 황야에서 느껴진다. 遠自荒烟落日之中來.(원자황연락일지중래)
석두성 아래에는 물결 소리 노한 듯 울리니, 石頭城下濤聲怒,(석두성하도성노)
천군만마 그 누가 감히 건너겠는가? 武騎千群誰敢渡.(무기천군수감도)
황색 깃발 낙양에 올랐지만 정녕 어떠했는가? 黃旗入洛竟何樣,(황기입락경하양)
쇠 빗장이 강을 가로질렀으나 단단하지 않았네. 鐵鎖橫江未爲固.(철쇄횡강미위고)
삼국인지 아니면 육조 시대인지, 前三國後六朝,(전삼국후육조)
풀만 무성한 궁궐 어찌 이리 쓸쓸한가? 草生宮闕何蕭蕭.(초생궁궐하소소)
영웅이 나타나서는 천하를 할거하는 데 힘썼다지만, 英雄來時務割據,(영웅래시무할거)
전쟁으로 혈류와 한류를 몇 번이나 겪었던가? 幾度戰血流寒潮.(기도전혈류한조)
난 이제 남국에서 성인을 만났으니, 我今幸逢聖人起南國,(아금행봉성인기남국)
환란이 일찍이 끝나고 쉴 수 있겠지. 禍亂初平事休息.(화란초평사휴식)
이후로 사해만방이 길이 한 가족인데, 從今四海永爲家,(종금사해영위가)
장강을 경계로 남북을 가르지 말자. 不用長江限南北.(불용장강한남북)

도도히 흐르는 장강은 만산 가운데서 흘러나오고, 강 양쪽의 산세 강물 따라 동으로 흐른다. 용처럼 홀로 우뚝 솟은 종산만이 서쪽을 향하고, 그 모습은 마치 장풍에 올라타 거센 파도 헤치며 장강을 당기며 서쪽으로 향하는 듯하다. 지세 뛰어난 금릉 땅은 산도 강도 예나 지금이나 견고한 철옹성이다. 진시황제가 황금을 묻으면서 막으려 했던 금릉의 황제 기운은 왕성한 게 지금도 사라지지 않았다. 나라를 걱정함에 답답해지는 내 마음 어떻게 풀까? 술에 취한 채 우화대에 올라앉아서 해 지는 안개 낀 황야를 바라보며 그 속에서 역사의 의미를 되새긴다. 석두성 아래 장강 물결 진노한 듯 넘실대니 천군만마인들 어찌 쉽게 건널 수 있으리오. 황색 깃발 낙양에 나부끼면 형양의 군주가 천하를 얻는다는 참언讖言을 믿었던 오나라 군주 손호는 비참하게 패주하지 않았는가? 장강을 가로막은 쇠사슬만 믿고서 방심했던 오吳나라 손호는, 진晉 무제武帝에게 정복되지 않았던가? 앞의 삼국시대이건 뒤의 육조시대이건 모두 지난 과거일 뿐이고 그때의 화려한 궁궐 지금은 풀만 무성해 황량한 폐허로 변해 버렸다. 당시의 수많은 영웅호걸들 천하를 나누어 가졌다지만 그들이 세운 왕조는 모두 백성들의 고혈膏血로 이루어졌을 뿐이다. 이제 성인을 만나 남쪽에 나라를 세웠으니, 전쟁과 난리 일찍 평정하고 고통 받던 백성들 쉴 수 있겠지. 이후로는 온 세상이 한 가족처럼 지내며, 장강을 기점으로 해서 남과 북으로 나누어 다시는 싸우는 일이 없으면 좋겠다.

금릉, 지금의 남경은 많은 왕조가 세워졌다가 사라져 간 곳이다. 다시 그곳에 새 왕조인 명나라가 세워진 것이다. 새로 건국된 명왕조의 무궁한 발전에 대한 기대감이 넘쳐흐르는 시로, 시인의 왕성한 기운이 느껴지는 시이기도 하다. 이런 호기가를 부른 이가 39살에 처형을 당했다.

▲ 중국 강소성 남경에 있는 우화대의 지금 모습이다. 남경 취보산에 위에 위치한 우화대는 하늘에서 비가 눈송이처럼 떨어졌다고 해서 우화대雨花臺라 불렀다고 한다. 오늘날 우화대는 열사공원烈士公園으로 꾸며져 있다.

▼ 중국 강소성 남경에 위치한 중화문의 모습이다. 벽돌 하나하나에 만든 사람의 주소와 이름이 새겨져 있다.

◀ 중국 강소성 남경 교외의 석두성 모습이다. 오나라 손권이 옛 성터 자리에 쌓은 성이다.

## 33. 왕세정王世貞과 태백루太白樓

왕세정(1526~1590)은, 자字가 원미元美고 호號는 봉주鳳州 또는 엄주산인弇州山人이며 명나라 강소성 소주부蘇州府 태창太倉 사람이다. 젊을 때부터 문명이 높아 가정칠재자嘉靖七才子의 한 사람으로 꼽혔고, 학식은 그 중에서도 제일이었다. 1547년 진사가 되고 지방의 형부刑部의 관리가 되었으나, 강직한 성격 때문에 당시의 재상 엄숭(嚴嵩, 1480~1567)의 뜻을 거역하였다. 엄숭에 의해 병부무선사兵部武選司가 된 양계성(楊繼盛, 1516~1555)이 엄숭嚴嵩의 간악함을 보고 그를 탄핵하다가 투옥되자 왕세정은 양계성에게 탕약湯藥을 올렸고, 그의 부인을 대신해 상소문의 초안을 잡아 주었다. 그리고 양계성이 죽자 염을 맡았는데, 그 일에 대하여 엄숭이 크게 앙심을 품었다. 마침 달단韃靼이 국경을 넘자 왕세정의 아버지 계요총독薊遼總督 왕여王忬가 직무를 소홀히 했다하여 투옥시켰다. 왕세정과 동생 왕세무(王世懋, 1536~1588)가 엄숭에게 나가 형벌을 대신하겠다고 호소했지만 아버지 왕여는 끝내 사형을 당했다. 아버지가 사형되자 벼슬을 그만두었으며, 아버지의 무고함을 주장하여 8년간이나 노력한 끝에 명예를 회복시켰다. 그 뒤 다시 지방관에 복귀하였고, 남경南京의 형부상서刑部尙書를 마지막으로 관직에서 물러났다.

왕세정은 후칠자의 맹주격인 이반룡(李攀龍, 1514~1570)과 함께 이왕李王이라 불려 명대 후기 고문사古文辭파의 지도자가 되었으며, 이반룡이 죽은 뒤에는 그 지위를 대신하였다. 격조를 소중히 여기는 의고주의擬古主義를 주장하였으나, 이반룡이 진한秦漢의 글과 성당盛唐 이전의 시만을 모방의 대상으로 삼은 데 비하여 왕세정은 상당히 유연한 태도를 취하였다. 그는 만년에 당나라의 백거이白居易 · 한유韓愈 · 유종원柳宗元, 송宋나라의 소동파蘇東坡 등의 작품도 모방의 대상으로 삼았다. 이반룡이 죽은 뒤 20여 년 동안 문단을 주도하였다. 왕세정이 북경 지방에서 형부원외랑 벼슬을 하던 시절(1553)에 지은 시를 감상해 보자.

〈등태백주루登太白酒樓〉

왕세정王世貞

| | |
|---|---|
| 옛날에 듣길 이공봉 이백은 | 昔聞李供奉(석문이공봉), |
| 홀로 누에 올라 길게 소리쳤단다. | 長嘯獨登樓(장소독등루). |
| 이 땅을 한 번 돌아 본 후로, | 此地一垂顧(차지일수고), |
| 높은 이름 백대에 남아 있다. | 高名百代留(고명백대유). |
| 흰 구름 낀 바다에 서광이 비치며, | 白雲海色曙(백운해색서), |
| 밝은 달 떠올라 천문에 가을이 찾아오네. | 明月天門秋(명월천문추). |
| 다시 찾는 이 찾아보려 했는데, | 欲覓重來者(욕멱중래자), |
| 제수강이 유유히 흘러간다. | 潺湲濟水流(잔원제수류). |

옛날 이백은 한림공봉의 벼슬에서 쫓겨나 산동성과 하남성 그리고 하북성 일대를 유람하다가 한 차례 산동 임성에 은거했는데, 그때 홀로 태백주루에 올라 길게 소리쳤다고 한다. 이태백이 이곳을 한 번 돌아 본 이후로 그 명성 백대에 이어지고 있다. 내가 이 누대에 올랐더니 아득한 바다에 달 떠 있고 서광이 몽롱하게 비치는 게 마치 이태백이 부르는 듯하다. 구름 타고 태산의 동 · 서 · 남 삼천문에 들어섰더니 밝은

달이 나를 맞는다. 나처럼 태백루에 다시 올랐던 사람 찾아보려 했으나, 내 눈길 유유히 흘러가는 제수강물을 뒤쫓는다.

왕세정이 산동성 태백주루에 올라 이태백의 족적을 따라가다 시상이 떠올라 지은 시이다. 안휘성 마안산시 채석기에도 태백루가 있다. 그러나 왕세정이 올랐던 태백루는 산동성에 있는 태백주루이다.

▲ 중국 안휘성 마안산시 채석기에 있는 태백루의 모습이다.

## 34. 진자룡陳子龍과 망국亡國

진자룡(1608~1647)은, 자字가 인중人中 · 와자臥子 · 해사海士이며, 호號는 대준大樽이다. 명나라 말기 송강부松江府 화정華亭 사람으로, 지금의 상해시上海市 송강현松江縣 출신이다. 숭정崇禎 10년(1637) 진사가 되고, 소흥추관紹興推官에 올랐다. 그 후 병과급사중兵科給事中에 발탁되었는데, 명령이 내리자마자 경사京師가 청나라 군대에 의해 함락되어 남경南京에서 복왕福王을 섬겼다. 진자룡은 수군水軍을 양성할 것을 주청하면서 부흥의 군주는 마땅히 병졸보다 솔선수범率先垂範해야 함을 강조하였다. 자기의 주장이 통하지 않자 사직하고 귀향하였다.

그 후 남도南都가 함락되자 은둔하여 승려가 되고자 하였다. 그러나 얼마 뒤 명나라 부흥 운동의 노왕魯王이 병부상서兵部尙書에 임명하자, 태호太湖에서 의병을 일으키려고 했지만 사전에 발각되어 압송되는 도중 강물에 뛰어들어 죽었다.

청나라 군대가 남하한 뒤에 지은 시에는 시대 상황에 마음 아파하고 이에 분개한 작자의 심정이 드러나는 시가 많다. 명나라가 망한 후(1646년) 진자룡이 할머니 상喪을 당하여, 송강松江 승사사僧舍寺에 머물면서 망국의 한을 노래한 시가 있다.

## 〈추일잡감秋日雜感〉-가을 날 여러 감상

진자룡陳子龍

걸으며 노래하고 홀로 앉아 휘파람 불어도
슬픈 가을에, 行吟坐嘯獨悲秋,(행음좌소독비추)
바다 안개 강 구름이 해질녘 수심을 더한다. 海霧江雲引暮愁.(해무강운인모수)
하늘조차 취해 버린 것 같아 믿지 못하고, 不信有天常似醉,(불신유천상사취)
근심 묻을 땅조차 없음이 더 가련하다. 最憐無地可埋憂.(최련무지가매우)
잡초 우거진 우물에 새로이 귀신이 모이고, 荒荒葵井多新鬼,(황황규정다신귀)
적막한 오이 밭만 옛날의 벼슬아치를 알아보네. 寂寂瓜田識故侯.(적적과전식고후)
강호는 말에게 물을 먹인다는데, 見說五湖供飮馬,(견설오호공음마)
창랑 어느 곳에 고깃배를 묶어 두리오? 滄浪何處著漁舟.(창랑하처저어주)

만물이 시드는 가을은 안 그래도 사람을 슬프게 하는데, 나라가 망한 참담한 상황 속에서 앉으나 서나 슬픈 노래만 흘러나올 수밖에 없다. 남쪽의 명나라 부흥의 군사 동남의 해안과 중원의 강가에서 청나라 군대와 혈전을 거듭하는데 해 저물어 가니 수심만 더 쌓인다. 하늘이 무심치 않으니 청나라 병사가 중원 땅 오랫동안 차지하지는 않으리라 믿고 또 믿지만 가장 안타까운 것은 강산이 청나라 병사에게 짓밟혀 내 근심 묻을 곳 하나 없음이다. 들판 우물은 풀이 뒤덮었으니 모두들 청나라 병사의 칼날 아래 귀신이 되었기 때문이고, 나라가 망하니 제후도 오이 키우며 살아갈 수밖에, 그를 알아주는 이 아무도 없다. 강호 천지 모두 청나라 병사가 차지해 5개의 호수는 청나라 병사의 말 물 먹이는 데 쓰이고 나는 배 띄워 은거하려 하지만 배 댈 곳도 없다.

청나라 군사가 강산 천하를 휩쓸고 있다. 이후 반청의군이 각처에서 봉기하였으나 모두 실패하고 만다. 진자룡은 명왕조의 부활이 요원해진 것을 알고 쓸쓸한 가을 날을 맞이하고 있는 것이다.

## 35. 오위업吳偉業과 원원곡圓圓曲

오위업(1609~1671)은, 자字가 준공駿公이고 호號는 매촌梅村이다. 강소성江蘇省 태창太倉 출신이다. 1631년 22살의 나이로 진사가 되어 한림원편수翰林院編修 · 동궁시독東宮侍讀 등의 벼슬을 지냈다. 명明나라가 멸망하자 복왕福王 홍광제弘光帝를 1년 남짓 모셨으나 고향으로 돌아갔다. 그러나 양강총독兩江總督 마국주馬國柱의 천거를 거절하지 못하고 청나라 조종에 나아가 벼슬하게 되었다. 그 기간은 2년 정도로 국자감좨주國子監祭酒를 지냈다. '좨주祭酒'는 요즘의 교육감 정도의 관직명이다. 청淸나라 조정의 요청으로 부득이 출사하였으나 약 2년 만에 사직하고 고향으로 돌아와 평생 그 일을 후회하다가 죽었다. 그는 장편의 칠언시七言詩로써 망국의 비극을 노래한 많은 작품들이 있다. 대표적인 작품으로는 〈원원곡圓圓曲〉 · 〈영화궁사永和宮詞〉 · 〈임회노기행臨淮老妓行〉 등이 있다. 이런 작품을 통해 명청교체明淸交替의 지식인으로서의 고민과 두 왕조를 섬겨야 하는 비극적 운명을 그렸다. 〈원원곡圓圓曲〉을 감상해 보자.

## 〈원원곡圓圓曲〉

오위업吳偉業

황제 [崇禎帝] 가 승하하여 [鼎湖]
인간세상을 등지던 날　　鼎湖當日棄人間, (정호당일기인간)
적을 무찌르고 수도를 수복하려
산해관山海關을 떠났다.　　破敵收京下玉關. (파적수경하옥관)
황제의 군대가 통곡하며 모두 상복縞素을 입었는데,　　慟哭六軍俱縞素, (통곡육군구호소)
오삼계만 노발대발 화냈던 건
미인 [진원원] 때문이었다.　　衝冠一怒爲紅顔. (충관일노위홍안)
미인의 기구한 운명을 내가 그리워한 바는 아니나,　　紅顔流落非吾戀, (홍안류락비련)
역적 [李自成] 이 패망한 것은
주색에 빠졌기 때문이다.　　逆賊天亡自荒讌. (역적천망자황연)
번개처럼 황건적黃巾軍 쓸어버리고
흑산적黑山賊을 정리하면,　　電掃黃巾定黑山, (전소황건정흑산)
울음 그치고 황제 [崇禎帝] 와 부친 [吳襄] 을
만날 수 있을 것이다.　　哭罷君親再相見. (곡파군친재상견)
처음 만난 것이 숭정제의 장인 전굉우田宏遇의
집이었는데,　　相見初經田竇家, (상견초경전두가)
공후집의 춤추고 노래하는 기녀 꽃처럼 아름다웠네.　　侯門歌舞出如花. (후문가무출여화)
전가에선 공후 타던 기녀 진원원를 주겠다고
허락할 수밖에,　　許將戚里箜篌伎, (허장척리공후기)
장군을 기다렸다 맞이하여 유벽차 수레를 타고 가네.　　等取將軍油壁車. (등취장군유벽차)

고향은 본래 소주의 완화리이고, 　 家本姑蘇浣花里,(가본고소완화리)

원원의 어릴 적 이름은 교라기였네. 　 圓圓小字嬌羅綺.(원원소자교라기)

꿈 속에서 부차의 궁원에서 노닐었는데, 　 夢向夫差苑里遊,(몽향부차원리유)

부차가 일어서서 진원원을 껴안았다 하네. 　 宮娥擁入君王起.(궁아옹입군왕기)

전생에 연밥 따던 서시西施와 흡사하고, 　 前身合是採蓮人,(전신합시채련인)

문 앞에는 한 줄기 횡당橫塘의 물이 흘렀다네. 　 門前一片橫塘水.(문전일편횡당수)

소주 횡당수에 두 개의 상앗대 날듯이 저어 가고, 　 橫塘雙槳去如飛,(횡당쌍장거여비)

세도가 어느 집에서 강제로 태우고 가는가? 　 何處豪家強載歸.(하처호가강재귀)

이때야 박명함을 어찌 알았겠는가? 　 此際豈知非薄命,(차제기지비박명)

이때는 단지 눈물 적시고 있었을 뿐이었지. 　 此時只有淚沾衣.(차시지유루첨의)

세력이 큰 기운이 궁액궁중과도 연이 있었는데, 　 薰天意氣連宮掖,(훈천의기련궁액)

맑은 눈동자 하얀 치아의 진원원 아끼지 않았다. 　 明眸皓齒無人惜.(명모호치무인석)

궁중에서 돌아와 전비 사가의 가기歌妓로 파묻혔으나, 　 奪歸永巷閉良家,(탈귀영항폐량가)

새 노래 가르쳐 나아가니 좌중을 뒤흔들었다. 　 教就新聲傾座客.(교취신성경좌객)

손님들이 잔을 비우는 사이에 하루 해가 저무는데, 　 座客飛觴紅日暮,(좌객비상홍일모)

한 곡조 애달픈 연주는 누구에게 하는 하소연이던가? 　 一曲哀弦向誰訴.(일곡애현향수소)

하얀 얼굴의 통후[오삼계] 가장 어렸는데, 　 白皙通侯最少年,(백석통후최소년)

이 꽃가지를 꺾으려 자꾸만 고개를 돌리네. 　 揀取花枝屢迴顧.(간취화지루회고)

일찍이 새장 속 어여쁜 새 데려 가려고 했는데, 　 早攜嬌鳥出樊籠,(조휴교조출번롱)

얼마나 기다리면 은하수를 건널 수 있을까? 　 待得銀河幾時渡.(대득은하기시도)

한스러운 출전명령이 죽음을 재촉을 하여, 　 恨殺軍書抵死催,(한살군서저사최)

괴로운 후일의 약속만을 남기고 떠났으나

장차 사람 일을 그르치고 말았네. 　 苦留後約將人誤.(고류후약장인오)

서로 맺은 언약은 깊었건만 만나기는 어렵고, 　 相約恩深相見難,(상약은심상견난)

하루아침에 개미떼 같은 역적 [蟻賊] 들이
장안 북경에 가득하네. 一朝蟻賊滿長安.(일조의적만장안)
가련한 아낙네는 누각 위에서 버들만 보아도
수심 가득하고, 可憐思婦樓頭柳,(가련사부루두류)
진원원을 하늘 끝에서 흩날리는
버들개지로 볼 뿐이네. 認作天邊粉絮看.(인작천변분서간)
여기저기 녹주를 찾느라 집을 에워쌌고, 遍索綠珠圍內第,(편색록주위내제)
호통을 치니 강수가 꽃무늬 장식된 난간에서 나오네. 強呼絳樹出雕欄.(강호강수출조란)
만약 장수와 병졸들이 승리하지 않았다면, 若非將士全師勝,(약비장사전사승)
어떻게 한 필 말을 타고 미녀가 돌아왔겠는가? 爭得蛾眉匹馬還.(쟁득아미필마환)
미인이 말을 타고 돌아온다는 전갈이
차례로 전해지는데, 蛾眉馬上傳呼進,(아미마상전호진)
구름 같은 머리 결은 헝클어졌어도
놀란 마음은 진정되었네. 雲鬟不整驚魂定.(운환불정경혼정)
촛불 [蠟炬] 을 밝히며 맞이한 곳은 전쟁터인데, 蠟炬迎來在戰場,(랍거영래재전장)
눈물로 눈화장 [啼妝] 이 지워져 온통 붉게 얼룩졌네. 啼妝滿面殘紅印.(제장만면잔홍인)
오로지 퉁소와 북소리 울리며
옛 진천秦川으로 향하는데, 專征簫鼓向秦川,(전정소고향진천)
잔도 [金牛道] 위에 수레 천 대가 가고 있네. 金牛道上車千乘.(금우도상차천승)
구름 자욱한 사곡 골짜기에 그림 같은 누각 솟았고, 斜谷雲深起畫樓,(사곡운심기화루)
관문 산관에 달이 기울면 화장 거울 다시 열었네. 散關月落開妝鏡.(산관월락개장경)
소식이 전해져 고향 마을 곳곳마다 가득하고, 消息傳來滿江鄉,(소식전래만강향)
아구나무 붉은 잎에 열 번이나 서리가 내렸으나, 烏臼紅經十度霜.(오구홍경십도상)
노래를 가르치던 기방의 선생은

무사함을 다행으로 여겼고, 敎曲妓師憐向在(교곡기사련향재),
빨래하는 친구들 함께 갈 수 없을까만 생각하네. 浣紗女伴憶同行(완사녀반억동행).
옛날 둥지에서 함께 진흙을 물어 나르던
제비신세였는데, 舊巢共是啣泥燕(구소공시함니연),
나무 가지 위를 날아다니는 봉황으로 변했다네. 飛上枝頭變鳳凰(비상지두변봉황).
한참동안 술동이를 잎에 두고 늙음을 슬퍼하는데, 長向尊前悲老大(장향존전비로대),
어떤 사람의 남편은 후왕의 자리에 올랐다네. 有人夫婿擅侯王(유인부서천후왕).
당시에는 완사녀의 명성 쌓이고 쌓여, 當時祇受聲名累(당시기수성명루),
귀족과 외척, 명문 호족들이 다투어 초청하네. 貴戚名豪競延致(귀척명호경연치).
명주 한 필 받을 때마다 수심은 열 배나 쌓이고, 一斛明珠萬斛愁(일곡명주만곡수),
관산을 떠도느라 허리는 나뭇가지처럼 가늘어졌네. 關山漂泊腰支細(관산표박요지세).
광풍에 날려 떨어지는 꽃 신세라 잘못 원망했는데, 錯怨狂風颺落花(착원광풍양락화),
끝없는 봄빛이 천지에 찾아 왔네. 無邊春色來天地(무변춘색래천지).
일찍이 한번 돌아보면 성이 기울고 나라가 기우는
미인(소교)이 있다는 소문 들었지만, 嘗聞傾國與傾城(상문경국여경성),
주유周瑜는 소교小嬌를 부인으로 맞아
명성을 얻었다네. 翻使周郎受重名(번사주랑수중명).
처자가 어찌 천하대사에 상관이나 있겠느냐 만은, 妻子豈應關大計(처자기응관대계),
영웅들이 정이 많은 것을 어찌하리오. 英雄無奈是多情(영웅무내시다정).
모든 식구 백골이 재가 되었어도, 全家白骨成灰土(전가백골성회토),
한 시대를 풍미한 미인은 역사서에 남으리라. 一代紅妝照汗靑(일대홍장조한청).
그대는 보지 못했는가? 君不見(군불견).
부차가 처음 관왜궁館娃宮을 지었을 때는
원앙처럼 함께 잠들었고, 館娃初起鴛鴦宿(관왜초기원앙숙),

꽃 같은 서시西施는 아무리 보아도
싫증이 나지 않았던 것을. 越女如花看不足.
(월녀여화간부족)
향경길에 흙먼지만 일어나니 새들도 울어대고, 香徑塵生鳥自啼,
(향경진생조자제)
향섭랑響屧廊을 걸을 때마다 소리가 나던 서시는
간데없고 이끼만 공연히 푸르다네. 屧廊人去苔空綠.
(섭랑인거태공록)
우조羽調가락이 궁조宮調로 바뀌어 가지만
끝없는 수심이고, 換羽移宮萬里愁,
(환우이궁만리수)
옛 양주곡에 맞춰 아름다운 노래 소리
어여쁜 춤이 어우러지네. 珠歌翠舞古梁州.
(주가취무고량주)
그대를 위해 오궁곡 노래 부르지 않으리, 爲君別唱吳宮曲,
(위군별창오궁곡)
한수 강물 같은 수심 밤낮으로 흘러가네. 漢水東南日夜流.
(한수동남일야류)

황제가 정호에서 승천하는 것이 예부터 맞는데, 우리 명나라 마지막 황제 숭정제는 반란군 이자성이 쳐들어왔던 그날 부경의 매산에서 자결을 하고, 오삼계는 청나라 군대를 이끌고 산해관에서 남하하여 이자성의 반란군을 물리치고 북경을 되찾았다. 황제의 군대인 육군은 모두 상복을 입고 통곡했는데, 오삼계만 크게 화를 냈던 것은 인질인 진원원 때문이 아닌가? 내(오삼계)가 인질로 잡힌 진원원을 그리워해서 화냈던 것은 아니고, 역적들이 주색에 빠졌으니 저절로 패망할 것이고, 번개처럼 역적 이자성의 농민군을 섬멸하면 울음 그치고 황제와 부친을 만날 수 있지 않겠소.

오삼계와 진원원이 처음 만난 곳은 전굉 우황제의 장인 집이었는데, 춤추고 노래하는 모습 꽃처럼 아름다웠다. 외척 전굉우 집의 가기였던 진원원을 오삼계에게 허락하니 진원원 기다리다 화려한 수레 타고 장군을 맞이하였다. 진원원의 집은 본래 설도(당나라 때 명기가 살던 완화리가 있는 소주)이고 어릴 때 이름은 교라기였다. 진원원은 오왕 부차의 궁원에서 노닐었는데, 원원을 본 부차가 일어서서 끌어안는 꿈을 꾸었다고 한다. 진원원의 전생은 연밥 따던 서시와 흡사하다. 원원의 집 문 앞에는 횡당수 흘러간다. 상앗대 두 개를 저으며 날듯이 횡당수를 헤쳐 가는 배 한 척은 어느 세도가의 사람인데 진원원을 강제로 데리고 가는가? 이때야 진원원이 자신의 박명함을 알았겠는가? 억지로 끌려가니 눈물이 옷을 적시었다. 진원원을 데리고 간 그 사람 기세가 하늘에 닿을 듯하여 궁중의 황제와도 관계가 밀접하다. 진원원을 황제께 바쳤으나 반짝이는 눈 하얀 치아 아름다워도 황제 눈에는 들지 못했다. 세도가로 되돌아 와서는 전굉우 늙은이를 시중들며 그 집에 갇혀 버렸지만, 노래 선생에게 새로 노래 배워서는 오삼계를 사로잡아 버렸고 이로써 진원원의 운명 또한 바뀌게 되었다.

손님들 밤이 되도록 술잔을 돌리며 호탕하게 술 마시는데 진원원의 슬픈 노래는 오삼계에게 하소연하는 것인가? 손님 중에 하얀 얼굴 오삼계가 가장 젊었는데 꽃가지 꺾었는지 몇 번이나 원원에게 눈길을 주었다. 한시라도 빨리 나를 이 집에서 데리고 가주었으면 하고 바랐다. 언제 은하수 건너 오삼계를 만날 수 있으리오? 한스러운 서신 군대에서 왔는데 전세가 죽음을 재촉하듯 급박하여 괴롭지만 후일의 약속 남기고 떠났더니, 이게 오삼계의 일생을 그르치고 말았다. 그리워하는 마음 깊고도 깊지만 다시 만나기는 어렵기만 한데, 하루아침에 개미떼처럼 많은 이자성의 농민군이 장안성에 가득 몰려왔다. 가련하구나, 진원원은 누각 머리에 버드나무 색을 보다 장부 떠나보낸 걸 후회하는 신세가 되었다. 역적들 눈에 진원원은 하늘가에 흩날리는 버들개지처럼 하잖게 보일 것이다. 이자성의 수하 유종민이 집을 포위하고 협박하니 진원원 꽃무늬 장식한 난간으로 걸어 나올 수밖에 없었다. 만약 장수와 병졸들이 목숨 걸고 싸워 적들을 물리치지 않았다면 어찌 진원원이 말을 타고 돌아 올 수 있었겠는가? 미녀는 말 위에 올라타고 군진으로 들어가는데 구름 같은 머리 모양이 흐트러졌어도 놀랐던 마음은 안정을 되찾았다. 오삼계는 전쟁터인데도 촛불 환하게 밝히고 진원원을 영접하지만, 머리 빗고 장식했어도 얼굴에 눈물 자국이 아직 남아 있다. 오삼계 군대 풍악 울리며 섬서성 진천으로 이자성을 쫓아가면서 진원원을 데리고 갔다. 금우도[잔도] 위에 수레가 천대나 뒤따랐고 사천 사곡 골짜기에서는 진원원을 위해 흰 구름 자욱한 곳에 화려한 누각을 지었다. 매일 달이 기울면 거울 앞에 앉아서 머리 빗고 화장을 하는 한가로운 생활을 한다.

진원원의 소식 고향 마을까지 전해져 모르는 사람이 없을 정도이다. 세월은 벌써 10년이 지나 아구나무에 서리가 10번이나 쌓였는데, 옛날 노래를 가르쳤던 선생은 진원원이 아직 살아 있다면서 흐뭇해하지만 술집에서 함께 있었던 기녀들은 자기들도 진원원처럼 부귀영화를 누리고 싶어 한다. 옛날에 모두 미천한 신세 진흙 입에 물어 날라 둥지를 만들던 제비 같았는데, 진원원은 나무 가지 위를 나는 봉황으로 변했다. 옛날에 함께 지냈던 동료들 지금까지 술 마시며 늙음을 한탄하는데, 진원원은 남편이 후왕이 되어 온갖 부귀영화 다 누린다. 옛날에 명성이 온 나라에 떨쳐 황제의 외척 정승 집에서 모두 진원원을 불러 가무를 즐겼다. 노래와 춤을 팔아 명주 한 필 받았지만 수심은 그보다 열 배는 쌓여갔고, 관산을 떠돌아다니느라 원래 가는 허리 더욱 가늘어졌다. 세파에 밀려 인질로 갇혔으니 떨어지는 꽃 신세처럼 되었다가 이제는 후왕의 첩이 되어 청운에 오르고 천지를 뒤덮는 봄빛을 누리게 되었다. 예전에는 경국지색傾國之色의 소교가 주유에게 오명을 쓰게 만들기는 했었지만, 진원원과 오삼계도 마찬가지 아닌가? 처자가 어찌 천하대사에 상관이나 있겠느냐 만은, 영웅들이 정이 많은 것을 어찌하리오. 온 가족이 몰살되고 흙으로 변해도 그 여인들 역사서에 오명을 길이길이 남긴다. 그대 보지 못했는가? 관왜궁에서 부차와 서시 원앙처럼 지냈고 서시의 미모는 꽃보다 아름다웠지만, 이제 서시가 노닐었던 채향경에는 흙먼지만 일어 새가 울어대고, 서시가 죽고 나니 향섭량 밟으면 향기가 나는 복도에는 공연히 이끼만 가득 끼었지 않느냐? 운남성 오삼계의 집에서는 풍악이 흥겹게 울리고 양주곡에 맞춰 가무가 어우러지지만 진원원의 수심은 만 리에 가득하다. 이제 다시 부차와 서시가 불렀던 오궁곡을 부르지 마라. 그 노래 소리 듣다 보면 수심이 한수처럼 끝없이 솟아난다.

명청교체기의 문인 매촌梅村 오위업(吳偉業, 1609~1689)이 청 순치제順治帝 8년인 1651년경에 지은 것으로 추정되는 서사시 〈원원곡圓圓曲〉이다. 명나라 장군 오삼계吳三桂가 청나라 군대와 연합해서 이자성李自成의 농민군을 격퇴하고, 연인인 진원원陳圓圓을 되찾는다는 역사적인 사건을 소재로 다루었다.

진원원(陳圓圓, 1624~1681)은 명말청초 강소성江蘇省 무진武進 출신으로, 원래 이름은 사원邢沅이었다. 부친은 노래를 좋아해 늘 가객들을 집으로 초대해 노래를 들었다고 한다. 진원원 역시 부친의 영향으로 노래 공부를 하였다고 한다. 그러나 부모를 잃고 이모에게 맡겨지면서 이모부의 성을 따라 진陳씨가 되었다. 그런데, 이모부는 노름에 빠져 가산을 탕진한 위인이었고, 노름빚으로 10살짜리 진원陳沅을 술집에 팔아 넘겼다. 이후 술집에서 가무를 배우면서 이름도 원원圓圓으로 바꾸었다고 한다. 그녀는 어린 나이에도 예쁜 미모와 맑은 목소리에 시서화에도 능통하여, 소주蘇州일대의 명기名妓로 소문이 났다. 18세에 연극의 주인공으로 출연해 명성을 얻어 옥봉여우진원원이라 사람들이 불렀다고 한다. 명말청초에 남경南京을 흐르는 진회하秦淮河 일대의 유명한 기녀 8명을 '진회팔염秦淮八艶, 金陵八艶'으로 일컫는데, 진원원은 그 중 한 명으로 꼽힌다. 진회팔염은 협골방심俠骨芳心 고미생顧眉生 · 염염풍진艶艶風塵 동소완董小宛 · 장재수불長齋繡佛 변옥경卞玉京 · 협간의담俠肝義膽 이향군李香君 · 풍류여협風流女俠 구백문寇白門 · 재화횡일才華橫溢 마상란馬湘蘭 · 풍골증준風骨贈峻 유여시柳如是 · 경국명희傾國名姬 진원원陳圓圓 등이다.

숭정제의 장인이었던 전굉우田宏遇는 강남을 돌면서 황제가 흡족해 할 절세미인을 찾아 다녔다. 1642년 소주의 기녀였던 진원원이 눈에 띄어 많은 돈을 주고 차출하였다. 하지만, 숭정제에게는 왕조말기의 급박한 정세 속에 진원원 같은 절세미인의 아름다움을 느낄 만한 여유가 없었든지, 이내 전굉우의 집田府으로 보냈다. 그래서 당시 젊은 나이로 승승장구하여 영원총병寧遠總兵으로 있던 오삼계吳三桂의 눈에 전굉우의 가기家妓 진원원이 띄었던 것이다. 오삼계는 농민봉기에 불안해하는 전굉우를 지켜주겠다는 약속을 하고 진원원을 자기 집으로 데리고 왔다.

그런데 청나라와 접경지역인 산해관의 전쟁 상황이 급박해지자 명나라 조정은 오삼계를 총대장으로 보냈다. 그러자 오삼계는 진원원을 경영도독이었던 아버지 오양에게 맡기고 산해관으로 떠났다. 그런데 얼마 후 농민군 이자성이 북경을 공격해서 점령했고, 33살의 명나라 황제 숭정제는 1644년 3월 19일 한밤중에 환관 왕승은王承恩을 대동하고 지금의 북경 경산공원景山公園에 위치한 매산煤山에 올라 홰나무에 목을 매고 죽었다. 이자성의 수하에 유종민 부장이 있었는데 그는 주색에 탐닉하던 인물이었다. 유종민은 오삼계와 진원원의 사랑 이야기를 듣고 당장 오삼계의 아버지 오양을 잡아들였다. 오양을 심문한 끝에 진원원을 넘겨받았다. 농민군 이자성은 오양과 진원원을 인질로 잡고서 오삼계에게 귀순을 권유하였다. 그리고 그때 청나라 예친왕도 오삼계에게 사람을 보내 회유책을 제시하였다. 그러나 오삼계는 북경에 인질로 붙잡혀 있는 아버지와 진원원을 구출하기 위해 북경으로 진군하였다.

북경으로 진군하던 중 유종민이 진원원을 차지하고 있다는 소식을 듣고 산해관으로 회군하였다. 산해관으로 돌아온 오삼계는 곧바로 청나라에 투항하였다.

투항한 오삼계의 군사와 청나라 군사가 합쳐 20만의 군대가 되어 민란의 농민군이었던 이자성의 6만 군대를 공격하였다. 이자성은 북경을 후퇴하면서 오삼계의 아버지 오양과 식솔들을 다 죽였다. 그런데 진원원만 살려 두었다. 오삼계는 북경을 수복하자 천신만고 끝에 살아남은 진원원과 재회를 하였다. 북경을 차지한 청나라는 오삼계에게 평서왕平西王에 봉하였으며, 최선두에 서서 남쪽에 남은 명나라 군대를 진압하게 하였다. 오삼계는 사천성과 귀주성을 거쳐 운남성으로 진군해 남명南明의 마지마 황제인 주유랑을 곤명 금신사에서 처형하였다.

남명의 황제를 처형한 후 남서부 운남성雲南省의 실질적인 지배권을 쥐게 되었다. 그는 이 같은 권한을 이용해 운남성과 그에 인접한 귀주성貴州省을 거의 독립된 번국藩國으로 만들어, 세금을 징수하고 독자적인 상권商圈을 수립해나갔다. 같은 시기에 이웃 남부지역 광동성廣東省과 복건성福建省에서도 다른 두 장군 경정충耿精忠과 상지신尙之信이 이와 비슷한 번국을 세웠다. 그 결과 중국 남부 전역에 걸쳐 청淸에 대항할 수 있는 세력으로 커지게 되었다. 1673년 청이 남부의 번국을 없애려고 하자 오삼계는 경정충 · 상지신과 함께 반기를 들었다.

오삼계는 자신이 세운 나라를 주周라고 이름 짓고 스스로 황제의 지위에 올랐다. 1674년 그의 군대가 중국 중부지역까지 진출하고 그 이상의 공격은 중단하였다. 이유는 그의 아들이 청에 인질로 잡혀 있었기 때문으로 추측된다. 그 후 청군이 주도권을 장악하게 되었고, 얼마 지나지 않아 전세는 그에게 불리해졌다. 오삼계가 이질痢疾에 걸려 죽은 후 그의 손자 오세번吳世璠이 귀양貴陽에서 황제의 지위를 계승했으나, 1681년에 청군에 의해 진압되었다. 중국 역사에서 이 일련의 사건을 역사가들은 '삼번三藩의 난'이라고 한다. 오삼계가 죽은 후, 진원원은 운남성 곤명 연화지에 투신했다는 설과 비구니가 되었다는 설 등이 분분하다. 그런데 근래에 진원원의 무덤이 귀주성貴州省 천궁현岑鞏縣 마가채馬家寨라는 마을에서 발견되었다고 한다. 미인은 죽어서도 죽은 것이 아닌가 보다. 지금도 수많은 이야기를 만들어 내고 있으니, 진행형이 아닌가?

## 36. 공정자龔鼎孶의 변절

공정자(1615~1673)는, 자字가 효승孝升이고 호號는 지록芝麓이며 안휘성安徽省 합비合肥 사람이다. 명나라 숭정 7년 1634에 진사가 된 뒤 호북 점수령鉅水令 및 전과급사중典科給事中을 지냈고, 청나라 때에는 형刑 · 전典 · 예禮 삼부상서三部尙書를 지냈다. 공정자는 명나라 신하로 있을 때, 농민 반란군 이자성이 북경을 점령한 후 공성사에게 대순왕조大順王朝의 명을 내리고 직지사 간관直指使 諫官의 관직을 주었다. 그 후 오삼계와 청나라 군대가 다시 북경을 점령하자 이번에는 청나라 군대에 투항해서 청나라 조정의 이부급사중吏部給事中에 올랐다.

명나라 말기, 명나라 조정에 벼슬하고 청나라 조정의 관직까지 나간 유명한 세 인물이 있다. 강좌삼대가로 불리는 전겸익錢謙益 · 오위업吳偉業 · 공정자龔鼎孶 세 사람이다. 이 세 사람은 청나라 조정에 출사했던 일을 두고 변절자로 자책하면서 후회의 나날을 보낸 인물이기도 하다. 공정자는 이런 자신의 마음을 위의 시에서 모순된 심리로 드러내고 있다. 시를 감상해 보자.

## 〈증가자남귀贈歌者南歸〉

공정자龔鼎孳

영락을 오래 한탄하다 몸을 낙양에, 長恨飄零入洛身,
초췌한 얼굴 서로 보일까 비단 수건 가렸다. 相看憔悴掩羅巾.
후정화 지니 단장의 슬픔이, 後庭花落腸應斷,
나 또한 진陳의 궁궐에서 길 잃은 사람이더라. 也是陳宮失路人.

두 왕조를 섬겨 욕을 입은 내 신세 오랫동안 한탄하다 내 몸 의지할 곳은 그래도 오나라 육기가 투항했던 낙양밖에 없고, 내 초췌한 얼굴 남들이 볼까 봐 비단 수건으로 얼굴을 가렸다. 명나라 조정은 이미 망하였고 아름답게 피었던 후정화도 시들어 나 또한 단장의 아픔을 안고 살아가니 명나라 조정의 궁궐에서 길 잃은 사람이라네.

육기는 오나라 손책의 외증손이다. 오나라가 망하자 진나라에 귀의해서 출사를 한 인물이다. 육기의 옛일을 용사用事해서 공정자 자신이 절개를 지키지 못함을 자책하면서도 한편으로는 진陳나라 후주의 후정화 고사를 인용하여, 자신의 실절失節을 합리화하고 있다. 진나라 후주 숙보는 〈후정화〉를 지어 후궁들에게 부르게 하고 자신은 매일 술타령을 하다가 수나라 양제에게 포로가 된 인물이다. 그러니 진나라 후주 숙보는 음행을 일삼다가 망한 것이라 망해도 좋다는 것이다. 공정자가 교묘하게도 명나라가 망한 이유를 진나라 후주 숙보의 음행에 비유하면서 자신의 변절을 합리화로, 나 또한 진陳나라의 길 잃은 사람이라는 모순된 논리를 폈다. 한편으로는 역사의 격동기를 산 한 인물의 고뇌가 느껴지는 시이기도 하다.

## 37. 장문도張問陶와 황금대

장문도(1764~1814)는, 자字가 중치仲治 또는 악조樂祖이고, 호號는 선산船山이다. 자호는 촉산의 원숭이 모습을 닮았다하여 촉산노원蜀山老猿이라 하였다. 청나라 사천성四川省 수녕현遂寧縣 사람이다. 건륭乾隆 55년(1790) 진사進士가 되고, 검토檢討에 올랐다. 이어 어사御史로 옮겼다가 이부낭중吏部郎中과 회시동고관會試同考官에 인명되었다. 외직으로 나가 산동성山東省 내주지부萊州知府로 전출되었는데, 상관과 뜻이 맞지 않아 병을 핑계로 사임하고 스스로 약암퇴수藥庵退守라 칭하였으며, 소주蘇州의 산수를 유람하면서 지냈다. 장문도가 1784년 20살 때, 처음 북경에 왔을 때 지은 시가 있다.

〈노구蘆溝〉-무정하無定河라는 강 이름

장문도張問陶

노구에서 남쪽을 바라보니 흙먼지 가득하고, 　노구남망진진애 蘆溝南望盡塵埃,
서리 차갑게 내려 낙엽 지고 대사막이 펼쳐진다. 　목탈상한대막개 木脫霜寒大漠開.
천해를 떠돌아다니니 시정詩情을
나귀 등에서 얻게 되고, 　천해시정려배득 天海詩情驢背得,
관산의 가을 색은 빗속에서 찾아온다. 　관산추색우중래 關山秋色雨中來.

| | 망망열세무성사 |
|---|---|
| 아득하기만 한 세상사에 이룬 일이 없고, | 茫茫閱世無成事, |
| 많은 것이 사람에게서 기인하니 | 녹록인인시폐재 |
| 재주도 없애 버렸다. | 碌碌因人是廢才. |
| | 왕일영웅호불기 |
| 지난날의 영웅들 불러도 다시 일어나지 않고, | 往日英雄呼不起, |
| | 방가공조고금대 |
| 허공에 노래 불러 고금대를 조문한다. | 放歌空弔古金臺. |

북경 근처 깊이를 알 수 없다는 '무정하' 강변의 노구에서 남쪽을 바라보니 유주의 벌판에는 흙먼지가 일어나고, 차가운 서리 내려 나뭇잎 떨어지는 삭막한 대사막이 펼쳐진다. 비가 내리니 관산의 가을 풍경 더욱 쓸쓸하지만, 이 세상을 떠돌아다닌 시인의 시정詩情은 당나라 때의 가도처럼 나귀 위에서 일어난다. 막막한 세상사 아무런 일도 이룬 일이 없고, 세상사 수많은 일들이 사람과 사람의 관계에 의해 이루어지니 필요도 없는 재주 없애 버렸다. 황금대에 몰려들었던 수많은 인재들 이제는 불러도 대답 없으니, 〈등유주대〉를 부른 당나라의 진자앙처럼 허공을 향해 노래 부르며 고금대를 조문한다.

20살 장문도가 북경에 처음 와서 느낀 것은 재주와 능력이 우선이 아니라 사람과 사람 사이의 인간관계가 먼저인 것을 알았던 것이다. 자기의 재능이 있음에도 사회를 위해 제대로 사용해 보지도 못하고 죽어간 인재들을 고금대에서 조문하고 있다. 자신도 북경에는 아는 사람이 없어 자기가 가진 재주를 발휘할 수 없을 것 같아 슬프다. 한마디로 말하자면, 자기를 이끌어 줄 뒤 배경이 없어 출세하기는 어렵다는 말이다. 젊은 날의 비애가 느껴지는 시이다.

그래도 자기 일을 묵묵히 하면, 언젠가는 이 세상에 자신의 재능이 쓰임이 있을 것이라는 것을 아직 알기에는 어린 나이였던 것 같다. 약관弱冠의 나이였기 때문이다. 뼈가 노골노골 하지만 관례冠禮를 행하는 나이가 약관弱冠의 나이가 아닌가? 미숙성의 단계라는 말이다.

## 38. 황준헌黃遵憲과 양계초梁啓超

황준헌(1848~1905)은, 자字가 공도公度이고 호號는 인경려주인人境廬主人이며 광동성廣東省 가응嘉應 사람이다. 중국 청나라 말기의 외교관 겸 사상가이다. 광서光緖 2년(1876) 거인擧人이 되었고 이어 사일참찬使日參贊과 구금상총영사舊金上總領事·주영참찬駐英參贊·신가파총영사新加坡總領事 등을 역임하였다. 초대 주일공사駐日公使 하여장何如璋을 따라 일본에 건너가 외교관으로 활동하였다. 그는 1880년 경 청나라 주일공사관 참사관을 지낼 때 쓴 『조선책략』에서 당시 러시아의 남하정책에 대한 대책으로는 한·중·일 3국이 협력하여 미국과 연합세력을 구축하는 것이 최선책이라고 주장하였다. 그리고 조선의 수신사였던 김홍집金弘集에게도 이 책을 기증하기도 하였다. 황준헌은 1882년 한·미 조약을 체결할 때 이홍장(1823~1901)의 명령으로 조약문을 기초하였다. 그 후 벼슬이 호남 안찰사에까지 이르렀다. 외교관이었던 황준헌이 쓴 시작품 하나 감상해 보자.

〈장사조가의택長沙弔賈誼宅〉

황준헌黃遵憲

차가운 숲 속에 해가 지니 우물 속 물살이 가라앉고, 寒林日薄井波平(한림일박정파평),

사람이 가고 나니 오히려 긴 한숨 소리 들리는 듯하다. 人去猶聞太息聲(인거유문태식성).

초나라 사당에서 하늘을 부르며 다시 물었고,
초묘욕호천재문
楚廟欲呼天再問,

흐르는 상수 물에서 굴원을 조문했으나
강물은 대답 없네.
상류공조수무정
湘流空弔水無情.

유생은 처음 나왔어도 시무를 꿰뚫었고,
유생수출통시무
儒生首出通時務,

나이가 어렸어도 군중을 놀라게 하며
원로들을 압도했네.
년소군경압노성
年少群驚壓老成.

오랫동안 그대를 위해 눈물 흘리며 술잔을 올렸고,
백세위군유주루
百世爲君猶酒淚,

기재가 어찌해서 같은 시기에 태어났을까?
기재하황병시생
奇才何況幷時生.

가의(한나라 때 정치가, BC201~169)의 옛집이 있는 사가운 숲에 해마저 지니 우물 속의 물도 잠잠해진다. 가의는 죽어 없지만 아직 강의 긴 한숨 소리 들리는 듯하다. 굴원(전국시대 초楚나라 정치가, BC343~289)이 추방되어 울적한 마음 달랠 길 없어 초나라 사당에서 무정한 하늘을 부르며 물었지. 가의는 굴원이 몸을 던진 상수 가에서 굴원을 조문했지만 흐르는 강물은 정이 없는지라 대답 없이 흘러가기만 하였다. 가의가 처음 한漢나라 조정에 나왔을 때 시무에 정통했듯이, 양계초(梁啓超, 1873~1929)가 펴낸 『시무보時務報』잡지 또한 국가대사에 정통했기 때문에 23세의 양계초가 모두를 놀라게 하고 원로들을 능가하였다. 긴 세월이 지나도 수많은 사람들 굴원을 생각하며 눈물 짓고 사당에 술을 올리는 건 굴원의 애국심을 그리워하기 때문이겠지. 양계초 같은 인재가 어찌하여 나와 같은 시대에 태어났을까?

전국시대 초楚나라 회왕 때의 충신 굴원과 한漢나라 문제 때의 학자인 가의는 역대로 충절의 대명사로 추앙받는 인물이다. 청나라 말기 조국이 위태로울 때 외교관이었던 황준헌은 충절의 대명사인 굴원과 가의를 떠올린다. 그리고 동시대 인물인 양계초까지 연상하고 있다. 양계초는 1873년 중국 광동성廣東省 신회현新會縣의 남단에 있는 한 섬의 농가에서 태어났다. 그는 12세에 수재秀才 시험에 합격했고 17세에는 거인擧人이 되었다. 양계초가 유년기를 보낸 중국의 1870~80년대는, 아편전쟁을 겪은 뒤에 서양의 군사력을 인정하고, 중국의 정치 골격을 유지하면서 서양의 군사기술을 배우자는 양무운동洋務運動이 전개되던 시기였다. 양계초 역시 그 시기의 여느 중국 청년들처럼 어려서부터 사서오경四書五經을 읽으며 과거科擧를 위한 공부를 했던 것이다.

그러나 성인이 된 18세의 양계초는 당시 광서제光緖帝에게 제도 개혁에 대한 상소문을 올렸다는 강유위(康有爲, 1858~1927)를 찾아가 그의 제자가 되었다. 강유위는 유가儒家 경전의 권위를 이용하여 제도개혁을 주장하였다. 그는 입헌군주제를 도입하는 것이 당시 중국을 구제할 길이라고 생각하였다. 그는 공자의 『춘추春秋』가 과거를 기록한 역사서 형식을 빌려, 미래의 제도개혁을 위해 쓴 책이라고 주장하였다. 강유위의 주장에 의하면, 공자는 세상이 거란세據亂世에서 승평세升平世로 진화하고 승평세에서 대동세大同世로 진화한다고 예언했으며, 사람은 그 시대의 변화를 알아채고 각각의 세상에 맞는 제도로 개혁해야 한다고 하였다. 강유위가 주장한 그 삼세설三世說이란, 거란세는 군주제의 시대이며 승평세는 입헌군주제, 대동세는 민주제의 시대라는 것이다. 강유위는 당시 중국 청나라를 승평세라고 판단했으며, 따라서 청나라는 군주제를 청산하고 입헌군주제를 채택해야 한다고 하였다. 강유위는 이와 같은 골자의 주장을, 북경에 회시를 보러 모인 사람들에게 서명을 받아 광서제에게 상소로 올렸으며, 결국 광서제가 강유위와 함께 도모한 개혁이 1898년의 무술변법운동戊戌變法運動이다.

1895년 청일전쟁에서의 중국의 패배는 양무운동의 퇴보를 가져왔다. 그러나 양계초는 강유위를 도와 변법운동(제도개혁운동) 모임인 강학회强學會의 서기가 되어 활동했으며, 1896년에는 『시무보時務報』잡지의 주필을 담당하면서 변법을 설명하고 선전하는 글인 『변법통의變法通議』를 연재하였다. 그러나 1898년 광서제의 결단에 의해 탄생한 변법 정부는 서태후를 필두로 하는 보수파의 반격으로 100일 만에 막을 내렸다. 강유위와 양계초는 일본으로의 망명길에 올랐다. 일본에 망명한 양계초는 신사상을 청나라에 전하였다.

그러나 양계초는 망명을 끝내고 청나라로 돌아와 중화민국의 정부에 가담하기도 하였다. 원세개袁世凱 정부(1913년)와 단기서段棋瑞 정부(1917년)에 입각했지만, 그의 개혁은 이루지 못했다. 양계초는 1917년 정치계에서 완전히 은퇴하고, 그 직후 일 년 동안 유럽여행을 경험하기도 하였다. 1923년에는 유가儒家가 정신적 지도자의 역할을 하는 미래를 꿈꾸는 책으로 『선진정치철학사先秦政治哲學史』를 출산하기도 하였다. 1929년 신장병으로 죽었다.

황준헌은 18세에 광서제에게 변법(제도개혁)에 대한 상소를 올린 강유위를 찾아 개혁의 바람을 기대했으며, 『시무부』잡지의 주필을 하면서 중국의 앞날을 걱정한 양계초의 애국심을 굴원과 가의에 비유하였다. 위의 시에서 청나라 말기 외교관인 황준헌은 누란지위累卵之危 같은 청나라 앞날을 예견하고 있는 듯하다.

▲ 굴원이 조국 초나라(전국시대)가 망하는 것을 도저히 볼 수 없어, 멱라수에 몸을 던져 고기밥이 되니, 그 소식을 들은 초나라 사람들이 굴원의 시신을 건지기 위해 남자들은 배를 힘껏 저어 가고, 여자들은 그동안 굴원의 시신을 훼손하지 못하게 고기들에게 밥을 던져주고 있다. 이것이 단오의 유래이다. 현재 단오날 강물에 밥을 던져주는 것은 충신 굴원을 추모하기 위해 행위로 변화 전승된 것이다. 위의 사진은 당시의 상황을 잘 묘사한 것이다. 멱라수 강 굴원 추모 사당에 있는 그림이다.

# III 한국韓國의 한시漢詩

## 39. 을지문덕乙支文德과 우중문于仲文

을지문덕(?~?)은 고구려 26대 영양왕 시절의 명장名將이다. 『해동명장전海東名將傳』에는 '을지문덕이 평양 석다산石多山 사람이다.' 라고 되어 있다. 고구려 영양왕 23년(612)에 수隋나라 양제煬帝는 113만이라는 많은 군대를 이끌고 고구려 침략을 감행하였다. 이때 수나라 육군은 고구려의 주요 군사거점인 요동성遼東城을 공격하면서, 다른 한편으로는 장수 우중문于仲文과 우문술宇文述 등을 지휘부로 한 30만 5000명의 별동대를 구성하여 해군과 더불어 고구려의 수도인 평양성을 공격하고자 하였다. 별동대가 압록강 서쪽에 집결하였을 때, 을지문덕 장군은 왕명을 받들어 거짓항복을 청하여 적진으로 들어가 적의 군량미가 부족함을 간파하고 돌아왔다. 그후, 을지문덕 장군은 수나라 군대의 약화를 위해 수나라 군대와 전투 때마다 패하여 평양성 부근까지 유인하였다. 수나라 군대는 을지문덕의 유인에 빠져 점점 전의를 상실하게 되어 후퇴의 구실을 찾던 중 을지문덕 장군이 시를 보내어 회군을 종용하였다. 먼저 시를 감상해 보자.

〈여수장우중문시與隋將于仲文詩〉

을지문덕乙支文德

| | |
|---|---|
| 신통한 계책은 하늘의 이치를 다했고, | 神策究天文,(신책구천문) |
| 묘한 꾀는 땅의 이치를 다했노라. | 妙算窮地理.(묘산궁지리) |
| 싸움마다 이겨 공이 이미 높으니, | 戰勝功旣高,(전승공기고) |
| 만족함을 알고 그만 두기를 바라노라. | 知足願云止.(지족원운지) |

우중문 그대의 신통하고도 특출한 책략은 하늘의 이치를 다했고, 심오한 계획은 땅 위에서 행할 수 있는 온갖 현상과 법칙을 다 통했다. 전쟁에 이겨서 그 공이 이미 높으니, 만족함을 알고 그만두기를 바란다.

을지문덕 장군은 이 시를 주면서 반격을 시도하였다. 〈여수장우중문시〉는 전략적인 목적을 가진 5언 고시이다. 겉으로는 적장의 책략과 계획을 칭찬하고 있으나 사실은 을지문덕 장군 자신이 수나라 너희들보다 훨씬 뛰어났다는 자신감을 표현하였다.

당시 을지문덕 장군은 하루에 7번 싸워 7번 거짓으로 패하면서 적군의 힘을 뺐다. 3구에 있는 '이미旣'는 이제 더 이상 이길 기회가 없을 것임을 확인시켜 주고 있다. 그리고 만약 싸움을 그치지 않는다면 가만두지 않을 것이라는 경고까지 하고 있는 것이다. 을지문덕 군대는 이 시를 받고 물러나는 수나라 군대를 쫓아 살수(지금의 청천강)를 건너는 수나라 군대를 배후에서 쳐, 적장 신세웅辛世雄을 살해하였다. 그 결과 수나라 군사 대부분은 수장이 되었으며, 불과 2,700명 정도 살아갈 수 있었다고 한다. 이 살수대첩으로 인해 수나라 군대가 총퇴각을 하게 되는 경절적인 계기를 만들었다. 『삼국사기』에 이 시와 함께 살수

대첩에 대한 기록이 전해지고 있다. 이후 수나라는 국운이 기울어져 결국 멸망하고 말았다.

## 40. 양태사楊泰師와 다듬이 소리

양태사(739~793)는 발해 제3대 문왕 때의 귀덕歸德 장군將軍으로, 일본에 사신 가서 지은 한시 2편이 일본에서 편찬한 『경국집經國集』에 전해지고 있다. 그 중 한 작품이 〈야청도의성〉이다.

〈야청도의성夜聽擣衣聲〉

양태사楊泰師

| | |
|---|---|
| 서리 하늘에 달 밝은데 은하수 빛나, | 상천월조야하명<br>想天月照夜河明, |
| 이국땅(일본) 머무는 나그네 귀향 생각 깊도다. | 객자사귀별유정<br>客子思歸別有情. |
| 긴긴 밤 홀로 앉아 시름 이기지 못하는데, | 염좌장소수욕사<br>厭坐長宵愁欲死, |
| 홀연 들리나니 이웃 아낙 다듬이 소리. | 홀문린녀도의성<br>忽聞隣女擣衣聲. |
| 바람결 따라서 끊일 듯 이어지며, | 성래단속인풍지<br>聲來斷續因風至, |
| 별들이 기울도록 잠시도 멎지 않네. | 야구성저무잠지<br>夜久星低無暫止. |
| 고국을 떠난 후로 저 소리 못 듣더니, | 자종별국불상문<br>自從別國不相聞, |
| 먼 이국땅에서 그 소리 다시 듣네. | 금재타향청상사<br>今在他鄕聽相似. |

서리 내린 하늘에 달이 비치고 은하수가 밝아, 나그네는 고국으로 돌아갈 생각으로 마음이 간절하다. 긴 밤을 앉아 있는 것이 지루해 근심도

사라지려고 하는데, 어디선가 홀연히 이웃 여인의 다듬이 소리가 들려온다. 소리는 끊어질 듯 이어지고 바람 따라 이르러서, 밤이 깊어 별이 낮아지도록 잠시도 멈추지 않는다. 고국을 떠난 후로 들어 보지 못했는데, 지금 타향에서도 들려오는 저 소리는 고향에서 듣던 소리와 비슷하구나.

고향에 대한 그리움 곧 수구초심首邱初心이다. 깊은 밤 이국 땅 일본에서 다듬이 소리를 듣고 고향을 그리워하고 있는 상황이다. 일본에 사신 간 부사副使 양태사는 창 밖의 하늘을 보며 고국 발해를 생각하고, 시름에 잠겼다가 그 시름마저 지루해질 쯤에 홀연히 어디선가 들려오는 다듬이 소리에 마음을 뺏겨 버렸다.

그런데 다듬이질은 일본에 없는 풍속이다. 하지만 어디선가 다듬이 소리가 들려온다. 혹시 그 사람이 발해 여인은 아닐까? 아니면 신라, 백제 여인 등등 상념과 친근감이 겹쳐 온다.

지금 다듬이질 하는 그대 방망이는 무거운가? 아니면 가벼운가? 다듬잇돌은 고른가? 거친가? 약한 체질에 온통 구슬땀으로 젖어 있지는 아닌지? 아니면 옥 같은 두 팔이 힘이 부쳐 지쳐 있지는 아닌지? 단별로 떠나온 이 나그네 구하자함인가? 아니면 규방의 외로이 있는 시름 잊고자 함인가? 등등 여러 상상을 해본다. 작가는 고국에서 듣던 다듬이 소리를 타국에서 바람결 따라 들려오는 그 소리를 통해 고향을, 식구들을 더욱 간절히 생각하고 있다.

## 41. 최치원崔致遠과 가야산

최치원(857~ ? )은, 자字가 고운孤雲 · 해운海雲이다. 본관은 경주이고 견일肩逸의 아들이다. 신라 골품제의 6두품으로 신라의 유교를 대표할 만한 많은 학자들을 배출한 최씨 가문의 출신이다. 868년(경문왕 8) 12세 때 당나라에 유학하여 장안長安에 체류한 지 7년 만인 874년 18세의 나이로 예부시랑禮部侍郎 배찬裵瓚이 주시主試한 빈공과賓貢科에 장원으로 급제하였다. 그리고 2년간 낙양을 유랑하면서 시작詩作에 몰두하기도 하였다. 당나라 유학 시절 읊은 시 한 작품을 먼저 감상해 보자.

〈촉규화蜀葵花〉-접시꽃

최치원崔致遠

거친 밭 언덕 쓸쓸한 곳에, 寂寞荒田側(적막황전측),
탐스런 꽃송이 가지 눌렀네. 繁花壓柔枝(번화압유지).
장맛비 그쳐 향기 날리고, 香經梅雨歇(향경매우헐),
보리 바람에 그림자 흔들리네. 影帶麥風欹(영대맥풍의).
수레와 말 탄 사람 그 누가 보아 주리, 車馬誰見賞(거마수견상).
벌 나비만 부질없이 엿보네. 蜂蝶徒相窺(봉접도상규).
천한 땅에 태어난 것 스스로 부끄러워, 自慙生地賤(자참생지천),

사람들에게 버림받아도 참고 견디네. 堪恨人棄遺.(감한인기유)

촉규화 곧 접시꽃은 최치원 자신을 상징한 것이다. 아무도 찾지 않는 척박한 곳에 탐스럽게 피어 있는 접시꽃이다. 곧 환경은 비록 나쁘지만 자신의 학문적 경지는 완숙하다는 것이다. 그 완숙한 학문적 경지가 세상에 알려져도 수레 단 사람들 곧 고관대작들은 눈길도 안 주는데, 하찮은 벌과 나비만 부질없이 자신을 엿보고 있다는 것이다. 따라서 변방 신라 출신으로서 느끼는 소외감과 체념의식이 시 전반에 나타나고 있다. 〈촉규화〉는 자연물인 접시꽃을 통해 자신의 쓸쓸한 처지와 자신을 알아주지 않는 시대에 대한 한스러움이 담겨 있는 시이다.

그 후 876년 당唐나라 선주宣州 율수현위溧水縣尉가 되었다. 이때 지은 글을 모아 엮은 책이 『중산복궤집中山覆簣集』이다. 877년에 율수현위를 사직하고 학업에 전념하고자 하였으나 경제적 곤란을 받아 양양襄陽 이위李蔚의 문객이 되었고, 곧이어 회남절도사 고병高駢의 추천으로 관역순관이 되었다. 879년 황소의 난이 일어나자 고병이 제도행영병마도통諸道行營兵馬都統이 되어 황소의 난을 제압하려 갈 때, 최치원은 고병의 종사관이 되어 따라 가게 되었고, 그 일로 인해 『토황소격문』을 지어 세상을 놀라게 하였다.

29세가 되던 884년, 헌강왕 때 귀국하였으며 최초의 개인문집 『계원필경桂苑筆耕』 20권을 남겼다. 신라에 돌아온 최치원은 육두품이라는 신분제에 걸려 당나라에서 보고 배운 경륜을 펼칠 수가 없었다. 신라사회는 붕괴되고 있었던 것이다. 지방에서 호족들이 등장하면서 중앙정부에서 거두는 세금이 제대로 신라 조정에까지 들어오지 못하는 실정이었다. 이에 따라 889년(진성여왕 3년)에 주州와 군郡에 세금을 독촉하자 농민들이 사방에서 봉기하여 내란이 일어나기 시작하였다. 최치원은 895년 전국적인 내란의 와중에서 사찰을 지키다가 전몰한 승병들을 추모하는 공양탑 기문에 "당나라 땅에서 벌어진 전쟁과 흉년 두 가지 재앙이 서쪽 당나라 땅에서는 멈추었고, 동쪽 신라 땅으로 옮겨와서 그 험악한 중에도 더욱 험악하여 굶어서 죽고 전쟁으로 죽은 시체가 들판에 별처럼 흩어져 있었다."라고 적고 있다. 신라말기의 혼란상을 단적으로 보여 주고 있는 글이다.

신분제의 벽에 막힌 최치원은 890년 외직인 대산군(지금의 전라도 태안군)과 천령군(지금의 경상도 함양군) 그리고 부성군(지금의 충청도 서산군) 등지의 태수로 나돌았다. 부성군 태수로 있던 893년 당나라 사신인 하정사賀正使에 임명되었으나 신라내의 도둑들의 횡행으로 가지 못하고, 그 뒤에 당나라에 간 일이 있다고 하는데, 사실이 확인되지 않고 있다. 894년에는 시무책 10조를 진성여왕께 올려서 문란한 정치를 바로잡고자 하였으나 실현되지 못하였다. 등극 11년 만에 실정의 책임을 지고 진성여왕이 효성왕에게 왕위를 선양禪讓하기에 이르렀다. 이때 최치원도 신라왕실에 실망감을 느껴 불혹不惑의 나이에 은거를 결심하게 된다. 그 후 최치원은 경주의 남산南山, 의성의 빙산氷山, 합천의 청량사清凉寺, 지리산의 쌍계사雙磎寺, 창원의 별서別墅, 그리고 부산의 해운대海雲臺 등을 유람하다가 가야산 해인사海印寺에 은둔하게 된다. 그가 해인사 은둔할 때 지은 시를 감상해 보자.

〈추야우중秋夜雨中〉

최치원

| | 추 풍 유 고 음 |
|---|---|
| 가을 바람에 괴로이 읊나니, | 秋風惟苦吟, |
| | 세 로 소 지 음 |
| 세상에 나를 알 이 적구나. | 世路少知音. |

창 밖엔 밤 깊도록 비만 내리는데, 窓外三更雨(창외삼경우),
등불 앞에 마음은 만 리 밖을 내닫네. 燈前萬里心(등전만리심).

이 시는 가을 밤비가 내리는 때에 세상이 자신을 알아주지 않는데 대한 괴로움과 외로움을 노래한 시이다. 예전에는 고운 최치원이 당나라 유학 생활을 할 때 지은 시로, 고국에 대한 그리움으로 해석하기도 하였다. 하지만 지금은 이 시가 당나라에서 지은 것이 아니라, 고운이 가야산 해인사에 은거할 때 지은 시로 해석하고 있다. 그래서 시적 의미도 현실 개혁에 실패한 지식인의 고뇌로 본다. 이런 점을 감안할 때, 작가론이 왜 중요한지를 알 수 있다.

가을 밤비 내리는 날, 해인사 선방에서 과거 자신이 당나라 유학 시절에 만났던 고병과 배찬, 이위 등을 그리워하고 있는 것이다. 이제 와 생각해 보니, 그 시절이 정말 좋았던 것이다. 어린 나이에 도래해서 젊은 날을 보냈던 그 당나라 시절을 생각해 보면, 그래도 자신의 능력을 펼칠 수 있었던 시기였다. 당나라에서 배운 경륜을 조국 신라에 펼쳐보기 위해 귀국했지만, 육두품이라는 신분제에 걸려 이방인이 아닌 이방인 신세가 된 것이다. 그래도 당나라 시절 특히 고병의 종사관 시절에는 자신의 문명을 한껏 세상에 떨칠 수 있었다. 신라의 개혁이 좌절되고 이제는 가야산 해인사 뒷방에 갇힌 신세가 된 뒤에는 오히려 그 당나라 시절의 그 벗들이 그리워지는 것이다. 그래서 마음은 저 당나라에 있는 벗들에게로 만 리를 달리고 있는 것이다.

〈제가야산독서당題伽倻山讀書堂〉

최치원

| | |
|---|---|
| 첩첩 바위 사이를 미친 듯 달려 겹겹 봉우리 울리니, | 狂奔疊石吼重巒, |
| 지척에서 하는 말소리 분간키 어려워라. | 人語難分咫尺間. |
| 항상 시비하는 소리 귀에 들릴세라. | 常恐是非聲到耳, |
| 일부러 흐르는 물로 온 산을 둘러 버렸다네. | 故教流水盡籠山. |

산중에 흐르는 계곡물 소리로 인해 아주 가까운 사람의 말소리도 들리지 않는다. 늘 시비하는 세상의 소리가 싫어 계곡물 소리로 온 산을 둘러 버렸다. 자연의 소리인 계곡물 소리와 시비하는 인간의 소리를 대조해서 어지러운 세태가 난무하는 이 세상을 벗어나고 싶은 작가의 의식이 잘 드러나고 있는 시이다. 당시 최치원의 의식이 어떠했는지를 알 수 있게 하는 시이다. 고운 최치원은 이 후 인간 세상에 나오지 않았다. 그래서 후세 사람들은 그가 신선이 되었다고 하였다.

▲ 신라 시대 최치원이 선주 율수 현위를 지냈다. 선주는 지금의 안휘성 선성宣城이다. 선성의 어느 시골의 정경과 농가農家의 모습이다. 신라 시대 최치원의 행적을 더듬어 보면서 선성의 지금의 모습을 바라본다.

▲ 안휘성 선성에 있는 사조루와 경성산 입구의 모습이다. 뒤로 보이는 산이 경정산敬亭山이다. 경정산 8부 능선쯤에 태백루가 있고 아래쪽에는 옥진공주의 무덤과 상사천이 있다.

## 42. 최충崔冲과 달밤

최충(984~1068)은, 고려의 문신文臣이면서 사학십이도私學十二徒의 하나인 문헌공도文憲公徒의 창시자이다. 본관은 해주海州이고 자字는 호연浩然이며 호號는 성재惺齋 · 월포月圃 · 방회재放晦齋 등이다. 최충은 학교 교육의 선구자이다. 그가 세운 9재학당은 사학교육의 원조였고, 고려시대 문신文臣 배출의 산실이었다. 고려시대 최승로가 유교적 정치개혁에 공헌한 인물이라면, 최충은 유교 교육을 제대로 받은 인물을 배출하는 데 이바지한 인물이다. 물론, 그가 세운 9재학당이 과거시험 합격을 위한 관리 등용의 교육장이었다는 비판이 없지는 않다. 그러나 실제 유교 경전에 바탕을 둔 그의 학문 교육은 고려시대 유학이 꽃피울 수 있는 터전을 마련해 주었다.

〈절구絶句〉

최충崔冲

| | |
|---|---|
| 뜰에 가득 찬 달빛은 연기 없는 촛불이고, | 만정월색무연촉<br>滿庭月色無烟燭, |
| 자리에 든 산 그림자는 청하지 않은 손님이다. | 입좌산광부속빈<br>入坐山光不速賓. |
| 거기에 솔바람 소리는 악보 없는 곡조를 타니, | 갱유송현탄보외<br>更有松絃彈譜外, |
| 다만 소중히 여길 뿐 다른 사람에게 전할 수 없네. | 지감진중미전인<br>只堪珍重未傳人. |

뜰 안 가득 달빛은 연기 없는 촛불이요. 자리 드는 산 빛은 청하지 않은 손님이다. 솔바람이 악보 없는 가락까지 타니, 이 흥취 나 혼자서 즐길 뿐 전할 길이 없다.

달 밝은 어느 날, 달빛이 마당 깊숙이 가득 차고 그 달빛에 의한 산 그림자가 마당까지 서서히 밀려들고 있는 풍경이다. 거기에다가 솔바람 소리마저 불어오니 이 아름다운 장면을 다른 사람에게 전하려고 해도 전할 길이 없어 안타까울 뿐이다. 한 편의 그림이 그려지는 시이다.

# 43. 이인로李仁老와 반달성

이인로(1152~1220)는 고려 무신武臣 집권 때의 문신文臣이다. 자字는 미수眉叟이고 호號는 쌍명재雙明齋이다. 일찍 부모를 여의자, 화엄승통(華嚴僧統;화엄종의 최고 지도자) 요일寥一이 양육하였다. 1170년(의종 24년), 그의 나이 19세 때 정중부의 난이 일어나 잠시 불문에 귀의하기도 하였다. 환속하여 25세 때에는 태학에 들어가 육경六經을 학습하였고 29세(명종 10년)에 진사과에 장원급제하였다. 1182년 32세 때에는 여진족이 세운 금金나라 하정사행賀正使行에 서장관書狀官으로 수행하였으며, 그 다음해 귀국하여 계양군 서기로 임명되었다. 그 후 문극겸의 천거로 한림원에 보직되어 사소詞疏를 담당하였다.

이인로는 그 당시 당대의 석학碩學 오세재吳世才 · 임춘林椿 · 조통趙通 · 황보항皇甫抗 · 함순咸淳 · 이담지李湛之 등과 어울려 시주詩酒를 즐겼다. 이들을 중국 위진 시대의 죽림칠현을 본받아 강좌칠현江左七賢 또는 죽림고회竹林高會를 만들어 무신 정권에 대항하는 듯한 자세를 보이기도 하였다.

신종 때 예부원외랑禮部員外郎, 고종 초에 비서감秘書監 · 우간의대부右諫議大夫를 하였다. 이인로는 시문詩文뿐만 아니라 글씨에도 능해 초서草書 · 예서隸書가 특출하였다. 저서에 『은대집銀臺集』 · 『쌍명재집雙明齋集』 · 『파한집破閑集』 등이 있는데, 현재 전하는 것은 아들 세황이 엮은 우리나라 첫 시화집이라고 할 수 있는 『파한집破閑集』뿐이다. 이인로는 고려시대 무신의 난으로 국운이 기울어질 때 산 문인의 한사람이다. 이런 격동기를 살았던 문인의 의식은 어떠했는지 그의 시 한 작품을 통해 알아보자.

〈반월성半月城〉

이인로李仁老

| | | |
|---|---|---|
| 외로운 성 약간 굽어 반달을 닮았는데, | 고성미만상반월 | 孤城微彎像半月, |
| 가시덤불은 다람쥐 굴을 반쯤 가리었구나. | 형극반엄성□혈 | 荊棘半掩猩㹳穴. |
| 곡령鵠嶺의 푸른 솔은 항상 울창한데, | 곡령청송기울총 | 鵠嶺靑松氣鬱葱, |
| 계림鷄林의 누른 잎은 가을에 쓸쓸하다. | 계림황엽추소슬 | 鷄林黃葉秋蕭瑟. |
| 태아太阿의 자루를 거꾸로 잡은 뒤에, | 자종대아도병후 | 自從大阿倒柄後, |
| 중원中原의 사슴은 누구 손에 죽었던고. | 중원록사하인수 | 中原鹿死何人手. |
| 강가의 여자들은 속절없이 옥수화玉樹花를 전하는데, | 강여공전옥수화 | 江女空傳玉樹花, |
| 봄바람은 몇 번이나 금제金堤의 버들을 떨쳤던가? | 춘풍기불금제류 | 春風幾拂金堤柳. |

외로운 성은 약간 기울어진 반달을 닮았고, 성 안의 가시덤불은 다람쥐 굴을 반쯤이나 가린 것으로 황폐화된 모습이다. 곡령의 푸른 솔은 항상 울창한데, 계림의 누른 잎은 가을을 더 쓸쓸하게 하여 망국의 분위기를 자아내고 있다. 보검의 칼자루를 거꾸로 쥔 후, 중원의 사슴은 누구의 손에 죽었는가? 강가의 여자들은 속절없이 진후주 숙보의 옥수후정화玉樹後庭花를 부르고 있는데, 봄바람은 몇 번이나 금제의 버드나무를 떨쳤는가?

위에 인용한 〈반월성半月城〉은, 고려 왕조가 기울어짐을 노래한 것이다. 정중부 · 이고 등 무신들의 난으로 인하여 고려 왕조의 정통성이 무너짐을 유향劉向과 조고趙高 그리고 진陳 후주後主인 숙보叔寶 · 수양제隋煬帝의 고사를 통해서 드러내고 있다. 두련頭聯에서는, 고려 왕조의 운명을 기울어진 반달과 황폐한 성의 모습에 비유한 것이다.

함련頷聯에서는, 최치원의 글을 인용하여 고려가 망하게 될 것임을 암시하고 있다. 이 시구는 본래, 최치원이 고려 태조 왕건에게 보낸 것으로, 장차 신라는 멸망하고 고려가 흥하게 될 것임을 예견한 시구였다. 그런데 이 〈반월성〉에서는, 이제 고려가 망하게 될 것임을 보여 주기 위해서 인용되고 있다. 함련의 이 같은 의미는 경련을 통해서 확인할 수 있다.

경련頸聯에서는 한漢나라 유향과 진秦나라 조고의 고사를 인용한 괴철蒯徹의 말이 인용되고 있다. "태하太阿(보검이름)의 자루를 거꾸로 잡은"이라는 말은, 한나라 유향이 상소문에서 "보검[태아]을 거꾸로 쥐고서 칼자루를 남의 손에 쥐어 주었다."고 한 말을 용사用事한 것으로, 왕이 정권을 남에게 넘겨줌을 비유한 표현이다. 그리고 "중원中原의 사슴은 누구 손에 죽었던고."는, 진나라 간신 조고가 왕에게 사슴을 몰고 와서 말[馬]이라 속였는데, 그 뒤에 변사 괴철이 "진秦나라 사슴을 놓쳤으며, 여러 사람들이 쫓는데, 발이 날랜 자가 먼저 얻는다."라고 하였다는 고사를 쓴 것이다. 이것은 조고의 사슴에 관한 이야기를 인용하여 진秦나라가 나라를 잃은 데 비유한 것이다. 이처럼 이인로는, 유향과 괴철의 고사를 인용하여 장차 고려 왕조의 운명이 위태로움을 드러내고 있다. 조고가 사슴을 말이라 하여, 말이라고 한 쪽은 자기 편이고 진짜 사슴이라고 한 쪽은 자기 편이 아니라 하여 죽였다. 이처럼 자기의 권세를 이용하여 윗사람을 농락한다는 '지록위마指鹿爲馬'의 고사가 생기기도 하였다.

미련尾聯에서도 진陳나라 후주와 수양제의 고사가 인용되고 있다. "강가의 여자들은 속절없이 옥수화를 전하는데"라는 말은, 당나라 두목杜牧의 시 〈박진회泊秦淮〉를 인용한 것으로, "술집 여자는 망국의 한恨을 모르고서 강을 격해서 아직도 후정화를 부르고 있네."(商女不知亡國恨, 隔江猶唱後庭花)를 모방한 것이다. 이는 진陳나라 후주의 일을 근거 삼아 표현한 시구이다. 수나라 양제가 쳐들어 왔을 때 진 후주는 애첩 장려화에 빠져 있었고 후궁들이 〈옥수 후정화〉를 부르고 있었다고 한다. 이런 옛 일을 당唐나라 두목杜牧이 인용하여, 방탕한 생활을 하는 당나라 고관대작들을 꾸짖은 것이다. 이인로도 〈반월성〉에서 고려의 망함을 그에 의탁하여 표현하였다. 진 후주의 고사를 인용한 것은 용사用事이고 두목의 〈박진회〉 시를 모방한 것은 점화點化에 해당된다. 따라서 이인로는 이 구절에서 용사이면서 점화까지도 이용하여 시를 지은 것이다. "봄 바람은 몇 번이나 금제의 버들을 떨쳤던가?"는, 수양제의 고사를 인용한 구절이다. 수양제가 변하汴河에서 행궁行宮을 짓고 강 언덕에 버들을 많이 심고서 음란하게 놀아, 나라가 망하게 되었다. 그런데 나라가 망한 뒤에도 그 버들만은 남아 있었다는 것이다.

이인로는 〈반월성〉에서, 두련만 제외하고는 모든 연에서 고사를 인용하고 있다. 그러나 고사를 인용하여 그 시가 난삽하게 되었다거나 생소한 느낌을 주었다고 할 수 없다. 오히려 고사를 인용하였기 때문에 그 의미가 더욱 깊어졌다고 할 수 있다. 고려 왕조가 무신의 난으로 인해 망하게 될 것임을 노래하되, 여러 옛 일에 의탁하여 그 의미를 한층 더 심오하게 하고 있다. 기울어져 가는 반달처럼 반쪽이 되어 버린 고려 왕조의 운명이 다함을, 역사적 사건을 이용하여 씀으로써 새로운 시적 의미를 더하고  있는 것이다. 뿐만 아니라 이인로는 점화의 시작법을 통해서도 시의 내용을 더욱 알차게 하였다.

## 44. 이규보李奎報와 강화도

이규보(1168~1241)는, 자字가 춘경春卿이고 호號는 백운거사白雲居士이다. 고려 의종 22년(1168) 12월 16일 황려현[지금의 여주]에서 태어났다. 무신의 난이 일어나기 2년 전이다. 고종 18년(1241) 74세의 나이로 졸卒하였으니, 평생을 무신 정권하에서 살다간 문인이다. 백운이 14세(1181) 되는 해에 최충崔沖이 설치한 구재九齋인 성명재誠明齋에 들어가 본격적인 학업을 시작하였다. 18세부터 20세까지 사마시에 응시하였으나 합격하지 못하고, 22세(1189) 때에 사마시에 응시하여 첫째로 뽑혔다. 23세(1190) 6월에 예부시禮部試에 응시하여 동진사同進士로 뽑혔는데, 과제科第가 낮은 것을 못 마땅히 여겨서 사양하려 하였으나, 아버지가 엄하게 꾸짖었고 또 전례도 없어 사양하지 못하였다. 24세(1191)에 아버지 상喪을 당하였으며 천마산天磨山에 우거하면서 백운거사白雲居士라 자칭하였다. 26세(1193) 때에는 『동명왕편』을 지었다. 32세(1199)에 최충헌의 집에서 천엽유화千葉榴花를 보고 시를 지은 것이 계기가 되어 전주목사록全州牧司錄이 되었지만 다음해(1200)에 파직을 당해 전주를 떠나게 되었다. 35세(1202) 5월에 어머니 상喪을 당하였으며, 12월에는 경주에서 민란이 일어나 종군 기자격인 병부녹사 겸 수제원兵部錄事 兼 修製員으로 37세(1204)까지 종군하였다. 그러나 경사로 돌아온 후 논공행상에 참여하지 못하여 "이번 싸움에 세운 공이 누가 제일이냐, 지금도 지휘한 사람은 기억조차 않는다네.(獵罷論功誰第一, 至今不記指縱人)"라고 하여, 그 불만을 시로 남기기도 하였다.

40세 되는 해(1207)에 최충헌의 집 모정茅亭을 지은 자리에 나아가

시를 지어 1등으로 뽑혀 직한림원直翰林院 벼슬을 하게 되었다. 백운이 46세(1213) 되는 해에 최충헌의 아들 최이(최우)가 야연夜宴을 베풀어 백운의 시 창작의 능력을 시험한 후, 아버지 최충헌에게 소개하여 높은 벼슬자리에 오르는 계기가 되어 우정언 지제고右正言 知制誥의 벼슬자리까지(48세, 1215) 오르게 되었다. 이렇듯 백운 이규보가 높은 벼슬자리에 오르기까지는 최충헌의 아들 최이(최우)의 역할이 중요하게 작용하였다.

그러나 52세(1219) 백운은 팔관하표八關賀表의 일로 탄핵을 당하여 면직되어 계양도호부 부사로 부임하게 되었다. 어렵게 잡은 중앙에서의 벼슬자리가 박탈된 백운은 심한 좌절감을 느껴 계양 도호부 부사의 부임을 적거謫居로 인식하기도 하였다. 9월(1219)에 진강후 최충헌이 죽고, 아들 최이가 정권을 잡자 백운을 개성으로 소명하였다.

1220년 여름 6월에 시예부낭중 기거주 지제고試禮部郎中起居注知制誥로 소명召命을 받고 계양桂陽에서 경사京師로 돌아왔다. 53세 12월에는 시태복소경試太僕少卿에 옮기고 기거주起居注는 그대로 두자 양사표讓謝表를 짓기도 하였다. 신사년 정우 9년(1221, 고종 8) 백운의 나이 54세로, 6월에 보문각대제 지제고寶文閣待制知制誥를 제수하자, 또 양사표讓謝表를 지어 올렸다. 임오년 정우 10년(1222, 고종 9) 백운의 나이 55세, 6월에 태복소경 즉진太僕少卿卽眞이 되었다. 계미년 정우 11년(1223, 고종 10) 백운의 나이 56세, 12월에 조산대부朝散大夫 시장작감試將作監이 되었는데, 대제待制는 그대로였다. 갑신년(1224, 고종 11) 백운의 나이 57세, 6월에는 장작감 즉진將作監卽眞이 되었고, 12월에는 그 다음 해의 사마시 좌주司馬試座主가 되자 양사표讓謝表를 지어 올렸다. 12월에 또 조의대부朝議大夫 시국자좨주 한림시강학사試國子祭酒翰林侍講學士가 되고 지제고知制誥는 그대로였는데 양사표를 또 지어 올렸다.

을유년(1225, 고종 12) 백운의 나이 58세, 2월에 사마시司馬試 시관

試官으로, 시부詩賦에는 이유신李惟信 등 16인을 뽑고 음시音詩에는 안겸일安謙一 등 5인을 뽑고 명경明經에는 강득희康得希 등 3인을 뽑아 임금께 아뢰고 세상에 알렸다. 12월에는 좌간의대부左諫議大夫를 제수 받았으나 딴 직함은 그대로 있었으므로 양사표讓謝表를 지었다. 이 해에 왕륜사장륙영험기王輪寺丈六靈驗記를 지었으며, 또 칙명勅命을 받고 태창니고상량문太倉泥庫上樑文도 지었다. 병술년(1226, 고종 13) 백운의 나이 59세, 12월에 좨주 즉진祭酒卽眞이 되었다. 정해년(1227, 고종 14) 백운의 나이 61세, 정월에 중산대부中散大夫 판위위사判衛尉事가 되었는데 딴 직함은 그냥 두었다. 5월에는 동지공거同知貢擧로서 춘장春場 [과거 시험장] 에는 이돈李敦 등 31인, 명경明經에는 국수규鞠受圭 등 4인을 각각 뽑아 임금께 아뢰고 세상에 알렸다. 경인년(1230, 고종 17) 공의 나이 63세, 11월 21일에 멀리 위도猬島로 귀양 갔다.

이해 팔관회八關會 잔치를 열 때 옛날 규례에 어긋난 일이 있었는데 이는 추밀樞密 차공車公이 시킨 것이었다. 지어사대사知御史臺事 왕유王猷가 밑에서 일보는 자가 제대로 따르지 않은 것을 몹시 꾸짖자, 차공은 왕유가 재상宰相을 꾸짖었다고 오해하여 임금께 일렀다. 마침 공과 좌승상左丞相 송순宋恂도 그 좌석에 있었으므로 왕유를 도왔을 것이라고 의심하여 모두 먼 섬 위도로 귀양 보냈다. 백운은 이날 바로 청교역靑郊驛으로 나가 자고, 12월에 보안현保安縣에 이르러 머물다가 순풍順風을 기다려 26일에 위도로 들어갔다. 신묘년(1231, 고종 18) 백운의 나이 64세, 정월 15일에 고향인 황려현黃驪縣으로 양이(量移, 멀리 귀양간 죄인을 가까운 곳으로 옮기는 것)되었다. 위도로 유배간 지 약 19일 만에 고향으로 양이되었다. 이런 점으로 미루어 보면, 이규보와 무신 정권과의 관계가 보통 사이는 아니었던 것 같다.

정월 22일에 죽주竹州에 이르러 만선사萬善寺에서 하룻밤을 지냈다. 공이 옛날 신유년(1201, 신종 4)에 나그네로 이 절을 유람할 때 제공諸

公의 판상운板上韻을 화답한 그 끝구에 이르기를 "푸른 산 한없이 좋게 있지, 벼슬을 그만두고 다시 찾아올 거야.(好在靑山色, 休官欲重尋.)" 라고 했는데, 이때 우연히 면직되어 거듭 오게 되었으니, 이는 아마도 시참(詩讖, 자신이 지은 시가 우연히 뒷일과 꼭 맞는 것)인 듯하다. 또 시 두 편을 화답하였다. 7월에 황려黃驪로부터 경사京師에 이르렀고, 9월에 호병胡兵에 대비하기 위해 백의종군白衣從軍하여 보정문保定門을 지켰으니, 이는 시집詩集에, "장기瘴氣 꽉 찬 저 더운 지방에서, 허리 굽혀 해촌 백성 상대하기보다 낫다오. 猶勝炎州嵐瘴地, 折腰甘向海村民."라고 한 것이다. 백운은 산관散官에 있으면서도 달단達旦(몽고)에게 통하는 서표書表와 문첩文牒을 모두 맡아 지었다. 임진년(1232, 고종 19) 공의 나이 65세, 지난 기축년(1229, 고종 16)에 왕사王師가 죽었는데 이해에 문인들이 임금께 아뢰자 백운에게 비명碑銘을 지으라고 명하였다. 4월에 귀양에서 풀려나 정의대부正議大夫 판비서성사 보문각학사 경성부우첨사 지제고判祕書省事寶文閣學士慶成府右詹事知制誥에 제수되었다.

그 해 6월에 도읍을 강화도로 옮겼는데 백운은 이 서울(강화도)에 있었으나 집을 마련하지 못해 하음객사河陰客舍의 서랑西廊에 살면서 시 두 수를 지었다. 9월에 유수중군 지병마사留守中軍知兵馬事가 되었다. 강화 천도 후의 지은 시 작품 하나를 감상해 보자.

〈망양인추경천도望洋因追慶遷都〉

이규보李奎報

| | |
|---|---|
| 천도란 예부터 하늘 오르기만큼 어려운 건데, | 遷都自古上天難,(천도자고상천난) |
| 하루 아침에 공 굴리듯 옮겨왔네. | 一旦移來似轉丸.(일단이래사전환) |

세상을 밝히는 계획 그토록 서둘지 않았다면, 不是淸河謀大早,
삼한三韓은 벌써 오랑캐 땅 되었으리. 三韓曾已化胡蠻.
백치 금성[견고한 성곽]에 한 줄기 물이 둘렀으니, 百雉金城一帶河,
공력을 비교하면 어느 것이 나은가? 較量功力孰爲多.
천만의 오랑캐 기병이 나는 새와 같다지만, 萬千胡騎如飛鳥,
지척의 푸른 물결 건너지는 못하리. 咫尺蒼波略未過.
강산 안팎에 집들이 가득한데, 表裏江山坐萬家,
옛 서울 좋은 경치 이에 어찌 더한가? 舊京形勝復何加.
물이 금성보다 나은 줄 안다면, 已知河勝金城固,
덕德이 물보다 나은 줄도 알아야 하리. 且更諳他德勝河.

〈망양인추경천도〉는, 제목이 말해주듯 강화 천도遷都를 찬양한 시이다. 여기서의 바다는 최씨 정권을 오랑캐로부터 지켜주는 요새로서의 물이다. 백운은 물로 에워싼 금성은 벌써 옛 서울 송도와 견줄 만큼 번성하며, 이 같은 일을 과단성 있게 실천한 최씨 정권을 칭송하고 있을 뿐 오랑캐를 물리칠 방도를 전혀 제시하지 못하였다. 이처럼 그는 위정자로서의 소극적 자세를 보였다. 따라서 관료인 백운은 몽고 침략이라는 누란지위累卵之危의 상황에서 적을 방비할 적극적인 자세를 취하지 못하였다.

계사년(1233, 고종 20) 공의 나이 66세, 6월에 은청광록대부銀靑光祿大夫 추밀원부사 좌산기상시 한림학사 승지樞密院副使左散騎常侍翰林學士承旨에 제수되었는데 아들 함涵이 직한림원直翰林院이 된 까닭에 친혐親嫌을 피하기 위해 보문각학사寶文閣學士로 바꾸었다. 8월에 추밀원樞密院에서 숙직하면서 시 네 수를 지어 내성內省 상국相國 김인경金仁鏡에게 부쳤다. 12월에 금자광록대부金紫光祿大夫 지문하성사 호부상서 집현전태학사 판예부사知門下省事戶部尙書集賢殿太學士判禮部事를 제수받고 또 양사표讓謝表를 지어 올렸다. 갑오년(1234, 고종 21) 공의 나이 67세, 5월에 춘장 지공거春場知貢擧로 열시閱試하여 김연성金鍊成 등 31인과 명경明經에 이방수李邦秀 등 2인을 뽑아 세상에 공표하였다. 12월에 정당문학 감수국사政堂文學監修國史에 제수되어 칙명勅命을 받고 송광사주松廣社主 법신삭국사法眞覺國師의 비명碑銘을 지었다. 을미년(1235, 고종 22) 백운의 나이 68세, 정월에 태자소부太子少傅가 되었다. 12월에 참지정사 수문전태학사 판호부사 태자태보參知政事修文殿太學士判戶部事太子太保가 되었다. 병신년(1236, 고종 23) 백운의 나이 69세, 5월에 지공거知貢擧로서 춘장春場을 고시하여 박희朴曦와 29인 등과 명경明經에 이극송李克松 등 3인을 각각 뽑아 공표하였다. 12월에 걸퇴표乞退表를 올렸으나 임금이 그 표문을 궐내闕內에 머물러 두고 내시內侍 김영초金永貂를 보내어 극진히 타이르고 다시 벼슬하도록 했는데, 백운은 병이 위독하다고 핑계하였다.

진양후晉陽侯 최우崔瑀가 호적戶籍에서 나이를 줄였다고 하면서 머물러 있도록 권면하므로 백운은 하는 수 없어 12월에 다시 나아가 일을 보았다. 그러나 늘 불안한 생각을 갖고 여러 차례 시를 지어 편치 못하다는 뜻을 나타냈다. 백운은 특히 호적에서 나이를 줄였다는 것을 다행스럽게 여기지 않고 사실대로 아뢰었으니 사퇴할 생각이 진실로 간절한 것이었다. 그래도 물러날 수 없자, 늘 읊은 시가 있었는데, "얼굴이 있어도 감히 바로 들 수 없으니, 부끄러운 일 벌써부터 적지 않구나.(有面不敢擡, 慚愧已不少.)"라고 한 것이 바로 이것이다. 정유년(1237, 고종 24) 백운의 나이 70세, 7월에 칙명勅命을 받들고 동궁비주東宮妃主의 시책문諡冊文과 애책문哀冊文을 지었다. 백운은 또 표를 올려 걸퇴乞退하기를 매우 간절히 했다. 12월에는 금자광록대부金紫光祿大夫 수태보 문하시랑평장사 수문전태학사 감수국사 판예부사 한림원사 태자태보守太保門下侍郎平章事修文殿太學士監修國史判禮部事翰林院事太子太保로 치사致仕하였다. 이해에 또 칙명을 받고 대장경 각판大藏經刻板에 대한 군신기고문君臣祈告文을 지었다. 무술년(1238, 고종 25) 백운의 나이 71세, 12월에 칙명을 받들고 몽고 황제蒙古皇帝에게 올릴 표장表狀과 진경당고관인晉卿唐古官人에게 보낼 편지를 지었다. 기해년(1239, 고종 26) 백운의 나이 72세 칙명을 받들고 몽고 황제에게 올릴 표장을 지었다. 12월에 또 몽고 황제에게 올릴 표장과 진경晉卿에게 보낼 편지를 지었다. 신축년(1241, 고종 28) 백운의 나이 74세로 별세하였다.

백운은 비록 벼슬에서 물러나 집에 있었으나 국조國朝에 대한 고문대책高文大冊과 이조異朝에 오가는 서표書表 등 일이 있으면 하지 않은 바가 없었다. 7월에 병이 심해지자, 진양공晉陽公이 듣고 이름난 의원들을 보내 문병과 치료를 끊임없이 하였다. 또 백운의 평소에 저술한 전후문집前後文集 53권을 모두 가져다가 공인工人을 모집하여 빨리 새기라고 독촉까지 한 것은 백운이 죽기 전에 한번 보이고 마음을 위안시키려 했던 것이다. 그러나 공역이 워낙 거창하여 그만 끝을 보지 못한 채 9월 초이틀날 갑자기 늘 누었던 자리를 떠나 바로 서쪽을 향해 누워 오른쪽 갈빗대를 자리에 붙이고 밤이 되자 잠든 듯이 졸卒하였다. 왕이 부음訃音을 듣자, 놀라고 애통해 하면서 유사有司에게 명하여 초상을 잘 치르도록 하고 또 근시近侍를 시켜 뇌시誄詩를 지어 잘 죽은 것을 찬미하게 하고, 문순공文順公이란 시호諡號를 내렸다. 12월 6일 경인庚寅에 진강산鎭江山 동쪽 기슭에 장사 지냈다. 공은 평생에 집안 살림은 경영하지 않고 늘 시詩와 술로 오락을 삼았는데 비록 의상蟻床, 침상에 누워서도 시를 끊임없이 읊었다. 또 『능엄경楞嚴經』을 좋아하여 심지어 경經을 등지고 앉아 외기까지 하였다. 나중에 임종 때 이르러서는 아내와 자식들을 물리쳐 시끄럽게 떠들지 않도록 하고 조용히 세상을 떠났으니 활달

하고도 참다운 군자君子라 하겠다. 아, 함涵은 이때 외직으로 홍주洪州에 나가 있었으므로 임종을 미처 보지 못했으니 평생에 애통한 심정을 어찌 말로 형용할 수 있으랴.

〈망양인추경천도〉 시만 제외하면 대체로 『동국이상국집』에 실려 있는 대강의 연보年譜를 정리한 셈이 된다. 왜 이규보의 연보를 장황하게 서술했겠는가? 연보에서 보이는 것처럼, 백운은 사직서를 53세부터 시작하여 70세까지 7번을 올렸다. 한 해에 2번의 사직서를 올린 해도 있고, 그 사이에 위도에 귀양을 갔다 오기도 하였다. 그러나 한 번도 물러난 적이 없다. 참된 유자儒者라면 도道가 서지 않은 시대에 출사出仕를 하지 않는 것이 마땅한 처세이다. 그러나 백운은 사직서만 올렸지 실제로 실천하지 않았다. 그의 진정성이 의심되는 부분이다. 백운은 〈백운거사 어록〉에서 '도를 추구하는 군자君子가 되고 싶다' 고 했다. 그러나 그의 연보에서 보여준 처세는 군자의 삶과는 거리가 멀다. 백운을 조금은 객관적으로 바라 볼 수 있게끔 조금은 장황하게 연보를 소개하였다.

문장가로서는 최고라고 할 수 있는 문순공 이규보이다. 그의 시 중에 시관을 알 수 있게 하는 시가 한 편 있다.

〈논시論詩〉

이규보

시 짓기가 무엇보다도 어려우니, 作詩尤所難,(작시우소난)
말과 뜻이 함께 아름다워야 하네. 語意得雙美.(어의득쌍미)
함축된 뜻이 진실로 깊어야, 含蓄意苟深,(함축의구심)

음미할수록 맛이 더욱 알차네. 咀嚼味愈粹.(저작미유수)
뜻이 서도 말이 원만하지 못하면, 意立語不圓,(의립어불원)
난삽하여 뜻을 전하기 어렵다네. 澁莫行其意.(삽막행기의)
그 중에 뒤로 여겨도 될 것은, 就中所可後,(취중소가후)
아로새겨 곱게 꾸미는 것일세. 雕刻華艶耳.(조각화염이)
꽃답고 고운 것을 어찌 꼭 마다하랴! 華艶豈必排,(화염기필배)
이 또한 사뭇 정신을 써야 한다네. 頗亦費精思.(파역비정사)
꽃을 잡느라 열매를 버리니, 攬華遺其實,(람화유기실)
이로써 시의 본지本旨를 잃는다네. 所以失詩旨.(소이실시지)
근래에 시 짓는 무리들은 邇來作者輩,(이래작자배)
풍아의 이치는 생각지 않고, 不思風雅義,(불사풍아의)
겉을 꾸미느라 단청을 빌려 外飾假丹靑,(외식가단청)
한때의 기호에 맞추고자 하네. 求中一時嗜.(구중일시기)
뜻은 본래 자연에서 얻는 것 意本得於天,(의본득어천)
쉽게 이루기 어렵다네. 難可率爾致.(난가솔이치)
얻기 어려운 줄 스스로 헤아리고는, 自揣得之難,(자췌득지난)
그로 인해 꾸미기만 일삼는다네. 因之事綺靡.(인지사기미)
이로써 뭇 사람을 현혹시켜 以此眩諸人,(이차현제인)
속이 빈 뜻을 감추려 한다네. 欲掩意所匱.(욕엄의소궤)
이런 풍속이 이미 차츰 이루어져 此俗寖已成,(차속침이성)
사문斯文이 땅에 떨어졌다네. 斯文垂墮地.(사문수타지)
이백과 두보가 다시 나지 않으니, 李杜不復生,(이두불부생)
누구와 더불어 진위를 분별하랴. 誰與辨眞僞.(수여변진위)

위의 시에서 이규보는 시의 뜻[意] 곧 시의 의경意境과 함께 원만하고 순탄한 사어辭語를 모두 중요시하였다. 다시 말하면 뜻과 말 꾸밈 모두 중요하다고 한 것이다. 그러면서도 특히 함축된 깊은 뜻을 중요시하였다. 그리고 시의 뜻이 알차면서도 문장이 곱게 꾸며진다면 더할 나위 없이 좋은 일이겠으나, 본말本末 중에 차라리 근본의 실속을 취하는 쪽이 낫기 때문에, 시의 알찬 뜻에 보탬이 되지 않는 겉꾸밈은 배격하였다. 그것은 문장을 아로새겨 곱게 꾸미는 일 또한 정신적인 수고로움을 적잖이 필요로 하는 일인지라, 그 필요성을 인정하여 극력 배격하지는 않으면서도 문장의 실속을 중히 여기기 때문에 배격한 것이라 하겠다.

그리고 백운은, 근래의 시인들은 시에서 알찬 뜻을 나타내기 어렵다는 것을 알기 때문에 풍아風雅의 이치로써 보여 준 시 전통의 본지本旨를 망각하고서 차츰 실속 없는 것을 은폐하려 겉꾸밈만을 일삼는다고 하면서, 시단詩壇의 풍속이 그와 같은 풍속으로 바뀌어 버린 것을 안타까워하여 '사문斯文이 땅에 떨어졌다' 고까지 개탄하였다. 여기서의 '사문斯文' 이란 유교 철학의 정수精髓가 담긴 글로서의 '사문' 이 아니라 잠깐 '참된 시의 전통' 을 뜻하여 한 말이다. 그러므로 백운은, 근본을 중히 여겨 시의 본지를 잃지 않고서 풍아의 전통을 참되게 계승했던 시인으로서 그 시대의 시단을 바로잡는 데 거울삼을 만한 이태백과 두보를 그리워하지 않을 수 없었다.

그리고 당시 문단의 병폐가 남의 것을 모방하는 풍조가 지나쳐 표절까지 서슴지 않고 있는 풍조를 개탄하면서 남의 시를 잘 모방하지 못하고 도습蹈襲하거나 아니면 심하게 표절剽竊까지 행하고 있다고 비판하면서 그럴 바에는 신어新語로써 신의新意를 드러내는 것이 올바른 시작법이라고 하였다. 백운이 이런 시작법을 주장하는 과정에서 『시구불의체詩九不宜體』를 주장하였는데, 소개하면 다음과 같다.

시에는 아홉 가지의 마땅하지 않은 체體가 있으니, 이는 내가 깊이 생각해서 스스로 터득한 것이다. 한 편 안에 고인古人의 이름을 많이 쓰니, 이는 귀신을 실어다가 수레를 가득 채우는 체體요(재귀영거체, 載鬼盈車體), 고인의 뜻을 훔쳐 쓰는 것은 도둑질을 잘한다고 해도 오히려 안 되겠거든, 도둑질 또한 잘하지 못하니, 이는 서툰 도둑이 쉽게 사로잡히는 체요(졸도이금체, 拙盜易擒體), 강운强韻을 압운押韻하되 근거 삼을 데가 없으니, 이는 쇠뇌를 당기는 데 힘에 부치는 체요(만노불승체, 挽弩不勝體), 제 재주를 헤아리지 못하여 압운하는 것이 지나치게 어긋나니, 이는 술을 마시되 량量이 지나친 체요(음주과량체, 飮酒過量體), 험險한 글자 쓰기를 좋아하여 남으로 하여금 쉽게 현혹되게 하니, 이는 갱坑[굴]을 파 놓고 소경을 이끄는 체요(설갱도맹체, 設坑導盲體), 말이 순탄하지 못한데도 억지로 인용하니, 이는 남으로 하여금 억지로 자기를 따르게 하는 체요(강인종기체, 强人從己體), 상스러운 말을 많이 쓰니, 이는 촌노인[村父:촌보]들이 모여서 지껄이는 체요(촌보회담체, 村父會談體), 말하기를 꺼려서 삼가해야 할 분을 범犯하기를 좋아하니, 이는 존귀한 분을 능멸하고 범하는 체요(능범존귀체, 凌犯尊貴體), 말이 거친데도 잘라내지 않으니, 이는 가라지[잡초]가 밭에 무성한 체(낭유만전체, 莨莠滿田體)라 하겠으니, 이 마땅하지 않은 체격體格을 능히 면한 뒤에라야 가히 더불어 시를 말할 수 있을 것이다.

(詩有九不宜體, 是予所深思而自得之者也. 一篇內多用古人之名, 是載鬼盈車體也, 攘取古人之意, 善盜猶不可, 盜亦不善, 是拙盜易擒體也, 押强韻無根據處, 是挽弩不勝體也, 不揆其才, 押韻過差, 是飮酒過量體也, 好用險字, 使人易惑, 是設坑導盲體也, 語未順而勉引用之, 是强人從己體也, 多用常語, 是村父會談體也, 好犯語忌, 是凌犯尊貴體也, 詞荒不刪, 是莨莠滿田體也, 能免此不宜體格, 而後可與言詩矣.)

대가大家다운 문학관이다. 현대의 문학 이론과 견주어도 전혀 손색이 없을 정도이다. 다음의 〈반관난反觀難〉은, 백운이 만년晩年에 쓴 시로, 『논어論語』 『학이學而』편篇의 "내가 날마다 세 가지 관점에서 내 몸을 살펴보나니吾日三省吾身"을 용사한 것이다.

〈반관난反觀難〉

이규보

반성하기 어렵네. 반성하기 어려워, 反觀難反觀難(반관난반관난),
성현이 아니라면 누가 능히 이를 알랴. 非聖非賢誰會此(비성비현수회차).
자신을 반드시 타인으로 인정하고, 必當反己作他身(필당반기작타신),
그 사람의 행동거지를 본 듯하여, 如見其人動靜與行止(여견기인동정여행지),
그 몸을 사사로이 여기지 않은 후에야, 不自私其身然後(불자사기신연후),
능히 반성의 뜻을 행할 수 있네. 能行二字義(능행이자의).
비유컨대 내 얼굴을 거울에 비춰보면, 譬如吾面形於鏡(비여오면형어경),
타인의 얼굴로 여겨짐과 같음이니, 卽與他面似(즉여타면사),
누구인들 남의 얼굴 보고서, 孰有觀人面(숙유관인면),
마침내 추하고 아름다운 것을 모르랴. 竟莫知醜美(경막지추미).
그래도 알지 못한다면, 然猶未得知(연유미득지),
눈 먼 소경과 무엇이 다르랴. 何異盲瞽類(하이맹고류).
모든 선비들은 마음에 새겨 두라. 凡百士子銘於心(범백사자명어심).
귀중한 것은 자신을 돌이켜 반성함이라는 것을. 貴能反觀因省己(귀능반관인성기).

증자曾子의 '일삼성오신日三省吾身'은, '남을 위해서 꾀하되 진실되게 하지 않았는가? 벗과 더불어 사귀되 미덥게 하지 않았는가? 전수 받은 것을 몸으로 익히고 행동으로 실천하지 않았는가?'로서, 날마다 자신을 성찰하는 자세를 보여 주는 것이다. 위의 시 〈반관난〉은, 성현의 말씀을 인용하여 시적 의미를 더 깊게 하고 있다. 증자께서 날마다 세 가지 관점에서 반성하듯이, 이규보 역시 만년에 반성의 소중함을 되새기고 있다.

▲ 몽고의 침략으로 송도에서 강화도로 천도했던 고려 왕궁터의 지금 모습이다. 39년간 긴 세월을 견딘 곳이다

▲ 백운 이규보는 강화 천도 후, 9년을 살다가 강하도에서 운명을 달리했다. 강화도 진강산鎭江山에 있는 백운의 안택이다.

## 45. 정지상鄭知常과 대동강

정지상(? ~1135)은 고려 중기 인종 때의 문신文臣이다. 본관은 서경西京이고, 초명은 지원之元이며 호號는 남호南湖이고 서경西京 출신이다. 1114년(예종 9년) 문과에 급제하였다. 묘청妙淸 · 백수한白壽翰 등의 음양비술陰陽秘術을 믿어 한때 묘청 · 백수한 등과 함께 삼성三聖이라는 칭호를 받았다. 그리고 수도를 서경인 평양으로 옮길 것과 금나라를 정벌하고 고려 왕도 황제로 칭할 것을 주장하였다. 1130년 시인 곽여가 죽자, 왕명으로 〈산재기山齋記〉를 지을 정도로 문명文名을 인정받고 있었다.

1135년(인종 13년) 묘청의 난이 일어나자 이에 관련된 혐의로 백수한과 함께 난 가담자로 분류되었다. 관군 총사령관으로 반란진압에 나선 김부식金富軾은 먼저 국론을 통해 정지상 · 김안 · 백수한 등이 반역에 가담했으니 제거해야 한다고 주장하였다. 그때 개경에 있었던 정지상은 즉시 체포되었다. 체포된 그는 김부식의 사명私命에 의해 궁문 밖에서 죽임을 당하였다. 이런 처사를 두고 『백운소설』에서는 "시중侍中 김부식과 학사學士 정지상은 문장으로 한때 이름을 나란히 하였다. 두 사람은 알력이 생겨 서로 사이가 좋지 못했다."라고 적고, 김부식이 자기에 의해 피살되어 음귀陰鬼가 된 정지상에 의해 죽었다는 일화를 실었다. 정지상의 대표작인 〈송인送人〉을 감상해 보자.

## 〈송인送人〉大同江

정지상鄭知常

| | |
|---|---|
| 비가 그친 긴 제방에 풀빛이 고운데, | 우헐장제초색다<br>雨歇長提草色多, |
| 그대를 보내는 남포에는 걸핏하면<br>슬픈 노래 울러 퍼지네. | 송군남포동비가<br>送君南浦動悲歌. |
| 대동강 물은 어느 때 마를까? | 대동강수하시진<br>大同江水何時盡, |
| 이별의 눈물 해마다 푸른 물결에 더하는 것을. | 별루년년첨록파<br>別淚年年添綠波. |

비가 갠 긴 강둑에는 오히려 풀빛은 싱그럽게 고운데, 임을 보내는 남포에는 언제나 이별의 노래가 울려 퍼진다. 사람들이 이별하는 이 남포에는 늘 이별의 눈물이 마를 날이 없어 강물에 더하기 때문에 대동강은 마를 날이 없다.

선경후정의 구성으로 임과의 이별을 노래한 시이다. 이별의 장소인 남포에는 걸핏하면 이별의 노래가 들리는 곳이다. 그곳에 비가 갠 산뜻한 날에도 이별은 어김없이 행해지고 있어 대동강 물은 마를 날이 없다는 것이다. 아름다운 자연적 배경과 이별의 슬픔을 대비하여, 한恨의 감정 더욱 고조되고 있다. 첫구의 '多'는 '곱다'는 의미이고, 2구의 '動'은 부사로 '걸핏하면'으로 풀이하면 된다. 간혹 '動'을 서술어로 알고 '움직인다'의 의미로 풀이하기도 하는데, 이는 잘못이다. 정지상은 노장사상에 심취하여 탈속적인 분위기의 시를 쓰기도 하였다.

〈장원정長源亭〉

정지상

우뚝 솟은 쌍궐은 강가에 벌려 섰고, 岧嶢雙闕枕江濱, (초요쌍궐침강빈)
맑은 밤 천지에 티끌 한 점 일지 않네. 淸夜都無一點塵. (청야도무일점진)
바람에 불려가는 돛대는 구름 같이 조각조각 흩어지고, 風送客帆雲片片, (풍송객범운편편)
기왓장에 어린 이슬 구슬 같이 반짝반짝. 露凝宮瓦玉磷磷. (노응궁와옥린린)
푸른 버들 드리운 문 닫힌 8~9 가옥, 綠楊閉戶八九屋, (녹양폐호팔구옥)
밝은 달빛 걷힌 발 아래로 속삭이는 서너 사람 明月捲簾三四人. (명월권렴삼사인)
아득한 봉래산은 어디에 있는지, 縹緲蓬萊在何許, (표묘봉래재하허)
꿈 깨자 꾀꼬리는 봄소식을 알리네. 夢闌黃鳥囀靑春. (몽란황조전청춘)

위의 시 〈장원정〉은 탈속의 세계를 형상화한 것이다. 바람 한 점 불지 않는 맑은 밤하늘에는 조각구름이 떠 있고, 기왓장은 옥비늘 이슬로 덮어 있으며, 그 집안의 정경으로서는 걷어 올린 주렴 아래 서너 사람의 모습이 보인다. 마치 속세의 모습을 떠난 탈속의 경지를 보여 주는 듯하다.

문학에 뛰어난 재능을 지녔던 정지상은, 서경[평양] 출신으로서 수도를 서경으로 천도할 것을 주장하였다. 그러나 김부식을 중심으로 한 유교적인 사대적인 성향이 강했던 송도 세력과 대립하여, 결국 죽임을 당하는 꼴이 되었다. 정지상의 작품은 『동문선東文選』에 전하는 〈신설新雪〉·〈향연치어鄕宴致語〉와 『동경잡기東京雜記』에 전하는 〈백률사栢律寺〉·〈서루西樓〉 등으로, 현전하는 작품 수는 23수뿐이다.

## 46. 김부식金富軾과 결기궁結綺宮

김부식(1075~1151)은 고려 중기의 유학자 · 역사가 · 정치가 · 문학가였다. 본관은 경주慶州이고 자字는 입지立之이며 호號는 뇌천雷川, 시호諡號는 문렬文烈이다. 신라 왕실의 후예로 신라가 망할 무렵 그의 증조부인 위영魏英이 고려 태조에게 귀의하였다. 그는 13~4세 무렵에 아버지를 여의고 편모 슬하에서 자랐다. 형세는 4형제로 모두 과기에 급제하여 중앙관료로 진출하였다. 4형세 중 부식과 둘째형 부일, 그리고 동생 부철은 당시 관직 중에서도 가장 명예스러운 한림직翰林職을 맡아 남들로부터 부러움을 사기도 하였다. 소식蘇軾과 소철蘇轍 송나라 문인인 이들을 좋아해서 김부식金富軾 자신의 이름과 동생 김부철金富轍의 이름에 식軾자와 철轍자를 넣어 이름을 지기도 했다.

정치가로서는 이자겸이 피살된 후, 그리고 묘청의 난을 물리친 김부식은 출세가 승승장구하여, 수충정난정국공신輸忠定難靖國功臣에 책봉되고, 검교태보 수태위 문하시중 판이부사檢校太保守太尉門下侍中判吏部事에 올랐다. 유교주의적 대의명분으로 끊임없이 자신의 정치적 이상을 실현해 보려 했다는 점에서, 그는 전형적인 중세의 유교적 합리주의자로 평가 받고 있다. 벼슬에서 물러난 뒤 인종의 명을 받들어 정습명鄭襲明 · 김효충金孝忠 등 10인과 함께 『삼국사기三國史記』를 편찬하였다.

## 〈결기궁結綺宮〉

김부식金富軾

| | |
|---|---|
| 요堯 임금 뜰은 낮기 세 자였으나, | 堯階三尺畢(요계삼척필), |
| 천추에 그 덕을 남기었고. | 千載餘其德(천재여기덕). |
| 진시황제의 성은 만 리나 되었으나, | 秦城萬里長(진성만리장), |
| 2대만에 나라 잃었네. | 二世失其國(이세실기국). |
| 예와 오늘의 흐름 속에서, | 古今靑史中(고금청사중), |
| 능히 그 거울이 될 만하거니. | 可以爲觀式(가이위관식). |
| 수나라 황제는 어이 생각하지 못하고서, | 隋皇何不思(수황하불사), |
| 토목 공사로 백성의 힘 말렸던고. | 土木竭人力(토목갈인력). |

요 임금은 뜰의 높이가 아주 낮았지만 그 덕이 천 년을 가고, 반대로 진秦나라 시황제는 이민족의 침범을 막기 위해 만리장성을 쌓았지만 2대만에 망하고 말았다. 옛날이나 지금이나 그 일은 우리들의 귀감龜鑑으로 삼을 만하다. 그런데 수隋나라 황제는 그 일을 생각하지 못하고 북경과 항주를 잇는 대운하인 경항京杭 운하를 만들고 그 주변에 버드나무를 심는 등 백성들을 토목 공사에 끌어내서 그들의 인력을 착취하였다. 결국 수나라는 황제의 권력횡포로 인해 나라가 망하고 말았다.

요堯 임금은 아들 단주가 불초해서 천하를 이어받기에는 부족하다는 것을 알았기 때문에 권력을 순舜에게 넘겨주기로 하였다. 순에게 제위를 넘겨주면 천하의 모든 사람들이 이익을 얻고 단주만 손해를 보지만, 단주에게 제위를 넘겨주면 천하의 모든 사람들이 손해를 보고 단주만 이익을 얻는다는 것을 알았던 것이다. 이는 “한 사람의 이익을 위해 천하가 손해 볼 수는 없다."라고 하여, 끝내 천하를 순에게 넘겨주었다. 이런 정치를 김부식이 바라던 유교주의적 대의 명분은 아니었는지 생각하게 하는 시이다.

## 47. 이제현李齊賢과 충선왕忠宣王

이제현(1287~1367)은 고려의 문인이면서 성리학자이다. 초명은 지공之公이고 자字는 중사仲思이며 호號는 익재益齋고 시호諡號는 문충文忠이다. 익재는 1314년(충숙왕 1) 백이정의 문하에서 정주학程朱學을 공부했고, 같은 해 원元나라에 있던 충선왕이 만권당萬卷堂을 세워 그를 불러들이자 연경燕京에 가서 원나라 학자 요수 · 조맹부 · 원명선 등과 함께 고전을 연구하였다. 1319년 원나라에 갔다가 충선왕이 모함을 받고 유배되자 그 부당함을 원나라에 밝혀 1323년 풀려나게 하였다. 1357년 문하시중에 올랐으나 사직하고 학문과 저술에 몰두하였다. 그의 저술로는 『익재난고益齋亂藁』 10권과 『륵옹패설櫟翁稗說』[2] 2권이 전한다.

『익재난고』에는 고려 당시 우리말로 노래 불렀던 민요民謠가 한시漢詩로 번역되어 전하는 〈소악부〉 11편이 있다. 그 중 4번째 작품으로 〈사리화沙里花〉가 있다.

### 〈사리화沙里花〉

이제현李齊賢

| | |
|---|---|
| 참새야 어디서 오가며 나느냐? | 황작하방래거비<br>黃雀何方來去飛, |

2 『櫟翁稗說』 륵[늑]옹패설의 음音을 '역옹패설'로 또는 '낙옹비설'로 잘못 읽기도 하는데, '櫟'의 音은 '상수리나무'라는 뜻에서의 '륵'으로 읽어야 한다.

일 년 농사는 아랑곳하지 않고. 一年農事不曾知.
늙은 홀아비 홀로 갈고 맸는데, 鰥翁獨自耕耘了,
밭의 벼며 기장을 다 없애다니. 耗盡田中禾黍爲.

세금의 가혹함과 권력자의 수탈을 참새가 곡식을 쪼아 먹는 것에 빗대어 노래한 것이다. 일 년 농사를 힘들세 지어 놓았는데, 그런 수고로움은 생각지 않고 아까운 곡식을 쪼아 먹는 참새를 통해 가혹한 수탈을 일삼는 권력자의 가렴주구苛斂誅求를 풍자하고 있는 시이다. 홀아비의 애처로움이 묻어난다.

익재가 36세 되던 해(1322) 그가 모시던 상왕上王 충선왕忠宣王이, 고려 환관宦官 출신으로 원元나라 황실의 총애를 받던 백안독고사伯顏禿古思의 모함으로 서번 철사결西蕃 撤思結로 귀양을 가게 되었다. 그 해 겨울, 익재는 고려에서 원나라로 가는 도중에 이 소식을 전해 듣고 울분을 이기지 못해 〈황토점黃土店〉 3수를 짓게 되었다.

먼저 『고려사高麗史』, 『열전列傳』, '임 백안독고사任 伯顏禿古思'를 살펴보자.

임 백안독고사는 상서尙書 주면朱冕의 노비였다. 자기 손으로 거세하여 고자가 되었다. 충선왕은 그를 비인군으로 봉하였다. 어떤 인연이 있어 원나라 인종仁宗이 친왕親王으로 있을 때에 인종을 섬겼다. 그의 성정이 간악하고 음침하였고 옳지 않은 일을 많이 하였으므로 충선왕이 그를 매우 미워하였다. 백안독고사도 그것을 알아차리고 어떻게 해서든지 충선왕을 중상하려 하였으나 원나라 인종과 황태후가 충선왕을 후히 대하였으므로 기회를 얻지 못하였다. 그런데 어느 때 충선에게 무례한 행동을 하였으므로 충선이 황태후에게 청하여 그에게 장형을 가하고 또 황태후의 명령으로 그가 다른 사람에게서 빼앗은 토지와 노비를 몰수해서 그 주인에게 돌려주었다. 이때부터 충선에 대한 그의 원한은 점점 더 깊어 갔다. 그 후 인종이 죽고 황태후도 별궁에 물러가서 있게 되자 백안독고사에게는 더욱더 꺼릴것이 없어지게 되었다. 여기서 그는 팔사길八思吉에게 많은 재물을 주면서 이모저모로 충선왕을 무고중상하였다. 원나라 영종은 사신을 파견하여 토지와 노비를 그에게 돌려주었고, 충선왕은 서번으로 귀양보냈다. 백안독고사는 계속 왕을 참소하여 그 화를 예측키 어려웠으나 승상 배주拜住의 구원을 받아서 그 화를 면했다.
(任伯顔禿古思, 尙書朱冕家奴也. 自宮爲閹, 忠宣時封庇仁君. 寅緣事元仁宗於藩邸 佞險多不法 忠宣深嫉之 伯顔禿古思知之, 思有以中傷以, 仁宗及皇太后待之 厚不得發嘗無禮於忠宣 忠宣請皇太后杖之 又伊皇太后命, 刷其所奪人土田臧獲歸 其主怨恨益深及, 仁宗崩 皇太后亦退居別宮, 伯顔禿古思益無所畏厚啗, 八思吉百計誣譖之, 英宗遺使復給田民 竄王于吐蕃, 伯顔禿古思讒訴 不已禍幾不測賴,丞相拜住營救得免.)

위의『고려사』,『열전』의 내용처럼, 백안독고사가 충선왕에 대한 구원舊怨으로 원나라 황제에게 참소하여 충선왕을 결국 '서번 철사결' 로 귀양을 가게 하였다. 이 안타까운 소식을 전해 들은 익재가 〈황토점〉 3수를 짓게 된 것이다.

〈황토점 삼수黃土店三首〉

이제현

세상 일 갈수록 차마 들을 수 없어, 　　세 사 유 유 불 인 문
世事悠悠不忍聞,

다리 위에 말 멈추고 할 말을 잊었네. 荒橋立馬忽忘言.(황교입마홀망언)
어느 때 백일이 가슴을 비춰 줄는지, 幾時白日明心曲,(기시백일명심곡)
이곳 청산이 눈물에 가렸다. 是處靑山隔淚痕.(시처청산격루흔)
잔도 불태운 자방이 어찌 신의를 저버렸으랴? 燒棧子房寧負信,(소잔자방녕부신)
예상의 영첩도 일찍이 은혜를 알았다네. 翳桑靈輒早知恩.(예상영첩조지은)
아아! 이 몸에 날개 생길 방도 없으니, 傷心無術身生翼,(상심무술신생익)
구름 위로 날아가 대궐에 부르짖을 수 없네. 飛到雲霄一叫閽.(비도운소일규혼)

허공에 돌돌이라 혀 차는 소리 쓰며 앉아
수심에 잠기노니, 咄咄書空但坐愁,(돌돌서공단좌수)
왕실은 쇠미해져 어느 곳이 숨어
살 곳이라 노래하리오. 式微何處是菟裘.(식미하처시토구)
십 년 천리 길을 떠나온 물고기요, 十年艱險魚千里,(십년간험어천리)
만고 흥망을 담비떼가 한 언덕에 몰리는 듯. 萬古升沈貉一丘.(만고승침맥일구)
해 저물 때마다 혼이 바로 끊어져 버리고, 白日西飛魂正斷,(백일서비혼정단)
흐르는 강물 따라 눈물이 먼저 쏟아지네. 碧江東注淚先流.(벽강동주루선류)
문하에 가득 찬 벼슬아치들 가운데
계명구도鷄鳴狗盜할 이 하나 없고, 滿門簪履無鷄鳴,(만문잠이무계명)
나처럼 큰 은혜 받은 사람 죽어야
부끄러움을 씻으리라. 飽德如吾死合羞.(포덕여오사합수)

한 치의 창자 속에 얼음과 숯불이
어지러이 뒤섞이듯, 寸腸氷炭亂交加,(촌장빙탄난교가)
한 번 연산 바라보고는 아홉 번 탄식하네. 一望燕山九起嗟.(일망연산구기차)

고래가 개미에게 곤욕당한다고 누구 일렀던가? 誰謂鱣鯨困螻蟻, (수위전경곤루의)

가련하도다. 이와 서캐가 두꺼비와 새우를
헐뜯는구나. 可憐蟣虱訴蝦蟇. (가련기슬소하마)

난을 막을 재주 없으니 얼굴만 붉어지고, 才微杜漸顏宜赭, (재미두점안의자)

엎질러진 일 부여잡을 책임에 머리만 희어지네. 責重扶顚髮已華. (책중부전발이화)

만고의 금등유책 남아 있으니, 萬古金縢遺冊在, (만고금등유책재)

뭇 소인배들 주가周家를 그르치지 못하리라. 未容群叔誤周家. (미용군숙오주가)

〈황토점〉은 익재 자신의 충성심이 표현된 시이다. 〈황토점〉은, 충선왕이 백안독고사의 모함으로 서번으로 귀양가게 되었다는 소식을 고려에서 원도元都로 가는 도중에 듣고 짓은 것으로, 익재의 안타까워하는 마음과 울분이 곳곳에 드러나 있다.

〈황토점〉의 1연은, 고려 출신으로서 원나라 황실의 환관인 백안독고사가 충선왕을 참소하였다는 소식에, 익재가 망연자실茫然自失하면서도 스스로 충성심을 다짐하는 내용이다.

제1 · 2구의 내용은, 살다 보니 별의 별 일이 다 생겨, 차마 들어서는 안 될 소식까지 듣고는 넋이 나가 할 말조차 잊어버렸다는 것이다. 한갓 환관이 자기를 모시던 군주를 모함했다는 소식에, 가던 길을 멈추고 말문마저 막혔다는 것이다. 이처럼 익재는 망국의 현실에서 모멸감과 치욕을 느꼈던 것이다.

제3 · 4구에서는, 어느 때 흰 해가 자신의 심사를 알아줄 것인가 탄식하면서, 눈물이 앞을 가리고 있음을 표현하고 있다. 환관의 모함에 의해 한마디 해명도 해 보지 못한 채 쫓겨 가는 망국의 왕을 생각하는 익재 자신의 심정이 잘 드러나 있다.

제5 · 6구는 용사用事한 구로, 왕실에 대한 신의를 저버리지도 않을 것이며 왕의 은혜도 잊지 않겠다고 다짐하는 내용이다. "소잔자방녕부신燒棧子房寧負信"은 『한서漢書』, 『장량전張良傳』에 나오는 고사를 인용한 것이다. 한 고조[유방]의 신하 장량이 한왕 유방이 다시 관중으로 돌아갈 뜻이 없음을 세상에 알려 항우의 의심을 받지 않게 하기 위해, 한나라 왕 유방을 설득하여 잔도를 불태워 버린 일이다. 이는 항우에 대한 신의를 저버리지 않았음을 비유한 것이다. "예상영첩조지은翳桑靈輒早知恩"은 『춘추좌씨전春秋左氏傳』의 내용을 용사한 것이다 '예상'의 '영첩'은 춘추시대 진晋나라 사람이다. 진晋나라 조순趙盾이 예상에서 사냥을 하다가 아사餓死 직전의 영첩에게 먹을 것을 구해 주어 목숨을 이어가게 해 준 일이 있었다. 그 후에 조순이 영공靈公의 군사에게 잡혀 죽을 위기에 처했을 때, 영첩이 그를 구해 주었다는 것이다. 이는 왕의 은혜를 잊지 않고 그 은혜에 보답하겠다는 것이다. 익재도 영첩의 일을 용사하여 왕에 대한 신의를 저버리지도 않을 것이며 오히려 왕에게 충성을 다할 것임을 다짐하고 있다.

제7 · 8구에는 현실의 안타까움이 표현되어 있다. 익재 자신이 날개가 있는 새였다면 구름 위로 날아가 임금의 무고함을 원나라 조정에 직언했을 것인데, 현실이 그렇지 못해 신하의 도리를 다하지 못함에 괴로워하고 있다.

제1연에서 익재는 환관이 임금을 참소했다는 소식에 기가 막혀 할 말을 잊은 모습을 드러낸다. 그리고 이런 현실에서도 자신만은 왕실과 임금에 대한 충성을 다할 것을 다짐하되 임금이 환관의 농간에 놀아나고 있는 현실에서 아무런 도움이 되지 못함에 그저 안타까워할 뿐이다.

제2연서는 익재의 충성심과 고려 왕실의 무능력, 신하들의 무지 등이 용사로 표현되어 있다. 제1 · 2구의 '돌돌咄咄'과 '식미式微'는 용사한 말이다. '돌돌'은 '돌돌괴사咄咄怪事'에서 온 말이다. '돌돌괴사'는 놀랍고 괴이한 일이라는 뜻으로, 진晋나라 은호殷浩가 임금에게 축출 당한 후 매일 홀로 앉은 채로 하루 종일 허공에다 '돌돌괴사'(쯧쯧, 괴이

한 일이로다.) 네 글자만 썼다는 내용이 고사이다. "허공에 '돌돌' 이라 쓰며 앉아서 탄식만 하네.[3]"라 한 것은, 마치 은호가 갑자기 축출 당해 놀랍고 괴이한 일이 된 것처럼, 충선왕이 원나라로부터 축출당한 것이 뜻밖의 일이며 괴이한 일로 여겨진다는 것이다.

'식미' 는, 『시경』, 『식미』장의 "식미식미호불귀式微式微胡不歸"(쇠미해지고 쇠미해졌는데 어찌 돌아오지 않으랴.)라는 구절에서 온 말이다. 이는 고려 왕실이 원나라로 인해 쇠미해졌음을 탄식한 말이다. '토구菟裘' 는, 노魯나라 은공隱公이 은거하던 곳으로, 은둔처를 뜻한다. 이미 고려의 왕실은 쇠미해져서 어느 곳에 숨어 살고 싶은들 숨어 살 곳도 없다. 그와 같은 표현에서 망국의 현실이 잘 묻어나고 있다.

제3 · 4구의 3구에서는, 익재 자신이 왕사王事를 위해 분주히 다녔음을 나타내었고, 4구에서는 옛날이나 현재나 어진 신하를 내몰면 나라가 망하게 됨을 보여주고 있다. '어천리魚千里' 는, 범려가 연못 가운데에 아홉 개의 섬을 만들고 물고기를 길렀는데, 물고기가 하루에 천리를 달려서 살이 쪘다는 고사를 인용한 것이다. 이는 익재가 고려 왕실을 위해 동분서주東奔西走함을 나타낸 것이다. '맥일구貉一丘' 는, 『한서漢書』, 『양운전揚惲傳』의 "고여금여일구지맥古與今如一丘之貉"(고금의 흥망성쇠가 마치 한 언덕에 몰린 담비떼와 같다.)이라는 말에서 인용한 것이다. 한나라 양운揚惲이 '진秦나라가 어진 신하를 죽여서 멸망하더니, 예와 지금이 한 언덕에 사는 담비와 같다.' 고 한 말처럼, 어진 신하가 없는 현실을 한탄하였다.

제5 · 6구에서는, 익재 자신의 처절한 심리를 자연 배경에 의탁하여 표현하고 있다. 떨어지는 해는 자신의 넋이 바로 끊어져 버리는 것에 비유한 것이며, 동쪽으로 흐르는 푸른 강물은 자신의 비통한 눈물에 비유한 것이다. 쫓겨 가는 왕을 생각하자니, 신하의 도리를 다하지 못했

3 晋書 卷77, 『殷浩傳』

기에 죽고 싶은 심정임을 드러내고 있다.

제7 · 8구에서는, 임금을 구할 자 없음을 한탄하고, 또 평생 임금의 덕을 입은 익재 자신은 죽어 마땅하다고 자탄하고 있다. 그리고 "계명구도鷄鳴狗盜"가 용사되었다. '계명구도'는, 닭울음 소리를 내며 개구멍으로 들어가 도둑질한다는 뜻으로, 맹상군孟嘗君과 그의 문객門客 사이에서 생긴 고사이다. 맹상군은 전국시대 제齊의 정곽군영靖郭君嬰의 아들로, 성姓은 전田이고 명名은 문文이다. 현명한 선비를 길러 문객이 수천인이었다 한다. 진秦 소왕昭王이 죽이려 하자, 시종侍從한 문객 중에 계명구도자가 있어 '호백구狐白裘'를 도둑질하고 닭울음 소리를 내서 맹상군의 목숨을 건졌다는 고사를 쓴 것이다. 환관의 모함을 받고 귀양가는 충선왕을 구할 기지를 가진 신하가 없음을 맹상군의 일을 용사하여, 고려 신하들의 무능함을 지적하고 있다. 또한 자기 자신도 지금은 계명구도와 같은 조그마한 지혜조차도 발휘할 재주가 없음에 자괴하고 있다. 제2연은 충선왕의 유배에 대한 황당함과 고려 왕실의 무능함 그리고 고려 신하의 무능함에 대한 탄식을 용사의 작법을 이용하여 잘 형상화한 부분이다.

제3연은, 충선왕이 유배되었다는 소식에 가장 고조된 분노의 감정을 노출한 부분이다. 제1연에서, 날 수 있는 새가 될 수만 있다면 구름 위로 날아가 원나라의 조정에 하소연하고 싶다고 하여, 원나라 지배하의 처참함을 한 몸으로 느끼는 신하의 비통함을 제시하였으며, 제 2연에서도 허공에 '돌돌'이라 쓰며 고려 조정에 계명구도할 이 없는 현실을 한탄하고 있다. 이와 같이 제1 · 2연에서는 비통한 심리와 한탄이 주류가 되었다. 그러나 3연에서는, 1 · 2연과 달리 참소한 환관에 대한 격분과 그에 대한 해결 방안이 제시되어 있다.

3연의 제1 · 2구는, 분한 감정이 고조된 부분이다. 마음 속에 끓어오르는 울분으로 인해 익재 자신이 지금 지나고 있는 연산燕山을 한번 바라 볼 때마다 탄식을 아홉 번이나 하게 된다는 것이다. 솟구치는 울분을 달래는 모습이 눈에 선하다. 제 3 · 4구에서는, 간신 조무래기가 왕을 헐뜯음을 탄식하고 있다. 제5 · 6구에서는, 왕이 조무래기 간신들에게 헐뜯음을 당해도 이런 현실을 미리 막지 못한 자신의 무기력함으로 인해 얼굴이 붉어지고 머리카락까지 희어진다고 자탄하고 있다. 제 7 · 8구에서는, 간신 조무래기들이 득세하는 현실을 '금등유책金縢遺冊' 이라는 말로 해결 방안이 제시되어 있다. '금등' 은 『서경(書經)』, 『주서(周書)』의 편명으로, 주공周公이 소인들의 참소를 입었다가 결국 누명을 벗게 되었다는 내용이 담겨 있다. 익재는, '금등유책' 의 내용처럼, 충선왕도 결국 소인배들의 참소에서 벗어나게 될 것임을 예견하고 있다. 이처럼 제3연에서는, 이 치욕적인 사건이 곧 해결될 수 있을 것으로 전망하고 있다.

서거정은 『동인시화東人詩話』에서 그 작품의 제2연과 제3연을 인용한 후 이 작품 속에 함축되어 있는 "그 충성심과 격분한 심정을 본다면, 두소릉의 시만을 훌륭하다고 할 수는 없을 것이다."[4]라는 말로 평하고 있다. 원나라의 지배 하에 놓인 고려, 그것도 환관의 모함으로 일국의 왕이 유배를 당하는 현실에서, 익재는 탄식과 함께 속수무책의 심정을 토로하면서도 왕에 대한 한결같은 충성심을 드러내고 있다. 따라서 〈황토점〉은, 그 당시의 현실을 우국의 심정으로 읊은 것으로, 익재의 충절이 확연히 드러나는 작품이라 하겠다.

충선왕이 토번에 유폐될 무렵, 유청신(고려인, ?~1329년에 원나라에서 사망) · 오잠(고려인, 1259~1336) 등이 원나라에다 고려에 정동성을 설치하여 고려를 원의 속령으로 편입시키자는 내용의 글을 올리는 사건이 있었다. 이제현은 "나라를 그들의 나라 그대로 두고 백성들은 그들 나라의 백성으로 내버려 두십시오."라며 원 조정을 설득하였

4 徐居正, 『東人詩話』, 卷(上). "其忠誠憤激, 杜少陵不得專美於前矣."

다.

고려 왕실을 지키기 위한 익재의 노력은 계속되었다. 1339년에 충숙왕이 죽자 조적(고려인, ?~1339)이 심왕(瀋王, 고려 후기 심주瀋州 · 요양遼陽 등지의 고려인들을 통치하기 위해 원元에서 고려의 왕족에게 수여한 봉호로, 충선왕이 최초의 심왕임)과 결탁하여 난을 일으켰는데, 왕위에 오른 충혜왕이 정예기병을 거느리고 그를 죽이는 사건이 있었다. 이에 연경에 있는 부원세력附元勢力들이 충혜왕을 모함하여 급기야 원이 충혜왕을 소환하기에 이르렀다. 극단적인 일이 발생하자 모든 조정 대신과 백성들은 두려움에 떨었다. 이제현은 몸을 돌보지 않고 "나는 우리 왕의 신하일 뿐이다."라며 충혜왕을 호종하고 원에 가서 일을 무마시켰다. 이 일을 두고 충혜왕은 "산천이 변할지라도 그 공은 잊을 수 없다."며 감격해 했다고 한다.

그러나 조정에는 부원세력이 더욱 기승을 부리고 있었다. 더 이상 뜻을 펼칠 수 없음을 느낀 이제현은 마침내 벼슬을 버리고 은둔생활을 하였다. 그의 저작으로 유명한 『특옹패설櫟翁稗說』은 이 시기에 지은 것이다.

이제현의 공식적인 은퇴 시기는 공민왕대이다. 1357년(공민왕 6) 당시 그는 늙은 몸으로 녹봉을 많이 받는 것은 의리에 어긋난다며 물러나기를 요청했다. 공민왕은 그를 공경하여 계림부원군으로 봉하여 예를 갖추었다. 1367년(공민왕 16)에 병으로 세상을 뜨니 향년 81세였다. 문충공文忠公 시호諡號를 내렸다.

## 48. 이색李穡과 부벽루浮碧樓

이색(1328~1396)은 고려말기의 문인으로 본관이 한산韓山이고, 자字는 영숙穎叔이며 호號는 목은牧隱이고 시호諡號는 문정文靖이다. 아버지는 찬성사 곡穀이다. 이제현의 제자로서 성리학을 고려 조정에 소개, 확산시키는 역할을 하였으며, 성리학을 새로운 사회의 개혁 지향점으로 지목하였다. 이성계가 위화도 회군으로 우왕을 강화도로 유배 보내고 실권을 잡자, 이색은 창왕을 옹립하고자 하였다. 그러나 이성계 일파의 방해로 인해 실패로 돌아가고 그 여파로 유배지를 떠돌다가 사망하게 된다. 저서로는 『목은유고』·『목은시고』 등이 있다.

〈부벽루浮碧樓〉

이색李穡

| | |
|---|---|
| 어제 영명사를 지나다가, | 昨過永明寺, |
| 잠시 부벽루에 올랐네. | 暫登浮碧樓. |
| 텅 빈 성엔 조각달 떠 있고, | 城空月一片, |
| 오래된 조천석 위에 천 년의 구름 흐르네. | 石老雲千秋. |
| 기린마는 떠나간 뒤 돌아오지 않는데, | 麟馬去不返, |
| 천손은 지금 어느 곳에서 노니는가? | 天孫何處遊. |

돌다리에 기대어 휘파람을 부노라니, 長嘯倚風磴(장소의풍등),
산은 오늘도 푸르고 강은 절로 흐르네. 山青江自流(산청강자유).

어제 평양 금수산에 있는 영명사를 지나다가 잠시 평양 모란봉 절벽에 위치한 부벽루에 올랐다. 황폐해진 고구려성에는 조각달이 떠 있고, 기린굴 남쪽에 있는 큰 바위 조천석 위에는 예선과 변함없이 구름이 흐르고 있다. 고구려 동명성왕이 타고 하늘로 올라갔다는 기린마는 떠나간 뒤에 돌아오지 않으니, 천손인 동명성왕 같은 영웅은 지금 어디에 있는가? 돌다리에 기대어 길게 휘파람을 부니, 산은 오늘도 푸르고 강은 절로 흐른다.

고려 말 목은이 고구려 유적지인 평양성을 지나다가 지은 시이다. 목은은 융성했던 고구려의 왕조를 회고하는 애상적 어조로 부벽루의 쓸쓸한 자연 풍경을 묘사하면서, 권력과 인간사의 덧없음에 대한 깨달음을 담담하게 노래하였다. 텅빈 성 위의 조각달과 천년이 지나도 변함없는 바위는 자연의 영원성을 상징하고 천손이 타고 떠난 기린마는 인간의 유한성을 상징한다. 이런 자연의 무한성과 인간의 유한성과의 대조를 통해 인생의 무상감을 느끼게 하는 시이다. 그러면서 목은은 고구려를 세운 동명성왕을 생각하면서 다시 영웅이 도래하여 기울어 가는 고려 왕조가 다시 융성해지기를 소망하였다.

## 49. 정몽주鄭夢周와 使臣사신

정몽주(1337~1392)는 본관이 영일迎日이며 자字는 달가達可, 호號는 포은圃隱이다. 경상도 영천 출생이다. 초명은 몽란夢蘭 · 몽룡夢龍으로, 어머니 이씨가 임신했을 때 난초 화분을 품에 품고 가다가 땅에 떨어뜨리는 꿈을 꾸고 놀라 깨어나 아기를 낳았기 때문에, 처음 이름을 몽란이라 하였다가 뒤에 몽룡으로 개명하고 성인이 된 후에는 몽주로 고쳤다고 한다.

1357년(공민왕 6년)에 감시監試에 합격하고, 1360년에 문과에 급제하였으며, 1362년에 예문관의 검열, 수찬이 되었다. 이때 김득배가 홍건적을 격파하여 송도를 수복하고서도 김용의 모함으로 상주에서 효수를 당하자, 그의 문생으로 왕에게 청하여 그 시신을 거두어 장사지내주었다. 그 이듬해 동북면도지휘사 한방신의 종사관으로 종군하여, 서북면에서 달려온 병마사 이성계와 함께 여진 토벌에 참가하기도 하였다. 1372년에는 서장관으로 명나라 사신으로 다녀오다가 풍랑을 만나 죽을 고비를 넘기고 명나라 구조선에 구출되어 다음해에 귀국하기도 하였다. 우왕 때, 이인임의 배명친원 정책에 반대하다가 언양 땅으로 유배를 당하기도 하였다.

당시 왜구의 침략이 심하여, 나흥유를 일본에 사신을 보냈지만 감옥에 투옥되었다가 겨우 목숨만 부지하고 살아 돌아온 일이 있었다. 전일의 일로 앙심을 품고 있던 친원파 권신들이 정몽주를 일본 사신으로 천거하여 구주지방의 패가대에 가서 왜구의 단속을 요청하였다. 요청을 받고 곧바로 일본 땅에 가서 다시는 침략하지 않는다는 확답도 받고 그

동안 왜구에게 붙잡혀 갔던 고려 백성들을 귀국시키기도 하였다. 그리고 1382년에는 진공사進貢使와 청시사請諡使로 두 차례 명나라 사신 가기를 원했으나 입국을 거절당하여 요동 지방까지 갔다가 되돌아오기도 하였다. 1384년에 성절사聖節使로 명나라에 가서 그동안 얽힌 고려와 명나라의 외교 관계를 회복하고 돌아왔다.

포은은 오부 학당과 향교를 세워 후진을 가르치고, 유학을 진흥하여 성리학의 기초를 닦았다. 당시 풍속이 모든 상제喪祭에 불교의식을 숭상하였는데, 포은은 여러 선비들로 하여금 가례에 의하여 사당을 세우고 신주를 만들어 제사를 받들게 하였다. 그리고 의창義倉을 세워 궁핍한 사람을 구제하고, 수참水站을 만들어 조운漕運을 편리하게 하는 등 기울어가는 고려 왕조의 국운을 바로잡고자 노력하였다.

포은은, 1392년 이성계의 명성이 날로 높아지자 조준 · 남은 · 정도전 등이 이성계를 추대하려는 책모가 있음을 알고 기회를 보아 이들을 제거하려 하였다. 그러던 중, 명나라에서 돌아오는 세자 석奭을 마중 나갔던 이성계가 황주에서 사냥하다가 낙마하여 벽란도에 드러눕게 되자, 포은은 그 기회를 이용하여 이성계 파인 조준을 제거하려고 하였다. 이를 알아챈 이방원이 아버지 이성계에게 위급함을 알리고 그날 밤으로 다친 아버지를 개성으로 돌아오게 하였다. 그리고 이방원은 조영규를 시켜 아버지 이성계를 병문안하고 돌아가는 포은 정몽주를 선죽교에서 죽였다. 문집에 『포은집』이 있다.

포은이 동북면도지휘사 한방신의 종사관으로 종군할 때 쓴 작품을 먼저 감상해 보자.

〈정주중구한상명부定州重九韓相命賦〉

－정주에서 중양절에 한방신 도지휘사의 명을 받아 짓다.

정몽주鄭夢周

| | |
|---|---|
| 정주[함남 정평군] 중구일에 등고한 곳에, | 정주중구등고처<br>定州重九登高處, |
| 국화꽃 옛날 같이 환하게 피었구나. | 의구황화조안명<br>依舊黃花照眼明. |
| 갯벌은 남으로 선덕진에 이어졌고, | 포서남연선덕진<br>浦漵南連宣德鎭, |
| 봉우리는 북으로 여진성에 걸쳐 있다. | 봉만북의녀진성<br>峯巒北倚女眞城. |
| 백 년 동안 전쟁으로 소용돌이치던 일은, | 백년전국흥망사<br>百年戰國興亡事, |
| 만리 밖의 군인들 고달픈 심정이었다. | 만리정부강개정<br>萬里征夫慷慨情. |
| 거나하게 취한 장군, 부축해 말에 오르니, | 주파원융부상마<br>酒罷元戎扶上馬, |
| 산에 걸친 석양이 깃발에 벌겋게 비쳤구나. | 천산사일조홍정<br>淺山斜日照紅旌. |

함경남도 정평군에서 중양절에 등고登高를 하였더니, 국화꽃이 환하게 피었구나. 높은 곳에 올라 먼 곳을 바라보니 갯벌은 남쪽으로 선덕진까지 이어져 있고, 산봉우리는 북쪽으로 여진성까지 뻗어 있다. 계속되는 여진족과의 싸움은 군인들에게는 고달픔이다. 중양절 날 거나하게 취한 장군 부축해 말에 오르니, 어느새 석양이 물들고 있다.

위의 작품은 포은이 등고하여 중양절의 의미를 느껴보는 시이다. 포은이 27세 젊은 나이에 동북면도지휘사東北面都指揮使인 한방신의 종사관[비서실장]이 되어 여진족을 토벌할 때 지은 것이다. 백여 년 동안 계속된 여진과의 싸움을 회고하면서 장부의 기개가 느껴지게 한다. 산 위에서 바라본 함경도 갯벌의 넓은 모습과 중첩된 산봉우리를 보면서 장부의 큰 기상을 유감없이 발휘하기 때문이다. 또한 시간의 변화와 공간의 확대를 통해 호방한 풍격을 드러내었다. 그리고 중양절 날 높은 곳에 올라 국화를 보고 감상에 젖어 술을 마시고 해질녘에 술자리를 파한다. 이처럼 흥취 위주의 감성적인 시가 성당盛唐의 풍격이다. 그래서 허균이 이 시에 대해서 성당의 풍격이 있다고 한 것이다. 포은의 호방한 풍격은 그의 사상적 기조인 성리학에서부터 연유했을 것이다. 의리와 충절을 중시하는 성리학을 동방에 전래한 포은은 긴 역사 속에서 역사가 주는 교훈성을 배우고 젊은 기백은 우국충정을 지니게 하였다.

일본에 사신 갔을 때 지은 시도 한 번 보자.

〈정포은봉사시작鄭圃隱奉使時作〉 4수

정몽주

| | |
|---|---|
| 한 평생을 남쪽 또 북쪽을, | 平生南與北, (평생남여북) |
| 마음의 일이 갈수록 어긋나네. | 心事轉蹉跎. (심사전차타) |
| 고국 땅은 바다 서쪽 언덕인데, | 故國海西岸, (고국해서안) |
| 외로운 배는 하늘 한 끝이네. | 孤舟天一涯. (고주천일애) |
| 매화 피는 창이라 봄빛이 이르고, | 梅窓春色早, (매창춘색조) |
| 판잣집이라 빗소리만 요란하다. | 板屋雨聲多. (판옥우성다) |
| 홀로 앉아서 긴 날을 보내려니, | 獨坐消長日, (독좌소장일) |
| 괴로운 집[나라] 생각 어떻게 견뎌내리. | 那堪苦憶家. (나감고억가) |

한 평생 남쪽으로는 일본에 사신가고 북쪽으로는 명나라에 사신을 갔지만 내가 먹은 마음의 일들은 갈수록 어긋나는구나. 고국 고려 땅은 바다 건너 서쪽 끝에 있는데, 나는 외로운 배처럼 하늘 끝에 있는 것 같

다. 이곳 일본 땅은 벌써 봄이 되어 매화가 피었으며, 일본의 판잣집은 빗소리로 요란하구나. 벌써 고국을 떠나온 지 여러 날이 되어 고국에 대한 걱정과 집 생각에 괴롭기만 하구나.

위의 시는 포은의 얽매임 없는 기상이 있다. 살아오는 동안 종군과 사행 등으로, 국외와 국내로 국가를 위해 헌신한 공功이 있기 때문이다. 공민왕 21년에 첫 번째 사행으로 명나라 경사京師인 남경南京을 다녀온 사실과, 친원파와의 갈등으로 언양에 유배되었다가 왜구의 침범을 막기 위해 해배되어 사지死地인 줄 알면서도 일본에 사신 간 일들이 얽매임 없는 기상의 대표적인 예이다. 또한 일본에 사행 가서는 많은 고려의 포로를 구해내기도 하였다. 이 같은 행적을 두련에서 빠른 시간적 경과로 표현했다. 바다 끝에 위치한 일본의 공간은 '호방'하다는 평을 들을 수 있는 배경이다. 앞서 행한 사행으로 나흥유가 패가대에 감금된 사실이 있기에 그 누구도 가기를 꺼렸던 일본 땅을, 포은은 그 어디에도 얽매임 없는 호방한 기상으로 일본 사행이 가능했던 것이다. 이 같은 호방한 성격은 우국충정憂國衷情의 선비정신으로 연결될 수 있다.

포은의 호방한 기상은 어디에서 연유한 것일까? 아마도 포은이 젊은 시절부터 조예가 깊었던 성리학적 세계관과 관계가 있을 것이다. 유자儒者들의 일반적인 문학론에는 호방豪放의 풍격風格이 있기 때문이다. 그리고 성리학의 특징인 호방한 풍격뿐만 아니라 성리학에서 중시하는 의리 사상과 충절도 포은이 호방한 시풍을 지니는 데 적지 않은 영향을 끼쳤을 것이다. 그리고 자하 신위가 '기준'하다고 평한 것은 "매창춘색조梅窓春色早, 판옥우성다板屋雨聲多."의 구절이 우리말 어순의 이두식 표기이기 때문이다. 우리말 어순으로 일본의 풍물의 특성을 사실적으로 표현해냈기에 기이하면서도 뛰어났다고 평한 것이다.

홍만종洪萬宗은 『소화시평小華詩評』에서 위의 시를 소개한 후 일본 스님의 말을 인용하여 "매창춘색조梅窓春色早, 판옥우성다板屋雨聲多."의 시구가 일본의 절창입니다."[5]라고 하였다. 일본 스님이 '일본절창日本絶唱'이라 한 것은 그 두 구가 일본의 풍경을 시각과 청각적 이미지로 형상화하여 사실적으로 잘 드러냈기 때문일 것이다.

▲ 중화문에서 내려다 본 남경 시내와 거리 모습이다. 앞에 보이는 강물이 해자垓字이다.

▲ 명나라 초기 만들어진 남경의 중화문中華門이다. 고려말 포은 정몽주가 이곳 남경 중화문까지 사신을 왔던 것이다

5 洪萬宗, 『小華詩評』 44. "梅窓春色早, 板屋雨聲多. 爲日本絶唱云."

두련에서 포은圃隱은 명明나라에 사신 간 일과 일본에 사신 온 일을 그리면서, 마음먹은 유자儒者로서의 삶이 실행되지 못함을 안타까워하고 있다. 함련에서는 사신으로서의 객수客愁가 드러났으며, 경련에서는 일본 풍물을 사실적으로 묘사하였다. 일본의 기후적 특징을 고려보다 일찍 핀 매화로, 일본 판잣집의 특성을 요란한 빗소리로 잘 표현하였기에 허균은 『성수시화惺叟詩話』에서 "펄펄 나는 듯한 기상이 그 사람과 같게 되었다."[6]라고 하였으며, 이수광은 『지봉유설芝峯類說』에서 '기실紀實' 이라고 하였다. 단순히 사실적 경물을 묘사한 것이 아니라 일본의 경물과 풍속의 특징을 적실하게 시화하였기에 '기실' 이라는 평을 한 것이다. 미련에서도 사행의 외로움이 표현되었다. 하지만 지금 포은은 사신의 신분으로 일본에 있기에 단순히 향수만이 아니라 우국憂國의 정情까지 더해져 유자로서의 선비정신의 일면을 보여 주었다.

따라서 고향에 대한 그리움으로 인해 일어난 괴로움이라기보다는 친원파가 득세한 고려의 앞날에 대한 걱정 때문에 더욱 괴롭다. 이 '고苦' 라는 시어가 포은의 심정을 대신해 주고 있다. 만약 집에 대한 그리움이라면 '향鄕' 이나 '수愁' 등의 시어를 사용해도 될 것이다. 굳이 '고苦' 의 시어를 사용한 것은 단순히 집 생각, 고향 생각만을 드러내기 위한 것은 아닐 것이다. 그리고 '가家' 자字의 뜻이 '집' 가家의 의미만 있는 것이 아니라 '작은 국가' 가家의 의미도 있다. 따라서 유자적 삶의 포부를 현실적으로 펼치지 못하는 일본에서 우국憂國으로 인한 번민 때문에 더욱 괴로운 것이다. 선비로서의 포은의 충절 의식을 알 수 있게 하는 시이다.

6 許筠, 『惺叟詩話』 16 "梅窓春色早, 板屋雨聲多. 皆翩翩豪擧 類其人焉."

## 50. 서거정徐居正과 고운孤雲

서거정(1420~1488)은 조선 전기의 문신이며 학자이다. 아버지는 목사牧使 미성彌性이며 어머니는 권근權近의 딸이다. 그리고 최항崔恒이 그의 자형姉兄이다. 본관은 달성, 자字는 강중剛中, 호號는 사가정四佳亭 혹은 정정정亭亭亭이며, 시호諡號는 문충文忠이다. 세종 · 문종 · 단종 · 세조 · 예종 · 성종의 여섯 임금을 섬기면서 45년간 조정에 봉사하였다. 그리고 시문을 비롯한 문장과 글씨에도 능했으며 시화詩話의 백미白眉인 『동인시화東人詩話』를 지었고 『동문선東文選』을 편찬하는 사업에 책임자 역할을 하였다. 그리고 세조 때 『경국대전』 · 『동국통감』, 성종 때 『동국여지승람』 등 책의 편찬에 깊이 관여하였으며, 또한 왕명으로 『향약집성방』을 한글로 번역하였다. 성리학을 비롯하여 천문 · 지리 · 의약 등에 이르기까지 정통하였다. 사후 문충文忠이라는 시호가 내려지고, 경상도 대구의 구암서원龜巖書院에 배향되었다. 서울 지하철 7호선의 '사가정역' 은 그의 호를 따서 지은 이름이다.

조선 초 사장파였던 서거정이 최치원이 유람했던 부산의 해운대와 창원의 월영대를 노래한 시가 있다.

## 〈해운대행海雲臺行〉-송류사문지동래送柳斯文之東萊, 동래로 떠나는 유 선비에게

서거정徐居正

해운대의 누대 위에는 산이 창창蒼蒼하고, 海雲臺上山蒼蒼,(해운대상산창창)
해운대의 누대 아래로는 물이 망망茫茫이어라. 海雲臺下水茫茫.(해운대하수망망)
내 일찍이 말을 달려 단숨에 올랐더니, 我曾飛馹快一登,(아증비일쾌일등)
어리둥절하여 나는 신선의 고을에 올라앉은 듯. 恍然坐我神仙鄕.(황연좌아신선향)
봉래 삼신산을 또 어디서 찾는다던가? 蓬萊三山復何求,(봉래삼산부하구)
지척 사이에 금자라 머리가 어른거렸네. 咫尺隱映金鼇頭.(지척은영금오두)
내 그때 북두성과 견우성 사이에 배회하다가, 我時徘徊斗牛間,(아시배회두우간)
오른쪽 편으로는 황학, 왼쪽으로는
흰 갈매기를 불렀네. 左超黃鶴右白鷗.(좌초황학우백구)
해운의 신선은 내 온 것을 기뻐하여, 海雲之仙喜我來,(해운지선희아래)
섣달에도 잠깐 사이에 꽃을 잔뜩 피웠네. 獵月頃刻花滿開.(엽월경각화만개)
고야산 진인의 옥 같은 피부, 姑射眞人玉雪膚,(고야진인옥설부)
자하의 경액에다 황금의 술잔, 紫霞瓊液黃金壘.(자하경액황금누)
나는 천고의 근심 뒤흔들어 깨끗이 씻고자, 我欲滌蕩千古愁,(아욕척탕천고수)
고래처럼 소리 내어 마셨으니 쉴 틈이나 있겠던가? 鯨呑雷飮那復休.(경탄뇌음나부휴)
취한 중에 담소하며 무지개를 토해내니, 醉中談笑吐虹霓,(취중담소토홍예)
시가 되어 한 번 읽자 용도 이무기도 놀랐다네. 詩成一讀驚龍蚪.(시성일독경용두)
고운, 고운이여 그 분은 유선儒仙이시니, 孤雲孤雲是儒仙,(고운고운시유선)
풍류 누리며 헤매 다닌 것이 벌써
천년의 세월이어라. 風流往事今千年.(풍류왕사금천년)

나 고운을 초대하고자 부르고 또 불러 찾건만, 아욕환기고운레 我欲喚起孤雲來,

고운은 오지 아니하고 이 마음만 헛헛하여라. 고운부레심망연 孤雲不來心茫然.

그대 유 선비 이제 해운대를 찾아가서는, 군금거방해운대 君今去訪海雲臺,

나를 대신하여 고운이 어서 찾아오시라

술 한 잔 올리게나. 위아일뢰고운레 爲我一酹孤雲來.

이에 타향 만 리 떠나는 그대에게

긴 노래를 건네면서, 증군이원유만리지장가 贈君以遠遊萬里之長歌,

그대에게 양관陽關삼첩 이별의 시처럼

이별의 술 한 잔 따르노라. 작군이양관삼첩지일배 酌君以陽關三疊之一杯.

내가 기억하는 해운대는 하늘 남쪽 끝머리, 아억해운천남극 我憶海雲天南極,

아련하게 찾고 싶으나 가지 못하는구나. 창망사귀귀부득 悵望思歸歸不得.

해운대 위에는 일만 겹구름, 해운대상만촉운 海雲臺上萬矗雲,

해운대 앞에는 둥근 달 하나. 해운대전일륜월 海雲臺前一輪月.

해운대의 누대 위에는 산이 푸르고, 해운대 누대 아래에는 물이 아득하게 넓다. 내 옛적에 말을 달려 선뜻 올랐더니, 나는 어리둥절 신선의 고을에 와 있었다. 봉래 삼신산을 또 어디서 찾을 수 있겠는가? 지척 사이에 아홉 마리의 자라들이 삼신산을 떠받들고 있으니, 이곳이 신선이 사는 곳이 아니겠는가? 내가 그때 북두칠성과 견우성 사이를 배회하다가 오른쪽에는 황학을 왼쪽에는 백구白鷗를 불렀다네. 황학과 백구를 타고 해운대로 가니, 해운대 신선은 내 온 것을 기뻐하여, 섣달에도 잠깐 사이에 동백꽃을 잔뜩 피워 놓았다. 고야산의 신선 옥 같은 피부에 자줏빛 술을 황금 술잔에 따르는구나. 나는 천고의 근심 뒤흔들어 깨끗이 씻고자 고래처럼 소리 내어 신선술을 마시니 어디 쉴 틈이 있었겠는가? 취한 중에 아름다운 이야기를 토해 내니, 그 말들은 시가 되어 용도 이무기도 모두 놀라는구나. 고운 고운 최치원 선생이여 그 분은 신선이라 이제는 그 분이 오실 수 없어 마음이 허전하기만 하구나. 그대 유 선비 해운대를 찾아가서는 나 대신 술 한 잔 고운 선생에게 올리며 어서 다시 오시라고 말하게나. 그대에게 이별의 시를 주고 이별의 술을 따르노라. 내가 기억하는 하늘 남쪽 해운대, 아득히 가고 싶으나 가지 못하는 곳 해운대, 위에는 일만 겹구름이 떠 있고, 해운대 앞에는 둥근 달 하나 비치네.

해운대로 떠나는 유 선비에게 작별의 시이면서, 신라 말기에 해운대를 유람했던 그러나 지금은 신선이 된 고운孤雲 최치원崔致遠 선생을 그리워하는 시이기도 하다. 신선 사상이 엿보이는 시이다.

〈월영대月影臺〉

서거정

| | | |
|---|---|---|
| 월영대 앞에 달은 이제껏 오래오래 떠 있건만, | 월영대전월장재 | 月影臺前月長在, |
| 월영대 위에 올랐던 사람은 이미 가고 없네. | 월영대상인이거 | 月影臺上人已去. |
| 고운이 고래를 타고 하늘로 올라간 뒤, | 고운기경비상천 | 孤雲騎鯨飛上天, |
| 흰 구름만 아득하여 어찌 찾아볼 방도마저 없구나. | 백운묘묘심무처 | 白雲渺渺尋無處. |
| 고운이여, 고운이여, 당신은 진정 유선, | 고운고운진유선 | 孤雲孤雲眞儒仙, |
| 천하 사해에 명성을 전하였네. | 천하사해성명전 | 天下四海聲名傳. |
| 고병 막하에 손들이 많건마는, | 고병막하객여직 | 高駢幕下客如織, |
| 토벌 황소 격문으로 문장 기예를 뽐내었고. | 재기영탈황소격 | 才氣穎脫黃巢檄. |
| 고운 학사가 읊었던 송별시로 인해, | 고운학사시고별 | 孤雲學士詩告別, |

그 문장이 ‘중화국’을 감동시켰다지. 文章感動中華國.(문장감동중화국)
본국에 돌아오니 시운이 기구하여, 東還時運何崎嶇,(동환시운하기구)
계림은 황엽이 차갑게 우수수 떨어질 지경. 雞林黃葉寒颼颼.(계림황엽한수수)
영웅이 뜻을 잃게 되니 이를 어찌하리? 英雄失志知何爲,(영웅실지지하위)
여생을 길이 상산사호와 짝하고자. 永與綺皓相追隨.(영여기호상추수)
가야산 속에 들어 여울 안쪽으로 숨어들고, 伽倻山中藏鳴湍,(가야산중장명단)
해운대 위에 올라 피리 불며 난새를 타려했지. 海雲臺上騎笙鸞.(해운대상기생란)
강남의 산수를 다 제 것으로 만드니, 江南山水牢籠畢,(강남산수뢰총필)
강남의 풍월이 한가한 날 없었네. 江南風月無閑日.(강남풍월무한일)
고운이 한 번 가고 아니 돌아온 뒤, 一自孤雲去不還,(일자고운거불환)
만고에 그대로 있는 건 오직 강산뿐. 萬古自如唯江山.(만고자여유강산)
지금 사람 부질없이 고운을 말하나, 今人空自說孤雲,(금인공자설고운)
몇 사람이 고운의 무덤을 보았는가? 幾人得見孤雲墳.(기인득견고운분)
날아 올라가 상계의 신선이 된 뒤, 飛昇已作上界眞,(비승이작상계진)
상전이 벽해가 된 것이 이미 천년 세월. 桑田滄海今千春.(상전창해금천춘)
내가 찾아와 술을 들어 서풍에 바치며, 我來擧酒酹西風,(아래거주뢰서풍)
고운을 초대하여 함께 한 번 웃고자 하나. 欲喚孤雲一笑同.(욕환고운일소동)
짧은 비석을 어루만지며 석양에 섰노라니, 摩挲短碣立斜陽,(마사단갈립사양)
고운은 오지 않고 부질없이 애만 끊어지네. 孤雲不來空斷腸.(고운불래공단장)

월영대 앞에 달은 이제껏 오래오래 떠 있지만, 월영대 위에 올랐던 사람 최치원은 이미 가고 없다. 마치 이백李白이 채석기 서강西江에서 달을 건지려 들어가다가 빠져 고래를 타고 하늘로 올라 가 신선이 된 것처럼, 고운도 고래를 타고 하늘로 올라간 뒤, 흰 구름만 아득하여 어찌 찾아볼 방도마저 없다. 고운이여, 고운이여, 당신은 진정 유자儒者이면서 죽어서는 신선이 되어, 천하 세상에 명성을 전하고 있다. 당唐나라 절도사 고병 막하에는 재능 있는 분들도 많았지만, 토벌 황소 격문으로 문장 기예를 뽐낸 분은 고운 한 분이었다. 고운 학사가 당나라를 떠나면서 읊었던 송별시로 인해, 그 문장이 '중화국' 식자들을 감동시켰다지. 본국 신라에 돌아오니 시운이 기구하여, 계림 신라는 누런 잎이 차갑게 우수수 떨어질 지경이고, 영웅이 뜻을 잃게 되니 이를 어찌하리? 여생을 길이 상산사호의 신선들과 짝하고자 가야산 속에 들어 계곡물 안쪽으로 숨어 은둔을 결심하였고, 해운대 위에 올라 피리 불며 난새와 더불어 놀려고 했다. 강남의 산수를 다 제 것으로 만드니, 강남의 풍월이 한가한 날 없었다. 고운이 한 번 가고 아니 돌아온 뒤, 만고에 그대로 있는 건 오직 강산뿐. 지금 사람 부질없이 고운을 말하나, 몇 사람이 고운의 무덤을 보았는가? 날아 올라가 하늘나라의 신선이 된 뒤, 뽕나무 밭이 푸른 바다가 된 것이 이미 천년 세월이 지났다. 내가 찾아와 술을 들어 서풍에 바치며, 고운을 초대하여 함께 한 번 웃고자 하나. 짧은 비석을 어루만지며 석양에 섰노라니, 고운은 오지 않고 부질없이 창자만 끊어지듯 마음만 아프다.

서거정이 창원 월영대를 방문하여, 고운孤雲 최치원崔致遠을 회상하고 있다. 〈영월대〉 시는 마치 고운의 일대기가 모두 반영된 시처럼 느껴진다. 당나라에 12살에 유학해서 고병의 막하에서 종사관을 지냈으며, 그때 『토황소격문』을 지어 세상을 놀라게 하였다. 그리고 29세 때 당나라를 떠나면서 같은 해에 급제했던 당나라 친구였던 고운顧雲에게 주었던 송별시를 소개하였고, 신라로 돌아와 육두품이라는 신분제의 한계로 가야산에 은둔할 수밖에 없는 현실과 그리고 말년에 신선이 되었다는 이야기까지 모두 담겨 있다.

서거정은 유자이면서 신선이 될 수밖에 없었던 고운 최치원을 월영대에서 회고하였다. 사장가 서거정은 고운孤雲이 이루지 못한 개혁 정치에 대한 미련 때문일까? 신선이 된 고운孤雲을 만나지 못했기 때문일까? 애가 끊어지는 아픔을 느끼고 있다.

▲ 이백이 달을 따기 위해 뛰어들었다는 착월대捉月臺와 착월대에서 내려다 본 장강長江의 모습이다.

▶ 달을 붙잡으려다가 신선이 되어 하늘로 돌아갔다는 이백의 조각상이다. 채석기에 있다. 서거정도 〈월영대〉에서 고운을 달 건지려 장강에 뛰어든 이백에 비유하였다. 고운의 뛰어난 시재주를 이백에 견주고 있는 것이다.

▼ 채석기를 방문하기 위해서는 쇄계하鎖溪河라는 샛강을 건너야 한다. 아래 사진에 보이는 다리가 샛강인 쇄계하를 건너는 다리고, 그 앞에 보이는 건물이 채석기임을 알리는 정문이다. 채석기는 장강과 샛강인 쇄계하로 둘러 싸인 쇠자갈모래톱이다.

## 51. 김시습金時習과 유랑

김시습(1435~1493)은 조선 초기의 학자이며, 자字는 열경悅卿이며 호號는 매월당梅月堂 또는 동봉東峯이다. 생육신의 한 사람으로, 승려가 되어 방랑 생활을 하기도 하고, 한때는 환속을 하기도 하였다. 그의 선대는 신라 알지왕의 후예인 원성왕의 아우 주원周元의 후손으로, 아버지 일성日省은 음관으로 충순위를 지냈으며, 어머니는 울진 선사 장씨仙槎張氏이다.

매월당은 서울 성균관 부근에서 태어났는데, 5세에 신동으로 소문이 나서 당시 국왕인 세종 앞에 나아간 적이 있었다고 한다. 이후 사서삼경四書三經과 제자백가서 등을 학습하였다고 한다. 그리고 남효례의 딸과 결혼한 후에도 삼각산 중흥사에 들어가 공부를 계속하였다는 것이다. 21세 때에 수양대군이 조카 단종을 몰아내고 왕권을 찬탈했다는 소식을 듣고, 보던 책들을 모두 불태우고 머리를 깎고 전국 각지의 사찰을 유랑했다는 전설 같은 이야기도 전해지고 있다.

매월당은 송도松都를 기점으로 하여 관서지방을 유랑하면서 지은 글을 모아 24세 때인 1458년(세조 5년)에 『탕유관서록宕遊關西錄』을 엮기도 하였다. 그 후에는 관동지방을 유람하여 금강산 · 오대산 및 관동팔경을 돌아보고 지은 글을 모아 1460년(26세)에 『탕유관동록宕遊關東錄』을 내었다. 그해 가을 한양에 책을 구하려 왔다가 효령대군의 권유로 세조의 불경언해사업에 참가하기도 하였다. 1465년 봄에 경주로 내려가 금오산에 금오산실金鰲山室을 짓고 집거하였다. 그러나 그해 다시 효령대군의 추천으로 원각사 낙성회에서 찬시를 지어 바친 점으로 미루어 보아, 세조 개인에 대한 반감이나 불만은 그리 크지 않았던 것 같다. 그는 31세부터 37세까지 이 금오산실에 머물면서 『금오신화金鰲新話』를 비롯한 『유금오록遊金鰲錄』 등을 남겼다.

세조가 승하하고 예종을 거쳐 성왕이 왕위에 오르자 1471년 37세에 한양으로 올라와서 성동 폭천정사瀑泉精舍에서 1년, 그 후 수락산 수락정사水落精舍에서 10여년을 지냈다. 1481년 47세에 돌연 머리카락을 기르며, 안씨를 부인으로 맞아들여 환속하는 듯하였으나 이듬해 폐비윤씨 사건이 터지자, 다시 관동 지방으로 방랑의 길을 떠났다. 이 무렵 관동지방을 유랑하면서 지은 시들을 모아 낸 문집이 『관동일록關東日錄』이다. 50대에 정처 없이 떠돌아다니다가 마지막으로 찾아든 곳이 충청도 홍산 무량사이다. 이곳에서 매월당은 59세의 나이로 병사하였다. 유교와 불교의 정신을 포용한 사상과 탁월한 문장으로 일세를 풍미하였던 그는, 화장을 하지 못하게 유언을 남기고 죽었다고 한다. 저서에 『매월당집』이 있다.

50대 초반에 쓴 시로 『관동일록關東日錄』에 전하는 시 작품 하나를 감상해 보자.

### 〈도중途中〉-길 가운데

김시습金時習

| | |
|---|---|
| 맥 땅에 첫눈 날리니, | 貊國初飛雪(맥국초비설), |
| 춘성에 나뭇잎 성글구나. | 春城木葉疏(춘성목엽소). |
| 가을 깊어 촌락에 술은 있지만, | 秋深村有酒(추심촌유주), |
| 나그네 생선 맛본 지 오래구나. | 客久食無魚(객구식무어). |

산이 멀어 하늘은 들에 드리웠고, 山遠天垂野(산원천수야),
강은 아득해 땅은 허공에 붙었네. 江遙地接虛(강요지접허).
외로운 기러기 지는 해 밖으로 날아가고, 孤鴻落日外(고홍락일외),
나그네 태운 말도 갈 길을 머뭇거린다. 征馬政躊躇(정마정주저).

옛날 상원도 춘천 시방인 맥국에 첫눈 날리니, 춘싱에 나뭇잎 듬성듬성하구나. 가을 깊어 마을에 술이 있지만, 나그네는 생선 맛본 지 오래구나. 산은 멀어 하늘이 들판에 드리웠고, 강은 아득히 흘러 땅이 허공에 닿아 있다. 외로운 기러기 지는 해 밖으로 날아가고, 나그네 태운 말도 갈 길을 머뭇거린다.

김시습이 강원도 산촌을 유랑하면서 지은 오언율시五言律詩로, 맥국貊國은 강원도 춘천春川 지방에 있던 고대 국가를 가리킨다. 눈이 내리는 늦가을의 산촌 정경과 떠도는 나그네의 심경이 잘 어우러져 있는 작품이다. 해가 지니 외로운 기러기도 어디론가 날아가 버리는데, 나그네는 갈 곳이 아직 정해지지 않았다. 주인이 방향을 정해주지 않으므로 갈 길을 몰라 머뭇거리는 말을 통하여 정처 없는 나그네의 쓸쓸함이 한층 짙게 전해진다.

## 52. 성현成俔과 종이연

성현(1439~1504)은 조선 중기 때의 학자로, 자字가 경숙磬叔이고 호號는 용재慵齋·허백당虛白堂이며 시호諡號는 문재文載이다. 본관은 창녕昌寧 성씨이다. 고조부 성여완成汝完은 고려 말 문하시중을 지냈고, 창녕부원군 성여완의 세 아들 성석린成石璘, 성석용成石瑢, 성석인成石因 형제들로부터 가문이 번창하였다. 그러나 성현의 집안은 성석린과 성석용의 아들들이 모두 사육신 [성삼문] 사건과 연루되어 몰락의 길을 걸었다. 다행히 성석인 계통은 화를 면하였고, 성엄成揜과 성념조成念祖가 다시 가문을 부흥시켰다. 성현의 작은 아버지 성봉조成奉祖는 세조와 동서同壻 사이가 되면서 왕실과 교분을 맺었다. 성현은 『용재총화』에서, '지금 문벌門閥이 번성하기로는 광주 이씨廣州李氏가 으뜸이고, 그 다음으로는 우리 성씨成氏만한 집안도 없다.' 고 하여, 가문에 대한 자부심을 표현하였다.

1439년(세종 31년) 서울 남대문 근처에서 태어난 그는 문과에 합격하여 벼슬길에 올랐다. 1459년(세조 5년) 진사進士에 합격한 성현은 1462년(세조 8년)에 식년문과에 급제하였다. 성종 때 이르러 홍문관 수찬修撰·성균관 대사성大司成 등 문학 관련 벼슬을 지내면서 임금의 총애를 받았으며, 세 차례나 명나라에 사절단의 일원으로 가서, 중국의 문인들과 시를 지어 서로 화답하는 과정에서, 재능 있는 명사로 이름을 알리기도 하였다. 평안도 관찰사로 있던 성현은 1488년(성종 19년) 명나라 사신 동월董越과 왕창王敞 등과 교류하면서 문장가로서의 두각을 드러냈다. 이 해에 동지중추부사同知中樞府事로 사은사가 되어 다시 명나라에 다녀왔다. 그 뒤에 대사헌이 되었다.

1493년(성종 24) 성현이 경상도관찰사로 근무하고 있던 무렵 당시 장악원제조 유자광(柳子光, 1469~1494)은 음률을 잘 알고 있는 성현을 장악원제조로 추천하였다. 결국 한 달 만에 예조판서로 서울로 불려 올라와 장악원제조를 겸직하게 된 성현은, 그의 나이 55세인 1493년(성종 24) 조선왕조의 대표적인 악서 『악학궤범樂學軌範』을 편찬하였다.

성현은 연산군이 즉위한 후에 한성부 판윤을 거쳐서 공조판서가 되었다. 그리고 그 뒤에 대제학을 겸임하였다. 성현은 1504년에 『용재총화慵齋叢話』를 저술하였고 그 해 66세로 세상을 떠났다.

성현이 세상을 떠난 뒤에 수 개월 만에 갑자사화(甲子士禍, 연산군의 어머니 폐비 윤씨의 복위문제로 인한 사화)가 일어나서 부관참시剖棺斬屍 당했다. 그러나 그 뒤에 신원伸寃되었고 청백리에 선정되었다.

### 〈장상사長相思〉-끝없는 그리움

성현成俔

그립고 그리워도 볼 수가 없어, 長相思思不見(장상사사불견),
마음은 바람에 나부끼는 종이연 같아라. 心知紙鳶風中戰(심여지연풍중전).
돗자리라면 말아 두고 돌이라면 굴러 낼 수 있으련만, 有席可捲石可轉(유석가권석가전),
이 마음의 응어리 어느 때나 고칠까? 此心鬱結何時變(차심울결하시변).
그리운 사람은 멀리 하늘 모퉁이에 있는데, 所思遠在天之墜(소사원재천지추),
구름 낀 하늘 아래 늘어진 푸른 버들. 雲天綠樹晴悠悠(운천록수청유유).
아득한 시름은 끝이 없어라. 悠悠不盡愁(유유불진수),
홀로 앉아 공후를 타니, 獨坐彈箜篌(독좌탄공후).

공후는 하소연하는 듯 흐느끼는 듯,<br>控候如訴復如泣,(공후여소복여읍)
연주 끝나도록 비단 적삼 젖는 줄 몰랐네.<br>彈罷不覺羅衫濕.(탄파불각나삼습)
원컨대 쌍쌍이 나는 새가 되어,<br>願爲雙飛鳥,(원위쌍비조)
임 향한 창 앞에 서 있고 싶기도 하고.<br>向君窓前立.(향군창전입)
원컨대 밝은 달빛 되어,<br>願爲月明光,(원위명월광)
임의 방문 휘장 뚫어 비춰들고 싶기도 하다.<br>穿君留箔立.(천군유함입)
슬픈 노래 잠 못 드는 밤 어찌 이리 긴고?<br>悲歌無寐夜何長.(비가무매야하장)
꿈속에서도 요산 남쪽 건너지 못하고,<br>夢魂不渡遼山陽,(혼몽불도요산양)
끝없는 그리움에 부질없이 애간장이 끊어진다.<br>長相思空斷腸.(장상사공단장)

그립고 그리워도 볼 수 없으니, 마음은 종이연인 양 바람에 펄럭인다. 돗자리라면 둘둘 감아 두고 돌 같으면 굴리련만, 이 마음에 맺힌 임에 대한 그리움은 언제나 풀릴까? 그리운 임 아득히 하늘가에 계시는데, 흐린 하늘 아래 늘어진 푸른 버들 가득한 수심 끝이 없어라. 홀로 앉아 공후를 연주하니, 공후의 곡조 하소연하는 듯 흐느끼는 듯 공후 내려놓자 비단 적삼 눈물에 다 젖었구나. 원컨대 쌍쌍이 날아가는 새가 되어 임 계신 창문 앞에 서 있고 싶기도 하고, 아니면 저 밝은 달빛 되어 임의 휘장 비춰들고 싶기도 하다. 잠 못 이뤄 슬픈 노래 부르나 밤은 왜 이리 긴지. 꿈속의 넓은 요산療山 땅을 건너지 못하고 끝없는 그리움에 공연히 애간장이 끊어진다.

음악을 관장했던 사람이라서 그런지 위의 시는 악부시樂府詩이다. 악부란, 민간에서 일반 백성들이 노래로 불렸던 민요조의 가사인데, 후대로 오면서 가사만 전해져 시로 정착된 것이다. 가사의 내용 중, '종이연'·'돗자리'·'돌' 등은 사대부가 쓰는 그런 단어는 아니다. 악부시의 특징이 일반 백성들이 쓰는 단어가 그대로 살아 있다는 것이다. 성현은 『악학궤범』을 편찬했던 사람으로 음악에 일가견一家見이 있었던 인물이다. 이 시는 임을 다시 만나고 싶은 마음을 노래한 것이다. 임을 애타게 그리워하는 화자의 심정을 연줄에 묶여 하늘 저 멀리 있는 임에게 갈 수 없는 '종이연'에 비유하기도 하고, 깊은 시름 잠긴 자신을 '늘어진 푸른 버들'에, 임에게 하소연하는 자신의 모습을 '공후'에, 임을 만나고 싶은 소망을 '쌍비조'와 '달빛'에 의탁해서 표현하였다. 전반부에서는 그리운 임을 그리워하는 마음과 임의 부재로 인한 슬픔을 노래하였고, 후반부에서는 새와 달빛이 되어서라도 임과 함께 하고 싶은 소망을 표현한 후 꿈 속에서조차 임을 만날 수 없는 비극적인 상황을 드러내고 있다. 이 시는 시적화자와 임의 관계를 '군신君臣'의 관계로도 볼 수 있어 '충신연주지사忠臣戀主之詞' 곧 '연군지정戀君之情'으로 보기도 하는 시이다.

## 53. 신사임당申師任堂과 어머니

신사임당(1504~1551)은 본관이 평산平山이고 아버지는 명화命和이며, 어머니는 용인 이씨로 사온思溫의 딸이다. 사임당의 어머니 용인 이씨는 무남독녀로 자랐으며, 아버지 사온의 깊은 사랑을 받으면서 학문도 아울러 배웠다. 용인 이씨는 시집 간 후에도 친정 부모님과 강릉에서 함께 살았기 때문에 조선시대 일반적인 여성들이 겪는 시집살이의 정신적 · 육체적 고통은 덜 받았다. 따라서 비교적 자유롭게 일상생활과 자녀 교육을 할 수 있었다. 이러한 친정살이로 인해 사임당의 어머니는, 딸 신사임당에게 천부적 재능을 마음껏 발휘할 수 있도록 뒷바라지를 해줄 수 있었던 것이다. 그 결과 신사임당은 시 · 그림 · 글씨 모두에 재능을 발휘할 수 있었다. 사임당의 남편은 감찰공監察公 이원수李元秀이고, 아들은 조선시대 유학자 율곡栗谷 이이李珥선생이다.

강릉 외가에서 살았던 사임당은 19세에 덕수 이씨德水李氏 원수元秀와 결혼하였다. 사임당은 그 어머니와 마찬가지로 아들 없는 친정의 아들잡이였으므로 남편의 동의를 얻어 파주 시집에 가지 않고 강릉 친정에 머물렀다. 결혼 몇 달 뒤 아버지 신명화가 돌아가시자 친정에서 3년상을 마치고 서울로 올라갔다. 얼마 뒤 선조 때부터 시집의 터전인 파주 율곡리에 기거하기도 하였고, 강원도 평창군 봉평면 백옥포리에서도 여러 해 살았다. 가끔 친정에 가서 홀로 사는 어머니와 같이 지내기도 했으며, 셋째 아들 이이李珥도 강릉에서 낳았다.

1541년(중종 36) 38세에 시집살림을 주관하기 위해 아주 서울로 떠나왔으며, 수진방(壽進坊; 지금의 종로구 수송동)과 청진동에서 살다가

1551년(명종 6) 봄에 48세에 삼청동으로 이사하였다. 신사임당은 이해 여름 남편이 세곡선 운반의 책임자인 수운판관水運判官이 되어 아들들과 함께 평안도에 갔을 때 갑자기 세상을 떠났다.

신사임당이 친정 강릉에 살다가 시가媤家가 있는 한양으로 가는 도중 대관령을 넘으면서 홀로 남은 어머니를 생각하면서 지은 한시가 있다.

〈유대관령망친정踰大關嶺望親庭〉
-대관령을 넘으면서 친정을 바라보다

신사임당申師任堂

늙으신 어머님을 강릉에 두고, 慈親鶴髮在臨瀛(자친학발재림영),
외로이 한양 길로 가는 이 마음. 身向長安獨去情(신향장안독거정).
돌아보니 북촌 고향은 아득도 한데, 回首北村時一望(회수북촌시일망),
흰 구름만 저문 산을 날아 내리네. 白雲飛下暮山青(백운비하모산청).

사임당이 38세 때 친정에 왔다가 홀어머니를 두고 한양으로 떠나는데, 그 발길이 떨어지지 않아 대관령 고개에서 자꾸 고향 마을 북촌을 바라보고 있는 모습이다.

사임당은 서울에 있으면서도 강릉 땅에 홀로 계시는 어머니를 생각하면서 지은 시도 있다.

〈사친思親〉

신사임당

| | |
|---|---|
| 산첩첩 내 고향 천리건마는, | 千里家山萬疊峰(천리가산만첩봉), |
| 자나깨나 꿈 속에서도 돌아가고파. | 歸心長在夢魂中(귀심장재몽혼중). |
| 한송정 가에는 외로이 뜬 달, | 寒松亭畔孤輪月(한송정반고륜월), |
| 경포대 앞에는 한 줄기 바람. | 鏡浦臺前一陣風(경포대전일진풍). |
| 갈매기는 모래톱에 헤락 모이락, | 沙上白鷗恒聚散(사상백구항취산), |
| 고깃배들 바다 위로 오고 가리니. | 海門漁艇任西東(해문어정임서동). |
| 언제나 강릉길 다시 밟아, | 何時重踏臨瀛路(하시중답임영로), |
| 색동옷 입고 앉아 바느질 할꼬. | 綵服斑衣膝下縫(채복반의슬하봉). |

고향에 계신 어머니에 대한 그리움이다. 위의 시 〈사친思親〉에서 어머니를 향한 사임당의 애정이 얼마나 깊고 절절한가를 알 수 있다. 이것은 어머니의 세계가 사임당에게 그만큼 영향이 컸다는 것이다. 훌륭한 어머니 슬하에서 위대한 어머니가 탄생하는가 보다.

▲ 강원도 강릉시 율곡로에 위치한 오죽헌과 신사임당 동상이다. 오죽헌烏竹軒은 신사임당과 율곡 이이 선생이 태어난 집으로, 오른쪽 끝방이 율곡이 태어난 '몽룡실夢龍室'이다.

▲ 경포대鏡浦臺의 모습과 경포대에서 내려다 본 경포 호수의 정경이다.

## 54. 서경덕徐敬德과 은거隱居

서경덕(1489~1546)은 조선 중기 때의 유학자이다. 자字는 가구可久 호號는 복재復齋 · 화담花潭이다. 화담은 이理보다 기氣를 중시하는 독자적인 기일원론氣一元論을 완성하여 주기론主氣論의 선구자가 되었다. 조선 주자학(성리학)의 집대성자인 퇴계 이황은 "한 편篇이라도 병해病害가 아닌 것이 없다."라고 하면서 서경덕의 유물론적 철학을 격렬하게 비판하였다. 그러나 화담의 성리학은 조선 성리학이 체계화 이전인 북송대 성리학의 모습이다. 북송대 성리학은 그 이전까지 사상계를 풍미했던 불교나 노장사상의 철학적 기반을 많이 원용한 단계였다. 성리학의 단서를 연 주돈이의 『태극도太極圖』 또한 도가道家의 『무극도無極圖』에서 비롯된 것으로, 본래 외단外丹인 단약丹藥의 정련精練과 내단內丹의 정신 및 신체의 수련 과정을 도시圖示한 것으로서 북송대 성리학자들의 사상에서는 공통적으로 도가사상을 흡수한 면모를 보인다. 이와 같은 성리학의 발전 과정에서 나타난 성리학의 특징으로 보면 화담의 노장적 분위기를 이해할 수 있다.

어릴 때부터 남달랐던 서경덕은 늦은 나이인 14세쯤에 개성의 어느 선생에게서 글을 배웠다. 16세에는 『대학大學』을 읽은 뒤 그 뜻을 깨닫고는 기쁨에 겨워 한없이 눈물을 흘렸다고 한다. 1507년(중종 2) 18세에 선교랑宣敎郞 이계종李繼從의 딸과 결혼하였다. 1519년 30세에 조광조趙光祖에 의해 채택된 현량과賢良科에 수석으로 추천을 받았으나 사양하고, 송도松都 화담花潭에 은거하기 시작하였다. 34세가 되던 해 그는 남쪽의 여러 곳을 유람하였으며, 그 다음에는 제자 토정 이지함과 함께 지리산을 유람하였다. 1531년(42세)에 어머니의 요청으로 생원시에 응시하여 장원으로 급제하였으나 벼슬을 단념하고 개성 송도로 돌아와 송악산 자락의 화담 옆에 초막을 짓고 학문에 전념하였다. 1544년(45세)에 김안국(金安國, 1478~1543)이 후릉참봉厚陵參奉에 추천하여 임명되었으나 출사出仕하지 않고, 계속 화담에 은거하면서 학문과 수양에 전념하였다. 박연폭포朴淵瀑布 · 황진이黃眞伊 등과 함께 송도삼절松都三絶이라고 한다.

후릉참봉은 화담의 능력에 비해 그릇이 작은 벼슬이었다. 자기의 능력에 비해 그릇이 커도 문제지만 작아도 그 재능을 능히 펼칠 수 없기 때문에 그 또한 문제가 될 수 있다. 화담은 3번의 부름이 있었지만 끝내 출사하지 않았다. 그러면서도 주변의 사람들에게는 출사出仕할 것을 당부하기도 하였다.

〈차기재운 증기자서次企齋韻 贈其子壻〉
–신광한의 운을 따라 지어 그의 사위에게 줌

서경덕徐敬德

사귐 바라는 믿음은 처음 만날 때부터 있었거니, 원교부재전거초 願交孚在奠腒初,
점잖게 읍하고 앉은 모습 몸에 여유가 보이네. 읍좌옹용체자서 揖坐雍容體自舒.
봉황새 굴좋은 집안에서 언제까지나
병아리로 엎디어 있겠나? 봉혈기시위복구 鳳穴幾時爲伏鷇,
뒷날 용문에 이르면 나[飛]는 물고기로 변하리라. 용문타일화비어 龍門他日化飛魚.
나아가 벼슬하고 물러나 몸 닦음은
비록 재능과 성격에 달렸지만, 진수수시유재기 進修雖是由材器,
행동은 반드시 전에 배운 대로 따라야 하는 것. 천취환응뢰양거 遷就還應賴養居.
집안의 가르침 따라 맑은 사업 일으키고자, 욕효기구청사업 欲效箕裘清事業,

손에 경서 들고 감히 주저하고만 있겠는가?　　手持詩戒敢躊躇.

위의 시에서 화담은 자신의 삶과는 반대적인 견해를 보였다. 나아가 벼슬하고 물러나 몸 닦음은 재능과 성격에 달렸다고 하면서 신광한의 사위에게는 출사出仕하여 세상의 맑은 사업을 일으키라고 당부하였다.

화담의 시는 전원시의 선구자라 할 수 있는 동진東晋 때 도연명陶淵明의 시를 많이 닮았다.

### 〈영국詠菊〉-국화를 읊음

서경덕

정원의 모든 꽃 이미 시들었는데,　　園中百卉已蕭然,<br>
다만 국화만이 기운 온전하네.　　祇有黃花氣自全.<br>
홀로 기이한 향기 품은 채 남아,　　獨抱異芳能殿後,<br>
봄꽃들과 서로 앞을 다투지 않네.　　不隨春艶竝爭先.<br>
서리 내릴 즈음에 비로소 향기 발하고,　　到霜甘處香初動,<br>
이슬에 촉촉이 젖어 있으면 빛깔 더욱 곱네.　　承露溥時色更鮮.<br>
떨어진 꽃 씹으면 온 뱃속 맑아지는데,　　飡得落英淸五內,<br>
지팡이 짚고 때때로 국화 울타리 가 맴도네.　　杖藜時復繞籬邊.

위의 시에서 화담은 왜 국화를 좋아하는지 그 이유를 밝혔다. 모든 꽃이 지고 이슬이 내리는 시련의 시기에 국화 홀로 빛깔과 향기를 뽐내서 좋다는 것이다. 그래서 그 향기를 직접 맡으며 지팡이 짚고 울타리 가를 서

성인다. 주렴계가 『애련설愛蓮說』에서 “국화는 꽃 중의 은일하는 자”[7]라고 한 것처럼, 은거하는 화담의 모습을 그렸다고 할 수 있다. 그런데 이 화담의 모습은 자연으로 돌아간 도연명의 모습이 연상된다. 도연명의 〈음주飮酒〉 5수를 보면 확인할 수 있다.

### 〈음주飮酒〉

도연명陶淵明

| | |
|---|---|
| 여막을 짓고 사람들이 사는 경내에 있지만, | 결려재인경<br>結廬在人境, |
| 수레나 말이 드나드는 시끄러움은 없네. | 이무거마훤<br>而無車馬喧. |
| 그대에게 묻노니 어떻게 그럴 수가 있는가? | 문군하능이<br>問君何能爾, |
| 마음이 속세와 머니 땅도 저절로 치우쳐 있네. | 심원지자편<br>心遠地自偏. |
| 동쪽 울타리 밑에서 국화를 꺾고, | 채국동리하<br>採菊東籬下, |
| 아득히 남산을 바라보니. | 유연견남산<br>悠然見南山. |
| 산 경치는 해질 무렵에 더욱 좋고, | 산기일석가<br>山氣日夕佳, |
| 날던 새들도 서로 더불어 돌아오누나. | 비조상여환<br>飛鳥相與還. |
| 이 가운데 참 뜻이 있는데, | 차중유진의<br>此中有眞意, |
| (참뜻을) 가리고자 하나 이미 말을 잃었네. | 욕변이망언<br>欲辨已忘言. |

도연명이 자연 속에서 사는 멋을 잘 표현한 전원시이다. 화담의 〈영국詠菊〉 시도 이 〈음주〉의 의미에서 크게 벗어나지 않는다. 화담의 〈춘일春日〉을 보면 더 자세히 알 수 있다.

---

7 周敦頤, 『愛蓮說』, “予謂菊 花之隱逸者也.”

〈춘일春日〉

서경덕

성곽 밖에 사니 지저분한 일 없고, 郭外無塵事(곽외무진사),
산빛 짙은 창 안에 자니 늦게 일어나네. 山窓睡起遲(산창수기지).
봄 찾아 골짜기 시냇물 가 거닐면서, 探春行澗壑(탐춘행간학),
예쁜 꽃가지를 그냥 좋아서 바라보네. 看取好花枝(간취호화지).

〈춘일〉은 위 〈음주〉의 내용과 유사하다. 〈음주〉의 내용을 먼저 보자. 초가를 사람들이 사는 동네 안에 지었지만, 사람들과는 왕래가 없다. 마음이 속세와 멀어지니 내가 사는 지역도 사람들이 사는 곳과 멀어진 것 같다. 그래서 외딴 집에 홀로 파묻혀 사는데 어느 날 동쪽 울타리 밑에 핀 국화를 꺾어 문득 남산을 바라보니 저녁노을이 아름다운데 새들은 보금자리로 돌아오고 있다. 이 아름다운 대 자연 속에 사는 참된뜻을 가리려고 하나 표현할 말이 없다고 하였다.

화담도 도연명과 마찬가지로 국화를 통해 천지자연의 아름다움과 조화를 표현할 길이 없어 울타리 가를, 골짜기 시냇가를 거닐고 있는 것이다. 자연 속을 노니는 은둔자의 맑은 서정을 노래하면서 세상의 번민을 잊고자 했지만, 국화가 상징하는 지절을 결코 잊지 않았다. 서리와 이슬이 내릴 때 국화는 향기와 빛깔이 더욱 발하고 곱기 때문이다. 국화처럼 고고한 선비가 되고자 했던 화담이었다. 그리고 수양자로서의 선비 화담의 모습을 알 수 있게 하는 시들이다. 화담에 은거하면서도 세상일을 잊지 않고 후학들을 가르치면서 기회가 되면 조정에 나아가 맑은 세상을 위해 힘써달라고 하였다. 이런 것이 유자儒者가 지닌 선비정신인 것이다. 선비는 어디에 처해도 결코 세상을 잊지 않기 때문이다.

## 55. 황진이黃眞伊와 시문학

황진이는 생몰연대가 미상이다. 다만 조선 중종 때 살았던 명기名妓이며, 황해도 송도松都 출신이라는 정도이다. 본명은 진進 또는 진랑眞娘이고 기명妓名은 명월明月이다.

황진이의 출생과 성정 과정에 관한 자료에 대해서 상고할 수 있는 직접적인 자료는 없다. 따라서 간접 자료인 야사에 의존할 수밖에 없는 형편이다. 그러나 이 계통의 자료는 비교적 많은 반면에 각양각색으로 다른 이야기를 전하고 있다. 그리고 신비화시킨 흔적이 많아서 그 허실虛實을 가리기가 어렵다. 황진이의 출생에 관하여는 황 진사黃進士의 서녀庶女로 태어났다고도 하고, 진현금이라는 맹인의 딸이었다고도 전하는데, 황 진사의 서녀로 다룬 기록이 숫자적으로는 우세하지만 기생妓生의 신분이라는 점에서 맹인의 딸로 태어났다는 설이 오히려 유력시되고 있다.

황진이가 기생이 된 동기는 15세경에 이웃 총각이 황진이를 혼자 연모하다 병으로 죽자 서둘러서 화류계花柳界에 투신하였다는 것이다. 그러나 사실 여부는 알 수가 없다. 전하는 내용들을 요약해 보면 미모뿐만 아니라 가창과 시가에도 능했던 것 같다. 당대의 석학 서경덕徐敬德을 사숙(私淑; 직접 가르침을 받지는 않았으나 마음속으로 그 사람을 본받아서 도나 학문을 닦는 것)하여 거문고와 술과 안주를 가지고 그의 은거지 화담을 방문하여 당시唐詩를 공부하기도 하였다고 한다.

장님의 딸 아니면, 황 진사의 서자였던 황진이는, 기존 기득권 세력에 대한 불만이 있었을 것이다. 그래서 송도의 뭇선비들을 희롱하였을 뿐만 아니라, 왕족 출신의 벽계수를 단숨에 마음을 사로잡아 세인들의 웃음거리로 만들기도 하였으며, 10년 동안 수도에 정진하여 생불生佛이라 불리던 천마산 지족암의 지족선사知足禪師를 유혹하여 파계시키기도 하였다. 그리고 당대의 유학자 서경덕을 유혹하려 하였으나 실패한 뒤에 사제관계를 맺었다는 이야기 등도 다 기존 질서에 대한 저항적인 태도로 볼 수 있다. 넘을 수 없는 벽을 자신에게 주어진 능력으로 타파하려는 시도였을 수도 있다. 그래서 황진이는 조선시대 신여성쯤 된다고 할 수도 있다.

황진이와 벽계수에 관해 전해지는 일화가 있다.

종실宗室 벽계수는 스스로 절조節操가 굳다고 말하면서, 자신은 황진이에게 유혹을 당하지 않을 뿐만 아니라, 오히려 그를 좇아버릴 수 있다고 호언장담했다. 이 얘기를 들은 황진이가 벽계수를 유인해 오도록 했다. 황진이의 부탁을 받은 사람이 거지 차림으로 벽계수에게 가서, 구걸하면서 그의 말벗이 되었다. 거지가 사는 곳이 개성 송악松嶽 밑이라고 말하니, 벽계수는 걸인에게 송악의 가을 경치를 얘기하라 했다. 걸인은 유창한 언변으로 송악의 가을 경치를 얘기하니, 벽계수가 흥취를 못 이기어 걸인에게 같이 구경할 것을 제의했다. 벽계수를 유인해 일부러 저녁에 달이 뜬 다음 경치 좋은 곳으로 인도했다. 벽계수가 경치에 마음이 끌려 있는데, 마침 황진이가 나귀를 몰고 나타나 고삐를 잡은 채 노래를 불렀다.

"청산리 벽계수야 수이감을 자랑마라.
일도창해하면 다시 오기 어려우니,
명월이 만공산하니 쉬어간들 어떠리."

이렇게 읊었는데, '명월'은 황진이의 기명이었다. 노랫소리를 들은 벽계수는 달밤에 한 미인의 청아한 노래를 듣고 그것에 취해 자신도 모르게 나귀에서 떨어졌다. 황진이가 왜 나를 쫓아버리지 못하느냐고 비꼬니, 벽계수는 크게 부끄러워했다.

벽계수 너 벼슬했다고 너무 나대지 마라. 마치 푸른 시냇물이 바다에 한 번 도달하면 다시 거슬러 올 수 없듯이, 우리 인생 한 번 늙어지면 다시 젊어지지 못하노라. 밝은 달처럼, 명월인 내가 이렇게 예쁘니 잠시 쉬었다가 가시지요. 이것이 황진이가 벽계수에게 던진 사랑의 주파수였다. 그러니 벽계수가 말에서 떨어질 수밖에

황진이가 지은 한시에는 〈박연朴淵〉·〈영반월詠半月〉·〈등만월대회고登滿月臺懷古〉·〈여소양곡與蘇陽谷〉 등이 전하고 있다. 두 작품만 소개하면 다음과 같다.

〈등만월대회고登滿月臺懷古〉
–만월대에 올라 옛일을 회고하다.

황진이黃眞伊

| | |
|---|---|
| 옛 절은 도랑 곁에 조용하고, | 古寺蕭然傍御溝, (고 사 소 연 방 어 구) |
| 석양의 큰 나무 사람을 시름케 하네. | 夕陽喬木使人愁. (석 양 교 목 사 인 수) |
| 연기와 노을은 스님의 남은 꿈에 차갑게 내리고, | 煙霞冷落殘僧夢, (연 하 랭 락 잔 승 몽) |
| 세월은 부서진 탑 끝에 아득해라. | 歲月崢嶸破塔頭. (세 월 쟁 영 파 탑 두) |
| 큰 봉황은 깃을 접고 새와 참새만 날며, | 黃鳳羽歸飛鳥雀, (황 봉 우 귀 비 조 작) |
| 두견화 떨어진 곳엔 양과 소가 풀을 뜯네. | 杜鵑花落牧羊牛. (두 견 화 락 목 양 우) |
| 신성한 송악산이 번화롭던 날을 생각하니, | 神松憶得繁華日, (신 송 억 득 번 화 일) |
| 어찌 이제 봄조차 가을일 줄을 생각이나 했으랴? | 豈意如今春似秋. (기 의 여 금 춘 사 추) |

위의 시는 개성開城 송악산 기슭에 있던 고려 궁궐터인 만월대를 돌아보고 느낀 감회를 노래한 것이다. 궁궐에서 흘러내리던 작은 도랑 옆에 오래된 절이 쓸쓸히 자리하고 있고, 석양이 지는 만월대에서 역사의 증인인 큰 나무를 보니 사람을 시름케 한다. 옛 절에 남은 스님의 꿈은 해질녘 차갑게 지는 연기와 노을 같으며, 세월의 무게를 견디지 못하고 탑의 끝부분이 부서져 쓸쓸함을 더한다. 봉황새는 날지 않고 새와 참새만 날며, 두견화가 진 자리에는 양과 소가 풀을 뜯고 있다. 송악산이 번화했던 날을 생각하니, 어찌 봄인데 가을의 쓸쓸함을 느끼는가?

맥수지탄麥秀之嘆이다. 고려의 궁궐터인 만월대에서 느끼는 역사의 무상감이라 할 수 있다. 봉황과 두견화가 고려의 지조 있는 선비라면 새와 참새, 양과 소는 지조를 잃은 소인배小人輩를 상징한다고 할 수 있다. 고려 시대 번성했던 날들을 생각하니 꿈만 같은데, 계절은 두견화(진달래)가 지는 봄이지만, 만월대의 분위기는 쓸쓸한 가을날 같다.

〈영반월詠半月〉–반달을 노래하다.

황진이

누가 곤륜산 옥을 잘라, 　誰斷崑山玉(수단곤산옥),
직녀의 빗을 만들어 주었던고. 　裁成織女梳(재성직녀소).
직녀는 견우와 이별한 후, 　牽牛離別後(견우이별후),
시름하며 벽공에 던져두었네. 　愁擲碧空虛(수척벽공허).

황진이는 밤하늘에 떠 있는 반달을 보고, 임이 나에게 준 빗으로 여겼다. 그리고 사랑하는 이와 이별한 후 이제는 자신을 예쁘게 단장할 이유가 없기에 그 빗을 허공에 던져 버렸다. 보아줄 임이 없기 때문이다. 허공에 떠 있는 반달을 칠월칠석날 견우가 떠난 뒤 직녀가 수심에 겨워 머리를 빗다가 허공에 던져 버린 빗이라고 읊었다. 이러한 참신한 비유의 바탕에는 '여자는 자기를 사랑하는 사람이 있을 때 단장을 한다(女爲悅己者容 여위열기자용)' 는 말처럼, 이제는 사랑했던 사람이 떠나고 없는 것이다. 얼레빗 같은 반달의 모양을 보고 이제는 영영 만날 수 없는 임과 나와의 사이를 견우와 직녀에 비유한 참신한 발상은 황진이만이 할 수 있는 시상인 것이다.

시조 작품으로는 6수가 전한다. 이 중에 〈청산리 벽계수야〉·〈동짓달 기나긴 밤을〉·〈내 언제 신이 없어〉·〈산은 옛산이로되〉·〈어져 내일이여〉 등의 5수는 신본珍本 『청구영언靑丘永言』과 『해동가요海東歌謠』에 전하고 있고, 〈청산은 내뜻이요〉는 『근화악부槿花樂府』와 『대동풍아大東風雅』의 두 가집에만 전하고 있다. 황진이는 조선 최고의 여류 시인 중의 한 사람이었다.

## 56. 이언적李彦迪과 성리학

이언적(1491~1553)은 본관이 여주驪州이며 조선 중기 때의 성리학자다. 자字는 복고復古이며 호號는 회재晦齋 · 자계옹紫溪翁이고 시호諡號는 문원文元이다. 회재晦齋는 주희朱熹의 호號인 회암晦菴을 따서 스스로 '회재晦齋' 라고 하였다. 초명은 적迪이었으나 중종中宗의 어명御命으로 언彦자를 더하여, 언적彦迪이 되었다.

10세 때 아버지를 여의고 외숙인 손중돈孫仲暾의 도움으로 생활하며 외삼촌에게 글을 배웠다. 지금 경주의 양동 마을이 회재가 유년기를 보냈던 곳이다. 1514년 (24세)에 문과에 급제하고 1530년(40세)에 사간이 되었다. 이 무렵(1531년) 김안로金安老의 등용을 반대하다가 관직에서 쫓겨나 경주의 자옥산 계곡에 들어가서 독락당을 짓고 그곳에서 성리학 연구에 전념하였다. 1537년(47세)때에 김안로가 실각된 후, 다시 출사하여 직제학이 되었으며, 전주부윤으로 나가 선정을 베풀어 송덕비가 세워졌다. 그리고 조정에는 일강십목소一綱十目疏를 올려 정치의 도리를 논하였다. 이조와 예조 그리고 형조 판서를 거쳐 명종 원년인 1545년에는 좌찬성이 되었다.

하지만 소윤의 윤형원이 주축이 되어 선비를 축출하는 을사사화를 일으켰을 때 추관이 되어 선비들을 심문하는 일을 맡아 충신과 권력층의 간신들 사이에서 억울한 사람이 없기를 노력하다가, 자신이 사화의 희생이 되어 벼슬에서 물러났다. 2년 후인 1547년(57세) 때, 윤원형尹元衡과 이기李芑가 조작한 양재역 벽서사건良才驛壁書事件에 무고하게 연루되어 강계로 유배되었고, 그곳 유배지에서 저술활동을 하다가 결국 63세로 생을 마쳤다.

1610년 광해군 2년에 문묘에 종사되었고 경주의 옥산서원玉山書院에 배향되었다. 저서로는 『회재집晦齋集』이 있다.

현전하는 회재의 시는 300여수 정도 된다. 여기서는 회재가 과거에 급제하던 해(1514)로 24세  청년 시절에 지은 시를 감상해 보자.

〈산당병기山堂病起〉

이언적李彦迪

| | |
|---|---|
| 한평생 뜻과 일은 경전經典 궁구窮究에 있어, | 평생지업재궁경<br>平生志業在窮經, |
| 구구하게 공리와 명예 구하지 않으리. | 불시구구위리명<br>不是區區爲利名. |
| 명선明善과 성신誠身엔 공맹孔孟을 바라고, | 명선성신희공맹<br>明善誠身希孔孟, |
| 치심治心과 존도存道엔 정주程朱를 사모했네. | 치심존도모주정<br>治心存道慕朱程. |
| 통달해서 세상을 구제함엔 충의에 의지하고, | 달이제세빙충의<br>達而濟世憑忠義, |
| 궁하면 산으로 돌아와 성령性靈을 기른다. | 궁차환산양성령<br>窮且還山養性靈. |
| 험한 길 어려움 어찌 생각하리오? | 기료굴반다불쾌<br>豈料屈蟠多不快, |
| 깊은 밤 잠 깨어 난간에 기대노라. | 야심추침의전영<br>夜深推枕倚前楹. |

한평생 뜻과 일은 경전經典 탐구하는 데 있어, 구차하게 이익과 명예 구하지 않겠다. 공자孔子와 맹자孟子에게서는 명선明善과 성신誠身을 배우고, 정자程子와 주자朱子에게서는 치심治心과 존도存道를 배운다. 이런 것들을 배우고 출사하여 세상을 구제함엔 충의에 의지하고, 여의치 않으면 산으로 돌아와 타고난 착한 본성을 기르겠다. 이런 앞날에 어찌 험하고 어려움을 생각하겠는가? 깊은 밤 베개 밀어 두고 앞 난간에 나가 생각에 잠겨

본다.

병이 나서 잠시 휴양하고 있던 청년 회재의 생활 자세와 포부가 잘 나타난 시이다. 그는 이 시에서 밝힌 이러한 자세와 포부를 일생동안 변하지 않게 잘 지킨 것으로 판단된다. 회재가 평생 동안 뜻한 바와 하고자 한 일이 명선明善 · 성신誠身 · 치심治心 · 존도存道였다. 그리고 그의 스승은 공자와 맹자, 정자와 주자였다. 이런 유교의 성현을 스승으로 삼아 행하고자 했던 일이 벼슬길에 나아가서 세상을 구제할 때는 의리를 바탕으로 경세제민經世濟民하고, 여의치 않을 때는 낙향하여 타고난 착한 본성을 기르겠다고 하였다. 회재는 청년 시절 다짐한 이 일을 일생 동안 실천했던 인물이다. 조선 성리학이 정착되어 가는 시기의 유학자의 태도를 시 한 편의 감상으로 살펴 볼 수 있었다.

## 57. 이황李滉과 학문적 성취

이황(1501~1570)은 본관이 진보眞寶이고 조선 중기 때 문인이며 유학자이다. 초명은 서홍瑞鴻이고 자字는 경호景浩이다. 호號는 퇴계退溪·퇴도退陶이며 시호諡號는 문순文純이다.

퇴계는 지금의 경상북도 안동군 도산면 온혜리에서 좌찬성 식埴의 7남 1녀 중 막내아들로 태어났다. 생후 7개월 만에 아버지를 여의고, 후실인 생모 박씨의 훈도 아래 성장하였다. 6세에 이웃 노인에게서 천자문을 배우기 시작하여, 12세에 작은아버지 우(堣, 1469~1517)로부터 『논어』를 배웠다. 14세경부터 혼자 독서하기를 좋아하였는데, 특히 도연명陶淵明의 시를 사랑하고 그 사람됨을 흠모하였다 한다. 20세 경에 침식을 잊고 『주역』공부에 몰두한 탓에 건강을 해치기도 하였다.

1523년(중종 18) 성균관에 입학하여, 1527년 경상도 향시와 1528년 진사시에 합격하였다. 1534년 식년문과에 급제하여 승문원부정자가 되면서 조정에서 벼슬살이를 시작한 후, 박사·호조좌랑 등을 역임하였다. 1537년 모친상을 당하여 시묘살이 3년을 하고, 1539년 홍문관수찬이 되었다가 곧 사가독서·정언 등을 거쳐 형조좌랑으로 승문원교리를 겸직하였다. 1542년 충청도 암행어사를 하고 장령을 거쳐 이듬해 대사성이 되었다. 중종 말년에 조정이 어지러워지자 먼저 낙향하는 김인후를 한양에서 떠나보냈다. 이 무렵부터 관료 사회를 떠나 산림에 은퇴할 결의를 굳힌 듯, 1543년 10월에 성균관사성으로 승진하자 성묘를 핑계 삼아 휴가를 청하여 귀향하였다. 소윤과 대윤의 권력 싸움으로 시작된 훈구세력과 사림세력과의 갈등이 을사사화(1545)로 절정에 달하자, 퇴계는 이

후 허약한 체질을 구실 삼아 모든 관직에서 사퇴하고 낙동강 상류 토계兎溪의 양진암養眞庵으로 낙향하였다. 이때 토계를 퇴계退溪라 개칭하고 자신의 아호로 삼았다.

그 뒤에도 관직을 제수받고 사양하기를 반복하였으나, 끝끝내 퇴거할 수는 없어서 부패하고 문란한 중앙관계에서 벗어난 외직을 지망하여 1548년 충청도 단양군수에 제수除授되었으나, 곧 형이 충청감사로 부임하게 되자 상피하여 경상도 풍기군수로 전임하였다. 풍기군수로 있으면서 주희朱熹가 백록동 서원白鹿洞書院을 부흥한 선례를 좇아서, 고려 말 주자학의 선구자 안향安珦이 공부하던 지역에 전임군수 주세붕周世鵬이 창설한 백운동 서원에 편액扁額·서적書籍·학전學田을 하사下賜할 것을 주청하여, 조선 최초의 사액서원賜額書院인 소수서원紹修書院을 건립하였다. 1년 후 퇴관하고, 어지러운 정계를 피하여 퇴계의 서쪽에 한서암寒棲庵을 지어 다시금 은거생활을 하다가, 1552년 성균관대사성의 명을 받아 취임하였다. 54세 때 학문으로 종신할 결심을 하고, 1555년(명종 10)에 향리로 돌아와 학문에 전념하고자 하였다. 그러나 56세에 홍문관부제학, 1558년 공조참판에 임명되었으나 고사固辭하였다.

1560년 도산서당陶山書堂을 짓고 아호를 '도옹陶翁'이라 정하였다. 퇴계는 60세(1560)에 도산서당을 짓기까지 관직을 사퇴하거나 임관에 응하지 않은 일이 20여회에 이르렀다. 63세 때에는 아침저녁으로 도산서원 학동들이 노래할 수 있도록 연시조 〈도산십이곡陶山十二曲〉을 짓기도 하였다. 퇴계로 낙향한 후부터 7년간 도산서당에 기거하면서 독서와 저술에 전념하면서 제자들을 길러냈다. 명종은 예를 두터이 하여 그에게 출사出仕를 종용하여, 자헌대부·공조판서·대제학에 임명하였으나 종사終辭하고 고향 퇴계를 떠나지 않았다. 1567년 명나라 새 황제의 사절이 오자 조정의 간청으로 상경하였는데, 명종明宗이 돌연 붕崩하고 선조宣祖가 즉위하여 부왕의 행장수찬청당상경行狀修撰廳堂上卿 및 예조판서에 임명하였으나 신병 때문에 귀향하였다. 이후 선조가 숭정대부의정부우찬성에 임명하여 간절히 초빙하였기에, 여러 차례의 돈독한 소명을 물리치기 어려워 68세의 노령에 대제학 지경연知經筵의 중임을 맡고, 선조에게 『무진육조소戊辰六條疏』를 올렸다. 1568년 노환 때문에 여러 차례 사직을 청원하면서 왕에 대한 마지막 봉사로 『성학십도(聖學十圖; 성왕聖王 및 성인聖人이 되기 위한 유교철학의 10가지)』를 저술하여 선조께 바쳤다. 『성학십도』는 그림을 통해서 성리학의 정수精髓를 표현한 것으로, 새롭게 왕위에 오른 선조에게 군주학인 성학聖學을 제시하였다. 선조가 유학에서 성인聖人으로 받드는 요순堯舜처럼, 성인이 되기를 바라는 마음에서 『성학십도』를 올렸던 것이다. 『무진육조소』와 『성학십도』는 퇴계가 만년에 경세經世 및 도덕적 수양에서 경經을 중시하였음을 보여준다. 이듬해 69세에 이조판서에 임명되었으나 사퇴하고, 고향으로 돌아갈 것을 간청하여 마침내 허락을 받았다. 귀향 후 학구에 전심하였으나, 다음해 70세가 되던 11월 종가의 시제 때 무리를 해서인지 몸져 눕게 되고, 결국 회복하지 못한 채 그 달 8일 아침 늘 아끼던 매화분에 물을 주게 하고 단정히 앉은 자세로 역책(易簀; 학문과 덕망이 높은 사람의 죽음을 이름)하였다.

선조는 3일간 정사를 폐하여 애도하며 영의정을 추증하였다. 장례는 영의정의 예에 따라 치렀으나, 산소에는 유계遺誡대로 자연석에 '퇴도만은진성이공지묘退陶晩隱眞城李公之墓' 라 새긴 묘비만 세웠다. 사후 4년 만에 고향 사람들이 도산서당 뒤에 서원을 짓기 시작하여 이듬해 낙성해서 도산서원陶山書院의 사액賜額을 받았다. 선조는 도산서원에 한석봉韓石峯이 쓴 편액을 하사하였다. 그 이듬해 2월에 위패를 모셨고, 11월에는 문순文純이라는 시호가 내려졌다. 후에 문묘 및 선조의 묘정에 배향되었으며, 단양丹陽의 단암서원丹巖書院, 괴산의 화암서원華巖書院, 예안의 도산서원陶山書院 등 전국의 수십 개 서원에 배향되었다.

## 〈만보晩步〉-황혼녘에 거닐면서

이황李滉

잊음 많아 이 책 저 책 뽑아 놓고서,　苦忘亂抽書(고망란추서),
흩어진 걸 도로 다 정리하자니,　散漫還復整(산만환부정).
해가 문득 서쪽으로 기울어지고,　曜靈忽西頹(요령홀서퇴),
강에는 숲 그림자 흔들린다.　江光搖林影(강광요림영).
막대 짚고 뜨락으로 내려 가서,　扶笻下中庭(부공하중정),
고개 들고 구름재를 바라다본다.　矯首望雲嶺(교수망운령).
아득아득 밥 짓는 연기가 일고,　漠漠炊烟生(막막취연생),
으스스 산과 벌판은 싸늘하구나.　蕭蕭原野冷(소소원야랭).
농가 가을걷이 가까워지니,　田家近秋穫(전가근추확),
방앗간 우물터에 기쁜 빛 돌아.　喜色動臼井(희색동구정).
갈가마귀 날아드니 절기 익었고,　鴉還天機熟(아환천기숙),
해오라기 우뚝 서고 나뭇가지 끝에 바람 부네.　鷺立風標迥(로립풍표형).
내 인생은 홀로 무얼 하고 있는가?　我生獨何爲(아생독하위),
숙원이 오래도록 풀리질 않네.　宿願久相梗(숙원구상경).
내 마음 속의 이야기 나눌 사람 아무도 없어,　無人語此懷(무인어차회),
고요한 밤에 거문고만 탄다.　瑤琴彈夜靜(요금탄야정).

건망증이 염려되어 책들을 어지러이 뽑아 놓고서, 이리저리 흩어진 책을 다시 정리한다. 해는 벌써 서쪽으로 기울고, 강에는 은빛이 물결처럼 출렁이고 숲 그림자는 흔들린다. 막대 짚고 뜰로 내려가 고개 들어 구름재를 멀리 바라보니, 저 멀리 밥 짓는 연기 아득히 피어오르고 가을 언덕과 들판이 차갑게 느껴져 쓸쓸하다. 농가의 농부들 가을걷이 가까워지니 방앗간과 우물터에 수확의 기쁨으로 얼굴들이 모두 밝게 들떠 있다. 갈가마귀 돌아오니 계절이 절로 바뀜을 알리고, 나뭇가지에 바람 불고 해오라기 우뚝 서 있다. 이런 수확의 계절에 내 인생은 홀로 무엇을 하고 있는지 오래도록 바라던 소원은 결국 풀리지 않는다. 내 마음 속의 이야기 나눌 사람 아무도 없어 고요한 이 밤에 거문고만 타 본다.

가을날 농부들은 수확의 기쁨으로 모두들 환한 표정인데, 시적화자만 성취하지 못한 학문 때문에 공허함을 느끼고 있다. 실제 학문적 성취를 못했다고 보기보다는 자신이 이루고자 하는 학문적 이상이 크기 때문에 소망이 이루어짐도 그만큼 더딜 것이다. 〈만보〉는 주변 사물과 풍경에서 나를 발견하고 있는 작품이다. 이 시의 감상에 있어서 저녁이라는 시간적 배경과 가을이라는 계절적 배경이 중요하다. 해는 서쪽으로 지고 멀리 저녁밥 짓는 연기가 피어오르며 하루의 끝을 알리는 시간이고, 그리고 눈을 멀리 들어 들녘을 바라보니 가을걷이가 가까워진 논들이 한 해의 수확 시기임을 보여준다. 그리고 집집마다 밥 짓는 연기가 피어오르고, 또 동네 방앗간이며 우물터에서는 사람들이 수확의 기쁨으로 들떠 있는 성취의 기쁨을 맛보는 시간이다. 밥 짓는 연기며 방앗간과 우물터의 기쁜 빛이 그런 뜻을 함축한다. 그래서 날아드는 갈가마귀며 우뚝 선 해오라기까지도 기쁨과 자랑에 차 있다. 그런데 이런 풍요의 계절에 나만 오로지 이룬 것이 없다. 책을 이것저것 뽑아 놓고 흩어진 걸 정리하면서 그 공허함이 새삼 느껴진다.

오랫동안 바라던 소원이 이루어지기를 바란 지가 오래지만, 하루 일이나 농사일 같은 풍요로운 소득은 아직 없다. 소득이 없다고 누구에게 이 마음 속의 말을 할 수 있으랴? 그래서 거문고만 탈 뿐이다. 이처럼 퇴계는 바라보는 자연물과 대조되는 나를 발견하면서 학문적 성취에 대한 미진함을 생각하고 삶에 대한 깊은 내면을 성찰하였다.

〈춘일계상이절春日溪上二絶〉

이황

| | |
|---|---|
| 눈 녹고 얼음 풀려 맑은 시내 흘러가고, | 雪消氷泮淥生溪, (설소빙반록생계) |
| 살랑살랑 봄바람은 버들 둑에 불어오네. | 淡淡和風颺柳堤. (담담화풍양류제) |
| 병 나아 와서 보니 그윽한 흥 넉넉한데, | 病起來看幽興足, (병기래간유흥족) |
| 새싹 돋는 고운 풀은 더욱 어여쁘네. | 更憐芳草欲抽荑. (경련방초욕추이) |
| 버들 가 시내 찾아 하얀 모래 위에 앉았더니, | 傍柳尋溪坐白沙, (방류심계좌백사) |
| 아이들은 새 옷 입고 따라와 뛰어노네. | 小童新試從婆娑. (소동신시종파사) |
| 누가 알랴 얼굴 가득 봄바람 속에, | 誰知滿面東風裏, (수지만면동풍리) |
| 천만 가지 꽃들이 수놓은 듯 피어날 줄. | 繡出千芳與萬葩. (수출천방여만파) |

〈춘일계상이절〉은 퇴계 선생이 1561년 봄에 지은 시이다. 지난 번 겨울이 매섭게 추운 것처럼, 퇴계 선생도 겨우내 지병으로 고생을 한 것 같다. 봄이 되어 병도 나아서 기쁘기도 하고, 세상은 이미 봄이 와서 새싹이 파릇파릇하여 예쁘기도 하다. 그리고 대지의 풍성함과 아이들의 건강함이 잘 조화되어, 더욱 봄의 생명력을 느끼게 한 시이다.

퇴계는 이 시에서 혹독한 추위를 이겨내고 맞이한 봄날의 정취를 진솔하게 묘사하였다. 겨우내 웅크렸던 몸을 일으켜 봄의 풍광을 바라보면 어느 것 하나 정겹지 않은 것이 없다. 병환을 앓았던 몸이라 봄날의 생명력은 더욱 강하게 느껴졌을 것이다.

## 58. 조식曺植과 선비정신精神

조식(1501~1572)은 조선 중기의 유학자이다. 자字는 건중健中 혹은 건중楗仲이고, 호號는 남명南冥 · 방장산인方丈山人이며, 시호諡號는 문정文貞이다. 본관은 창녕昌寧이며 경상도 삼가현三嘉縣 토골 [兎洞]에 있는 외조부 이국李菊의 집에서 1501년에 출생하였다. 1507년 7세 때부터 부친에게 글을 배웠다. 1509년(9세)에 병이 들어 위독하였다. 걱정하는 어머니를 보고 "하늘이 사람을 태어나게 한 것이 어찌 우연이겠습니까? 지금 제가 다행히 장부로 태어났으니 하늘이 저에게 부여한 사명이 반드시 있을 것입니다. 어찌 지금 갑자기 요절할까? 걱정할 것이 있겠습니까?" 라고 하여, 주위 사람들을 놀라게 하였다. 1515년 (15세)에 부친께서 단천 군수에 임명되어 임지로 따라가서 살았다. 부친의 부임지에 생활하는 동안 유교 경전뿐만 아니라 후세 학자들의 주석서를 비롯하여, 제자백가諸子百家 · 천문天文 · 지리地理 · 의학醫學 · 수학數學 · 병법兵法 등을 두루 공부하여 안목을 넓혔고, 관아에 있는 동안 직접 행정 체제의 불합리성과 아전들의 농간, 백성들의 곤궁상 등 현실의 문제점들을 직접 목격하였다. 1518년(18세, 중종 13년)에 부친을 따라 한양 장의동으로 와서 살았다. 이때부터 깨끗한 그릇에 물을 가득 담아 꿇어 앉아 두 손으로 받쳐 들고서 기울어지거나 흔들리지 않은 채로 밤을 새우며 자신의 뜻을 가다듬는 것과 허리에 쇠방울을 차고 다니며 그 소리를 듣고 정신을 깨우쳐 자신을 성찰하는 자기 수양 방법을 스스로 마련해 실천하였다. 이웃에 살던 대곡大谷 성운成運과 학문을 절차탁마切磋琢磨하였으며, 청송聽松 성수침成守琛 등과도 사귀었다.

1519년 (19세, 중종 14년)에 기묘사화가 일어났으며 남명은 산 속 절간에 들어가 공부하다 정암靜庵 조광조趙光祖의 부고 소식을 들었다. 이때 숙부 조언경曺彦卿도 조광조 일파로 몰려 파직당하다. 1520년 (20세, 중종 15)년에 진사 · 생원 초시와 문과 초시에 급제하였다. 그런데 생원 · 진사 회시에는 응시하지 않았다. 21세 때, 문과 회시에 부모님의 권유로 응시하였으나 합격하지 못하였다. 22세에, 남평 조씨南平 曺氏 충순위忠順衛 조수曺琇의 딸과 결혼하였다. 25세(중종 20년)에 절간에서 공부하다가 『성리대전性理大全』 중의 원元나라 허형의 글을 읽고 과거 시험을 위해 하는 공부는 잘못되었음을 깨닫고 귀가한 후, 위기지학爲己之學에 전념하였다.

그 다음해에 부친상을 당하여, 한양에서 영구를 모시고 고향으로 가 장례를 치르고, 시묘살이를 하였다. 28세에 부친의 3년상喪을 마쳤다. 이해 가을 부친의 묘갈명墓碣銘을 지었고 성우成遇와 지리산智異山을 유람하였다. 30세(중종 25년)에, 어머니를 모시고 처가가 있는 김해 신어산 아래로 옮겨가 살면서 산해정山海亭의 정사精舍를 지었다. 대곡 성운 · 청향당 이원 · 송계 신계성 · 황강 이희안 등이 내방하여 학문을 강론하였다. 33세에, 향시鄕試에 응시하여 1등으로 합격하였다. 그 다음 해에 회시에 응시하였으나 합격하지 못하였다. 36세에, 첫째 아들 차산次山이 태어났다. 가을, 향시에 응시하여 3등을 하였으며, 서암 정지린이 와서 글을 배웠다. 이때부터 남명이 제자를 가르쳤다.

38세에, 회재晦齋 이언적李彦迪과 이림李霖의 천거로 헌릉참봉에 임명되었으나 사양하고 나가지 않았다. 능력에 비해 그릇이 커도 문제지만 그릇이 능력에 맞지 않을 때도 세상을 위한 경륜을 펼칠 수가 없어 문제를 야기할 수 있다. 남명의 시 "천 섬을 담을 수 있는 큰 종을 보소서! 북채 크지 않으면 쳐도 소리 나지 않는다네."[8] 를 보면, 그의 능력을 짐작하

8 曺植, 『南冥先生集』 卷之一, 〈題德山溪亭柱〉, "請看千石鍾, 非大扣無聲."

고도 남음이 있다. 큰 종이기에 그 종에 맞는 북채가 필요하다고 하였다. 그런데 남명에게 처음 주어진 직책이 종9품 헌릉참봉 벼슬이었다. 남명뿐만 아니라 화담의 제수도 종9품 후릉참봉이었다. 동시대 처사로 지냈던 두 유자儒者 모두에게 주어진 첫 직책이 능陵지기였던 것이다. 능력에 비해 주어진 직책이 높지 않았다. 굳이 직책이 낮아서 출사出仕하지 않았다기보다는 도道가 서지 않은 시대이기 때문에 나아가지 않았을 것이다. 43세에, 경상 감사로 와 있던 이언적이 편지를 보내 만나자고 했지만 사절하였다. 44세(중종 39년)에, 아들 차산을 병으로 잃었다. 1545년 (45세, 인종 1년)에, 친구 이림 · 곽순 · 성우 등이 간신들에게 죽임을 당했다는 소식을 들었다. 11월에 모친상을 당하고, 12월에 모친의 영구를 모시고 고향 삼가로 돌아가 부친의 산소 동쪽 언덕에 상사시내고 시묘살이를 하였다. 48세(명종 3년)되던 해 2월에 탈상을 하였다. 전생서 주부에 임명되었으나 출사出仕하지 않았다. 처가인 김해에서 삼가현 토동으로 돌아와 계부당鷄伏堂과 뇌룡사雷龍舍를 지어 강학하고 제자들이 거처할 장소로 삼았다. 1549년 (49세)에, 제자들과 감악산을 유람하고 포연鋪淵을 구경하였다.

그때 지은 시 한 편을 감상해 보자.

〈욕천浴川〉

– 냇물 [거창군 신원면에 있는 포연] 에 목욕하고서

조식曺植

| | |
|---|---|
| 온몸 마흔 해 동안 찌들은 때를, | 全身四十年前累, (전신사십년전누) |
| 천 섬 되는 맑은 연못에 싹 씻어 버린다. | 千斛淸淵洗盡休. (천곡청연세진휴) |

진토당능생오내
먼지와 티끌이 혹시라도 뱃속에서 난다면, 塵土倘能生五內,
직령고복부귀류
주저 없이 배 갈라 흐르는 물에 부치리. 直令刳腹付歸流.

위의 시 〈욕천〉은 '경敬' 사상을 과격할 정도로 표현한 것이다. 40년 동안 살아온 '온몸의 찌들은 때' 를 '천 섬 되는 맑은 연못' 의 물로 싹 씻어내어 새물의 '신수新水' 가 되고 싶어 한다. 남명의 깨끗한 삶의 의지가 표현된 시이다.

1551년 (51세)에, 종부시 주부에 임명되었으나 출사하지 않았다. 이 해에 덕계德溪 오건吳健과 래암萊菴 정인홍鄭仁弘이 와서 글을 배웠다. 53세에, 벼슬에 나올 것을 권유하는 퇴계의 편지에 답장을 보내 벼슬하러 나가지 못하는 뜻을 밝혔다. 55세(명종 10년)에, 단성 현감에 임명되었으나 출사出仕하지 않고 오히려 상소하여 국정 전반에 대해서 신랄하게 비판하였다. 명종의 어머니인 문정왕후를 깊숙한 궁중의 한 과부에 지나지 않다고 하여, 명종의 노여움을 샀다. 57세에, 아들 차마次磨가 태어났으며 보은 속리산에 은거하고 있는 대곡 성운을 방문하기도 하였다. 58세에, 진주 목사 김홍 · 자형 이공량 · 황강 이희안 · 구암 이정 등과 지리산을 유람하였다. 다음 해에 조지서 사지에 임명되었으나 병을 핑계로 나가지 않았다.

1560년(60세 명종 15년)에, 아들 차정次矴 태어났다. 61세에, 지리산 아래 덕산 사륜동으로 삶의 근거지를 옮겼다. 덕산에 산천재山天齋를 세워 자신과 제자들의 거처와 강학의 장소로 사용하였다. 63세 때에는, 함양에 있는 남계서원藍溪書院에 가서 일두一蠹 정여창鄭汝昌의 사당에 참배하고 여러 학생들이 강하는 것을 들었다. 이때 동강東岡 김우옹金宇顒이 와서 배웠다. 1565년 (65세, 명종 20년)에, 수우당守愚堂 최영경崔永慶이 한양에서 폐백을 들고 찾아와 가르침을 청하였다. 그 다음 해 봄에 한강寒岡 정구鄭逑가 폐백을 가지고 찾아왔다. 7월에 임금의 전지傳旨가 있었으나 나가지 않자, 8월에 상서원 판관으로 부름을 받았다. 10월 3일, 대궐에 나가 숙배하고 사정전에서 명종을 만나 이야기를 나누었으나 출사의 뜻을 펼 수 없음을 알고 11월에 산청으로 돌아왔다. 67세(선조 즉위년 11월)에, 교서敎書를 내려 특별히 불렀으나 상소만 하고 나가지 않았다. 12월에 또 다시 불렀지만 사장辭藏만 올리고 나가지 않았다. 이 해 망우당忘憂堂 곽재우郭再祐가 와서 『논어論語』를 배웠다. 1568년(68세, 선조 1년) 5월에 임금으로부터 전지가 있었으나 상소하여 사양하였다. 7월에 부인 조씨가 세상을 떠났다. 69세에, 종친부 전첨에 임명되었으나 병으로 사양하였다. 1570년 (70세)에, 선조가 다시 출사를 권했지만 사양하였다. 71세에, 임금이 경상 감사를 통해 남명에게 음식을 내려 보내니, 상소하여 사례하였다. 12월 21일, 갑자기 등창으로 병을 얻었다. 72세(선조 5년) 1월에, 옥계 노진 · 동강 김우옹 · 한강 정구 · 각재 하항 등이 찾아와 문병하였다. 이때 남명은 자신이 죽은 후 칭호를 처사處士로 해 줄 것을 제자들에게 일러두었다. 특별히 래암 정인홍에게 패검명이 새겨진 칼을 주면서 '경의敬義'를 당부하기도 하였다. 2월 8일 산천재에서 종終하였다.

장황하게 남명의 연보를 서술한 이유는, 남명이 10번의 출사를 모두 거절하고 산림에서 은거한 인물임을 드러내기 위해서이다. 옛날 참된 선비는 도道가 서지 않은 세상에는 나아가지 않았다. 무도無道한 세상에 나아가 오히려 세상을 혼돈의 상태로 몰아넣을까 염려했기 때문이다. 남명이 살았던 시기는 사화士禍로 얼룩진 시기이기도 하다. 그런 무도한 세상이기에 남명은 출사를 하지 않았던 것이다. 그러면서도 세상을 위한 비판의 목소리는 계속해서 냈다. 그것이 참된 선비의 모습이기 때문이다.

〈별경온사別敬溫師〉-경온 스님과 이별하면서

조식

스님은 구름과 함께 고개 넘어 가고, 僧同雲入嶺,
나그네는 티끌세상 향해 돌아간다네. 客向塵歸兮.
그대 보내고 산마저도 이별했으니, 送爾兼山別,
어찌할꼬? 서쪽으로 지는 산 속의 해를. 奈如山日西.

위의 시 〈별경온사別敬溫師〉는 현실을 초월한 스님과 함께 고개를 넘어 현실적 일상에서 벗어나고자 하는 초월적 욕구와 유학자로서의 현실 지향의 갈등을 표현한 작품이다. 스님을 따라 풍진의 세상을 등지고 싶지만 시적화자는 현실을 쉽게 벗어날 수가 없다. 현실은 서쪽으로 해가 지고 있기 때문에 시적화자는 더욱 인간 세상을 등질 수가 없다. 도道가 사라지는 현실을 두고 세상을 등지는 것은 철저한 유학자로서의 자세가 아니기 때문이다. 서쪽으로 지는 산 속의 해를 다시 떠오르게 하기 위해 인간 세상으로 돌아가 제세구민濟世救民하고자 하는 선비정신이 구현된 것이다.

다음 한시는 연꽃을 통해 선비의 모습을 노래하였다.

〈분연盆蓮〉-화분에 심은 연꽃

조식

상림원 복사꽃 자랑하는 것 인정 마소서, 上園休許小桃誇,
진흙뻘 속의 군자다운 꽃을 누가 알리오? 淤裡誰知君子花.

| | 유 득 소 분 함 양 의 |
|---|---|
| 조그만 화분에 담아두고서 함양하는 뜻은, | 留得小盆涵養意, |
| | 암 향 장 월 야 심 화 |
| 은은한 향기 밤 깊어야 달빛과 어울리기 때문. | 暗香將月夜深和. |

〈분연〉은 송나라 주돈이의 〈애련설愛蓮說〉을 점화點化[9] 하여 군자의 풍모를 드러낸 시이다. 〈애련설〉의 "나 홀로 유독 연꽃이 더러운 진흙에서 나왔으면서도 물들지 [더럽혀지지] 않고 물결에 씻겨졌으면서도 요염하지 [지나치게 곱지] 않고 속이 빈 채로 겉으로 꼿꼿하고 넝쿨이 지지 않고 가지 치지도 않고 향기가 멀수록 더욱 맑아서 꼿꼿하고 초촐하게 [깨끗하게] 서 있는 것을 사랑하니 가히 멀리서 바라 볼 수는 있어도 가까이서 구경하고 즐길 수는 없도다."[10] 를 "진흙뻘 속의 군자다운 꽃을 누가 알리오?"로 점화하여 군자의 모습을 부각시켰다.

군자는 사士와 유儒 모두 목표로 삼는 이상적 존재이다. 연꽃을 군자화라 하는 이유는 더러운 진흙 속에서 피어났으나 주변 환경에 지배 받지 않고 깨끗하고 아름다운 자태를 유지하기 때문이다. 남명도 진흙 속에 핀 연꽃처럼 어지러운 현실에 동요하지 않고 선비로서의 지조를 지닐 것을 다짐하였다. 조선 중기 경상우도에서 참된 선비정신의 표상이 된 남명이었다. 경敬으로써 정신을 밝게 하고 의義로써 실천한다는 남명의 경의 사상은 그의 제자들에 의해 실천으로 옮겨졌다. 1592년 임진왜란이 일어나자, 경상우도 남명의 제자들인 정인홍 · 곽제우 · 조종도 등은 의병을 모아 직접 임진왜란에 참여하였다. 이런 참여정신이 남명이 강조했던 경의敬義 사상이면서 선비정신의 실천이었던 것이다. 따라서 이와 같은 선비정신은 구한말까지 계승되어 항일 투쟁으로 이어졌다.

남명의 한시에는, 유가적 출처관에 따라 행한 선비의 자세가 반영된

---

**9** 點化란, 先人의 작품에 나타난 뜻을 쓰되 그 뜻의 어느 지점으로부터 변화를 加하여 자기의 시작품에 쓰는 것을 말한다.

**10** 周敦頤,〈愛蓮說〉"予獨愛蓮之出於淤泥而不染 濯淸漣而不夭 中通外直不蔓不枝 香遠益淸 亭亭淨植 可遠觀而不可褻翫焉."

것이 있다.

〈단속사정당매斷俗寺政堂梅〉－단속사 정당 매화

조식

사 파 승 영 산 불 고
절 부서지고 중 파리하고 산도 옛날 같지 않은데.　寺破僧羸山不古,

전 왕 자 시 미 감 가
전 왕조 [고려] 의 왕은 집안 단속 잘하지 못했네.　前王自是未堪家.

화 공 정 오 한 매 사
조물주가 추위 속에 지조 지키는 매화의 일
정말 그르쳤나니,　化工正誤寒梅事,

작 일 개 화 금 일 화
어제 꽃 피우고 오늘도 꽃 피웠구나.　昨日開花今日花.

위의 시는 단속사에 핀 매화를 두고 읊은 작품이다. 단속사는 신라 때 이순李純이 창건한 절[11] 로, 솔거의 벽화인 유마상維摩像이 유명했다. 단속사는 경상남도 산청군 탑동 지리산 자락에 있던 절이다. 고려 말 정당문학政堂文學을 지낸 통정通亭 강회백姜淮伯이 단속사에 심은 매화를 두고 쓴 시로 다분히 비꼼의 어조이다. 강회백은 고려 때뿐만 아니라 조선 왕조에도 벼슬한 인물이다. 이를 두고 남명은 이른 봄 추위 속에 핀 매화를 통해 지조를 지키지 않은 강회백을 풍자하였다. 쌀쌀한 날씨에 피는 매화는 당연히 지조를 지키는 선비를 상징해야 했다. 그런데 지조 없이 두 왕조에 벼슬한 강회백이 심은 매화가 오히려 변절의 당위성을 대변하는 것처럼 암향을 드리고 있다. 지조를 지키는 매화라면 당연히 꽃을 피워서는 안 된다. 그런데 매화는 어김없이 봄이 되면 꽃을 피우고 있다. 그래서 남명은 조물주로 하여 잘못한다고 냉소하였다. 이처럼 남명은 단속

11 金富軾, 『三國史記』 권제9, 『新羅本紀』, 제9 〈경덕왕〉

사 매화를 통해 두 왕조를 섬기면서까지 출사한 강회백의 지조 없음을 질타하였다. 연산군의 폭정에 따른 중종반정, 그 후의 빈번한 사화士禍 등이 남명의 충절 사상에 영향을 미쳤을 것이다. 마치 백이가 두 임금을 섬기지 않은 것처럼 남명도 반정으로 왕위에 오른, 정당성이 결여된 임금 섬김을 꺼려했던 것이다.

▲ ▶ 남명 조식 선생이 지리산 유람시 섬진강을 따라 하동에 있는 쌍계사(雙磎寺)를 거쳐 지리산을 등정하였다. 왼쪽 사진이 섬진강과 쌍계사에서 흘러내리는 계곡물이 만나는 지점의 장소이고, 오른쪽 사진이 쌍계사 내부의 모습이다.

▲ 경남 산청군 탑동에 위치한 단속사 터와 그 터에 남아 있는 정당매의 모습이다. 단속사는 임난 후 진주의 유생들에 의해 허물어졌다고 한다. 지금은 당간지주만 복원되어 있다.

## 59. 정인홍鄭仁弘과 고송孤松

정인홍(1536~1623)은, 본관이 서산瑞山이고 자字는 덕원德遠이며 호號는 래암來庵이다. 중종中宗 31년 경상우도 합천군 야로현 사촌[지금의 가야면 사촌리]에서 출생하였다. 남명 조식曺植의 문인으로, 산림처사山林處士와 산림정승山林政丞의 호칭을 아울러 받은 인물이다.

어린 시절은 안음安陰, 지금의 거창군 북상면 갈계리에서 갈천葛川 임훈林薰으로부터 수학受學하였으며, 15세(1551)를 전후하여 삼가현[지금의 합천군] 토동의 계복당에서 남명 조식의 가르침을 받기 시작하였다. 래암이 36세 되던 해에는 와병 중인 남명을 찾아 간병하기도 하였는데, 남명은 임종시에 패검명[내명자경內明者敬, 외단자의外斷者義]이 새겨진 칼을 주면서 '경敬'과 '의義'를 당부하였다. 남명은 특히 '경'·'의'를 높였는데, 마음이 밝은 것을 '경'이라 하고 외적으로 과단성이 있는 것을 '의'라고 하였다. 다시 말하면 수기修己 차원의 경敬 사상에 견주어 그 경 사상의 현실적 실천이 의義 사상이다. 이러한 의식은 바로 '경'으로써 마음을 곧게 하고 '의'로써 실천해 나간다는 실천궁행을 강조한 것이다. 남명은 '경'과 '의'를 잊지 않기 위하여 '성성자惺惺子'라는 방울을 지니고서 '패검명佩劍銘'이 새겨진 검을 차고 다녔다[12] 고 한다. 이 같은 스승의 가르침에 따라, 래암 또한 '의'를 통한 실천적인 삶을 살기 위해 노력하였다. 임진왜란이 일어나자 57세의 나이임에도 창의倡義하여 누란지위

12 『朝鮮王朝實錄』, 『宣祖修正實錄』 卷7, 선조 6년, 5월 경진. "植常佩鈴喚醒, 拄劍警昏. 末年以鈴與金宇顒, 以劍與仁弘曰, 以此傳心."(조식은 항상 방울을 차고 다니며 주의를 환기시키고 칼 끝을 턱 밑에 괴고 혼매한 정신을 일깨웠는데, 말년에 이르러 방울은 김우옹에게, 칼은 정인홍에게 넘겨주면서 이것으로 심법心法을 전한다고 하였다.)

累卵之危의 조국을 위해 헌신한 것이 그 대표적인 예이다.

남명이 별세한 2년 후(1575) 38세에, 래암은 탁행지사卓行之士로 사우師友인 최영경崔永慶과 함께 발탁되어 첫 출사를 하였다. 황간 현감黃澗 縣監을 시작으로, 43세에는 영천 군수永川 郡守, 그리고 45세에는 사헌부 장령司憲府 掌令을 지내고 퇴임하였다. 그 낙향의 이유는 사헌부 대사헌 율곡 이이와의 갈등으로 인한 것이었다. 이 갈등은 서인과 동인, 나중에는 서인과 북인과의 갈등으로 골이 깊게 파이게 된다. 율곡이 서인이고 래암이 북인이다. 고향에 돌아온 그는, 합천 인근의 유생들과 수학하며 위기지학爲己之學에 힘쓴다. 래암이 고향에서 후학들과 수기치인修己治人하는 동안, 54세 되는 해에 을축옥사(己丑獄事, 1589, 선조22년)가 발생하여 서인계로부터 농분인 최영경을 비롯하여 서화담의 제자인 이발이 화를 입게 되었다. 래암 자신도 관직삭탈을 당하였다. 이 사건을 계기로, 서화담계와 남명계는 공동의 피해자로 동류의식을 갖게 되었다.

57세(1592)에 임진왜란이 발발하자 래암은 경상 우도에서 제자인 하혼 · 조응인 · 문경호 · 권양 · 문홍도 · 박이장 등과 의병활동을 하여 왜군의 보급로를 차단하였다. 임진왜란 후 그 공적을 인정받아 65세에 형조참의刑曹參議, 68세에 동부승지同副承旨에 제수除授되었으나, 나아가지 않았다. 그러나 67세 때 선조의 특지로 대사헌에 임명되어, 기축옥사에서의 가해자인 서인을 배제하려다가 오히려 서인의 탄핵소로 그 의도가 좌절되어 수개월 후 낙향하였다. 그 후로는 거듭된 출사의 요청에도 응하지 않았다. 73세인 1608년에 유영경柳永慶이, 선조가 광해군에게 양위하는 것을 반대하자 래암이 이를 탄핵하다가 이듬해 영변寧邊에 유배되었다. 하지만 선조가 급서하고 광해군이 즉위하자 대사헌이 되어 대북정권大北政權을 세웠다.

광해군이 등극하면서 그의 입지는 더욱 높아져, 산림에서 비판적 상소문을 거듭 올렸다. 그 상소문 중에는 『회퇴변척소晦退辨斥疏』(77세)가 있는데, '이언적과 이황의 문묘 배향이 잘못되었다.' 고 두 인물을 비난한 것이다. 이와 같은 상소문의 내용은 이황이 남명을 "노장위숭老莊爲崇"이라 한 것 때문이었다. 이 『회퇴변척소晦退辨斥疏』로 인해 동인이 남인과 북인으로 갈라지게 되는 계기가 되었다. 래암이 무리할 정도로 회재와 퇴계의 문묘 종사를 반대한 것은 스승에 대한 의리였다. 스승인 남명이 문묘종사가 되지 못한 것에 대한 반발심도 작용하였을 것이다. 83세 때에 폐모살제廢母殺弟의 논의가 있자, 래암은 전은설全恩說로 폐모에 반대하였다. 북인 이이첨의 전횡으로 정국 운영에서 배제되었던 서인들이 1623년 인조반정의 성공으로 래암을 폐모살제廢母殺弟의 조종자로 모함하여, 89세의 노인으로서 처형되었다. 서인 정권 하에서 폐모살제로 몰려 처형된 후, 고종 때 후손 정기덕鄭基德에 의해 신원伸寃이 요청되었으나 묵살되었으며,[13] 순종 1년(1907) 내각총리대신 이완용의 권유로 좌의정 한효순 외 77명의 관작이 회복될 때에 정인홍도 마침내 신원되었다[14] 역사의 아이러니다. 매국노 이완용의 권유로 래암의 역적죄가 신원이 되었으니, 저승에서 임진왜란의 의병장은 매국노 이완용을 어떻게 생각했을까?

래암은 21편의 한시를 남겼다. 그 중 한 작품을 유자儒者의 자연관에 비추어 살펴보기로 하자.

---

13 『朝鮮王朝實錄』, 『高宗實錄』 卷1, 고종 원년, 8월 무술." "癸亥罪人仁弘及造之孫, 爲其祖訟冤矣.("계해년〈1623〉의 죄인들인 鄭仁弘과 鄭造의 후손들이 자기 조상을 위하여 억울한 사정을 호소하였다.)

14 『朝鮮王朝實錄』, 『純宗實錄』 卷2, 1년, 4월 30일(양력) "爲先故左議政韓孝純外七十七人之復官爵, 經議後開錄 …(중략) …領議政 鄭仁弘… (중략) … 上奏." 允之."(우선 고 좌의정 한효순 외 77人의 관작을 회복시킬 데 대해서만 상의를 거친 뒤에 개록하여 … (중략) … 영의정 정인홍 … (중략) …상주합니다. 하니, 윤허하였다.)

## 〈고송孤松〉

정인홍鄭仁弘

| | |
|---|---|
| 언제나 원하기를, 새 소나무 백척百尺이나 자라서, | 상원신송백척장<br>常願新松百尺長, |
| 세한 상설에도 풍광風光을 보전했으면 하였네. | 세한상설보풍광<br>歲寒霜雪保風光. |
| 꽃나무를 심지 않고서 춘색春色만으로 단장하자니, | 불재화목장춘색<br>不栽花木粧春色, |
| 해 가도록 백화百花 향기 다시 맡을 수 없네. | 백화종년갱불향<br>百花終年更不香. |

이 작품에서 래암의 고고한 선비정신이 묻어난다. 백화百花가 고송孤松에 압도당하는 모습이다. 늘 꿈꾸던 백척百尺의 새 소나무가, 어떤 시련에도 흔들리지 않고 오히려 봄빛으로 단장되었다. 소나무는 어떤 시련에도 굴하지 않는 래암의 강인함을 상징한다. 절기에 따라 꽃을 피우는 백화百花와는 달리, 고송孤松은 세류世流에 따라 자기의 지조를 바꾸는 소인배의 백화가 아니라, 세한 상설歲寒 霜雪일수록 더욱 푸른 소나무인 것이다. 그것은, 어떠한 부패 세력과도 타협하지 않으려는 래암來庵 자신의 모습일 것이다. 광해군의 조정에서 정치적 주도 세력이 되었지만, 서인계에 의해 타파의 대상이 되어야만 한 그는, 마치 엄동설한의 산등성이에 우뚝 서 있는 고송孤松인 것이다. 의리義理를 중시했던 선비, 래암! 그는 임진왜란 때에는 의병장으로서, 임금인 광해군에게는 든든한 후원자로서, 그리고 스승인 남명에게는 변함없는 제자로서의 의리를 보여주었다. 정인홍은 국가 · 왕 · 스승에 대한 3대 의리를 지킨 진정한 선비의 표상이었다.

래암 정인홍은 인조반정 직후 3일 만에 89세의 노령에도 서인 세력에 의해 참형되었다. 처형 이후 서인과 노론 주도의 정국이 전개되면서 정인홍은 지금까지도 역적의 누명에서 벗어나지 못하고 있다. 역사는 집권자의 손에 의해 주도된다. 인조반정 후, 정권을 주도한 세력이 서인과 노론이다. 그들에 의해 점차 역적 괴수로 전락한 래암에 대한 역사적 평가는 이제 새롭게 시도되어야 할 시점에 왔다. 국가와 군주 그리고 스승에 대한 의리를 고수했던 래암, 그는 이 시대 우리가 본받아야 할 참된 선비라 할 수 있다. 래암 정인홍에 대한 보다 객관적이고 합리적인 평가는 인조반정 이후 역사의 전면에서 사라진 북인의 정치적 · 사상적 위상을 제대로 세우는데도 중요한 관건이 될 것이다. 일제치하 단재丹齋 신채호(申采浩, 1880~1936) 선생은, 〈조선일보朝鮮日報〉 1935년 12월 20일 옥중회고록에서 '5천년 우리 민족 사상의 대표적 인물로, 육지의 명장은 을지문덕 · 해군의 제독은 이순신 · 정치의 제1인자는 정인홍이 있다.' 라고 하여, 래암을 성공한 정치인으로 평가하였다. 단재 신채호 선생의 평가를 다시 한 번 되새길 때이다.

## 60. 권호문權好文과 처사處士

권호문(1532~1587)은 본관이 영가永嘉이고 자字는 장중章仲이며 호號는 송암松巖이다. 1561년(명종 16) 진사시進士試에 합격하였다. 그러나 출사出仕하지 않고 청성산靑城山 아래 무민재無悶齋를 짓고 은거했으며, 퇴계 이황의 제자로 유성룡柳成龍 · 김성일金誠一 등과 교우하였다. 후에 집경전참봉集慶殿參奉 · 내시교관內侍敎官 등에 제수되었으나 출사하지 않았다.

권호문은 평생을 자연에 묻혀 산 처사處士로 일생을 마감한 인물이다. 스승인 이황은 그를 '소쇄산림지풍瀟灑山林之風' 이 있다고 하였고, 벗 유성룡도 그를 '강호고사江湖高士' 라 하였다. 한글 작품으로는 경기체가의 마지막 작품인 〈독락팔곡〉과 시조 〈한거십팔곡〉이 있고, 문집으로는 『송암집』이 있다.

정해년(丁亥年, 1587년, 선조 20년)에 병환이 나 오랫동안 앓다가 위독해지자 시詩를 지어 제자들에게 결별의 인사를 하고, 아들 권행가權行可에게 말하기를, "장사葬事를 검소하게 치르고 비석의 전면에 '청성산인靑城山人 권모지묘權某之墓' 라고만 써야 할 것이다."라고 당부하였다고 한다. 그해 7월에 관물당觀物堂에서 세상을 떠나 10월에 영가부 서쪽 마감산麻甘山에 묻혔다. 그의 나이 56세였다. 안동의 송암서원松巖書院에 제향되었다.

평생을 처사로 산 권호문의 『세로소지음탄世路少知音歎』을 감상해 보자.

〈세로소지음탄世路少知音歎〉

권호문權好文

용문에 있던 마른 오동나무, 龍門有枯桐,
그 얼마나 풍상을 겪었던가? 其許閱霜風.
하루 저녁에 초미금이 되었으니, 一夕取焦尾,
때 마침 채낭중을 만났기 때문이라. 會逢蔡郎中.
곤륜산에서 옥덩어리를 얻었는데, 崑岡得璞玉,
대중이 모래나 조약돌처럼 여겼구나. 衆視沙礫同.
세 번이나 발꿈치 자르는 형벌을 당하면서도 초왕에게 바쳤으나, 三刖獻楚闕,
내팽개쳐 버려 끝내 아무런 공도 없게 되었네. 棄擲終無功.
만고에 알아주는 이 드무니, 萬古鮮解音,
탄식하노니, 사람들 모두 귀머거리인가? 歎息人皆聾.
아득히 세상과 떨어져, 茫茫絶世下,
홀로 서서 부질없이 몸만 어루만지네. 獨立空撫躬.

송암松巖은 시로써 처사處士로서의 삶을 정리하였는데, 그 표현으로 정절精切한 용사用事의 방법을 사용하였다. 한평생 '초야에서 덕德을 닦으며, 후진양성에 힘을 쏟아 후대에 맑은 기풍을 남긴 선비'로, 자신을 알아주는 사람이 없는 세상에 대해 탄식하고 있다.

제목에서는 『열자列子』「탕문」편湯問篇에 나오는 '지음知音' 고사故事를 이용하였다. 거문고의 명인 백아伯牙가, 자기의 거문고 소리를 듣고 악상樂想을 잘 이해해 준 종자기鍾子期가 죽은 후 그 소리를 아는 자가 없다하여, 거문고 줄을 끊고 탄식하였다는 백아절현伯牙絶絃이다.

위의 시 1행에서 4행까지는 채옹蔡邕의 초미금 고사焦尾琴 故事를 썼다. 후한의 채옹이, 이웃 사람이 밥을 짓느라고 오동나무로 아궁이에 불 때는 소리를 듣고, 그 나무 재질이 매우 뛰어남을 알아채고서 타다 남은 오동나무를 얻어 거문고를 만들었다는 고사이다. 땔나무가 될 뻔한 오동나무가 천리마를 알아보는 백락 같은 채옹을 만나 거문고로 화化하게 되었다는 것이다. 그러나 채옹이 멋진 거문고를 만들어 훌륭한 소리를 내도 종자기 같은 벗이 없어, 자신의 음악적 재능을 알아주는 사람이 세상에 없었음을 탄식하고 있다. 세상에는 천리마가 없는 것이 아니라, 천리마를 알아보는 백락 같은 인물이 없는 것이다.

5행부터 8행까지는 화씨지벽和氏之璧의 고사故事를 썼다. 화씨벽和氏璧의 고사故事는 전국시대 초楚나라 화씨和氏가 발견한 구슬로 여왕厲王에게 바쳐졌으나, 옥인玉人이 돌로 감정하여 왼발을 잘랐고, 여왕이 죽고 무왕武王이 즉위하자 다시 바쳐졌으나, 이번에는 오른발을 잘랐다. 무왕이 죽고 문왕文王이 즉위하자 그 옥덩어리를 안고서 초산 아래에서 사흘 밤낮을 우니, 문왕이 그 까닭을 물었다. 그러자 '진짜 참된 선비의 진심을 몰라주는 세상이 안타까워서 운다.' 고 하니, 문왕이 이에 옥공을 시켜 그 옥덩어리를 다듬게 하여 화씨벽和氏璧 옥구슬이 되게 하였다는 것이다.[15] 이처럼 권호문도, 초미금焦尾琴이나 화씨벽和氏璧과 같은 자질을 갖추고 있어도 세상이 그의 뛰어난 자질을 몰라준 데 대한 안타까움을 용사用事로써 한층 알차게 표현하였다. 만약 '지음知音' · '초미금焦尾琴' · 화씨벽和氏璧 고사故事를 인용하지 않고 송암 자신의 처지만을 시로 형상화했더라면 그 시적 의미는 자신의 넋두리를 표현하는데 머물 수도 있었던 것이다. 하지만 고사를 인용하여 새로운 의미를 만드는 한시 작법인 용사用事의 방법을 통해 처사로밖에 살 수 없었던 자신의 처지를 함축적으로 표

15 『十八史略』, 『春秋戰國』, '藺相如' 에도 和氏璧의 이야기가 나옴.

현하여 세상이 자신의 재능을 알아주지 못함을 청출어람靑出於藍의 신의新意로 노래할 수 있었던 것이다. 용사는 기본적인 학식이 갖추어 있지 않으면 행하기 어려운 한시 작법이다. 잘못하면 표절뿐만 아니라 뜻이 통하지 않는 표현이 될 수 있기 때문이다.

퇴계 이황의 제자 권호문과 남명 조식의 제자 정인홍의 행적을 대비하면서, 그들의 시작품을 살펴보면 더 흥미롭게 한시를 감상할 수 있을 것이다.

## 61. 이이李珥와 망년지교忘年之交

이이(1536~1584)는 본관이 덕수德水이고 자字는 숙헌叔獻이며 호號는 율곡栗谷 · 석담石潭 · 우재愚齋이며, 시호諡號는 문성文成이다. 1536년(중종 31) 음력 12월 26일에 사헌부 감찰을 지낸 이원수李元秀와 사임당師任堂 신씨申氏의 셋째 아들로 외가가 있던 강원도 강릉에서 태어났다. 이이가 태어나던 날 밤, 어머니 신사임당은 꿈을 꾸었는데 흑룡이 바다에서 집으로 날아 들어와 서렸다고 한다. 그래서 아명兒名을 현용現龍이라 하였으며, 산실産室을 몽룡실夢龍室이라 하여 지금도 강릉 오죽헌에 보존되어 있다. 이이는 8세 때에 경기도 파주 율곡리에 있는 화석정花石亭에 올라 시를 지을 정도로 명석했다고 한다.

〈화석정花石亭〉

이이李珥

| | 임정추이만 |
|---|---|
| 숲속 정자에 가을이 이미 깊었는데, | 林亭秋已晩, |
| | 소객의무궁 |
| 시인의 시상이 끝이 없네. | 騷客意無窮. |
| | 원수연천벽 |
| 멀리 강물은 하늘에 닿아 푸르고, | 遠水連天碧, |
| | 상풍향일홍 |
| 서리 맞은 단풍은 햇볕을 향해 붉다. | 霜楓向日紅. |
| | 산토고륜월 |
| 산 위에는 둥근 달이 떠오르고, | 山吐孤輪月, |

강은 만 리에서 불어오는 바람을 머금었네. 　　강함만리풍
江含萬里風.

변방의 기러기는 어디로 날아가는고? 　　새홍하처거
塞鴻何處去,

울고 가는 소리 저녁 구름 속으로 사라지네. 　　성단모운중
聲斷暮雲中.

어려서부터 어머니 신사임당에게 교육을 받아서 그런지 위의 시 〈화석정〉은 도저히 8세 아동의 작품으로 믿기지 않는다. 시문학에 뛰어났던 어머니의 재능을 많아 물러 받은 덕분일 것이다.

어머니의 영향 때문인지 아니면 타고난 천재성 때문인지 율곡은 13세에 진사시에 합격을 하였다. 그리고 조광조의 문인인 휴암休菴 백인걸白仁傑에게 학문을 배웠다. 16세에 어머니가 갑자기 돌아가시자 파주 두문리 자운산에 모시고 3년간 시묘살이를 하였다. 어머니의 죽음으로 슬픔은 물론 충격도 받았으며, 아버지의 후실 권씨로 인해 가정불화도 잦았다. 권씨는 술을 많이 마시고 술주정을 자주하였는데, 그 일로 이이와 사이가 좋지 않았다고 한다. 결국 이이는 금강산에 입산하여 승려가 되려고 하였던 것이다. 비록 금강산에서 지낸 기간은 1년 정도에 불과했지만, 이 일은 평생 그를 괴롭히는 이력으로 따라다녔고 퇴계 이황도 이 일을 거론하기도 하였다. 이듬해 하산하여 외가인 강릉으로 돌아와 자경문自警文을 짓고 다시 성리학에 전념하였다.

22세(1557년)에 성주목사星州牧使 노경린盧慶麟의 딸과 혼인하였고, 이듬해 예안禮安에 낙향해 있던 이황李滉을 찾아가 성리학에 관한 논변을 나누는 일이 있었다. 율곡 이이는 장인의 임지인 성주에서 강릉 외가로 가는 도중, 예안 도산에 들러 당시 58세였던 퇴계를 방문하고 이틀 동안 함께 지냈다. 조선의 젊은 청년 율곡과 조선 성리학의 대가 퇴계의 만남은 조선 사회에서의 세기적인 만남이었다. 한 번의 만남에 서로 학문적인 면이 소통되었으며, 서로 신뢰할 수 있는 관계도 만들 수 있었다. 이 만남 이후 율곡은 퇴계와 편지를 주고받으면서 퇴계의 학문에 매료되어 갔다.

특히 1558년에 율곡은 퇴계와 두 차례 편지를 교환하면서, 학문적 토론 외에도 율곡이 승려였던 사실을 반성하자 퇴계가 그를 격려하기도 하였다.

21세와 22세에는 한성시에서 연달아 장원이 되었고, 24세에는 『천도책天道策』으로 별시 초시에서 장원하였다. 그러나 정작 대과에서는 낙방하였고, 26세에는 아버지의 상喪을 당하기까지 하였다. 삼년상을 마친 뒤 1564년에 마침내 율곡은, 7월에는 생원과 진사에, 8월에는 명경과에 급제하여 호조좌랑을 제수 받았다. 그러나 율곡이 생원시에 합격하고도 예전에 승려 생활을 했었다는 이유로 성균관의 공자孔子 사당祠堂인 문묘文廟에 참배할 수 없다는 일부 주장에 애를 먹기도 하였다. 율곡은 생원시生員試·신사시進士試를 포함해 응시한 아홉 차례의 과거에 모두 장원으로 합격하여 사람들에게 구도장원공九度壯元公이라고 불리기도 하였다. 천재적인 자질이 있었던 것 같다.

율곡은 1565년에는 예조좌랑과 사간원 정언, 1566년에는 이조좌랑, 1568년에는 사헌부 지평, 홍문관 부교리, 1569년에는 홍문관 교리가 되었다. 1570년 10월에 관직을 그만 둔 뒤 이후 처가妻家가 있는 해주와 본가의 파주를 오가며 지냈다. 율곡은 1571년에도 벼슬에 나아가고 물러나기를 거듭하다가 6월에 청주 목사로 부임하였으며, 그는 여기서 『서원향약西原鄕約』을 지었다. 37세인 1572년에 그는 일시 사직하고 파주로 돌아갔다. 1573년(선조 6) 다시 조정의 부름을 받아 승정원承政院의 동부승지同副承旨·우부승지右副承旨를 역임했으며, 1574년(선조 7) 당시의 사회 문제들에 대한 구체적인 대책을 논한 『만언봉사萬言封事』를 써서 선조에게 바쳤다. 그해 사간원 대사간大司諫으로 임명되었으나 이를 사양하고 낙향하였다.

하지만 다시 황해도 관찰사가 되어 관직에 올랐고, 그 뒤 대사헌大司憲, 홍문관 부제학副提學 등을 역임하였다. 홍문관 부제학으로 있던 1575

년(선조 8) 선조에게 제왕학帝王學의 지침서인 『성학집요聖學輯要』를 저술하여 올렸고, 1577년(선조 10)에는 관직에서 물러나 해주로 낙향하여 아동들의 교육을 위한 『격몽요결擊蒙要訣』을 편찬했으며, 1580년에는 『기자실기箕子實記』를 저술하였다. 이 무렵 해주 석담石潭에 은병정사隱屛精舍를 건립하여 학문 연구와 후진 양성에 힘썼으며 향약과 사창社倉을 실시하기도 하였다. 1581년 대사헌과 예문관藝文館 제학提學을 겸임하며 다시 관직에 올라, 동지중추부사同知中樞府使를 거쳐 홍문관과 예문관의 대제학大提學을 지냈다. 1582년에 이조판서, 1583년에 병조판서가 되어 선조에게 『시무육조時務六條』를 바쳤다. 그러나 당쟁을 조장한다는 동인東人의 탄핵을 받아 관직에서 물러났으며, 이후 다시 이조판서와 판돈령부사判敦寧府事 등에 임명되었다. 1584년 음력 1월 16일 49세의 나이로 서울 대사동大寺洞에서 병으로 별세別世하였다.

장지葬地는 파주 자운산 선영이었다. 1624년(인조 2)에 문성文成의 시호를 받았다. 파주의 자운서원紫雲書院 · 강릉의 송담서원松潭書院 · 풍덕의 구암서원龜巖書院 · 황주의 백록동서원白鹿洞書院 등 전국 20여 개 서원에 배향되었으며, 1682년(숙종 8)에는 성혼成渾과 함께 공자孔子를 섬기는 문묘文廟에 우리나라의 명현名賢으로 배향配享되었다. 그러나 숙종肅宗 대의 환국 속에서 1689년에 문묘 배향이 거부되었다가 1694년에 다시 배향되었다.

율곡이 19살에 아버지 후실인 권씨의 술주정으로 인해 잠시 금강산에 입산 한 적이 있었다. 그때 환속還俗을 결심한 후 지은 시가 있다.

## 〈연비어약鳶飛魚躍〉

이이

솔개 날고 물고기 뛰는 이치 위나 아래나 매 한가지, 鳶飛魚躍上下同, (연비어약상하동)
이는 색도 아니요 또한 공도 아니라네. 這般非色亦非空. (저반비색역비공)
실없이 한번 웃고 내 신세 살피니, 等閑一笑看身世, (등한일소간신세)
석양에 나무 빽빽한 수풀 속에 홀로 서 있었네. 獨立斜陽萬木中. (독립사양만목중)

제목이 벌써 『중용中庸』에 나오는 〈연비어약〉이다. '솔개가 날아서 하늘에 닿거늘 물고기가 깊은 연못에서 뛰는구나.(鳶飛戾天 연비려천, 魚躍于淵 어약우연)' 곧 '저 높은 하늘 끝에도 깊은 연못에도 생명체가 살아서 활동하는 것처럼, 이 세상 도처에 삶의 도道가 행해지지 않는 곳이 없으며 나타나지 않는 곳이 없다.' 는 뜻이다. 율곡 이이는 이 『중용』 구절을 이용하여 유교적 깨달음을 하고, 불교의 색즉시공色卽是空의 얽매임에 벗어나게 되었다는 것이다. 그때 자신은 해질녘 숲속에 홀로 있는 사람처럼 느껴졌다는 것이다. 이런 깨달음을 한 후, 금강산에서 나올 수 있었던 것이다.

율곡이 23세 때 장인 부임지 성주에서 강릉 외가로 가는 도중에 예산 도산에 들러 58세의 퇴계를 예방하였다. 그때 두 분의 세기적 만남을, 서로 시로 주고받은 것이 있다. 감상해 보자.

〈과예안알퇴계이선생過禮安謁退溪李先生〉

이이

| | |
|---|---|
| 냇물은 수수와 사수에서 갈라져 나오고, | 계분사수파<br>溪分泗洙派, |
| 드높은 봉우리는 무이산에서 빼어났네. | 봉수무이산<br>峰秀武夷山. |
| 천 권의 경전으로 살아가는 계책을 삼고, | 활토경천권<br>活討經千卷 |
| 갖춘 행장이라고는 두어 칸 집이네. | 행장옥수간<br>行藏屋數間. |
| 흉금을 터니 가슴 속은 훤히 개인 달 같고, | 금회개제월<br>襟懷開霽月 |
| 담소를 나누니 거친 물결도 그치는구나. | 담소지광란<br>談笑止狂瀾 |
| 소자가 뵈러 온 것은 도를 얻고자 함이지, | 소자구문도<br>小子求聞道 |
| 한나절의 한가로움을 빼앗으려함이 아니라오. | 비투반일한<br>非偸半日閒 |

처음부터 공자孔子와 주자朱子가 살던 지명을 인용하여 퇴계의 학통과 학문의 경지를 드러내고 있다. 두련의 수수洙水와 사수泗水는 공자가 제자들을 가르치던 고장의 시냇물 이름이다. 이는 퇴계의 학문이 공자에게서부터 연유함을 보여주고 있는 것이다. 그리고 무이산武夷山은 주자가 은퇴 후 이곳에서 무이정사武夷精舍를 짓고 제자들을 가르치던 곳이다. 이처럼 퇴계 선생이 도산서당을 짓고 제자들을 가르치는 이곳도 주자의 학문처럼 높다는 것이다. 함련에서는 검소하게 살아가면서 학문에 전념하는 퇴계의 삶의 모습을 그렸다. 경련에서는 대학자와 마주앉아 속마음을 탁 터놓고 얘기를 나누니 마침 비가 갠 뒤의 달처럼 안목이 훤히 트이는 듯하며, 거친 물결처럼 격정적인 자신의 마음도 맑아지는 듯하다는 것이다. 미련에서는 율곡 자신을 '소자'라 표현함으로써 제자의 입장에서 학문의 길을 여쭙고자 왔음을 말했고, 또한 한나절 잡담을 하고자 온 것이 아니라 도를 배우고자 왔다고 당당하게 말하고 있다. 23살 율곡의 당찬

모습이 엿보인다. 퇴계도 율곡의 시에 화답을 하였다.

〈증이숙헌贈李叔獻〉

이황李滉

| | |
|---|---|
| 병들어 문 닫고 봄 구경도 못하다가, | 病我牢關不見春, |
| 그대 찾아주니 병이 씻은 듯 나아져 심신이 상쾌하다. | 公來披豁醒心神. |
| 이미 이름 난 선비 헛되지 않음을 알았고, | 已知名下無虛士, |
| 지난 날 경신敬身 소홀함을 부끄럽게 여기네. | 堪愧年前闕敬身. |
| 좋은 곡식 밭에는 가라지가 무성할 수 없으니, | 嘉穀莫容稊熟美, |
| 새로 닦은 거울에는 가는 티도 해가 되오. | 纖塵猶害許鏡新. |
| 지나친 말은 깎아 버리고, | 過情詩語須刪去, |
| 힘써 공부하여 각기 날마다 친해 보세. | 努力工夫各日親. |

58세의 노인이 병이 들어 봄 구경도 못하고 방에만 누워 있었는데, 그대가 찾아주니 벌써 병이 나은 것 같다. 내가 말로만 전해 듣던 젊은 선비를 만나보니 그 명성이 헛된 것이 아님을 알겠는데, 스스로 수신修身을 소홀히 함을 부끄럽게 여기기 때문이다. 좋은 밭에는 잡초가 자랄 수 없듯이, 저렇게 명석한 선비는 불교에 경도되지 않겠지. 새로 닦은 거울에는 티끌이 흠이 되듯이 잠시 외유한 불교의 귀의는 흠처럼 따라 다닐 것이오. 지나친 말을 서로 삼가고 경經 공부를 힘써 하여 서로 친해 봅시다.

퇴계가 잠시 불교에 귀의했던 율곡을 나무라고 있다. 그러면서 앞으로 친해 보자고까지 했다. 이른 봄이라 진눈깨비가 내리니, 퇴계는 날씨를 핑계로 떠나는 율곡을 붙잡아 이틀 밤을 함께 더 지내게 된다. 35살의 나이를 극복하고 이틀 동안 학문에 대한 담소를 나눌 정도로 퇴계는, 율곡을 마음에 들어 했던 것 같다. 2박 3일의 여정을 끝내고 떠나는 율곡에게 퇴계는 송별시送別詩까지 지어 주었다.

〈무제無題〉

이황

| | |
|---|---|
| 이른 봄날에 천하재사를 기쁘게 만나니, | 재자흔봉이월춘<br>才子欣逢二月春, |
| 머문 지 삼일 만에 마음이 통하는 듯하네. | 만유삼일약통신<br>挽留三日若通神. |
| 비는 늘어진 은 대나무처럼 시냇가에 스치고, | 우수은죽소계족<br>雨垂銀竹捎溪足, |
| 눈은 구슬 같은 꽃이 되니 나무를 감쌌네. | 설작경화리수신<br>雪作瓊花裏樹身. |
| 말은 진흙뻘에 빠져 가다가 허덕거리는데, | 몰마니융행상조<br>沒馬泥融行尙阻, |
| 날 개어 지저귀는 새 소리에 풍경 새롭네. | 환청금어경재신<br>喚晴禽語景纔新. |
| 술 다시 권하며 어찌 만남이 짧다하리, | 일배재속오하천<br>一杯再屬吾何淺, |
| 이제부터 망년지교로 더욱 더 친해보세. | 종차망년의갱친<br>從此忘年義更親. |

퇴계는 율곡이 얼마나 마음에 들었는지 송별시에서 망년지교忘年之交를 허하였다. 퇴계가 다른 제자에게 보낸 글에 율곡에 대해 이야기하기를, '율곡은 사람됨이 명랑하고 시원스러우며 학식과 문장력이 뛰어나 후생가외後生可畏라는 옛 성인의 말씀이 나를 속이지 않았다.' 라고, 극찬하였다.

두 사람의 망년지교는 퇴계가 세상을 떠나면서 막을 내린다. 율곡이 황해도 해주 석담에 있을 때 퇴계의 부음訃音 소식을 듣게 된다. 부음 소식을 들은 율곡은 스승의 예를 갖추어 추모하였다고 한다. 그때 지은 만시輓詩가 있다.

〈곡퇴계선생哭退溪先生〉-퇴계 선생의 죽음을 슬퍼하며

이이

좋고 알찬 옥과 금 같이 타고난 기품 순수한데, 良玉精金稟氣純(양옥정금품기순),
참된 근원은 관과 민에게서 갈려 나오셨네. 眞源分派自關閩(진원분파자관민).
백성들은 위아래로 혜택 입기를 바랐건만, 民希上下同流澤(민희상하동류택),
행적은 산림에서 홀로 몸을 닦으셨네. 迹作山林獨善身(적작산임독선신).
호랑이 떠나고 용도 없어서 사람의 일은 변했건만, 虎逝龍亡人事變(호서용망인사변),
물길을 돌리고 길을 열어 놓으신 책이 새롭네. 瀾回路闢簡編新(란회로벽간편신).
남쪽 하늘이 아득하게 이승과 저승이 갈리니, 南天渺渺幽明隔(남천묘묘유명격),
서해 바닷가에서 눈물이 마르고 창자가 끊어지네. 淚盡腸摧西海濱(누진장최서해빈).

퇴계의 인품은 좋은 옥 같고 순도 높은 금처럼 기질이 순수하시고, 도학의 연원은 관 땅과 민 땅에서 나왔습니다. 백성들은 상하에서 같은 은택이 있기를 바라고, 자취를 산림에 남기시고 홀로 몸을 잘 보존하셨습니다. 호랑이 떠나고 용도 없어져 사람의 일 모두 변하고, 물결 돌리고 길 여는 몇 권의 책 새로 나왔습니다. 남쪽 하늘 멀어 아득하고 저승과 이승이 갈리었으니, 서해 물가에서 저는 눈물이 마르고 창자가 꺾어지는 듯 하옵니다. 이처럼 율곡은 망년지교忘年之交를 허락한 퇴계의 죽음을 애통해 하였다.

위의 만시輓詩에서 율곡은, 퇴계를 옥과 금 같이 순수하고 아름다운 인품을 지녔다고 소개하면서 그의 학문의 근원은 중국 송나라 때의 유학자로 관關 땅의 섬서성 출신인 장재張載와 민閩 땅의 복건성 출신인 주자朱子에게서 퇴계의 학문이 갈라져 나왔음을 말하고 있다. 그리고 퇴계가 산림에서 학문에 몰두하여 여러 편의 서적도 펴냈음을 기렸다. 그리고 율곡 자신이 머물고 있는 해주에서 보면 안동은 아득히 먼 남쪽 지방이다. 그 거리가 이승과 저승만큼 멀게 느껴진다. 경상도 안동 하늘 아래 유명을 달리 하신 퇴계가 계시는데, 자신은 그 곳에 한 걸음에 달려가서 조문弔問하지 못해 창자가 끊어지는 듯한 아픔을 느낀다. 서해 바닷가 해주에서 선생의 부음을 듣고 살아생전에 망년지교忘年之交했던 퇴계와의 추억과 절절한 그리움, 그리고 슬픔이 일어나고 있다. 나이를 잊은 그들의 사귐이 아름답게 다가오고 있다.

▲ 경기도 파주시 파평면 율곡리에 위치한 화석정花石亭과 화석정에서 내려다 본 임진강과 그 강변의 모습이다. 도로는 통일로이다.

## 62. 이달李達과 현실現實

이달(1561~1618)은 조선 중기 때의 시인이며 선조 때 주로 활동한 인물이다. 자字는 익지益之이고 호號는 손곡蓀谷, 동리東里이며 본관은 신평新平이다. 최경창崔慶昌, 백광훈白光勳과 함께 삼당시인三唐詩人이라 하였다. 이 세 사람은 사암思庵 박순朴淳의 문인으로 그 당시 새로운 시의 경지를 개척하였다. 그는 선조 때 사역원司譯院의 한리학관漢吏學官이 되기도 했고, 중국 사신을 맞는 접빈사接賓使의 종사관으로 일하기도 하였다. 그러나 자신의 뜻에 맞지 않는다는 이유로 곧 사직하고는 향리에 은거하였다.

고려 이후 우리나라 시인들이 송宋나라의 소동파나 황산곡의 시풍인 송풍宋風을 따랐으나, 이달 · 최경창 · 백광훈 등은 당시풍唐詩風에 심취하여서 삼당시인이라는 칭호를 받았다. 이수광은 그들의 시가 성당盛唐에 이르지 못하고 만당晩唐에 머문 것이 애석하다고 했다. 당풍唐風은 기본적으로 시인의 감흥을 중요시한다. 시의 대상과 합일을 추구하거나 감정이입을 통해서 정감을 드러내는 것이 주목적이다. 그러나 정감의 표현과 경물의 묘사가 대등하지 않을 때에는 당풍으로 보지 않는다. 정감을 직설적이거나 사변적으로 표현하고 발산할 때에는 송풍宋風으로 본다. 송풍은 정경 묘사보다는 사물에 대한 의경을 전개하는 것을 주목적으로 하기 때문이다. 그리고 정감이 경물 속에 있더라도 그 묘사가 지나치게 연약할 때에는 만당풍으로 보는 것이다.

손곡蓀谷 이달李達은 여말선초麗末鮮初 쌍매당雙梅堂 이첨(李詹, 1345~1405)의 후예로서 명종 16년 강원도 원주시 부론면 손곡리蓀谷里

에서 태어났다. 손곡리는 본시 손위실孫位室이라고 했다. 고려 공양왕이 이성계에게 추방된 후 이곳에서 왕위를 내놓았다는 역사적 사실에 의해 그런 지명이 붙었다는 것이다. 아버지 부정副正 이수성李秀成과 관기官妓 사이에서 서출庶出로 출생하였다. 그는 서자庶子라는 신분적 한계로 인해 세상에 쓰이지 못했던 인물로, 허균許筠과 그의 누이 허난설헌許蘭雪軒의 스승이기도 하다. 허균은 이달의 전기 『손곡산인전蓀谷山人傳』을 지었다. 손곡蓀谷의 명성을 듣고 당시의 명문 귀족이었던 초당草堂 허엽許曄이 자식들인 허초희(許楚姬, 허난설헌)와 허균許筠을 보내 제자로 삼아 줄 것을 부탁하자, 손곡蓀谷은 그들 남매에게 시문학을 교육시켰다. 그런데 손곡은 시문학 교육뿐만 아니라 서얼庶孼로서의 이상을 교육시켰던 것 같다. 허균이 『홍길동전洪吉童傳』에서 적서嫡庶 타파打破를 주장한 것과 실제로 혁명을 실현하려고 한 일들, 허난설헌이 그의 시에서 양반 사회에 대한 풍자와 서민적인 생활을 옹호했던 사실들은 서얼 출신 손곡蓀谷의 영향으로 볼 수 있기 때문이다. 손곡蓀谷은 허균許筠이 반역죄로 참형 당했던 그해에 57세의 나이로 생을 마쳤다. 저서로 『손곡시집蓀谷詩集』이 있다.

조선시대 손곡에 대한 일화가 민중에 회자膾炙되었던 것 같다. 전해지는 설화 하나만 소개하면 다음과 같다.

손곡 이달의 아버지는 구항 황곡리에서 살았다. 구항 양반은 형편이 어려워서 홍성군의 아전에게 나무를 대주고 살았다. 구항 양반은 아버지가 돌아가셔서 3년 간 안방에서 잠을 자지 않다가 탈복(3년 상을 마치고)하여 안방으로 들어가니 부인이 "삼 년간 안방에 들어오지 않더니 뭐 하로 들어 왔느냐?"며 동침을 거부하였다. 구항 양반은 꿈이 기가 막히게 좋아 부인을 찾은 것인데 거절당해 어쩔 수 없다고 생각하고 나무를 팔러 아전의 집으로 갔다. 구항 양반이 아전의 집에 가니 아전의 부인이 문을 열어주는데, 아전이 원에 들어가 며칠 동안 집에 들어오지도 않는다고 했다. 추운 날에 따뜻한 아랫목에 이불을 덮고 있는데, 문득 꿈이 생각났고, 아전의 부인도 무엇인가를 느껴서 함께 자게 되었다. 그래서 낳은 아기가 손곡 이달 선생인데 아전은 자기의 아들인 줄 알고 키우게 되었다. 손곡 선생이 일곱 살 쯤 되었을 때 송사가 들어왔는데, 시어머니가 베 짤 때 쓰는 돌꼇으로 며느리를 때려죽인 일이었다. 원님이 이 송사를 기록하려고 했는데 돌꼇을 어떻게 한자로 적어야 하는지 갈피를 못 잡고 있었다. 이때 손곡 선생이 원님에게, 열십 자로 생겨서 삼을 올리는 나무라는 뜻으로, '십자十字 승마목昇麻木' 이라고 하라는 것이었다. 그 소리를 들은 원님은 무릎을 탁 치고, 손곡 선생에게 장래 큰 사람이 될 것이라고 하였다. 갈산의 와룡전에 시커먼 뉼이 흘러 손곡 선생이 글씨를 쓴 먹물이라고 하는데 그만큼 열심히 공부했다는 것이다. 나중에 손곡 선생은 김삿갓처럼 떠돌아다니다가 강원도에서 자리를 잡고 훌륭한 선생님 노릇을 하였다.

당시 사람들이 손곡 이달을 어떻게 생각하고 있었는지를 알게 해 주는 설화이다. 서얼 출신이지만 학문에 뛰어난 사람이, 민중들이 알고 있는 손곡 이달이었다. 1725년 정진교鄭震僑의 상소上疏에서는 성종成宗 이후의 서얼庶孼 가운데 걸출한 인물로 박지화朴枝華 · 어숙권魚叔權 · 조신曹伸 · 이달李達 등이 거론되었다. 신분제로 인해 인재를 활용하지 못한 조선 사회의 한 단면이다. 손곡은 신분 때문에 관직에 나아가 자신의 포부를 마음껏 펼치지는 못하였으나, 신분에 제약을 받지 않는 시 창작에서만은 자유로울 수 있었다. 다시 말하자면 그는 자신의 신분의 한계를 한탄하면서 세월을 허비한 사람이 아니라, 그러한 고통을 시로써 승화시킨 시인詩人이었다. 충청남도 홍성군 군청 앞과 원주시 부론면 손곡리에 시비詩碑가 세워져 있다.

손곡蓀谷 이달李達의 시에는 한恨이 서려 있다. 아마도 신분제도의 한계로 인해 생기는 한恨 때문일 것이다. 그리고 애상적哀想的 분위기에다가 풍자적 의미도 기본정조로 하고 있다.

〈예맥요刈麥謠〉-보리 베는 노래

이달李達

시골집 젊은 아낙 저녁 먹거리가 없어서,　田家少婦無夜食(전가소부무야식),
빗속에 보리 베어 숲속으로 돌아오네.　雨中刈麥林中歸(우중예맥림중귀).
생나무는 습기 먹어 불길도 일지 않고,　生薪帶濕煙不起(생신대습연불기),
문에 들어서니 어린 딸은 옷 잡고 우는구나.　入門兒女啼牽衣(입문아녀제견의).

〈예맥요〉는 손곡蓀谷이 동산역洞山驛이라는 곳을 지나며 지은 시이다. 산속 외딴 집에 사는 젊은 아낙네는 저녁거리가 없어, 빗속에 보리밭으로 나가 채 익지도 않은 보리를 대충 베어가지고 집으로 돌아왔다. 막상 저녁밥을 안쳐 아궁이에 불을 지피니 땔감나무는 습기를 먹어 잘 타지도 않는다. 또한 배가 고파서 우는 딸은 치맛자락을 잡고 칭얼대고 있다. 허균은 이 작품을 평하기를 “먹을 것이 없어 괴로워하는 모습을 눈으로 보는 것처럼 그렸다.”라고 했다. 민초들의 고달픈 삶을 애잔하게 그리고 있다.

〈습수요拾穗謠〉

이달

밭고랑에서 이삭 줍는 마을 아이의 말이, 田間拾穗村童語(전간습수촌동어),
하루 종일 동서로 다녀도 바구니가 안 찬다네. 盡日東西不滿筐(진일동서불만광).
올해에는 벼 베는 사람들도 교묘해져서, 今歲刈禾人亦巧(금세예화인역교),
이삭 하나 남기지 않고 관가 창고에 바쳤다네. 盡收遺穗上官倉(진수유수상관창).

낙수落穗를 줍는 아이가 하루 종일 분주하게 뛰어다녀도 광주리를 채울 수가 없다. 그 이유는 관가의 수탈로 인해 농민들의 삶이 그만큼 궁핍해졌기 때문이다. 이삭 줍는 아이를 통해 위정자의 가렴주구苛斂誅求를 풍자하였다.

손곡의 시에는 탈속적인 분위기의 시도 있다. 현실의 고달픔이 비현실적 낭만성의 분위기인 시를 만들게 하였는지도 모르겠다.

〈산사山寺〉

이달

절집은 흰 구름 속에 묻혔고, 寺在白雲中(사재백운중),
흰 구름을 스님은 쓸지를 않아. 白雲僧不掃(백운승불소).
바깥손님 와서야 문 열어 보니, 客來門始開(객래문시개),
온 골짜기 송화가 벌써 쇠었네. 萬壑松花老(만학송화로).

자연 속에서 시간 가는 줄도 모르고 사는 스님의 모습은 탈속적 분위기의 시이다. 손곡도 신분적 한계가 없는 이런 이상적인 곳에서의 삶을 꿈꾸었는지도 모를 일이다. 그러나 손곡은 비현실적인 이상 세계에 안주하지는 않았다.

〈별리예장別李禮長〉-이예장과 헤어지며

이달

오동꽃은 밤안개 속으로 떨어지고, 桐花夜烟落(동화야연락),
바닷가 나무는 봄구름에 가려졌네. 海樹春雲空(해수춘운공).
풀밭에서 한 잔 술로 헤어지지만, 芳草一盃別(방초일배별),
서울 가는 길목에서 다시 만나겠지. 想逢京落中(상봉경락중).

이예장과 봄밤 안개가 자욱한 바닷가에서 이별주를 하면서 헤어지고 있지만, 우리는 서울 가는 길목에서 다시 만나게 될 것이라고 하였다. 손곡이 신분제 한계로 유랑의 생활을 하면서 풍자적이면서도 한편으로는 탈속적 분위기의 시를 표출하였으나, 마음 한 켠에는 현실 정치에 대한 미련이 남아 있었나 보다. 서울을 지향하고 있지 않는가? 그래서 그런지 숙종 때 문인 김만중은 손곡의 이 〈별리예장別李禮長〉을 '조선을 통틀어서 5언 절구의 최고작'이라 선평하였다.

## 63. 임제林悌와 풍류風流

임제(1549~1587)는 조선 선조 때의 문인이다. 자字는 자순子順이고 호號는 백호白湖 · 겸재謙齋이며 본관는 나주羅州이다. 초년에는 늦도록 술과 기생집을 탐하며 지내다가 20세가 되어서야 비로소 학문에 뜻을 두었다. 제주목사였던 아버지를 만나기 위해 풍랑이 거친 바다를 조각배로 건너가고, 올 때는 배가 가벼우면 파선된다고 배 가운데에 돌을 가득 싣고 왔다고 한다.

이전까지 자유분방한 삶을 살던 임제도 22세 겨울에 호남 지방을 거쳐 서울로 가는 길에 지은 시가 우연히 성운에게 전해져 사제의 연을 맺게 되었다. 성운(1497~1579)은 나이 30세에 사마시에 합격했으나 그의 형이 을사사화로 화를 당하자 벼슬을 버리고 속리산 기슭에 들어가 은거하면서 83세를 일기로 세상을 떠났다. 그는 포의布衣를 걸치고 시와 거문고를 벗 삼았으며, 속리산으로 그를 찾아온 화담 서경덕 · 남명 조식 · 토정 이지함 등과 성리학을 논하기도 하였다. 임제는 속리산에 은거하던 그 성운으로부터 3년간 학업에 정진하였다. 그리고 그 학업 기간 중에 『중용中庸』을 800번이나 읽었다는 유명한 일화도 전해지고 있다. 그의 시에도 『중용』을 탐독했다는 내용이 나온다.

〈기신군형寄辛君亨〉-신군형에게 부침

임제林悌

| | |
|---|---|
| 새벽녘에 일어나 향을 피우고, | 효기분향좌<br>曉起焚香坐, |
| 『중용』을 수차례 외우고 나니. | 중용독수순<br>中庸讀數巡. |
| 장구의 고루함 절로 알아서, | 자지장구루<br>自知章句陋, |
| 비로소 성정의 참을 깨치네. | 시각성령진<br>始覺性靈眞. |
| 못 가운데 잠긴 달은 고요만 하고, | 월정담심영<br>月靜潭心影, |
| 눈 속에 핀 매화 봄을 돌리네. | 매회설리춘<br>梅回雪裡春. |
| 보고 또 볼수록 생기 넘치니, | 간간족생의<br>看看足生意, |
| 모든 것이 나에게 달렸네. | 도지재오신<br>都只在吾身. |

위의 시는 후학들에게 학문의 태도를 교시敎示해 주는 설리시說理詩이다. 새벽에 일어나 향을 피우고 『중용』을 수차례 읽어보니, 장구章句의 고루함을 절로 알아서 비로소 성정性情의 참을 깨닫게 되었다는 것이다. 여기서 장구의 고루함은 『중용』 구절 자체의 고루함을 이야기하는 것은 아니다. 선학들의 학설에 얽매이는 고정관념에 입각해서 인륜人倫을 이해하고 경전經典 구절을 해석할 것이 아니라 타고난 성정性情에 입각해서 해석해야 한다는 것이다. 다시 말하자면 타고난 본성에 따라 모든 일을 생각하면 절로 자각할 수 있다는 나름대로의 깨달음을 말한 것이다. "못 가운데 잠긴 달은 고요만 하고"의 심상心像은 허위가 아니라 깨끗한 마음을 통해서만 실체를 파악할 수 있다는 인식론적 원리를 상징하고 있다. 사물의 본질인 달과 생명체인 매화를 관조하다가 모든 것이 내 마음에 달려 있다는 깨달음을 하고 있다. 곧 내 마음과 만물이 근본에 있어 일체라는 것을 이해한 다음, 모든 가식을 버리고 하늘이

준 착한 본성대로 산다면 모든 것이 이루어질 것이라는 논리이다. 선학先學들이 이루어 놓은 주자학의 경전 구절 해석에 얽매이지 않는 그의 사상을 알 수 있게 하는 시이다.

1576년(28세) 속리산에 은거하던 대곡 성운을 하직하고 생원, 진사 시험에 합격하고 1577년(선조 9) 알성시에 급제하였다. 그러나 당시 당쟁의 와중에 휘말리기를 꺼린 탓에 변변한 벼슬자리를 얻지 못하고 서도병마사 · 예조정랑 겸 사국지제교史局知製敎에 이른 것이 고작이었다. 서도병마사 부임에 관한 유명한 일화가 있다. 백호가 서도병사로 임명되어 부임지로 가는 길에 황진이 무덤을 찾아가 시조 한 수를 짓고 제사지냈다가 임지에 도착도 하기 전에 파직당한 일이다.

스승인 성운成運이 죽자 세상과 인연을 끊고 벼슬을 멀리한 채 산야를 방랑하며 혹은 술에 젖고 음풍영월吟風詠月로 세상을 살았다. 문집에 『백호집』이 있고, 황진이와의 일화로 널리 알려진 '청초 우거진 골에'로 시작되는 것과 기생 한우와의 사랑의 행각을 노래한 〈한우가〉 등의 시조時調가 전하고 있다. 소설로는 꽃을 의인화하여 인간세계를 풍자한 『화사花史』, 인간의 심성을 의인화한 『수성지愁城誌』가 있으며, 꿈이라는 소재를 통해 세조의 왕위찬탈이란 정치권력의 모순을 풍자한 『원생몽유록元生夢遊錄』도 그의 작품으로 추정되고 있다. 39세에 요절하였다.

자유분방한 삶을 산 백호 임제, 젊은 시절 창루娼樓와 주사酒肆를 배회했던 호걸남아였다. 호걸남아의 시를 감상해 보자.

## 〈규원閨怨〉무어별無語別-말이 없는 이별

임제

| | |
|---|---|
| 열다섯 아리따운 월나라 서시 같은 아가씨, | 십오월계녀<br>十五越溪女, |
| 남 부끄러워 말 못하고 헤어졌네. | 수인무어별<br>羞人無語別. |
| 돌아와 중문을 닫고서는 | 귀래엄중문<br>歸來掩重門, |
| 배꽃 사이 달을 보며 눈물 흘리네. | 읍향이화월<br>泣向梨花月. |

서시西施는 중국 춘추 말기 월나라 사람이다. 절강성 소흥의 저라산 계곡에서 빨래하던 미모의 아가씨가 월나라 전략가 범려의 눈에 띄어 오나라 왕 부차에게 받쳐진 미인이다. 경국지색傾國之色의 미모를 지녀 범려의 계획대로 오나라 왕 부차를 멸망의 길로 이끈 인물이기도 하다. 절세가인絶世佳人 서시처럼 아름다운 아가씨가 사랑하는 사람과 이별을 한 것이다. 그런데 남의 눈이 무서워 아무 말도 못하고 집에 돌아와 대문, 그리고 중문까지 걸어 잠그고 그제서야 저 달을 보고 눈물을 짓고 있다. 달은 이미 임의 모습이다. 그리고 또 저 달을 임도 보고 있을 것이다. 달은 나와 임을 이어주는 매개체인 것이다.

부제로 '말없는 이별' 인 이 시는 조선 여심의 전형을 보여준다. 이별을 했다면 떠나는 임을 붙잡기라도 했어야 했는데, 말없이 이별을 하였고 이별을 했다면 누구에게 하소연이라도 했어야 했는데, 집에 있는 문이란 문은 다 걸어 잠그고 혼자 울고 있다. 울어도 마음을 다독거려 주지도 못할 달을 향해서 말이다. 임과 말없이 이별한 묘령妙齡의 아가씨의 애틋한 마음이 느껴진다.

선비로서 남기기 쉽지 않은 작품도 남겼는데, 그것이 기생과의 사랑을 나눈 시이다.

〈희증탐라기戲贈耽羅妓〉

임제

뿔나팔 소리 잦아들자 해는 바다 위에 떠오르고, 戍角吹殘海日高,
향불 사라진 휘장 안에 밀물 소리 들리누나. 醉帷香盡聽寒潮.
미인의 자던 흔적 구름 같은 귀밑머리 흐트린 채, 佳人睡暈留雲鬢,
황귤을 똑 따다가 갈증을 풀어주네. 手摘黃柑倩解消.

1577년 백호가 과거에 합격하고 제주목사로 근무하고 있던 아버지를 뵙고자 제주도에 간 일이 있었다. 그때 지은 시이다. 백호가 제주도 도착해서 감귤을 먹은 소감을 남명소승南溟小乘에서 "감귤을 따다가 껍질을 벗기니 향기로운 김이 안개처럼 자욱하고 입에 넣자 금방 녹아서 신선의 음료를 마시는 것 같았다."라고 한, 표현이 있다. 하룻밤 만리장성을 쌓은 구름머리의 가인佳人이 아침나절에 똑 따다준 그 황귤 맛은 어떠했을까?

〈기만妓輓〉-기생의 죽음

임제

용모 고왔던 한창 시절, 容顔昔全盛,
신랑은 부귀 공자 맞이하여. 夫壻富平侯.
옥술잔에 좋은 술 따라 마시며, 玉斝羔兒酒,
연자루에 올라 아생을 탔었시. 瑤箏燕子樓.

청산은 어느덧 물결처럼 가버리고, 靑山俄逝水(청산아서수),
붉은 연꽃 가을 서리 겪었구려. 紅藕自經秋(홍우자경추).
이 걸음 봉래도로 돌아가서, 此去蓬萊島(차거봉래도),
옛날 노닐던 일 계속하겠지. 還應繼舊遊(환응계구유).

옛날 기생의 화려했던 일들을 회상하면서 사후死後에도 신선이 사는 봉래산에 가서 현세에서 누리던 즐거움을 맘껏 누리기를 기원하고 있다. '부평후'는 한나라 사람 장안세로 부평후에 봉해져 대대로 부귀영화를 누리던 사람이다. 그래서 권문세가를 상징하는 말로 시작품에서 인용되고 있는 것이다. 그리고 '연자루'는 장상서張尙書란 인물이 반반盼盼이라는 기생을 위해 지은 준 집이다. 장상서가 죽은 후에도 반반은 이 집에서 수절을 하였다고 한다. '고아주'는 술의 일종으로 백주白酒이다. 풍류남아 백호는 천한 신분의 기생들에게도 만시輓詩를 기어 줄 정도의 넉넉함이 있었다.

## 64. 허난설헌許蘭雪軒과 비애悲哀

허난설헌(1563~1589)은 조선 중기의 여류시인으로, 본명은 초희楚姬이고 자字는 경번景樊이며 호號는 난설헌蘭雪軒이다. 그녀는 허균의 누나이면서 이달에게 한시를 배우기도 하였다. 15세 무렵 김성립과 결혼하였으나 결혼 생활은 원만하지 못했다. 김성립은 안동 김씨로 남인계에 속한 집안이었다. 난설헌의 시가媤家 역시 허씨 가문에 비견할 정도로 세도가 집안이었다. 김성립은 결혼 후에도 급제를 하지 못하다가 난설헌이 사망하던 해인 28세에 기축증광시의 문과 병과에 급제하여 홍문관 정자正字가 되었다.

난설헌은 시어머니에게 인정을 받지 못했으며 남편 김성립과도 사이가 좋지 못했다. 김성립은 과거시험 준비를 구실 삼아, 강가에 집을 짓고 따로 생활했기 때문이다. 그래서 사실상 부부간의 정을 누리기는 어려웠던 것으로 보인다. 그래도 슬하에 2명의 자녀가 있었지만, 돌림병으로 둘 다 요절하였다. 세도가 집안인 안동 김씨 집안에서는 글 아는 며느리를 탐탁하게 여기지 않았다. 신동으로 소문이 났던 며느리를 시어머니는 못마땅하게 생각했던 것 같다. 게다가 남편의 바람기마저 난설헌을 괴롭혔다. 이런 이유 때문이었을까? 난설헌은 건강을 잃고 점차 쇠약해져 갔다. 그러던 어느 날 그녀는 시로서 자신의 죽음을 꿈을 통해서 예언하기도 하였다. 다음 시는 몽중시夢中詩이다.

〈몽유광상산시夢遊廣桑山詩〉
–꿈속에서 광상산에서 놀다 지은 시

허난설헌許蘭雪軒

| | |
|---|---|
| 푸른 바닷물이 구슬 바다에 스며들고, | 碧海浸瑤海, (벽해침요해) |
| 푸른 난새는 채색 난새와 어울렸구나. | 青鸞倚彩鸞. (청란의채란) |
| 아름다운 연꽃 스물일곱 송이, | 芙蓉三九朶, (부용삼구타) |
| 붉게 떨어져 달밤 서리에 싸늘하네. | 紅墮月霜寒. (홍타월상한) |

그 예언은 공교롭게도 적중해 난설헌은 연꽃 스물일곱 송이가 지듯이 27세의 나이로 요절하였다. 난설헌이 외삼촌 상가에 가서 꿈을 꾸었는데, 그 꿈 이야기는 다음과 같다. 바다 가운데 있는 산에 올랐는데, 산이 온통 오색 영롱한 구슬로 되어 있었다. 그곳에 두 여인이 있었는데 아이는 스물쯤 되어 보이고 얼굴도 예쁘다. 그 두 여인을 따라 산꼭대기에 올라가니, 절경이 나타났다. 두 여인은 내게 이곳은 신선 세계 십주 가운데서도 가장 아름다운 광상산이니, 시 한 수 지어 이곳에 기록하지 않겠느냐고 물었다. 그래서 나는 절구 한 수를 읊었다. 두 여인은 크게 기뻐하며, '한자한자 모두 신선의 글이다.' 라고 했다. 그때 갑자기 하늘로부터 한 떨기 붉은 구름이 떨어져 봉우리에 걸렸다. 북을 둥둥 치는 소리에 그만 꿈에서 깨었다. 베개 밑에는 아직도 아지랑이 기운이 자욱했다. 이 꿈 이야기를 시로 형상화 한 것이다.

1585년에 이 작품을 짓고 1589년 봄에 세상을 떠났으니, 꿈 속에서 말한 27개의 연꽃 송이가 떨어진 것과 같이 27살에 죽었다. 난설헌이 죽은 원인이 자세하게 전하지는 않지만, 요즘의 증상으로 예견해 보면 우울증으로 죽지 않았나하는 생각이 든다. 친정 집안의 몰락 · 딸과 아들의 죽음 · 시어머니와의 갈등 · 남편과의 불화 등은 그녀를 시름에 잠기게 하고도 남았을 것이다. 그녀의 남편 김성립은 난설헌이 죽은 후 남양 홍씨와 재혼하였지만 곧이어 터진 임진왜란에 의병으로 참전했다가 행방불명行方不明 되었다.

허엽의 딸 초희는 오빠 허봉이 공부하는 것을 어깨너머로 보아 글을 깨우쳐 8세에 『광한전 백옥루 상량문廣寒殿白玉樓上梁文』을 짓는 등 뛰어난 시재를 보였던 인물이다. 시대와 제도가 용납하지 못한 천재 시인은 제대로 피지도 못하고 지고 말았다. 전하는 작품으로 〈빈녀음貧女吟〉, 〈곡자哭子〉, 〈견흥遣興〉 등 142수의 한시가 있고, 가사로는 〈규원가〉와 〈봉선화가〉 등이 있다.

난설헌의 한시 몇 작품 감상해 보자.

〈춘우春雨〉-봄비

허난설헌

보슬보슬 봄비는 서쪽 못에 내리고, 春雨暗西池(춘우암서지),
찬바람이 장막 속 스며들 제, 輕寒襲羅幕(경한습라막).
뜬 시름 못내 이겨 병풍 기대니, 愁依小屛風(수의소병풍),
송이송이 살구꽃 담 위에 지네. 墻頭杏花落(장두행화락).

봄비 오는 날 찬바람은 비단 방으로 스며드는데, 규방 안에서 보내야 하는 봄날의 고독이 살구꽃으로 인해 더 우수에 잠기게 한다. 섬세하면서도 애상적인 어조가 여성 화자의 독백을 통해서 젊은 날을 고독하게 보내야 하는 아쉬움을 표현한 시이다.

난설헌은 병약하여 친정으로 요양을 자주 가기도 하였으며, 게다가 어린 아이 둘을 잃은 정신적 충격까지 받았다. 그 정신적 충격이 〈곡자哭子〉에 잘 드러나고 있다.

### 〈곡자哭子〉-자식을 잃고 곡하면서

허난설헌

지난해에는 사랑하는 딸을 여의고, 去年喪愛女(거년상애녀),
올해는 사랑하는 아들을 잃었네. 今年喪愛子(금년상애자).
슬프고 슬픈 광릉 땅에, 哀哀廣陵土(애애광릉토),
두 무덤이 마주보고 서 있구나. 雙墳相對起(쌍분상대기).
백양나무에 쓸쓸히 바람이 불고, 蕭蕭白楊風(소소백양풍),
소나무 숲에 도깨비불 반짝이는데, 鬼火明松楸(귀화명송추).
지전으로 너의 혼을 부르고, 紙錢招汝魂(지전초여혼),
너희 무덤에 현주(맑은 물)를 붓노라. 玄酒尊汝丘(현주존여구).
응당 알겠거니 너희 형제의 넋, 應知弟兄魂(응지제형혼),
밤마다 서로 정답게 노님을, 夜夜相追遊(야야상추유).
비록 뱃속에 아이가 있지만, 縱有腹中孩(종유복중해),
어찌 장성하길 바라겠는가? 安可冀長成(안가기장성).
하염없이 〈황대사〉를 읊조리며, 浪吟黃臺詞(낭음황대사),
피눈물 나는 슬픔 속으로 삼키네. 血泣悲呑聲(혈읍비탄성).

두 해에 걸쳐 딸과 아들 희윤喜胤을 잃고 뱃속에 있는 아이마저 잃게 될까 염려하는 어머니의 마음이 깊은 슬픔으로 형상화된 시이다. 〈황대사黃臺詞〉는 당唐나라 측천무후則天武后와 관련 있는 고사이다. 당나라 고종에게 아들 8명이 있었는데, 위로 4명은 측천무후의 소생이었다. 고종과 측천무후 사이의 첫째 아들 홍弘이 황태자로서 직언을 일삼다 갑자기 죽었고, 고종이 둘째 아들 현賢을 태자로 세우자, 현은 수심에 차 〈황대사〉를 지어 악공에 주어 부르게 하였다. 그 노래의 내용은 이러하다. '황대 아래 외 심으니 주렁주렁 외가 익네. 첫 번째 외는 좋다고 따 내고 두 번째 외는 아직 여리다고 솎아내고, 세 번째 외는 맛이 좋다고 또 따내고 네 번째 외는 덩굴째 걷어 가네.' 둘째 아들 현이 자신도 죽게 될까 두려워하며 지은 노래가 〈황대사〉이다. 결국 그는 중종으로 등극한 지 50여일 만에 어머니 측천무후의 의해 폐위되었으며, 그 후 유배당했다.

막내 아들 이륜이 예종으로 등극한 후, 친위대 장군을 보내 이현李賢의 주변 경계를 더욱 강화하라고 하였다. 그러나 친위대 장군은 이것이 이현을 죽이라는 측천무후의 뜻인 줄 알고 그를 자살케 하였다. 여기서의 〈황대사〉는 아이들의 목숨을 지켜주지 못한 어머니의 한스러움을 상징하는 노래이다. 〈곡자〉에는 백양나무 쓸쓸하게 바람 불고 두 무덤이 마주보는 무덤가에서 뱃속에 있는 아이마저 잃게 될까 두려워하며 아프게도 곡하는 어머니의 슬픔이 가득 담겨 있다.

한편 난설헌은 사회에 대한 비판적 시각으로 당시 사회에서 고통을 받는 민중의 삶을 깊이 있게 통찰하고 그들의 아픔을 대변하고자 했다.

## 〈빈녀음貧女吟〉-가난한 여인의 탄식

허난설헌

| | |
|---|---|
| 밤늦도록 쉬지 않고 베를 짜, | 夜久織未休(야구직미휴) |
| 삐걱삐걱 베틀소리 차갑게 울리네. | 戛戛鳴寒機(알알명한기) |
| 베틀에 있는 한필의 옷감, | 機中一匹練(기중일필련) |
| 결국 누구의 옷이 되려나. | 終作阿誰衣(종작아수의) |
| 손에 가위를 잡았으나, | 手把金剪刀(수파금전도) |
| 밤이 추워 열손가락 곱아지네. | 夜寒十指直(야한십지직) |
| 시집살이 길옷은 밤낮이건만, | 爲人作嫁衣(위인작가의) |
| 이 내 몸은 해마다 새우잠인가? | 年年還獨宿(년년환독숙) |

시적화자는 길쌈과 바느질 솜씨 모두 좋지만 집안이 가난하여 시집도 가지 못하는 삶을 살고 있다. 밤늦도록 베를 짜고 추운 밤 곱은 손으로 시집갈 때 입는 옷을 짓지만 결국 자기는 입어 보지도 못하고 남에게만 좋은 일을 시킨다. 가난해서 시집도 못가고 남 시집가는데 필요한 옷만 짓는 가난한 여인을 통해 사회적 불평등을 표현하였다.

## 65. 김창협金昌協과 산민山民

김창협(1651~1708)은 조선 후기의 유학자이다. 경기도 과천 출신이며 본관은 안동安東이다. 자字는 중화仲和고 호號는 농암農巖·삼주三洲이다. 좌의정 상헌尙憲의 증손자이고, 아버지는 영의정 수항壽恒이며, 어머니는 안정 나씨安定羅氏로 해주목사 성두星斗의 딸이다. 그리고 영의정을 지낸 창집昌集의 아우이다. 농암은 숙종 때 대사성 등의 관직을 지냈으나, 기사환국으로 아버지 수항이 진도에서 사사賜死된 뒤 지금의 포천 땅에서 은거하였다. 1694년 갑술옥사 이후 아버지가 신원됨에 따라 여러 관직이 제수除授되었지만 모두 사양하였다. 그의 학설은 이기설로 이이보다는 이황에 가까웠으며, 문학과 유학의 대가로서 이름이 높았다. 문집으로는 『농암집農巖集』이 있다.

〈산민山民〉

김창협金昌協

| | |
|---|---|
| 말에 내려 인가를 찾아가 보니, | 下馬問人居(하마문인거), |
| 아낙네 문간에 나와 맞이하네. | 婦女出門看(부녀출문간). |
| 띳집 처마 아래 손님을 앉게 하고, | 坐客茅屋下(좌객모옥하), |
| 나를 위해 밥과 반찬 내어오네. | 爲我具飯餐(위아구반찬). |

남편은 어디에 나가 있냐 하니, 丈夫亦何在,(장부역하재)
아침에 쟁기 메고 산에 올라. 扶犁朝上山.(부리조상산)
산밭을 일구느라 고생을 하며, 山田苦難耕,(산전고난경)
저물도록 돌아오지 못한다네. 日晩猶未還.(일만유미환)
사방을 둘러봐도 이웃은 없고, 四顧絶無隣,(사고절무린)
개와 닭도 산기슭에 의지해 사네. 鷄犬依層巒.(계견의층만)
숲 속에는 사나운 호랑이 많아 中林多猛虎,(중림다맹호)
나물도 마음대로 못 뜯는다네. 採藿不盈盤.(채곽불영반)
슬프다 외딴 살림 무엇이 좋아서, 哀此獨何好,(애차독하호)
험하고 험한 이 산중에 있는가? 崎嶇山谷間.(기구산곡간)
저쪽의 평지가 좋기야 하지만, 樂哉彼平土,(낙재피평토)
가고 싶어도 벼슬아치 두렵다네. 欲往畏縣官.(욕왕외현관)

시적화자는 산 속에서 길을 가다가 한 민가를 찾아 들게 되었다. 어렵게 사는 살림이지만 손님을 위한 대접에는 소홀하지 않는 순박한 농민의 모습을 그렸다. 아낙네만 있는 집에 들어가서 잠시 머물며 바깥주인의 출타 여부를 묻자, 아낙네는 산 속에 있는 밭을 일구러 쟁기를 메고 올라가 아침부터 저녁까지 고되게 일을 한다고 알려주어, 산속에 사는 산민散民의 고달픈 삶임을 보여준다. 깊은 산골이기 때문에 산짐승이 무서워서 마음대로 돌아다니면서 나물도 뜯지 못하는 형편이고, 그런 까닭에 늘 배고픔을 면하지 못하고, 늘 외로움과 두려움에 휩싸여 산다는 것이다. 산골에 사는 이유가 '벼슬아치가 두렵다.'는 말에서 당시 민중들의 고달픈 삶의 원인이 탐관오리貪官汚吏들의 학정虐政에 있음을 알 수 있게 한다. 『예기』의 「단궁」편檀弓篇에 나오는 '가정맹어호(苛政猛於虎; 가혹한 정치는 호랑이보다 무섭다)'를 떠올리는 구절로 당시 민중의 고단한 삶이 결국은 정치적인 문제라는 것을 알 수 있다.

〈산민山民〉은 가렴주구苛斂誅求를 일삼는 관리들을 피해 산속에 사는 사람들의 생활상을 그리고 있는 작품이다. 이곳에서의 산山은 탐관오리貪官汚吏를 피해서 살 수 있는 도피처이지만 그 도피처는 편안하고 안락한 곳이 아니다. 단지 고달픈 삶만을 제공하는 산일 따름이다. 그곳에는 인간의 교유가 없고, 단지 극한적인 생존만이 존재한다. 그런 극한적인 생존도 가렴주구를 일삼는 관리들의 학정보다는 견딜만하다는 데에서 당시 민중의 아픔이 있다는 것이다.

『예기』에 나오는 '가정맹어호苛政猛於虎'는 춘추 시대春秋時代 말기, 공자(孔子, B.C 551~479)의 고국인 노魯나라에서 있었던 이야기이다. 노나라 조정의 실세實勢인 대부大夫 계손자季孫子의 가렴주구苛斂誅求로 백성들이 횡포에 시달리고 있었다. 어느 날 공자孔子가 수레를 타고 제자들과 태산泰山 기슭을 지나가고 있을 때, 어떤 부인의 애절한 울음소리가 들려 왔다. 일행이 발길을 멈추고 살펴보니 길가의 풀숲에 무덤 셋이 보였고, 부인은 그 무덤 앞에서 울고 있었다. 그러자 공자는 제자인 자로子路에게 그 까닭을 알아보라고 했다. 자로가 부인에게 다가가서 물었다. "부인께서 어인 일로 그렇듯 슬피 우십니까?" 부인은 깜짝 놀라 고개를 들더니 이윽고 이렇게 대답했다. "여기는 아주 무서운 곳이랍니다. 수년 전에 저희 시아버님이 호환虎患을 당하시더니, 작년에는 남편이, 그리고 이번에는 자식까지 호랑이 밥이 되었답니다." 자로가 "그러면, 왜 이곳을 떠나지 않으십니까?" 하니, 부인이 말하기를, "하지만 여기서 살면 세금을 혹독하게 징수 당하거나 못된 벼슬아치에게 재물을 빼앗기는 일은 없지요."라고 했다. 자로에게 이 말을 전해들은 공자는 제자들에게 "가혹한 정치는 호랑이보다 더 무섭구나.苛政猛於虎"라고, 했다는 데서 유래한 것이다.

결국 시인은 이 작품을 통해서 백성들의 고된 삶과 탐관오리들의 횡포를 고발하였다. 김창협이 포천 백운동 계곡에 은거할 때, 경험한 것을 시화한 것 같다.

## 66. 정내교鄭來僑와 현실고발

정내교(1681~1757)는 조선 후기의 여항시인閭巷詩人이다. 본관은 하동河東이고 자字는 윤경潤卿이며 호號는 완암浣巖 또는 현와玄窩이다. 조부祖父 석효碩孝는 충무위부가용忠武衛副可勇이었고, 첨지僉知의 품계를 받은 차징次徵과 진주 강씨姜氏의 사이에서 태어났다. 사마시에 합격하고 이문학관吏文學官이 되었다가 인의引儀·찰방察訪·제술관製述官을 역임하였다. 홍세태洪世泰에게 시를 배워 당대 문사들에게 홍세태를 잇는 시재詩才를 가졌다는 평을 받았다. 정내교는 1705년(숙종 31) 통신사通信使의 일원으로 일본에 가서, 시문의 재능을 드러내 명성을 얻었다. 김창협金昌協·김창흡金昌翕 등 당대의 명사들과 교류하다가 1722년에는 당화黨禍를 피해 계룡산 완암곡浣巖谷으로 피신하게 되어 완암이라는 호를 쓰게 되었다. 만년에는 학동을 모아 글을 가르쳤는데 그가 죽은 후 어릴 때 그에게서 글을 배운 홍낙명洪樂命이 글을 초抄하고 홍봉한洪鳳漢이 돈을 대어 문집을 간행하였다. 문집으로는 『완암집浣巖集』이 있다. 그의 시는 강개하다는 평을 들었고 중인층 가운데 뛰어난 예술가들의 전傳을 6편 남기고 있다. 시조 작품도 3수 전하고 있으며 『청구영언靑丘永言』의 서문을 썼다.

조선 후기 현실을 고발한 시 한 편을 감상해 보자.

## 〈농가탄農家歎〉-농가를 탄식한다.

정내교鄭來僑

| | |
|---|---|
| 백골에까지 세금을 거두니 얼마나 참혹한가? | 백골지징하참독<br>白骨之徵何慘毒, |
| 한 마을 일가족이 횡액을 당하누나. | 동린일족횡리액<br>同鄰一族橫罹厄 |
| 아침저녁으로 채찍질하며 닦달하니, | 편달조모엄과독<br>鞭撻朝暮嚴科督 |
| 앞마을에선 달아나 숨고 뒷마을에선 통곡하네. | 전촌주익후촌곡<br>前村走匿後村哭 |
| 닭과 개 모두 팔아도 빌린 돈 갚기에 모자라거늘, | 계구매진상부족<br>鷄狗賣盡償不足 |
| 포악한 아전들이 닦달한들 돈을 어디서 구하랴. | 한리색전전하득<br>悍吏索錢錢何得 |
| 부자父子와 형제가 서로 보살피지 못하고, | 부자형제불상보<br>父子兄弟不相保 |
| 가죽과 뼈가 들러붙어 반쯤 죽은 채<br>얼어붙은 감옥에 갇혀 있다네. | 피골반사취동옥<br>皮骨半死就凍獄 |

〈농가탄〉은 가혹한 세금으로 고통 받는 농민들의 모습을 형상화한 시이다. 백골白骨에까지 세금을 매긴다는 것은 이른바 '백골징포白骨徵布'를 고발한 것이다. 이미 죽은 사람을 살아 있는 것처럼 군적軍籍에 올려 세금을 강제로 징수하는 것이다. 부당하게 세금을 매기는 지방 관리들의 횡포를 고발하였다. 지방의 탐관오리貪官汚吏들이 조석朝夕으로 닦달을 하니 앞마을에서는 야반도주夜半逃走를 하고 뒷마을에서는 통곡 소리가 끊어지지 않는다. 집안에 있는 값이 나가는 것들 다 팔아도 빌린 돈을 갚을 수가 없을 뿐만 아니라, 아버지와 아들, 형과 아우 서로 보살피지도 못하는 처지가 되었다. 부당한 세금과 높은 이자의 환곡을 갚지 못해 태형을 맞고 피골皮骨이 상접한 채 냉기가 가득한 감옥에 갇혀 있다. 그야말로 가혹한 폭정이 호랑이보다 무섭다.

## 67. 정약용丁若鏞과 오징어

정약용(1762~1836)은 조선 정조 때의 문신이며, 유학자 · 시인 · 철학자 · 과학자이다. 본관은 나주羅州이며 자字는 미용美庸이고 호號는 다산茶山이다. 시호諡號는 문도文度이다. 문집으로 유배 생활 중 대부분 저술된 『여유당전서與猶堂全書』가 있다. 유형원柳馨遠 · 이익李瀷의 학문과 사상을 계승하여 조선 후기 실학을 집대성하였다. 경세치용학파經世致用學派를 주장하면서 주자 성리학의 공리공담을 배격하고 봉건제도의 각종 폐해를 개혁하려는 진보적인 사회개혁안을 제시하였다. 신유사옥 때 경상도 장기와 전라도 강진으로 귀양 갔다가 18년 만에 풀려났다.

다산의 문학에 나타난 일생을 1.수학기 · 2.사환기 · 3.유배기 · 4.해배기 등으로 나눌 수 있다. 1.수학기는 당쟁이라는 혼란한 시기에 출사出仕에 대한 고민을 하면서도 참된 선비의 목표인 올바른 도를 세상에 실현하기 위해서 과거 시험 준비를 하는 시기이다. 2.사환기는 정조正祖의 총애를 받으면서 벼슬살이를 하는 시기로, 그의 한시에는 애민정신이 담겨 있다. 정조가 총애를 하면 할수록 노론 벽파의 견제를 받아 좌천과 기용이 반복되는 시기이기도 하다. 3.유배기는 1800년 정조가 승하하자, 노론 벽파의 탄압으로 18년의 귀양살이를 하는 시기이다. 이때 그의 시에 나타난 정서는 농민의 입장에서 비판적인 태도를 취하는 면을 보이는데, 그 대표적인 작품이 〈애절양哀絶陽〉이다. 4.해배기는 고향으로 돌아와 여생을 편하게 보내는 시기로, 시에도 여유 있는 모습을 취하는 내용이 많다. 저서에 『목민심서』 · 『흠흠신서』 · 『경세유표』 등이 있다.

다산茶山의 한시 중 유배기 시절의 쓴 시를 감상해 보자.

## 〈오즉어행烏鰂魚行〉-오징어

정약용丁若鏞

| | |
|---|---|
| 오징어 한 마리 물가에서 노닐다가, | 오 즉 수 변 행<br>烏鰂水邊行, |
| 갑자기 백로와 부딪쳤는데. | 홀 봉 백 로 영<br>忽逢白鷺影. |
| 희기는 한조각 눈결이요, | 교 연 일 편 설<br>皎然一片雪, |
| 맑고 고요하기 잔물결 같아. | 형 여 수 동 정<br>炯與水同靜. |
| 머리 들고 백로에게 이르는 말이, | 거 두 위 백 로<br>擧頭謂白鷺, |
| "네 뜻은 도대체 알 수 없구나." | 자 지 오 불 성<br>"子志吾不省." |
| 기왕에 고기 잡아 먹고자하면서, | 기 욕 득 어 담<br>旣欲得魚噉, |
| 청절淸節은 지켜서 무얼 하려나? | 운 하 청 절 병<br>云何淸節秉. |
| 내 뱃속엔 언제나 검은 먹물 들어 있어, | 아 복 상 저 일 낭 묵<br>我腹常貯一囊墨, |
| 한번 뿜어 먼 데까지 시꺼멓게 할 수 있네. | 일 토 능 령 수 장 흑<br>一吐能令數丈黑. |
| 고기들 눈이 흐려 지척 분간 못하고, | 어 목 혼 혼 지 척 미<br>魚目昏昏咫尺迷, |
| 꼬리치며 가려 해도 남북을 잃어버려. | 도 미 욕 왕 망 남 북<br>掉尾欲往忘南北. |
| 입 벌려 삼켜도 알지 못하니, | 아 개 구 탄 어 불 각<br>我開口呑魚不覺, |
| 나는 늘 배 불리고 고긴 늘 속고 있지. | 아 복 상 포 어 상 혹<br>我腹常飽魚常惑. |
| 자네 날개 아주 희고 털은 또 유별나서, | 자 우 태 결 모 태 기<br>子羽太潔毛太奇, |
| 아래위로 흰옷이니 누가 의심 안하겠나. | 호 의 소 상 수 불 의<br>縞衣素裳誰不疑. |
| 간 곳마다 네 얼굴 물에 먼저 비쳐서, | 행 처 옥 모 선 조 수<br>行處玉貌先照水, |
| 고기들 먼 데서도 너를 보고 피해 가니. | 어 개 원 망 근 피 지<br>魚皆遠望謹避之. |

| | |
|---|---|
| 그대 종일 서 있은들 장차 무얼 기대하리, | 子終日立將何待. (자종일입장하대) |
| 다리만 아프고 배는 항상 주릴 뿐. | 子脛但酸腸常飢. (자경단산장상기) |
| 오귀烏鬼를 찾아가 그 날개 빌려다가, | 子見烏鬼乞其羽, (자견오귀걸기우) |
| 적당히 검게 해서 편하게 살아보게. | 和光合汙從便宜. (화광합오종편의) |
| 그래야 많은 고기 잡아가지고, | 然後得魚如陵阜, (연후득어여능부) |
| "암놈도 먹이고 새끼들도 먹일 걸세." | "啗子之雌與子兒." (담자지자여자아) |
| 백로가 오징어에게 답해 가로되, | 白鷺謂烏鰂, (백로위오즉) |
| "자네 말도 일리가 없지 않으나. | " 汝言亦有理, (여언역유리) |
| 하늘이 나에게 결백함을 내리셨고, | 天旣賦予以潔白, (천기부여이결백) |
| 스스로 살펴봐도 더러운 곳 없으니. | 予亦自視無塵滓. (여역자시무진재) |
| 내 어찌 조그마한 이 배를 채우려고, | 豈爲充玆一寸嗉, (개위충자일촌소) |
| 모양까지 바꾸면서 그같이 하겠는가? | 變易形貌乃如是. (변역형모내여시) |
| 고기 오면 잡아먹고 달아나면 좇지 않고, | 魚來則食去不追, (어래칙식거불추) |
| "꼿꼿이 서 있다가 천명天命을 기다릴 뿐." | "我惟直立天命俟." (아유직입천명사) |
| 오징어 화를 내며 먹물을 뿜으면서, | 烏鰂含墨噀且嗔, (오즉함묵손차진) |
| "어리석다 백로여, 굶어죽어 마땅하리. " | "愚哉汝鷺當餓死." (우재여로당아사) |

〈오징어〉는 가난하더라도 부정한 방법으로 살아가지 않겠다고 다짐하며 꼿꼿하게 처신하는 백로와, 이익을 위해서는 수단 방법을 가리지 않는 오징어를 대조시킨 작품이다. 그리고 위의 시는 굴원의 『어보사漁父辭』[16] 내용을 점화點化한 것이다. 점화란, 남의 시문을 모방하여 자기의 시작품에 인용하는 것으로 새로운 의미를 부여하는 시작법詩作法

**16** 어부漁夫는 고기잡이를 직업적으로 하는 사내라는 뜻이고, 어보漁父는 고기잡이를 취미로 하는 노인이라는 뜻이다. 보父가 이때는 접미사로 사물의 특징을 나타내는 말이다. 먹보 · 울보 · 떡보 등의 '보父' 이다. 굴원의 『어보사漁父詞』에 나오는 어옹은 고기잡이를 취미로 하는 노인을 가리키는 말이다. 그래서 어보漁父로 읽어야 한다.

이다. 남의 작품을 모방해서 새로운 의미를 부여하지 못하면 표절이 된다. 작가는 새로운 의미를 부여하기 위해서 점화를 하였지만, 독자나 비평가가 보았을 때, 새로운 의미를 부여하지 못하고 기존의 작품의 의미에서 크게 벗어나지 못할 때는 도습蹈襲이라고 평한다.

위의 시에서 오징어와 백로의 대화는 『어보사漁父辭』에 나오는 굴원과 어보漁父와의 대화 내용을 우화시로 변화시킨 것이다. 굴원의 『어보사』는 어떻게 살아야 참된 삶인가를 밝힌 글이다. 어보는 굴원에게 '세속과 적당히 영합하여 살면서 고관대작으로 부귀영화를 누릴 것이지 왜 그런 고생을 합니까?' 곧 "향원鄕原은 덕지적야德之賊也라"의 향원[시골뜨기]처럼 시류時流에 영합하면서 살 것이지 '왜 혼자 깨끗한 척하다가 추방을 당했습니까?'로 묻고 있다.

이에 굴원의 대답은 "새로 머리감은 사람은 반드시 갓의 먼지를 터는 법이고, 새로 멱감은 사람은 반드시 옷의 먼지를 터는 법입니다. 어찌 내몸의 밝디 밝음으로써 외물의 때 끼고 더러운 것을 받아드릴 수 있단 말입니까? 차라리 상강의 흐르는 물에 내달려 가 강물고기 뱃속에 내몸을 묻을지언정 어찌 능히 하얗고 하얀 것으로써 자기의 몸과 마음을 세속의 먼지와 티끌을 뒤집어 쓸 수 있단 말입니까?"로 반문하였다. 그러니까 "어보漁父가 빙그레 웃고는 뱃전을 두드리고 가면서 마침내 노래 부르기를, '창랑의 물이 맑거든 내 갓끈을 씻을 수 있으며, 창랑의 물이 흐리거든 내 발을 씻을 수 있다.'라고 하고는, 마침내 떠나가면서 굴원에게 다시는 더불어 말을 하지 않았다."는 것이다. 세상이 흐리면 흐린 대로 살고, 세상이 맑으면 맑은 대로 살 것이지 왜 혼자 잘난 척 하느냐가 어보의 마지막 말이다. 이는 위의 시 오징어의 마지막 대화와 같은 의미라 할 수 있다.

다산茶山도 노론 벽파의 견제 속에서 백로와 같은 심정으로 세상을 살고자 했을 것이다. 마치 굴원이 상강가에 추방되어 『어보사』를 지었듯이 다산도 장기에 유배된 후 굴원과 같은 심정으로 이 시를 지은 듯하다. 그래서 글의 구조와 내용적 의미도 『어보사』와 유사하다.

〈애절양哀絶陽〉

정약용

| | |
|---|---|
| 갈밭마을 젊은 여인 울음도 서러워라, | 노전소부곡성장<br>蘆田少婦哭聲長, |
| 현문 향해 울부짖다 하늘 보고 호소하네. | 곡향현문호궁창<br>哭向縣門呼穹蒼. |
| 군인 남편 못 돌아옴은 있을 법도 한 일이나, | 부정불복상가유<br>夫征不復尙可有, |
| 예부터 남절양男絶陽은 들어보지 못했노라. | 자고미문남절양<br>自古未聞男絶陽. |
| 시아버지 죽어서 이미 상복 입었고 | |
| 갓난아인 배냇물도 안 말랐는데, | 구상이호아미조<br>舅喪已縞兒未澡, |
| 삼대三代의 이름이 군적에 실리다니. | 삼대명첨재군보<br>三代名簽在軍保. |
| 달려가서 억울함을 호소하려도 범 같은 문지기 | |
| 버티어 있고, | 박언왕소호수혼<br>薄言往愬虎守閽, |
| 이정里正이 호통하여 마구간 소만 끌려갔네. | 이정포효우거조<br>里正咆哮牛去皁. |
| 남편 문득 칼을 갈아 방안으로 뛰어들자 | |
| 붉은 피 자리에 낭자하고, | 마도입방혈만석<br>磨刀入房血滿席, |
| 스스로 한탄하네. “아이 낳은 죄로구나.” | 자한생아조군액<br>自恨生兒遭窘厄. |
| 잠실음형蠶室淫刑 그 어찌 죄 있어서인가? | 잠실음형기유고<br>蠶室淫刑豈有辜, |
| 민 땅 자식 거세함도 가엾은 일이거든. | 민건거세양역척<br>閩囝去勢良亦慽. |
| 자식 낳고 사는 건 하늘이 내린 이치, | 생생지리천소여<br>生生之理天所予, |
| 하늘 땅 어울려서 아들 되고 딸 되는 것. | 건도성남곤도녀<br>乾道成男坤道女. |
| 말 · 돼지 거세함도 가엾다 이르는데, | 신마분시유운비<br>騸馬豶豕猶云悲, |

| | |
|---|---|
| 하물며 뒤를 잇는 사람에 있어서랴? | 황내생민은계서<br>況乃生民恩繼序. |
| 부자들은 한평생 풍악이나 즐기면서, | 호가종세주관현<br>豪家終歲奏管弦, |
| 쌀 한 톨, 한 치 베도 바치는 일 없으니. | 입미촌백무소연<br>粒米寸帛無所捐. |
| 다 같은 백성인데 이다지 불공평한고, | 균오적자하후박<br>均吾赤子何厚薄, |
| 객창에서 거듭거듭 『시구』편을 읊노라. | 객창중송시구편<br>客窓重誦鳲鳩篇. |

〈애절양〉은 당시 군정의 문란을 집약적으로 표현한 소위 황구첨정黃口簽丁과 백골징포白骨徵布의 실상이 생생하게 형상화된 시이다. 농민의 비극적 현실 고발과 불평등한 제도로 인한 절망의 현실과 극단적인 고통을 전하고 있다. 유배기 초, 그의 시에는 회한과 절망 그리고 분노의 감정이 표출되다가 비판적인 태도까지 보인다. 그러나 위정자로서의 한계점을 벗어나지는 못하고 있다. 그러나 〈애절양〉은 농민의 입장에서 그들의 고통을 읊었다. 다산이 〈애절양〉을 지은 동기는 『목민심서』에 잘 나타나 있다. "이 시는 가경嘉慶 계해(癸亥, 1803) 가을 내가 강진에서 지은 것이다. 그때 갈전 마을에 사는 백성이 아이를 낳은 지 3일 만에 군보軍保, 군적에 올라 있어 이정里正이 군포 대신 소를 빼앗아 가니 남편은 칼을 뽑아 자신의 남근을 잘라버리면서 〈나는 이 물건 때문에 이런 곤액을 받는구나.〉라고 했다. 그 아내는 피가 뚝뚝 떨어지는 남근을 가지고 관가에 가서 울면서 호소하였으나 문지기가 막아버렸다. 내가 이를 듣고 이 시를 지었다." 당시 민중의 처참한 생활상이 처절하게 드러나고 있다.

▲ ▶ 1801년 다산이 유배되었을 때, 처음으로 거주지를 정했던 동문 밖 술집인 사의재와 1808년 다산이 다산 초당을 짓고 살았던 다산초당의 지금의 모습이다.

▲ ▶ 동문 밖 주막과 주막에서 다산의 거주지를 내어 주었던 주모와 그의 딸이다. 사의재 뒷마당에 주모상이 조각되어 있다. 주모와 청상과부의 딸은 다산과의 옛일들을 들려주는 듯하다.

## 68. 신위申緯와 한오백년지 제일대가韓五百年之第 一大家

신위(1769~1845)는 본관이 평산平山이고 자字는 한수漢叟이며 호號는 자하紫霞 · 경수당警修堂이다. 석하錫夏의 증손으로, 할아버지는 유濡이고, 아버지는 대사헌 대승大升이며 어머니는 이영록李永祿의 딸이다.

자하 신위는 조선 21대 영조 45년(1769)에 태어나 24대 헌종 11년(1845)에 서울 장흥방에서 77세인 희수喜壽로 생애를 마쳤다. 1799년(정조 [22대] 23년)에 알성시 문과에 을과로 급제하여 초계문신初啓文臣으로 벼슬살이를 시작하였다. 그리고 1812년(순조 [23대] 12년)에 진주겸 주청사陳奏兼 奏請使의 서장관書狀官으로 청淸나라에 다녀왔다. 그때 그는 중국의 학문과 문학을 대하게 된 것을 자신의 안목을 넓히는 기회로 삼았을 것이다. 그리하여 그때 그가 교유하게 된 당대當代 청나라의 대학자 옹방강翁方綱은 그의 문학세계에 많은 영향을 준 것으로 알려져 있다.

그의 문학 세계의 특징으로는 고려시대에 〈소악부小樂府〉를 지어 우리의 시가를 한역漢譯해서 전傳한 익재 이제현의 경우처럼 우리의 시가에 대한 애착이 강했던 것을 빼놓을 수 없다. 없어져 가는 우리의 시가 작품들을 한역함으로써 악부로 보존하려 했던 것이다. 그가 한역해 놓은 소악부와 시사를 시로써 평한 〈동인론시 절구東人論詩 絶句〉 35수 그리고 우리의 관우희觀優戲를 읊은 관극시觀劇詩 등 또한 우리의 문학과 예술에 대한 그의 열정을 대변해 주는 것이라 아니할 수 없다. 그의 저서에 『경수당전고警修堂全藁』가 있는데, 그 가운데 있는 〈소악부〉에는

45수의 시조가 한역되어 실려 있다. 그가 쓴 〈동인논시〉35수는 신라의 최치원으로부터 그 당시까지의 시인들의 작품을 평가해 놓은 대표적인 평론집이라 할 수 있다. 구한말의 문장가 창강 김택영이『소호당문집韶濩堂文集』,『잡언雜言』에서 자하紫霞 신위申緯를 '한오백년지제일대가韓五百年之第一大家' 라고 평하였다. 어째서 창강 김택영이 자하 신위를 조선 500년사 제일 대가라고 칭하게 되었는지 그의 시를 통해 알아보자.

〈동음멱구도죽타진사속운桐陰覓句圖竹坨進士屬韻〉

신위申緯

그대 죽타의 대나무와, 以君竹坨竹(이군죽타죽),
그림 속에 그려진 오동나무. 覓句桐陰桐(멱구동음동).
대나무와 오동나무에 서린 기운 쓸쓸하니, 桐竹氣蕭森(동죽기소삼),
지은 시에는 서늘한 마음이 드러난다. 凉心句髓中(량심구수중).
이것은 대나무와 오동나무 때문이 아니라, 是不在桐竹(시부재동죽),
마음에서 그렇게 느끼기 때문이라네. 髣髴於虛空(방불어허공).
지인이 가지는 훌륭한 성품이요, 至人生白室(지인생백실),
유리같이 맑은 하늘의 모습이라네. 琉璃帝靑容(유리제청용).
『시경』은 아득하여 나아가기 어려운데, 詩境渺難卽(시경묘난즉),
선심을 가지고 고요한 가운데 이르렀네. 禪心寂然通(선심적연통).
이를 깨달은 자는 유예부이고, 悟者劉禮部(오자유예부),
이를 찾은 자는 육방옹이네. 探津陸放翁(탐진육방옹).
시의는 아직 이르지 않았는데, 詩意未到頃(시의미도경),

화로가 향기롭고 붉은 등이 흔들리네. 爐香裊燈紅.

내가 이 소리를 찾지 못한다면, 如吾不審音,

성性으로 왕관의 종을 두드리리라. 性叩王官鍾.

〈동음멱구도죽타진사속운〉은 '의재언외意在言外' 곧 '언외지의言外之意' 의 시경詩境을 느낄 수 있는 작품이다. 평소에 대나무를 사랑한 사람 '죽타' 가 〈동음멱구도桐陰覓句圖〉를 그린 후에 자하에게 시 한 수를 부탁하였더니, 자하가 평소에 죽타가 그린 대나무와 지금 〈동음멱구도〉에 그려진 오동나무를 보고 시를 지었다는 것이다. 그런데 그 시 가운데 서늘한 마음이 표현되어 있다는 것이다. 그 까닭은, 대나무와 오동나무 때문이 아니라, 그 그림을 그린 죽타의 마음 때문이라는 것이다. 그림을 그린 사람의 마음이 서늘하기 때문에 그림도 그렇게 보이고, 그 그림을 본 자하 자신도 서늘한 기운을 느낄 수 있어서 시에서 그렇게 표현했다는 것이다. 따라서 대나무와 오동나무를 그리는데 외형의 아름다움에 그치지 않고 그 나무에 내재한 서늘한 기운까지 그릴 수 있다는 것은, 죽타의 인품이 유리같이 맑기 때문이라고 하였다. 죽타의 인품이 유리같이 맑기 때문에 대나무와 오동나무에 서려 있는 기운을 포착할 수 있었으며, 그림 또한 서늘한 기운이 감도는 그림으로 그릴 수 있다는 것이다. 이런 경지가 시적 경지라는 것이다. 죽타가 이런 시적 경지에 들 수 있었던 까닭은, 유리처럼 맑고 깨끗한 마음을 지녔기 때문이다. 또 이런 경지에 든 시인의 예로 '유예부劉禮部' 와 '육방옹陸放翁' 을 들고 있다.

자하는 〈동음멱구도죽타진사속운〉에서 '언외지의言外之意, 말 밖의 뜻' 의 의미를 통해서 시적 의미를 한층 충실하게 하고 있다. 〈동음멱구도죽타진사속운〉에서도 대나무와 오동나무의 모습만을 그린 것이 아니라 그 가운데 내포된 참된 의미까지 드러내었다. 자하가 대나무 그림과 오동나무 그림을 보면서 그림을 그린 사람의 인품까지 표현할 수 있었다는 것은, '언외지의言外之意'의 단적인 예라 할 것이다.

자하 신위가 44세(1812)에 서장관으로 청나라 갈 때 지은 〈회령령會寧嶺〉과 그에 덧붙여 기록한 『후기後記』에서는 표절剽竊과 우합偶合 또는 우동偶同은 엄연히 구별되어야 한다는 논리를 제시하였다.

〈회령령會寧嶺〉

신위

| | |
|---|---|
| 땅을 둘러친 산봉우리들 바삐 스스로 물러나니, | 匝地群峰忙自退, (잡지군봉망자퇴) |
| 아주 먼 험한 고개 예서 더욱 웅장하네. | 全遼嶺阨此爲雄. (전요령액차위웅) |
| 하늘은 흰 구름 두른 산수山水 밖에 드리웠고, | 天垂繚白縈靑外, (천수료백영청외) |
| 가을은 붉고 검은 열매 속에 들었구나. | 秋入丹砂點漆中. (추입단사점칠중) |
| 호랑이 싸우는 골짜기 짧은 날빛이 어둑하고, | 峽鬪虎狼霾短景, (협투호랑매단경) |
| 저문 성 갈가마귀와 매는 회오리바람에 춤추네. | 城昏鴉鶻舞回風. (성혼아골부회풍) |
| 층 구름 속 웃음소리에 때때로 일행을 놓치지만, | 雲層笑語時相失, (운층소어시상실) |
| 산허리 묵은 사당에서 다 같이 만난다네. | 山半荒祠一會同. (산반황사일회동) |

『후기』의 내용을 소개하면 다음과 같다.

고금인古今人들의 시에는 뜻밖에 같아진 것이 있다. 내가 연행燕行할 때 회령령會寧嶺에서 시 한 구句를 얻었으니, "하늘은 흰 구름 두른 산수 밖에 드리웠고, 가을은 붉고 검은 열매 속에 들었구나."(天垂繚白縈靑外전수료백영청외, 秋入丹砂點漆中추입단사짐칠중.)라 하고, 스스로 생각하기를 아름다운 구라고 생각하였으나, 뒤에 『육방옹집陸放翁集』을 보니, "하늘은 흰 구름 두른 산수 밖에 드리웠고, 사람들은 놀란 듯 붉은 열매 성난 듯 푸른 녹음 속에 있네."(天垂繚白縈青外천수료백영청외, 人在駭紅忿綠中인재해홍분록중.)라는 구절이 있었다. 이 두 구절은 모두 유종원의 〈산수기山水記〉에 있는 뜻을 쓴 것이요, 나는 유종원과 두보로부터 재료를 취했을 따름이거늘, 뒷시대 사람들은 '표절'이라고 할는지 모르겠으나, 나는 실상 우연히도 뜻밖에 같아진 것인지라, 시 뒷부분에 덧붙여 기록하여 내 시적 경지가 간혹 고인古人의 경지에 이를 수 있었음을 스스로 기꺼워하노라. 정해년丁亥年 10월 자하노인紫霞老人.[17]

위의 시와 그 『후기』의 내용을 통해서 보면, 44세에 〈회령령〉을 짓고 59세에 이르러 『후기』를 기록하였다. 두보杜甫로부터 재료를 취했다는 것은 두시杜詩의 〈북정北征〉에 나오는 구절을 모방했다는 것이다. 두시杜詩의 〈북정〉에 "산 열매 잘고 작은 것이 많으니, 상수리 밤도 섞여 열렸네. 혹은 붉기가 단사丹砂와 같고, 혹은 검기가 칠을 점찍은 듯."[18]이라고 한 구절이 있다. 그런데 자하가 그 구절들에 변화를 가하여 "가을이 단사丹砂와 칠을 점찍은 속에 들어갔다."(秋入丹砂點漆中)라고 줄여 표현하여 새로운 의미를 더했다. 다시 말하자면, 자하의 시구에서 '추입秋入'이라는 시어와 그 중 특히 '입入' 자를 쓴 데서 더욱 표현의 묘妙함을 느끼게 된다. 자하의 『후기』에서 밝힌 것처럼, 고인의 시를 폭넓게 섭렵하여 시법詩法을 본받고 그 아름다운 뜻을 귀하게 여겨 존숭

---

**17** 金澤榮 編, 『申紫霞詩集』, 卷之一, 『後記』. "古今人詩, 有不謀而同者. 余燕行時, 會寧嶺得一句曰天垂繚白縈青外, 秋入丹砂點漆中, 自以爲佳, 後閱放翁集, 有曰天垂繚白縈青外, 人在駭紅忿綠中, 此二句皆用柳柳州山水記, 余則取材於柳州與杜陵耳, 後人必曰剽竊, 而余實偶然不謀而同也, 附識于詩後, 自喜詩境之或能到古人. 丁亥十月紫霞老人."

**18** 清 · 楊倫 編, 前揭書, 卷四, 〈北征〉. "山果多瑣細, 羅生雜橡栗. 或紅如丹砂, 或黑如點漆."

하다 보면 송나라 대가大家 육방옹陸放翁과 자하의 시구 "天垂繚白縈青外천수료백영청외."에서와 같이 시구가 우연히도 같아지는 경우 곧 '우합偶合' 또는 '우동偶同'이라는 것이 간혹 실제로 있을 수 있는 일일 것이다. 따라서 그것은 표절과는 엄연히 구별되는 것으로, 흠잡을 일이 못된다고 여겼다. 이처럼 자하 신위도 옛 사람들이 쓴 시어가 자기도 모르게 자기 작품에서 같게 되었다는 것이다. 이런 것을 한시 비평에서는 우합偶合 또는 우동偶同이라 하여 표절剽竊과 구별하였다.

자하 신위는 국문시가에 대한 관심도 남달라서 63세(1831)에 익재益齋 이제현李齊賢의 『소악부小樂府』를 본받아 지은 『소악부』40수를 지었다. 소악부란, 우리 말 가사로 된 시조時調가 장차 사라질까 염려되어 우리 시조 40수를 가려서 한시로 새롭게 창작한 것을 이른 말이다. 그 중 황진이의 시조를 한역漢譯한 것을 예로 들어 보자.

황진이

청산리青山裡 벽계수碧溪水야 수이 감을 자랑 마라
일도창해一到滄海하면 다시 오기 어려우니
명월明月이 만공산滿空山하니 쉬어간들 어떠리.

황진이의 위 시조時調를 자하 신위는 다음과 같이 한역漢譯하였다.

| | |
|---|---|
| 청산의 그림자는 벽계수 속에 있고, | 青山影裡碧溪水(청산영리벽계수) |
| 너는 동으로 쉬 흘러감을 자랑마라. | 爾東易流爾莫誇(이동이류이막과) |
| 한 번 푸른 강에 도달하면 다시 만나기 어렵고, | 一到滄江難再見(일도창강난재견) |
| 또 밝은 달 그림자가 일렁거리네. | 且留明月影婆娑(차류명월영파사) |

창강 김택영이 자하 신위를 조선 500년 제일의 대가大家라고 일컫게

된 것은 자하가 천성의 탁월한 재주를 바탕으로 하여 고금古今을 섭렵하고 고인古人들의 체體를 두루 본받으면서도 끊임없이 단련하여 자신의 독특한 시세계를 개척하고 언외지의言外之意라는 시적 의미를 표현해 냈기 때문일 것이다. 그리고 자신만의 독특한 시체를 터득한 것도 그 이유 중 하나가 될 것이다.

## 69. 김정희의 도망시悼亡詩

김정희(1786~1856)는 조선 후기의 대표적인 서예가 · 금석학자 · 고증학자이면서 문인이다. 본관은 경주慶州이며 자字는 원춘元春이고 호號는 완당阮堂 · 추사秋史 · 예당禮堂 등이다. 김정희에 대한 일화가 『대동기문大東奇聞』에 전한다. 김정희의 나이 일곱 살 때의 일이다. 번암 채제공(1720~1799, 남인)이 집 앞을 지나기다가 대문에 써 붙인 '입춘첩立春帖' 글씨를 보게 되었다. 예사롭지 않은 글씨임을 알아차린 채제공은 문을 두드려 누가 쓴 글씨인지를 물었다. 마침 아버지 김노경이 우리 집 아이의 글씨라고 대답하였다. 채제공이 말하기를, "이 아이는 반드시 명필名筆로서 이름을 떨칠 것입니다. 그러나 만약 글씨를 잘 쓰게 되면 반드시 운명이 기구해 질 것이니 절대로 붓을 쥐게 하지 마시오. 대신에 문장으로 세상을 울리게 되면 반드시 크고 귀하게 될 것입니다." 라고 했다고 한다. 천재에게는 늘 전설 같은 이야기가 따라 다닌다. 그의 재능을 후세인들이 안타까워해서 그런 전설 같은 이야기도 만들어 냈을 것이다.

김정희 집안은 안동 김씨로 조선후기 양반가를 대표하는 명문 가문이었다. 증조부 김한신은 영조의 둘째딸인 화순옹주와 결혼하여 월성위에 봉해진 인물이다. 김한신이 39세에 후사 없이 죽자 월성위의 조카인 김이주가 양자로 들어가 대를 이었는데, 이가 김정희의 조부祖父이다. 김정희는 병조판서 김노경과 기계 유씨 사이에 장남으로 태어났으나, 큰아버지 김노영이 아들이 없어 큰 집에 양자로 입양되었다. 1800년 15세의 나이에 한산 이씨와 결혼한 김정희는, 이 시기를 전후로 개인사의 불행이 뒤 따른다. 이미 십 대 초반에 할아버지와 큰아버지의 죽음을 경험하였고 결혼 이듬해인 1801년에는 친어머니마저 세상을 떠났다. 1805년에는 부인인 한산 이씨와 사별死別했고, 뒤이어 스승인 박제가朴齊家마저도 세상을 떠났다. 10대 시절은 끊이지 않는 집안 흉사로 시련의 나날을 보냈다.

김정희는 23세 때인 1808년에 예안 이씨와 재혼하였다. 그 뒤로는 흉사도 그치면서 자연스럽게 집안에 평안함을 되찾았다. 부인 이씨와는 금실 관계가 아주 좋았다고 한다. 생부 노경이 호조참판으로 승진했고 또 동지부사가 되어 청나라 연경(지금의 북경)에 가게 되었는데, 당시 사마시험(생원 · 진사 자격을 주는 과거시험)에 합격했던 김정희는 외교관의 자제(혹은 친인척)에게 부여되는 자제군관의 자격으로 사행길에 동행할 수 있었다.

사행단의 한 사람으로 북경에 가서 견문을 넓히고 온 경험은 인생의 전환기라 할 만큼 큰 영향을 미쳤다. 부친을 따라 김정희가 북경으로 출발한 것은 1809년 10월 28일이다. 북경 체류 기간은 2달 남짓이었는데, 이 사행길에서 2명의 청나라 거유巨儒와 운명적인 만남을 가졌던 것이다. 청나라 제일의 금석학자 옹방강(翁方綱, 1733~1818)과 완원(阮元, 1765~1848)이었다. 김정희는 옹방강과 완원 같은 당대 최고의 석학들과 교류하면서 당시 최고조에 이른 고증학의 진수를 공부할 수 있었던 것이다. 연경학계의 원로이자 청나라 제일의 금석학자였던 옹방강은 추사의 비범함에 놀라 "경술문장 해동제일"이라 찬탄했고, 완원으로부터는 완당阮堂이라는 애정 어린 아호를 받았다.

김정희는 북경에서 옹방강 · 완원과 같은 대학자 외에도 이정원 · 서송 · 조강 · 주학년 등 많은 학자들을 만났다. 이들은 1810년 2월 1일 조선으로 돌아가는 김정희를 위해 북경 법원사에서 송별연을 열어 주었다. 주학년은 송별연 장면을 즉석에서 그림으로 그리고 참석자 이름을 모두 기록하기도 했다고 한다. 그 당시 주학년이 그린 전별도 실물은 사라지고 없지만, 1940년 이학년이 모사模寫한 그림이 과천시 문화원에 소장되어 있다. 1821년 34세의 김정희는 대과大科에 급제하여 출셋길에 접어들었다. 이후 10여 년간 김정희와 부친 김노경은 각각 요직을 섭렵하여 인생의 황금기를 맞기도 하였다.

그러다가 어지러운 정국과 정쟁政爭 속에서 1830년 부친 김노경이 탄핵받는 일이 발생하였다. 아들로서 김정희는 꽹과리를 치며 부친의 무죄를 주장했으나 받아들여지지 않았다. 김노경은 강진현 고금도에 절도안치(絶島安置, 육지에서 멀리 떨어진 섬에 유배하는 형벌)되었다가 1년 뒤에야 풀려났다. 이들 부자는 한동안 벼슬길에 오르지 못하다가 1838년 김노경이 세상을 떴고, 김정희는 그 이듬해 병조참판에 올랐다. 관직생활도 잠깐, 김노경을 탄핵했던 안동 김씨 세력들이 이번에는 김정희를 공격하여 그를 관직에서 끌어내렸다. 김정희는 혹독한 고문 끝에 제주도에서 서남쪽으로 80리나 떨어진 대정현에 위리안치되었다.

김정희는 제주도에서 9년간 귀양살이를 하였다. 제주도 유배기간을 통해서도 그는 쉬지 않고 붓을 잡아 그리고 쓰는 일에 매진하였다. 최고의 걸작품인 '세한도歲寒圖' 도 이 시기에 그려졌고, 흔히 추사체라 불리는 그의 독창적인 서체書體도 이때 완성되었다. 유배 중에 그린 '세한도' 는 김정희의 최고 걸작이자 우리나라 문인화의 최고봉이라 평가받는 그림이다. 1844년 그의 나이 59세에 수제자 이상적李尙迪에게 '세한도' 를 그려 주면서 "날이 차가워진 연후에야 소나무와 잣나무가 뒤늦게 시드는 것을 알게 된다." 는 공자孔子의 글을 발문에 적어 주었다. 유배생활에서 오는 혹독한 시련을 소나무와 잣나무처럼 이겨 내겠다는 추사의 의지가 담겨 있는 구절이다.

유배 기간 중인 1842년 11월 13일, 유배생활 내내 힘이 되고 위로가 되던 아내 예안 이씨가 세상을 떠났다. 그러나 아내의 부음訃音 소식도 한 달이 지나서야 접하게 되었다. 이런 우여곡절 끝에 마침내, 1849년 9년간의 유배에서 풀려났다. 그 후 서울 용산 한강 변에 집을 마련하고 살았는데, 다시 모함을 받아 1851년 북청으로 유배 길에 올랐다. 다행히 귀양은 1년으로 끝났지만, 그는 이제 세상에 아무런 미련이 없었다. 칠십 평생 열 개의 벼루 밑을 뚫고, 1천 자루의 붓을 망가뜨릴 정도의 예술혼을 지녔던 김정희는 말년을 경기도 과천에서 지내며 71세의 나이로 세상을 떠났다.

김정희는 우리나라 금석학의 개조開祖로, 중국과 우리나라의 옛 비문을 보고 추사체를 창안創案하였다. 그리고 북한산에 있는 진흥왕 순수비를 고증하였으며, 난초도 잘 쳤다고 한다. 서얼 출신으로 시詩·서書·화畵에 모두 능했던 박제가에게, 어려서부터 가르침을 받았으며, 사상적으로는 실사구시實事求是를 주장하였다. 작품에 〈묵죽도墨竹圖〉·〈묵란도墨蘭圖〉·〈세한도歲寒圖〉 등이 있으며, 저서에는 『완당집』·『금석과안록』 등이 있다.

추사 김정희의 제주도 유배기간은 55세(1840)부터 63세(1841) 해배될 때까지의 9년간이다. 9년간의 제주 유배 시 첫 작품으로 〈영주화북진도중瀛洲禾北鎭途中〉이 있다.

〈영주화북진도중瀛洲禾北鎭途中〉

김정희金正喜

| | |
|---|---|
| 마을 안 아이들이 나를 바라보고는, | 촌리아동취견나<br>村裏兒童聚見那, |
| 임금에게서 추방당한 신하의 얼굴 얄밉기도 하네. | 축신면목가증다<br>逐臣面目可憎多. |

마침내 죽을 고비 넘어서 다다른 곳, 終然百折千磨處,
임의 은혜 멀리 미쳐 바다 물결 아니쳤네. 南極恩光海不波.

〈영주화북진도중〉은, 조선 후기 안동 김씨와 풍양 조씨의 파벌싸움에서 희생된 추사가 제주에 도착하여 첫 감회를 읊은 시이다. 추사가, 영주 화북진에 도착해 보니 마을 안 아이들이 귀양 온 신하를 가증스럽게 바라보는 것 같다고 자탄自嘆하였다. 귀양 가는 도중 바다를 건널 때 "큰 파도 속에서 천둥 벼락까지 만나, 생사生死가 순간에 달린 지경"(『阮堂全集』 卷首, 閔奎鎬, 『阮堂金公小傳』 "大風濤中作霹靂, 死生俄忽.")이었다. 이런 위험한 상황 속에서 무사히 제주에 안착한 것을 임금의 은혜로 여겨, 유자儒者의 면모를 보이고 있다. 참된 유자는 자연을 노래하는 가운데 현실 세계를 염려하듯이 어떠한 곳에 처해도 현실을 잊지 않았다. 귀양 보낸 그 임금까지도 사랑하는 마음이 곧 참된 유자의 지조인 것이다. 또한 〈원소술회元宵述懷〉 시에서 정월 대보름달을 보면서, "경루라 옥우의 둥글둥글 밝은 달은, 은혜 빛을 나눠 주어 바다에 이르렀네."라고 하여, 임금의 은총이 온 세상에 가득함을 통해 연군戀君의 정情을 표현하였다. 이처럼 유자는 언제나 공자孔子의 도道만을 위해 도道로써 이루어지고 덕德으로써 만인 앞에 우뚝 선 분道成德立者만을 끊임없이 추구하는 것이 아니라, 때에 따라서 요산요수樂山樂水하며 마음껏 자연을 노래하면서 임금의 은혜를 그리워하기까지 한다. 따라서 참된 유자는 자연을 노래하는 가운데서 현실을 염려하는 것이다.

추사가 제주도로 유배된 지 3년째인 57세 되던 해의 12월 14일에 30여년을 동고동락同苦同樂하시던 부인 이씨가 그 전달인 11월 13일에 별세別世하셨다는 부음訃音 소식을 접하게 되었다. 첫 번째 부인을 10대에 잃고 두 번째 부인과는 애정이 남달리 자발하시어, 유배지에서 인편이 있을 때마다 언문 편지를 따로 전했다고 한다. 그때 주고받은 편지가 지금도 전하고 있다. 그렇게 사이가 각별하시던 부인인데, 죽은 뒤 1달 만에 부음을 접했으니 그 심정이 어떡했겠는가? 추사는 생각해보니, 마지막으로 부인에게 보낸 편지는 부인 사후 7일째 보낸 것이고, 그 앞에 보낸 것은 부인이 운명하던 그날에 보낸 것이었다. 부인이 병석에서 신음할 때, 자신은 그것도 모르고 간절한 마음의 정만 보냈으니, 그 비통함은 이루 말로 표현할 수가 없을 것이다. 더군다나 부인의 마지막 가는 길도 배웅을 할 수 없었으니, 그 심정은 오죽했을까? 부인이 마지막 가는 길에 추사가 할 수 있는 것은 부인의 죽음을 애도하면서 자신의 속마음을 전하는 것이었다. 그래서 지은 것이 〈도망시悼亡詩〉이다.

〈배소만처상配所輓妻喪〉-유배지에서 부인의 죽음을 슬퍼한다.

김정희

| | |
|---|---|
| 어쩌면 저승에 가 월하노인에게 송사라도 하여, | 나 장 월 로 송 명 사<br>那將月姥訟冥司, |
| 다음 생에는 부부가 서로 바꿔 태어나도록. | 내 세 부 처 역 지 위<br>來世夫妻易地爲. |
| 나 죽고 그대 살아 천리 밖에 남는다면, | 아 사 군 생 천 리 외<br>我死君生千里外, |
| 그대로 하여금 이 슬픈 마음을 알게 하리라. | 사 군 지 아 차 심 비<br>使君知我此心悲. |

아내의 죽음을 애도하는 도망시悼亡詩이다. 시의 내용은, 부디 소원이 있다면, 남녀 간의 인연을 주재하는 월하노인에게 송사라도 하여 다음 세상에는 우리 부부가 서로 바꿔 태어나서 지금의 나처럼 그대는 천리 밖에서 살고, 내가 죽게 된다면 그때에야 나의 이 비통한 심정을 헤아릴 수 있을 것이라는 것이다. 이렇게라도 추사는 아내에게 마음을 전하고 싶었던 것이다.

## 70. 김병연金炳淵과 김삿갓

김병연(1807~1863)은 조선 후기 방랑시인으로 본관은 안동安東이며 자字는 성심性深, 호號는 난고蘭皐이다. 속칭 김삿갓 혹은 김립金笠이라고도 부른다. 조부는 김익순金益淳이고, 부친은 김안근金安根이며 경기도 양주에서 출생하였다. 1811년(순조 11) 홍경래의 난 때 선천부사宣川府使로 있던 조부 김익순金益淳이 홍경래에게 항복하였기 때문에 연좌제의 의해 멸족을 당하였다. 당시 6세였던 그는 집안의 노비였던 김성수金聖洙의 도움으로, 형 병하炳河와 함께 황해도 곡산谷山으로 피신하여 목숨을 부지할 수 있었다. 얼마 후, 당시 세도가인 안동김씨로 인해 3족의 죽음을 면하고, 폐족으로만 처리 되었다. 멸족에서 폐족으로 사면되어 형제는 어머니가 계신 양주로 돌아가게 되었다. 그 일로 아버지 김안근金安根은 홧병으로 세상을 떠났고 어머니는 폐족자 사실을 숨기기 위해 강원도 영월에 피신하여 살았다. 이 사실을 모르는 김병연은 지방에서 행하던 과거시험에 응시해 〈논정가산충절사탄김익순죄통우천論鄭嘉山忠節死嘆金益淳罪通于天〉으로 조부 김익순을 조롱하는 시제로 장원이 되었다. 김병연의 답지를 소개하면 다음과 같다.

〈논정가산충절사탄김익순죄통우천論鄭嘉山忠節死嘆金益淳罪通于天
–정가산의 충절한 죽음을 논하고
김익순의 죄가 하늘에 닿았음을 탄하다.〉

김병연金炳淵

한마디로 너 대대로 신하였던 김익순아! 一爾世臣金益淳,
정가산(鄭公, 가산군수 정시로 민군民軍에 저항했던 인물)은
경대부에 불과했다. 鄭公不過卿大夫.
장군으로 천거한 전한의 농서 이능처럼 함락을 당해도, 將軍桃李隴西落
충신열사의 서열 중에 신하로서 으뜸이니, 烈士功名圖末高
시인도 이에 대하여 원통하고 슬픈 마음이니, 詩人到此亦慷慨
칼자루를 어루만지면서 가을 물 흐르는 시냇가에서
슬픈 노래 불렀다. 撫劍悲歌秋水溪.
선천 땅은 예부터 대장이 맡아보던 고을이라, 宣川自古大將邑,
가산 땅에 비하면 먼저 의리로써 지킬 땅이로되, 比諸嘉山先守義,
청명한 조정에 모두 한 임금의 신하로서 淸朝共作一王臣,
사지에서 어찌 두 마음을 품는단 말인가? 死地寧爲二心子.
태평세월이던 신미년에, 升平日月歲辛未,
관서 지방에 비바람 몰아치니 이 무슨 변고인가? 風雨西關何變有.
주周나라를 받드는 데 숙고해보면
노중련 같은 충신이 없었고, 尊周孰非魯仲連,
한漢나라를 보좌하는 사람들은 제갈량
같은 자 많았노라. 輔漢人多諸葛亮.
우리 조정에도 정충신鄭忠臣이 있어서, 同朝舊臣鄭忠臣,

속세에서 맨손으로 병란 막으며

절개를 세우고 죽었도다. 抵掌風塵立節死. (저장풍진입절사)

가산과 이릉은 늙은 관리로서 이름을

명정에 드날렸지만, 嘉陵老吏揚名旌, (가릉노리양명정)

가을하늘 아래 본색이 드러났다. 生色秋天白日下. (생색추천백일하)

혼은 남쪽 밭이랑으로 놀아가 악비와 벗하고, 魂歸南畝伴岳飛, (혼귀남무반악비)

뼈는 서산에 묻혔어도 백이의 곁이라. 骨埋西山傍伯夷. (골매서산방백이)

서쪽에서 오는 소식이 슬프기가 그렇게 많아 묻노니, 西來消息慨然多, (서래소식개연다)

너는 누구 가문의 식구로 녹을 먹는 신하인가? 問是誰家食錄臣. (문시수가식록신)

가문은 으뜸가는 장동壯洞 김씨 소리를 들었고, 家聲壯洞甲族金, (가성장동갑족금)

이름은 장안의 항렬 순淳자로구나. 名字長安行列淳. (명자장안항렬순)

가문이 이같이 성은을 두터이 입었으니, 家門如許聖恩重, (가문여허성은중)

백만 대군 앞이라도 의를 저버려선 안 되느니라. 百萬兵前義不下. (백만병전의부하)

청천강에 병마 씻는 물이 파도를 이루고, 淸川江水洗兵波, (청천강수세병파)

철옹 같은 산으로 담을 세워 나뭇가지마다

활을 걸어 놓고, 鐵甕山樹掛弓枝, (철옹산수괘궁지)

내 왕 앞에서는 나가고 물러설 때 무릎을 꿇고, 吾王庭下進退膝, (오왕정하진퇴슬)

왕을 배반한 서쪽의 흉악한 도적에게도

무릎 꿇었구나. 背向西城凶賊脆. (배향서성흉적취)

너의 혼은 떠다니며 구천을 향하여 가지도

못할 것이다. 魂飛莫向九泉去. (혼비막향구천지)

지하에 오히려 선대왕들께서 계시기 때문이니라. 地下猶存先大王. (지하유존선대왕)

이날 왕의 은혜를 잊고 또한 친족을 잊었으니, 忘君是日又忘親, (망군시일우망친)

한 번 죽음은 오히려 가볍고 만 번 죽어야 마땅하리. 一死猶輕萬死宜. (일사유경만사의)

춘추필법을 너는 알지 못하느냐? 　　춘추필법이지부 春秋筆法爾知否,
이 일은 흐르고 흘러 동방 국사에 전해지리라. 　　차사유전동국사 此事流傳東國史.

김익순이 자신의 조부라는 사실을 알면, 김병연은 기가 찰 노릇이다. 어머니로부터 김익순이 자기의 할아버지라는 말을 듣고, 김병연은 출사出仕를 단념하게 되었다. 조상을 욕되게 한 후손으로 면목이 없다는 것이었다. 당시 가산군수였던 정시鄭蓍, 정가산는 민군民軍과 대치하다가 전사戰死하였으나, 선천방어사였던 김익순金益淳은 무관武官임에도 홍경래洪景來의 민군民軍이 봉기하자 홍경래의 민군에 투항했던 것이다. 이듬해 봄, 난이 평정되자 김익순은 역적이라는 낙인이 찍혀 처형당하고 말았다.

김병연은 이 일이 있은 후, 세상을 등지고 20세 무렵부터 방랑생활을 시작하였다. 조상을 욕되게 했다는 죄책감에 스스로 하늘을 볼 수 없어 항상 큰 삿갓을 쓰고 다녔다고 한다. 그래서 김삿갓이라는 별명도 얻었다. 김삿갓으로 전국을 유랑하면서 각지에서 즉흥시를 남겼는데 그 시 중에는 권력자와 부자를 풍자하고 조롱한 것이 많다. 김병연에게는 아들 세 명이 있었다. 큰 아들은 형님 집안의 양자로 가고, 작은 아들 익균翼均과 삼남 영규英奎가 집에서 어머니를 모시고 살았다. 김병연이 떠돌이 생활을 할 때, 익균은 여러 차례 귀가를 권유했으나 계속 방랑하다가 전라도 동복(同福;전남 화순)에서 객사하였다. 뒤에 김익균이 아버지 김삿갓의 유해를 강원도 영월 태백산 기슭에 묻었다. 그래서 김삿갓의 묘지가 강원도 영월군 하동면 와석리에 있게 된 것이다. 1978년 그의 후손들이 광주 무등산에 시비를 세웠고, 1987년에는 영월에 시비가 세워졌다. 시문집詩文集으로 『김립시집金笠詩集』이 있다.

김삿갓으로 전국을 유랑하면서 지은 시 몇 편을 감상해 보자.

### 〈무제無題〉

김병연金炳淵

네 다리 소반 위에 멀건 죽 한 그릇, 四脚松盤粥一器(사각송반죽일기),
하늘에 뜬 구름 그림자가 그 속에서 함께 떠도네. 天光雲影共排徊(천광운영공배회).
주인이여, 면목이 없다고 말하지 마오. 主人莫道無顔色(주인막도무안색),
물 속에 비치는 청산을 내 좋아한다오. 吾愛青山倒水來(오애청산도수래).

김삿갓은 오히려 가난한 백성들의 삶을 유유자적悠悠自適한 자세로 위로하고 있다. 가난한 주인댁이 내온 것은 그래도 정성이 담긴 네 다리 소반 위의 멀건 죽 한 그릇이다. 그러나 주인은 그 멀건 죽을 대접하기에 민망해하고 있다. 있는 것을 감추고 안 주는 것이 아니기에, 김삿갓은 '민망해하지 마라, 나는 멀건 죽 그릇에 비친 청산이 좋다.' 라고 위로하였다. 해학적 표현이 전 시에 넘쳐 나지만, 왠지 허전함이 느껴진다. 가난한 주인과의 동병상련同病相憐을 느낀 것일 것이다.

### 〈과안락견過安樂見〉-안락성을 지나며

김병연

안락성 안에 날이 저무는데, 安樂城中欲暮天(안락성중욕모천),
관서지방 못난 것들이 시 짓는다고 우쭐대네. 關西孺子聳詩肩(관서유자용시견).
마을 인심이 나그네를 싫어해 밥 짓기는 미루면서, 村風厭客遲炊飯(촌풍염객지취반),
주막 풍속도 야박해 돈부터 챙긴다 店俗慣人但索錢(점속관인단색전).

빈 배에선 자주 천둥소리가 들리는데, 　虛腹曳雷頻有響(허복예뢰빈유향),
뚫릴 대로 뚫린 창문으로 냉기만 스며드네. 　破窓透冷更無穿(파창투냉갱무천).
아침이 되어서야 강산의 정기를 한번 마셨으니, 　朝來一吸江山氣(조래일흡강산기),
인간 세상에서 벽곡의 신선이 되려 시험하는가? 　試向人間辟穀仙(시향인간벽곡선).

위의 시는 안락성에서 안락하지 않게 밤을 지냈음을 풍자한 것이다. 허세와 위선으로 가득 찬 양반들에 대한 비판과 관서지방의 야박한 인심과 세태를 그렸다. '벽곡'은 곡식 대신에 솔잎과 대추 등을 먹는 것으로 신선神仙의 식생활을 나타내는 말이다. 배고픔을 역시 해학적으로 넘기는 재치를 보여 주었다.

〈원생원元生員〉

김병연

해 뜨자 원숭이가 언덕에, 　日出猿生原(일출원생원),
고양이 지나가자 쥐가 다 죽네. 　猫過鼠盡死(묘과서진사).
황혼이 되자 모기가 처마에 이르고, 　黃昏蚊檐至(황혼문첨지),
밤 되자 벼룩이 자리에서 쏘아대네. 　夜出蚤席射(야출조석사).

동음을 이용한 언어유희言語遊戲로, 마땅치 않은 마을 유지들에 대한 풍자시이다. 한시 원문 표현을 보면, 구절의 끝 세 글자는 각각 원 생원·서 진사·문 첨지·조 석사 등의 음으로 되어 있다. 김삿갓은 이 동음을 이용하여, 욕심 많은 마을 유지들을 원숭이·쥐·모기·벼룩 등으로 풍자하였다.

김삿갓이 함경도 함흥시에 있는 구천각 구경을 하고 내려오면서 보니, 멀리 강가에서 그 지방의 유지로 보이는 노인 네 명이 기생들과 함께 술을 마시며 시를 읊고 있지 않는가? 그것을 본 김삿갓도 술 생각이 나서 한잔 부탁하니, 그 노인네들이 푸대접을 하였다. 몰골과 행색이 거지꼴이었기 때문이다. 그러자 김삿갓이 그들의 이름자를 이용하여 시를 지어 주고는 그 자리를 급하게 떠나던 것이다. 그가 떠난 뒤, 시를 본 네 명의 노인네들은 격분할 수밖에 없었을 것이다. 그 이유는 원 생원 · 서 진사 · 문 첨지 · 조 석사가 바로 자신들을 지칭하는 말이었기 때문이다. 김삿갓의 해학성과 풍자성은 가히 최고라고 할만하다.

## 71. 최익현崔益鉉과 항거의식

최익현(1833~1906)은 본관이 경주慶州이며 아명兒名은 기남奇男이다. 자字는 찬겸贊謙이고 호號는 면암勉菴이다. 1833년 12월 5일 경기도京畿道 포천군抱川郡 가범리嘉范里에서 최대崔岱의 차남次男로 태어났다. 타고난 자질이 뛰어나서 아명兒名을 기남奇男이라고 하였다가 뒤에 익현益鉉으로 고쳤다고 한다. 최익현은 가세가 넉넉하지 못하여 4세 때 단양丹陽으로 옮긴 것을 비롯하여 여러 지방으로 옮겨 다니며 살아야 했다. 어릴 때에는 김기현 문하에서 수학하다가 14세 때부터는 부친의 명에 따라 성리학의 거두인 화서華西 이항로(李恒老, 1792~1868)의 문인이 되었다.

철종 6년에(1855) 정시문과 병과에 급제하여, 성균관전적 · 사헌부지평 · 사간원 정원 · 이조정랑 · 수봉관 · 지방관 언관 등의 관직을 두루 거쳤다. 그는 언관 벼슬에 있으면서 일찌감치 조선조 사림의 최대 미덕인 강직한 성품을 드러냈다. 왕권 강화를 위해 당백전을 발행하여 경복궁을 중건하는 흥선대원군(興宣大院君, 1820~1898)의 실정失政을 상소했다가 삭탈관직 되었다. 그러나 1873년 동부승지로 발탁되면서 재기에 성공하여 명성왕후(明聖王后, 1851~1895) 세력과 제휴하여 다시금 대원군의 정책을 비판하는 상소를 올려 대원군의 실각에 결정적인 역할을 하였다. 최익현은 이 공로를 인정받아 호조참판으로 승진하였다.

그러나 임금의 아버지를 비판했다는 이유로 제주도에 위리안치되는 형벌을 받았으나 이는 실권을 잡은 민씨 세력의 형식적인 처벌이었다.

1876년 일본이 운양호 사건(1875)을 계기로 강화도조약을 맺으려 하자 그는 지부상소持斧上疏 곧 도끼를 메고 광화문 앞에 나아가 개항오불가開港五不可의 병자척화소丙子斥和疏를 올려 조약체결의 불가함을 역설하였다. 지부상소持斧上疏는 선조 때 조헌趙憲이 한 이후 두 번째 있는 일이었다. 이 일로 최익현은 흑산도에 4년간 위리안치되었다.

1895년 단발령이 내리자 '목은 잘라도 머리카락은 못 자른다.'는 말로 격렬히 반대하여 투옥되기도 하였다. 투옥 후, 유길준의 개정된 법령까지 보여주면서 면암 최익현의 상투를 삭발하려고 하였으나 면암의 거센 반대에 실패하였다. 이는 서구의 물질주의 침략에 대한 조선 유학자의 정신적 저항인 것이다. 1905년 11월 17일 을사조약이 체결되자 면암은 이를 늑약으로 간주하여, 조약의 무효화와 을사 5적들을 처단할 것을 주장한 청토오적소晴討五賊疏를 올리면서 공개적으로 의병義兵을 모집하였다. 1906년 3월 15일 집안 사람들과 작별을 고告하고 뜻이 맞는 선비들과 함께 의병을 일으키는 항일의병운동을 준비하였다. 그리하여 판서 이용원 · 김학진 · 참판 이성열 · 이남규 등에게 국난을 같이 대처하자는 서신을 보냈지만 답장은 없었다.

결국 제자인 고석진의 소개로 유자儒者 임병찬과 거사를 준비하였다. 면암과 일행은 호남으로 내려가 뜻이 맞는 유자들을 모으며 세력을 키웠다. 거기에 백성들과 의병들도 가세하여 세를 확대하였다. 6월 4일, 태인의 무성서원에서 면암은 의병들에게 호소를 하였다. "지금 왜적들이 국권을 농락하고 역신들은 죄악을 빚어내 오백 년 종묘사직과 삼천리 강토가 이미 멸망지경에 이르렀다. 나라를 위해 사생死生을 초월하면 성공 못할 염려는 없다. 나와 함께 사생을 같이 하겠는가?" 라고 하자 의병의 사기가 극에 달하였다 한다. 의병들의 수도 족히 수백을 이루어 면암은 일제의 죄목 16가지를 지적하는 규탄서를 일본군에 보냈다. 면암의 의병군은 정읍 · 흥덕 · 순창을 돌며 거점을 점령하였다. 순창을 점령했을 때 의병 수는 500여 명을 넘게 되었다. 의병군은 곡성을 넘어 남원을 치려했지만 남원방비가 매우 견고하여 순창으로 회군하였다. 그 후 의병의 숫자는 800명을 넘으면서 무시 못할 세력이 되었다. 6월 11일, 광주 관찰사 이도재가 사람을 보내 의병을 해산하라는 고종의 칙서를 보내왔다. 그래도 면암은 뜻을 굽히지 않고 남원을 공격하기로 하였다. 그러나 남원을 지키고 있는 군대가 일본군이 아닌 조선군임을 확인한 면암은 '동포끼리 서로 박해를 하는 것은 원치 않으니 즉시 해산하라.' 명하였다고 한다.

의병 해산 후, 6월 14일, 면암 등 의병일행은 서울로 압송되어 일제에 의해 재판을 받게 되었다. 일제의 재판부는 면암에게 대마도 감금 3년을 선고하였다. 면암은 신발 밑에 우리 땅의 흙을 집어넣어 일본 땅은 절대로 밟지 않겠다는 의지를 보였다. 그리고 면암은 유배 당일, 대마도주의 일본식 단발 요구에 대한 항의로 단식을 시작하였으나, 대마도주의 사과와 왕명으로 단식을 중단하였다. 하지만, 단식의 후유증으로 3개월 뒤 중병으로 회복 불가능 상태가 되었다. 면암은 죽음이 임박해지자 함께 감옥에 갇혔던 임병찬에게 〈유소遺疏〉를 구술口述하여 다음과 같은 여한餘恨을 남겼다.

"신의 나이 74살이오니 죽어도 무엇이 애석하겠습니까? 다만 역적을 토벌하지 못하고 원수를 갚지 못하고 국권을 회복하지도 못하고, 강토를 다시 찾지 못하여 4천 년 화하정도가 더렵혀져도 부지하지 못하고, 삼천리 강토 선왕의 적자가 어육이 되어도 구원하지 못하였으니, 이것이 신이 죽더라고 눈을 감지 못하는 이유인 것입니다."

면암은 그 후 모든 음식을 거부하자, 일본인들은 강제로 그의 입에 음식을 넣었으나 모두 뱉거나 입을 열지 않았다고 한다. 1907년 1월 1

일 대마도 감옥에서 74세의 일기로 순국殉國하였다.

면암의 유해는 1월 5일 대마도에서 배편으로 경상남도 동래부 초량草梁에 닿았다. '춘추대의 일월고충春秋大義 日月孤忠' 8자의 만장輓章을 앞세운 그의 영구靈柩는 연도에 수많은 인파가 늘어서 애도하는 가운데 구포 · 성주 · 황간 · 공주 등지를 거쳐 1월 20일 청양에 도착, 무동산舞童山 기슭에 묻혔다. 1907년 논산군 상월면의 국도변에 안장했다가 뒤에 예산군 관음리로 이장했다. 문집으로는 『면암집』과 『면암속집』이 있다.

최익현의 대의비大義碑인 춘추대의비春秋大義碑는 조선총독부에 의해 땅에 묻혔다가 해방 후 충청남도 예산군 광시면 관음리에 다시 세워졌다. 1928년 이왕직에 의해 종묘 고종의 묘정에 배향되었다. 그러나 시호가 없다는 점이 문제가 되어 논란거리가 되기도 하였다. 1962년 건국훈장 대한민국장이 추서되었다.

지부상소 후 흑산도로 유배된 뒤 그곳에서 쓴 시를 감상해 보자.

〈주우영산전양舟于永山前洋〉

최익현崔益鉉

| | |
|---|---|
| 봄이 와서 얼마나 배 띄우기 생각했던가? | 춘래기의방어주<br>春來幾擬訪漁舟, |
| 오늘에야 순풍 불어 가히 거슬러 갈 만하네. | 차일경풍가소류<br>此日輕風可溯流. |
| 눈에 들어오는 뭇 섬들 별같이 달리고, | 안계성치군도열<br>眼界星馳郡島列, |
| 가슴 속엔 티끌 한 점 남김없이 다 날려라. | 흉중파각점애유<br>胷中簸却點埃留. |
| 고기는 무슨 일로 뛰락 잠기락 하는가? | 어인심사잠환약<br>魚因甚事潛還躍, |
| 새는 타고난 본성대로 뜨고 날지. | 조불천기욕갱부<br>鳥拂天機浴更浮. |

흥겹다 보니 날 저문 것도 좋아서, 승흥미수수박모 乘興未須愁薄暮,
낭랑하게 읊고 나 홀로 물가에 서 있네. 랑음저립벽파두 郞吟佇立碧波頭.

〈주우영산전양〉은, 유배 온 노인이 노래한 것이 아니라 봄을 맞이하여 유람을 나선 어옹漁翁이 노래한 것 같은 시이다. 생동감 있는 바다의 모습과 빠르게 나아가는 배의 모습, 그리고 바다에서 번민을 잊은 시적화자는 날 저무는 줄도 모르고 봄의 흥취에 젖어 있다. 여유로운 삶의 모습이 느껴진다.

면암이 살다간 시대는 그동안 조선 선비들이 알고 있었던 중화사상과 소중화 사상이 흔들리는 시기였다. 중화中華가 '천하'요, 소중화가 중화를 대신하는 것으로 알고 살았던 조선 유학자들에게 새로운 양이洋夷의 침투는 충격적인 사건이었다. 자급자족을 통한 평화공존의 도덕적 문화가 지닌 정체성이 흔들리기 시작했기 때문이다. 18세기 북학파에 뿌리 둔 개화파는 그 본보기의 대상이 청나라가 아니라, 일찍 서구 문물을 받아들여 개화가 된 일본 제국주의였던 것이다. 그러나 조선의 유학자들 입장에서는 그 일제도 오랑캐나 왜구에 지나지 않았다. 중화가 사라진 오늘날 조선을 소중화로 인식했던 조선의 유자들, 서구의 문물은 오랑캐의 문물이기에 수용하면 조선도 오랑캐가 된다는 사고에서 한 걸음도 나아가지 못했던 것이다. 그러나 그들의 예상은 결과적으로 적중했던 것이다. 물질에 의해서 인륜이 타락하기 시작했기 때문이다. 면암은 이런 유학자들의 생각에서 조금도 흔들림 없이 자신의 신념을 지킨 조선의 유학자였던 것이다. 이런 조선의 유학자였기에 유배지에서도 여유를 느낄 수 있었던 것이다.

칠순의 나이를 넘긴 노인의 〈창의시〉를 보자.

## 〈창의시倡義詩〉

최익현

| | |
|---|---|
| 백발로 밭이랑에서 분발하는 것은, | 皓首奮畎畝, (호수분견무) |
| 초야의 충심을 바랐음이라. | 草野願忠心. (조야원충심) |
| 난적은 누구나 쳐야 하니, | 亂賊人皆討, (난적인개토) |
| 고금을 물어서 무엇하리? | 何須問古今. (하수문고금) |

위의 〈창의시〉는 국난을 맞아 의병을 일으켜 적에 대항할 것을 결의하는 시이다. 나이 들어 벼슬에서 물러난 이가 농사일에 더욱 힘 쏟는 이유는 비록 몸은 초야에 있을지라도 나라를 아끼는 마음이 있기 때문이다. 세상을 어지럽히는 도적을 치는 일은 고금의 예를 들 필요도 없이 누구라도 마땅히 해야 할 일이다. 투쟁의식을 고취시키고 있다.

'창의倡義' 란 국난을 당하여 의병을 일으키는 것을 말한다. 그러므로 '창의시' 란 곧 '의병시' 이다. 의병장의 한시는 한문학의 전통적인 선경후정의 형식을 벗어나 역사적 사건으로 인해 투쟁을 해야 하는 당위성의 표현이 특징이다. 면암의 〈창의시〉에는 유자의 충절의식이 반영되어 있으며, 의병을 일으켜야하는 취지가 선명하게 제시되어 있다. 이런 것이 조선 유학자들이 지녔던 선비정신인 것이다. 선비는 어디에 처해도 세상과 나라를 잊지 않기 때문이다. 면암은 누가 뭐라고 해도 구한말 참된 선비정신에 입각해서 그 선비정신을 실천한 진정한 유학자였다.

## 72. 박대양朴戴陽과 중화사상中華思想

박대양(1848~1888)은 고종 때 인물로 『동사만록東槎漫錄』의 저자이다. 『동사만록東槎漫錄』은 갑신정변 직후에, 봉명사신으로 일본에 갔던 정사 서상우徐相雨의 종사관이었던 박대양朴戴陽의 문견 및 소감을 적은 여행기이다. 저자 박대양은 그때 유학幼學으로서 정사의 종사관으로 추천되어 처음 벼슬길에 나온 사람이다. 그에게 벼슬을 시키기 위하여 처음에 서반직 사용司勇에 붙이고, 다시 그것을 근거로 하여 동반직東班職 주사主事로 임명한 것이 이 기록 속에 나온다. 이 기록으로 보아 그는 문필이 능하였으며 시국관으로는 수구파에 속하는 인물이었다. 저자에 대한 그 이상의 사적은 알 수 없다. 『동사만록東槎漫錄』을 남긴 봉명사신奉命使臣 일행은 바로 이 갑신정변의 뒷수습을 위하여 사대당 정부가 일본에 보낸 사절이다.

고종 21년(1884) 12월 24일 인천에서 배로 떠나 고종 22년(1885) 2월 19일 일본에서 조선으로 환국하기까지의 기행을, 종사관 박대양(1848~1888)은 『동사만록』으로 남겼다. 개화당[독립당]의 갑신정변 직후 조선은 그 뒷수습을 위하여 봉명사신奉命使臣으로 수구파守舊派[事大黨]인 정사 서상우正使 徐相雨 · 부사 목인덕副使 穆麟德 · 종사관 박대양從事官 朴戴陽 등을 일본으로 보냈다. 이때 일본은 명치 유신기로 서양식 근대 제도에 의한 개혁의 성과가 나타나던 때이다. 그런데 수구파인 이들의 가치관은 완고하여 개화에 대해서는 다소 소극적이었다. 일본의 문물을 보고 느낀 수구파 박대양의 시를 보자.

〈도대판견조폐제기공작단련등처귀로구점 이절
到大阪見造幣製器工作鍛鍊等處歸路口占 二絶〉

박대양朴戴陽

돈 만들고 기물 제조 그 기세 완전히 웅장하여, 造錢製器勢全雄,
교묘하고 새로운 외국의 방법 능통하네. 妙法新方外國通.
모양 따라 조롱박 그리 듯 모방함도 좋긴 하지만, 依樣葫蘆非不美,
그 민생들 어째서 풍년을 원망하는고? 民生其奈怨年豊.

자손을 위한 계책으로 만리장성 쌓단 말가, 子孫之計築長城,
예부터 미치고 어리석은 자 몇이던가? 從古狂愚有幾嬴.
문덕文德은 닦지 않고 오직 무武만 숭상하니, 文德不修唯尙武,
무기 만드는 것이 오히려 녹이는 것만 못하리. 鑄兵猶不反銷兵.

위의 시, 첫 번째 연은 일본 개화의 모습을 엿볼 수 있는 내용이다. 서구의 선진 문물을 수용하여 각종 기물 제조 광경을 보면서 일본의 근대화를 인정하지 않는 수구파의 한계를 드러내었다. 서구 문화의 수용은 조선이 화華에서 이夷로 전락하기 때문에 서구식 개방은 절대 불가능함을 의미한다. 이는 조선 중심의 중화주의가 거의 화석화된 시기의 수구파의 의식인 것이다. 하지만 민생을 걱정하는 유학(幼學; 벼슬하지 않은 유생)의 마음도 드러냈다. 일본의 세금 징수 방법은 돈으로 환산해 바치는 것이다. 그 때문에 만약 흉년이 들어 곡식 값이 비싸면 세금을 완납할 수 있지만, 풍년이 들어 곡식의 가격이 싸면 돈을 빌려와도 세금을 못 낼 수 있다는 것이다. 유생 [幼學] 박대양의 애민정신이 나타났다.

두 번째 연의 내용은 일본의 무기 제조 과정을 개탄한 것이다. 중국 진秦나라가 만리장성을 쌓다가 멸망하였듯이 일본도 전쟁을 위한 무기를 제조하는 과정에서 망하게 된다는 유생다운 덕치주의德治主義의 논리를 폈다. 하지만 이는 수구파의 관점에서 당시의 흐름을 본 것이다. 청나라와 일본의 군대가 조선에 주둔하여 정치적 자주권이 위협받던 시기에 일본 본토의 무기 제작 과정을 보면서 '무기 만드는 것이 오히려 녹이는 것만 못하다' 는 주장은 설득력이 없다. 이는 수구파가 여전히 조선 중심의 중화주의 시각으로 당시의 흐름을 보았다는 것이다. 태평시절에는 유생이 주장한 덕치德治가 당연히 옳겠지만, 외세의 침략이 있는 현실에서는 부강을 주장하여야 했다. 이것이 수구파 유생인 박대양의 현실 인식이었다.

## 73. 황현黃玹과 절명시絶命詩

황헌(1855~1910)은 조선 밀기의 우국지사이며 내한민국의 독립유공자이다. 본관은 장수長水이며, 자字는 운경雲卿, 호號는 매천梅泉이다. 11세 때에 왕석보(王錫輔, 1816~1868) 문하에서 글을 배웠으며, 1879년 서울로 올라 와서 추금秋琴 강위(姜瑋, 1820~1884)와 영재寧齋 이건창(李建昌, 1852~1898) 등과 교류하였다. 1883년 보거과保擧科에 응시하여 초시 초장에 1등으로 뽑혔으나 시험관이 그가 시골 출신이라는 이유로 2등으로 내렸다고 한다. 이런 과거시험장의 부패상을 체험한 황현은 회시와 전시 등에 응하지 않고 귀향해 버렸다.

1888년 아버지 명을 어기지 못해 생원회시에 응시하여 장원이 되었다. 그러나 임오군란과 갑신정변 등으로 시국의 어수선함을 목도目睹하고 다시 귀향하였다. 1890년 구례의 만수산 기슭에 구안당苟安堂을 지어 놓고 학문에 전념하였다. 이후 매천 황현은 낙향하여 제자를 양성하며 지내다가, 1910년 한일합병조약 체결 소식을 듣자 비통함을 이기지 못하고 며칠 동안 식음을 전폐하다가 9월 10일 〈절명시絶命詩〉를 남기고 아편을 술에 타서 먹고 순국殉國하였다. 순국殉國하면서 남긴 〈절명시〉는 장지연이 주필로 있던 『경남일보』에 실렸고, 이는 『경남일보』 필화 사건의 원인이 되었다.

저서로는 『매천집』·『매천시집』·『매천야록』·『오하기문』·『동비기략』 등이 있다. 황현의 문집인 『매천집梅泉集』은 황현의 동생인 석전石田 황원黃瑗이 보관하고 있던 원고를 김택영이 산정刪定하여 간행한 것이다. 그런데 다시 총독부 검열과정에서 많은 작품이 삭제되거나 훼손

되어 제 모양을 갖추었다고 보기 어려운 것이었다. 그런데 근래 총독부 검열본이 발견 영인되어 원래의 모양대로 복원이 가능하게 되었다.

매천 황현은 생애의 후반기 20여 년 간을 구례 땅에서 은거하였지만 결코 현실을 외면하거나 세상일에 무관심하지 않았다. 1894년 동학농민운동 · 갑오경장 · 청일전쟁 같은 대사건이 연이어 일어나자 자신이 접할 수 있는 정보를 종합하여 이를 비판적으로 기술한 『매천야록梅泉野錄』과 『오하기문梧下記聞』 · 『동비기략東匪紀略』 등은 자신이 체험한 역사적 격동기를 후세에 전하고자 한 것이다. 『매천야록』과 『오하기문』은 그가 저술한 대표적인 역사서로 19세기 후반 흥선대원군(1820~1898) 집권기부터 1910년 국권이 일제에 침탈되기까지 47년간의 정치, 경제를 비롯한 전 분야에 걸친 내용을 자신의 주관적 입장에서 서술한 근대사 관련 중요 자료이다. 『매천야록』은 당시의 역사전반을 서술한 것이라면, 『오하기문』은 자신이 보고 들은 1894년 동학농민운동에 중점을 두어 기술한 것이다. 이와 같은 시도는 그의 순국殉國과 함께 지식인의 사명이 무엇인가를 보여주는 하나의 사표師表가 되고 있다. 언제나 현실을 외면하지 않고 자신의 본분을 지켜나가는 것이 선비정신인 것이다. 매천梅泉도 향리에 은거隱居하면서도 세상일에 관심을 끊지 않았다. 1962년 건국훈장 국민장이 추서되었다.

그의 시 중, 먼저 강촌 마을을 노래한 시를 감상해 보자.

〈망강촌望江村〉

황현黃玹

안개 속 높고 낮은 숲 너머로, 高低烟樹外,(고저연수외)

올망졸망 갯마을이 아른거리네. 多少浦人家.
버드나무 아래론 돛단배 지나가고, 過柳懸帆直,
긴 울타리엔 그물 걸쳐 보수하고 있네. 張籬補網斜.
작은 꽃잎에 고기는 물결을 일으키고, 細花魚作浪,
찬비에 백로는 모래톱을 오가네. 凉雨鷺占沙.
돌아보면 티끌 진 세상의 꿈이러니, 顧此塵埃夢,
돌아가고 싶으나 길은 멀기만 하네. 欲從還路賒.

위의 〈망강촌〉은 강촌의 모습을 잘 묘사한 작품이다. 원경에서 근경으로 갯마을 모습이 잘 그려졌다. 안개 속 너머로 마을이 보이고, 그 마을 버드나무 아래로는 돛단배 한 척이 지나가며, 어부漁夫는 한가로운 틈을 이용하여 그물을 손질하는 여유로움을 보여주고 있다. 그리고 미물인 물고기와 백로도 자기 생生을 즐긴다. 그러나 선비인 매천은 어쩌면 티끌세상의 꿈이 어부와 미물만도 못해 세상을 등지고 자연으로 돌아가고 싶으나 돌아 갈 수 없음을 한탄하였다. 『논어論語』, 『미자微子』 편篇 '우경耦耕' 장章에 자로子路가 은둔자 장저長沮 · 걸익桀溺과의 문진問津한 내용이 있다. 걸익과 자로의 대화 중에서 걸익이 세상을 피하는 선비 [자기들] 가 사람을 피하는 선비 [공자] 보다 나지 않는가 하니까 공자가 그 말을 자로로부터 전해 듣고, "천하가 도가 있는 좋은 세상이라면 구丘, 공자가 천하를 바꾸려는데 참여하지도 않느니라."(『논어』, 『미자』편, '우경' 장 "天下천하, 有道유도, 丘구, 不與易也불여역야.")라고 대답한, 내용이 있다. 공자의 이 말씀처럼 천하에 도가 실현되지 않기 때문에 매천도 티끌 진 세상을 떠날 수 없는 것이다. 선비는 어디에 처하든 항상 현실을 잊을 수 없기 때문이다. 바로 이것이, 자연을 노래하는 동시에 현실을 노래하는 선비의 문학이면서 선비정신이 반영된 것이라 할 수 있다.

## 〈절명시絶命詩〉

황현

어지러운 세상 부대끼면서 흰머리가 되기까지,　亂離滾到白頭年,(난리곤도백두년)
몇 번이나 목숨을 끊으려다 이루지 못했도다.　幾合捐生却未然.(기합연생각미연)
오늘날 참으로 어찌할 수 없고 보니,　今日眞成無可奈,(금일진성부가내)
가물거리는 촛불만 푸른 하늘을 비추네.　輝輝風燭照蒼天.(휘휘풍촉조창천)

요망한 기운이 가려서 제왕의 별이 옮겨지니,　妖氣掩翳帝星移,(요기엄예제성이)
구중궁궐은 침침하여 햇살도 더디 드네.　九闕沉沉晝漏遲.(구궐침침주루지)
이제부터 조칙을 받을 길이 없으니,　詔勅從今無復有,(조칙종금부복유)
구슬 같은 눈물이 종이 가닥을 적시네.　琳瑯一紙淚千絲.(림랑일지루천사)

새와 짐승들도 슬피 울고 강산도 찡그리니,　鳥獸哀鳴海岳嚬,(조수애명해악빈)
무궁화 온 세상이 이젠 망해 버렸어라.　槿花世界已沈淪.(근화세계이침륜)
가을 등불 아래 책 덮고 지난날 생각하니,　秋燈掩卷懷千古,(추등엄권회천고)
인간 세상에 글 아는 사람 노릇, 어렵기도 하구나.　難作人間識字人.(난작인간식자인)

일찍이 큰집 지탱함에 서까래 반토막의
공도 없었으니,　曾無支廈半椽功,(증무지하반연공)
다만 이 인仁을 이룰진정, 이 충忠은 아니로다.　只是成仁不是忠.(지시성인불시충)
겨우 윤곡尹穀을 따르는 데 그쳤을 뿐이니,　止竟僅能追尹穀,(지경근능추윤곡)
당시 진동陳東의 행동을 밟지 못함이 부끄러워라.　當時愧不躡陳東.(당시괴불섭진동)

〈절명시〉는 김택영金澤榮이 찬한 『매천집』(7권, 1911, 상해) 권5에 수록되어 전한다. 매천은 "무릇 국가가 선비를 기른 지 500년에 나라가 망하는 날에 한 사람도 죽는 사람이 없다면, 어찌 통탄스러운 일이 아니겠는가?"(김택영金澤榮, 『본전本傳』, 『매천전집梅泉全集』 권이卷二, "但國家養士五百年 단국가양사오백년, 國亡之日無一人死難者 국망지일무일인사난자, 寧不痛哉 녕불통재.")라고 하여, 조선 500년 동안 이어져온 선비정신의 지조를 보이면서 나라를 지키지 못한 지식인 [선비]으로서의 무한한 책임을 느끼고 순국하는 면모를 보여주었다. 제1수에서 작자는 이미 을사년부터 순명殉名을 결심해왔음을 말하였다. 푸른 하늘을 비출 촛불에다 자신의 외가닥 양심을 비유하였다. 제2수는 나라의 종언終焉을 고하는 양국조서讓國詔書이건만 옥음(玉音; 임금의 음성)이 다시는 없을 것이라 하며 슬퍼하였다. 제3수는 지식인으로서의 자책을 드러내었다. 지식인이라면 이 사회에 대한 책임이 있는데, 자신은 그 책임을 다하지 못한 것 같아 비통하다는 것이다.

〈절명시〉 제4수의 내용은, 조금 더 자세히 살펴보자. 큰집인 나라를 위해 조그만 한 공을 아직 세우지는 못했지만, 그래도 매천 자신이 행해고자 했던 일이 충忠만이 아니라 인仁을 구하는 일이었다는 것이다. 『논어論語』, 『이인里仁』 편篇, '욕오欲惡' 장章에 "군자가 인仁을 버리고 떠난다면, 어디서 그 군자라는 이름을 이룰 수 있겠는가?" ("군자君子, 거인去仁, 오호성명惡乎成名")라고 한 공자 말씀처럼, '인仁'이 동양에서 전통적으로 선비들에게 군자의 본령이요, 구체적인 행동 지침이 되었음을 알 수 있게 한다. 『맹자孟子』, 『고자告子』장章의 주자의 주에 "인仁은 사심私心이 없고 천리天理에 합치되는 것을 이르는 말이다." ("仁者인자, 無私心而合天理之謂무사심이합천리지위")라고 한 것처럼, 인仁은 일체의 사욕을 이겨냄으로써 마음의 덕이 온전한 상태에서 모든 행위가 예禮로 돌아가 천도에 합치되는 지극한 경지를 일컫는 말이다. 따라서 인仁은 일체의 사사로운 욕심을 떠나서 널리 세상을 위하고 만인을 살리는 군자가 지녀야 할 덕목이었던 것이다. 그러나 매천 자신은 인仁은 고사하고 충忠도 이루지 못했을 뿐만 아니라 진동이 행한 충언도 올리지 못한 채 죽임을 당한 윤곡에 그쳤음을 부끄러워하였다.

매천은 이 시에서 남송 때 충신인 윤곡과 북송 때 충신인 진동의 일을 용사用事하여, 한시의 함축적 의미를 더하였다. 윤곡은 남송南宋 장사인長沙人이다. 그는 몽고의 침략으로 남송이 망하게 되자 스스로 자신의 집에 불을 지르고 타 죽었다. 그리고 진동은 북송北宋 말기의 흠종欽宗 때 사람이다. 그는 충신 이강李綱을 구원하고 간신배들을 처단할 것을 상소하였다가 죽임을 당한 인물이다. 매천은 현재의 조정에 아무런 보탬도 되지 못하고 단순히 윤곡처럼 죽음을 선택한 자신의 모습이 부끄러울 따름이다. 그러나 『예기』에서 '선비는 죽음을 두려워하지 않는다.' 라고 밝힌 것처럼, 죽음을 꺼리지는 않았다. 격동의 역사적 소용돌이 속에서 지식인으로서의 처신의 어려움과 책임을 통감하는 자세가 선비다운 모습일 것이다. 매천梅泉 역시 참된 선비정신을 지닌 유자儒者였다.

## 저자 약력

윤인현(尹寅鉉)

경남 산청 출생
문학박사
한국한문학회 총무이사 역임
서강대 국어국문학과 강사 역임
가톨릭대 국어국문학과 강사 역임
웅지세무대학 세무행정학과 겸임교수 역임
현, 인하대학교 강의교수
현, 한자교육진흥회 한자자격시험(공인 1급, 2급) 출제위원
현, (재)성안나재단 행복포럼위원회 인문학 강좌 위원장

## ◇논 저◇

저서:『한국한시비평론』 아세아문화사(2001), 『한국 고전비평과 고전시가의 산책』 역락(2004), 『한국 한시와 한시비평에 관한 연구』 아세아문화사(2007), 『생활한문』 인하대 출판부(2011, 공저), 『한국 한시 비평론과 한시 작가 작품론』 도서출판 다운샘(2011), 『한국문학의 탐색』 한국학술정보(주)(2011, 공저), 『한시 달굿대』 한국학술정보(주)(2012) 등.

논문:「用事와 點化의 차이」, 「이규보의 굴원불의사론에 나타난 역사의식의 문제점」, 「정지상 이색의 시풍과 후대의 시평」, 「익재 이제현과 자하 신위의 시세계」, 「논어와 논어집주에 나타난 성정순화론과 풍교론」, 「한국의 성정순화론과 풍교론에 끼친 논어와 논어집주의 영향」, 「퇴계와 송암의 시가론과 국문시가」, 「답전이지논문서에 나타난 이규보의 문학관」, 「동인시화로 살펴본 서거정의 도덕론적 비평」, 「송강의 성산별곡과 관동별곡에 나타난 換骨奪胎」, 「한국 시가론에서의 시경시 이론의 영향」, 「최치원의 문학에 관한 후대의 논평」, 「포은 정몽주의 선비정신」, 「南冥의 出處와 문학을 통해 본 선비정신」, 「매천 황현의 문학에 나타난 선비정신」, 「茶山의 한시에 나타난 선비精神과 자연관」, 「백운 이규보 문학에 있어서의 계양」, 「화담과 남명의 학풍 및 문학적 특성」, 「논어에서의 시경시」 등 다수.